U0141580

・哲學・

判哲學的批判——康德述評

李澤厚論著集・李澤厚 著

三民書局

國家圖書館出版品預行編目資料

批判哲學的批判——康德述評／李澤厚著．--初版．--臺北市：三民，民85
面；　公分．--（李澤厚論著集；2）
ISBN 957-14-2196-0（平裝）
ISBN 957-14-2496-X（精裝）

1.康德（Kant, Immanuel 1724-1804）-學術思想-哲學

147.45　　85006581

國際網路位址　http://sanmin.com.tw

© 批判哲學的批判——康德述評

著作人　李澤厚
發行人　劉振强
著作財產權人　三民書局股份有限公司
臺北市復興北路三八六號
發行所　三民書局股份有限公司
地址／臺北市復興北路三八六號
郵撥／〇〇〇九九九八—五號
印刷所　三民書局股份有限公司
門市部　復北店／臺北市復興北路三八六號
重南店／臺北市重慶南路一段六十一號
初版　中華民國八十五年九月
編號　S 12094
基本定價　陸元捌角
行政院登記證局版臺業字第〇二〇〇號
行政院新聞局局版臺陸字第一〇〇八七九號

有著作權・不准侵害

ISBN 957-14-2196-0（平裝）

「李澤厚論著集」總序

在大陸和臺灣的一些朋友，都曾多次建議我出一個「全集」，但我沒此打算。「全集」之類似乎是人死之後的事情，而我對自己死後究竟如何，從不考慮。「歸日急翻行戍稿，把空名料理傳身後」，那種立言不朽的念頭，似乎相當淡漠。聲名再大，一萬年後也仍如灰燼。所以，我的書只為此時此地的人們而寫，即使有時收集齊全，也還是為了目前，而非為以後。

而且，我一向懷疑「全集」。不管是誰的全集，馬克思的也好，尼采的也好，孫中山、毛澤東的也好，只要是全集，我常持保留態度，一般不買不讀，總覺得它們虛有其表，徒亂人意。為什麼要「全」呢？第一，世上的書就夠多了，越來越多，越來越讀不過來；那麼多的「全集」，不是故意使人難以下手和無從卒讀麼？第二，人有頭臉，也有臀部；人有口才，也放臭氣；一個人能保留一兩本或兩三本「精華」，就非常不錯了。「全」也有何好處？如果是為了研究者、崇拜者的需要，大可讓他們自己去搜全配齊；如果是因對此人特別仇恨（如毛澤東提議編蔣介石全集），專門編本「後臀集」或「放屁集」以揚醜就行了，何必非「全集」不可？難道「全集」都是精華？即使聖賢豪傑、老師宿儒，也不大可能吧？也許別人可以，但至少我不配。我在此慎重聲明：永遠也不要有我的「全集」出現。因之，關於這個「論著集」，首先要說明，它不全；第二，雖然保留了一些我並不滿意卻也不後悔的「少作」或非少作，但它是為了對自己仍有某種紀念意義，對別人或可作為歷史痕跡的參考；第三，更重要的是由於我的作品在臺灣屢經盜版，錯漏改竄，相當嚴重，並且零零碎碎，各上其市，就不如乾脆合編在一起，不管是好是壞，有一較為真實可信的面貌為佳。何況趁此機會，尚可小作修飾，訂正誤會，還有正式的可觀稿酬，如此等等；那麼，又何樂而不為呢？這個「論著集」共十冊，以哲學、思想史、美學、雜著四個部分相區分。

前數年大陸有幾家出版社，包括敝家鄉的一家，曾與我面商出「全集」，被我或斷然拒絕或含糊其辭地打發了。我也沒想到會在臺灣出這個「論著集」。至今我沒好好想，或者沒有想清楚，為什麼我的書會在臺灣有市場，它們完全是在大陸那種特殊環境中並是針對大陸讀者而寫的。是共同文化背景的原因嗎？或者是共同對中國命運的關心？還是其他什麼原因？我不清楚。人們告訴我，在日本和韓國，我的書也受歡迎，而且主要也是青年學人，與大陸、臺灣情況近似。對此我當然非常高興，但也弄不清楚是什麼原因。臺灣只來過一次，時不過五週，一切對我還很陌生，但有幸能繞島旅遊一周。東海岸的秀麗滄茫，令人心曠神怡，太魯閣的雄偉險峻，令人神驚目奪。但使我最難忘懷的，卻是那最南邊頗為奇特的墾丁公園。在那裡，我遇到了一批南來渡假的女大學生，她們笑語連連，任情打鬧，那要滿溢出來的青春、自由和歡樂，真使我萬分欽羨。如此風光，如此生命，這才是美的本身和哲學本體之所在。當同行友人熱心地把我介紹給她們時，除一兩位似略有所知外，其他大都茫然，當然也就是說並未讀過我的什麼著作了。那種茫然若失、稚氣可掬的姿態神情，實在是太漂亮了。這使我特別快樂。我說不清楚為什麼。也許，我不是作為學者、教授、前輩，而是作為一個最普通的老人，與這批最年輕姑娘們匆匆歡樂地相遇片刻，而又各自東西永不再見這件事本身，比一切更愉快、更美麗、更富有詩意？那麼，我的這些書的存在和出版又還有什麼價值、什麼意義呢？我不知道。

最後，作為總序，該說幾句更嚴肅的話。我的書在臺灣早經盜版，這次雖增刪重編，於出版者實暫無利可圖。在此商業化的社會氛圍中，如非余英時教授熱誠推薦，一言九鼎；黃進興先生不憚神費，多方努力；劉振強先生高瞻遠矚，慨然承諾；此書是不可能在臺問世的。我應在此向三位先生致謝。特別是英時兄對我殷殷關注之情，至可銘感。

是為「論著集」總序。

李　澤　厚

1994年3月于科泉市

李澤厚論著集
分冊目次

哲　學	第一冊	我的哲學提綱
	第二冊	批判哲學的批判——康德述評
思想史	第三冊	中國古代思想史論
	第四冊	中國近代思想史論
	第五冊	中國現代思想史論
美　學	第六冊	美的歷程
	第七冊	華夏美學
	第八冊	美學四講
	第九冊	美學論集（新訂版）
雜　著	第十冊	走我自己的路（新訂版）

序

哲學部分收《批判哲學的批判》（初版於1979年，下簡稱《批判》）、《我的哲學提綱》（初版於1990年，下簡稱《提綱》）兩書。關於康德，兩書中有某些重複的部分。

較之他卷，本卷篇幅最小。特別是那些「提綱」，加起來字數可能才抵得上他卷的一篇長文章。但是，恰恰是這些提綱以及《批判》一書各章的最後評議部分（即收入《提綱》一書中的），卻是我全部著作中最為重要的方面。也許，自己是哲學系出身，仍然更重視別人和自己的哲學思想。

說來也有意思，我從小雖對人生即有某種可笑的感傷和疑問情緒（見《走我自己的路》），但讀人文書刊的興趣卻大抵限於歷史與文學。從孔孟經書到宋明語錄，從墨學到名家，我始終是望而生畏，卻步不前，不敢多所問津的。我當年之所以以第一志願報考大學哲學系，除了想繼續思考一些人生問題之外，主要是受了時代的影響。1940年代後期以來馬克思主義哲學在嚴格被禁的白色恐怖下，對我反而更有吸引力。當時傾心革命，想窮究原理，於是由毛澤東而馬克思，由馬克思而黑格爾，而希臘，而其他。也記得50年代初在北大讀書時，我曾鄙夷名重一時的蘇聯著作及哲學專家，卻潛心於西哲原典，因而大遭歧視之情景似猶如昨日事。當時閉關自大的國策使現代西方著作極少進口，自己的探索歷程止步在、也流連忘返在康德哲學之中。

事有湊巧，恰好碰上「文革」，於是有論述康德的《批判》一書的寫作，詳情見該書的兩個後記。

此書出版之後很受歡迎，似有洛城紙貴之勢，初版就印了三萬冊，很快賣光。當時的年輕人至今還對我說，他們知道什麼是哲學，是自讀這本書始。說法似頗誇張，查來倒也平實。只要稍事翻閱1949年以來大陸出版的所謂哲學和哲學史著作，便可知曉。哲學在那裡不是「愛智」而是「毀智」，不是「聞道」而是「罵道」（罵人之道），也就是嚇人、打人的理論—政治棍棒。唯心唯物是欽定標簽，辯證法成了變戲法。毛澤東提倡普及哲學，於是「賣西瓜的哲學」「打乒乓球的哲學」，風行不絕。這不是笑談，而是有白紙黑字為證的「哲學論著」，真是林林總總，不一而足。於是《批判》一書，從內容到形式，從觀念到結構，不但大有異於常規，而且還有「離經叛道」之走勢，從而也就被人（主要是青年一代）刮目相看了。其實，此書寫於「文化大革命」之中，交稿於1976年，當時雖心懷異數，卻不能大事聲張，只字裡行間略顯消息；而章章節節均大引馬列，以為護符。今日看來，必覺奇怪；但於當時，乃理所當然。此次重印，我不想多作改動；存其舊貌，以見因緣，為上上好。

同時，事情還有另一方面。即我通過《批判》所表達的自己的哲學觀念，以及後來概括、發展為《提綱》中的基本想法，都自以為至今尚不過時。其中如《第四提綱》、《哲學探尋錄》雖很簡略，卻自以為重要。我以為，本世紀不管是歐陸或英美，不管是世紀前期或世紀末，大都是語言哲學的天下。維特根斯坦無論矣，海德格爾、伽德默、德里達等人也無不以語言為指歸。更不用說分析哲學這種技術學了。這個世紀是科學技術空前發展的時代，語言之占有哲學中心地位也，固宜。但下個世紀呢？我以為是該走出語言的時候了，語言並非人生—生活之根本或家園。

我在《批判》《提綱》兩書中提出了工具本體與心理本體，特別是所謂「情本體」，以為後現代將主要是文化—心理問題。馬克思主義所強調的經濟乃社會存在、發展的動力這一基本原理仍然正確，但隨著自由時間的增大，物質生產之受制約於精神生產也愈趨明確。從而社會存在決定社會意識的理論便太簡單了。社會心理、精神意識從來就有其相對獨立性質，在今日特別是在未來世界，它們將躍居人類本體之首位。這即是說，工藝（科技）社會結構的工具本體雖然從人類歷史長河上產生和決定了人們的文化—心理結構，但以此為歷史背景的後者，卻將日益取代前者，而成為人類發展和關注的中心。這就是我所認為的：「歷史終結日，教育開始時」。教育不再是成為其他事務（如培育資本社會所需要各種專家，培育封建社會所需的士大夫），而將以自身亦即以塑造人性本身、以充分實現個體潛能和身心健康本身為目標、為鵠的，並由之而規範、而制約、而主宰工藝（科技）—社會結構和工具本體。這樣，自啟蒙時代起到馬克思主義止的理性主義的基本線索，亦即作為今日資本世界最高準則的科學主義、個人主義、自由競爭等等，便將規範在一定限度內而不再任其無限膨脹，從而也避免激起其反面之非理性主義、神秘主義、縱慾主義等等的惡性回應。這就是我結合中國傳統所提出的「新的內聖外王之道」，也就是我所謂「經過馬克思而超越馬克思」的「西體中用」的「後馬克思主義」或「新馬克思主義」。因此，如果今日有人硬要問我，你是否仍為馬克思主義者？其答覆自然是肯定的。

我在青年時代白色恐怖中經過思考接受的東西，大概這一輩子也不會丟掉；但在壯年時代的紅色恐怖下，也是經過思考，被接受了的東西又有了長足的變化、修正和發展，這也大概是確定無疑的了。其實，馬克思主義早已多元化，多種多樣，各異其趣。我的馬克思主義在於仍然肯定製造、使用工具為人類生存發展的基礎這一唯物史觀的根本觀點；而我所強調的「人類學歷史本體論」的未來卻指向心理和情感，這是以前或其他的馬克思主義所未曾談到或未曾強調的，此之謂「後」或「新」。這裏也還想說一下，一提馬克思主義，我便被扣上「歷史必然論」「經濟決定論」的帽子。我明明強調的是個體、感性與偶然，卻硬說我是「死守」著集體、理性和必然。的確，我是講了必然。什麼是必然？人要活，人要吃飯，這就是必然。從而追求物質生活（衣、食、住、行及壽命）的改善和延伸，從而社會在物質生產上（以製造、使用工具為標誌）取得進展，這就是必然。這是人類生活的基礎。當然，歷史也有倒退甚至毀滅的時期，但從人類總體千萬年歷史看，這方面是向前發展、進步的。我就是在這意義上講必然、理性和集體，這也就是我所理解的馬克思主義。完全否認這一點，認為人吃飯（從而社會物質生產）不重要，不是「必然」；認為今天和千百年前一樣，物質生活（衣、食、住、行及壽命）並無進步或這種進步沒有意義；認為社會歷史無理性可言，個人的當下「存在」、感性情欲才是「真實」；如此等等，我是明確不贊同的。至於在社會物質生產、生活中，在各種歷史事件、政治體制、精神生活、意識形態、文學藝術以及個人生存中，都具有極大的多樣性、偶然性、不可規定性等等，則正是我所反覆強調的。

所有這些看法和想法雖均略見於《批判》和《提綱》，但遠未充分展開。因此，這篇序文也就以提示這些尚待繼續探究的哲學課題作為結尾吧。

李　澤　厚

1994年春3月

批判哲學的批判——康德述評

目　次

內容提要

一、思想來源和發展過程

1. 「康德哲學是法國革命的德國理論」。如果說《純粹理性批判》的文體有如康德的單調生活，那末其內容卻反映了整個時代。
2. 康德的政治態度：主張共和政體，要求「筆的自由」，反對暴力革命。參看75。
3. 康德與前康德哲學的關係。牛頓（科學）與盧梭（民主）才是影響康德最大的兩個人。
4. 十八世紀五〇年代的康德。自然科學論著具有哲學家的特徵：重視方法論、整體觀點和理論概括。《自然通史和天體論》等著作。
5. 十八世紀六〇年代的康德。苦惱和糾纏於科學與宗教、形而上學關係等問題，經驗論的傾向。〈負數概念引入哲學〉等著作。由自然科學的一般探討日益轉向哲學基本理論。
6. 「二律背反」把康德從「獨斷論的迷夢中喚醒」。從就職〈論文〉到三大《批判》。
7. 德國資產階級文化巨人的雙重性特色。康德與歌德。
8. 研究康德的現代意義。馬克思主義不僅是革命學說，而且也是建設理論。要研究有關精神文明的人類主體性的文化—心理建構問題。

二、認識論：（一）問題的提出

9.《純粹理性批判》一書的形式結構。它的術語、用詞的多義性與思想內在矛盾有關。「湊合說」和「一貫論」都是片面的。

10.所謂「批判哲學」的涵義：反對獨斷論和懷疑論，把研究人的認識形式作為哲學的中心，提出人的認識有界限範圍以區分科學與宗教。

11.作為「批判哲學」主題的「先天綜合判斷如何可能」，其實際涵義是「具有普遍必然性的科學真理如何可能」。康德的二元論的回答。

12.所謂普遍必然與一定社會、時代的實踐水平有關。普遍必然性在一定意義上是客觀社會性的表現。應從社會實踐、工藝科技水平而不僅從感知經驗或語言來研究認識的本質和發展。

13.「分析」與「綜合」的劃分。「綜合」在康德認識論中有特殊重要的地位。馬克思關於兩種方法的提法。

14.「綜合」所以比「分析」更重要，在於它的根源與實踐活動有關。「綜合」是「吃掉對象，消化對象」。

15.羅素等人把數學歸結為分析是不對的。為康德所凸出的數學的本質是一個深刻的哲學問題，數學充分地體現了人的認識能動性，它的原始根源是操作活動的內化。哥德爾。皮阿惹。

16.從馬克思主義實踐論批判康德，正是要研究認識能動性和智力形式結構。

三、認識論：（二）空間與時間

17.康德的「先驗感性論」：主體具有的感性直觀形式與外界提供的感性材料相結合，形成感性經驗。

18. 康德反對萊布尼茲和牛頓的時空觀，認為時、空不是客觀存在，不是知性概念。康德的幾個時、空「闡明」。

19.康德所謂時、空的「經驗實在性」：時、空與聲、色、香、味、暖不同，不是個體的主觀感知，而具有經驗中的客觀性。

20.康德所謂時、空的「先驗觀念性」：時、空與變化、運動不同，不是事物的性質形態，而是主體的先驗感性形式。

21.羅素對康德時、空觀的批駁，認為時、空與聲、色並無不同，把康德拉向巴克萊。

22.工藝在社會實踐中的決定意義。從洛克區分第一、第二性質到康德提出時、空的普遍必然，實際都受工藝科技的時代水平的制約。

23.實踐、數學、時空與社會（巫術禮儀的原始重要性）。形式化、非歐幾何並不推翻數學與感性時、空在根源上的聯繫。「內化」與「積澱」。

四、認識論：（三）範疇

24.康德的「先驗邏輯」的第一部分：「先驗分析論」。知性與感性結合才形成認識，但知性與感性是平行獨立的兩種能力。

25. 由判斷得來的「知性純粹概念」即十二範疇，三三排列分為量、質、關係、模態四組。這是由形式邏輯過渡到認識論，康德的「先驗邏輯」開黑格爾邏輯學的先聲。

26.康德與黑格爾著重點的不同：黑格爾重視邏輯範疇如何與歷史相一致，使歷史從屬於邏輯；康德注意知性範疇如何能與感性經驗相聯繫結合。康德提出「先驗構架」作為感性與知性之間的橋樑。

27.「知性先驗原理」是範疇的具體展開，這個部分實際是康德認識論的主要部分。

28.「量」的範疇：「直觀的公理」，認為任何認識對象均應有可計算的數量。對象是可分割的。所以數學有普遍適用性。

29.「質」的範疇：「知覺的預定」，實際肯定外界物質是知覺的前提。提出質量相結合的「度」。

30.「關係」範疇之一：「實體」。在唯心主義的先驗形式裡，肯定客觀物質世界的存在永恆性。

31.「關係」範疇之二：「因果」。最重要的範疇；「凡事總有原因」是一切認識和科學研究的思想上的「先驗」前提。

32.「關係」範疇之三：「交互」。空間關係對認識的意義。

33.「經驗思維三準則」，強調現實的可能、實在與必然不同於邏輯的可能、實在與必然。前者必須有感性經驗作依據，後者不能等同或替代前者。

34.康德一面強調作為認識，知性不能離開感性；另一面又強調先驗知性主宰感性，唯心主義地高揚了理性認識。

35.現代自然科學使理性認識問題異常突出。因果是量子力學等現代物理學的重要哲學問題。愛因斯坦。理論假說比觀察的優先性。

36.恩格斯非常注意因果問題，一再指出「單憑經驗性的觀察決不能證明必然性」,「必然性的證明是在人類活動中、實驗中、勞動中」。

37.人類實踐活動以原始工藝（製造工具）為始端。使用工具、製造工具的人類勞動打破了動物生活活動的狹隘性、固定性、特殊性，對現實世界在客觀上造成了大量的、多樣的因果聯繫，這才是因果觀念和範疇的原始基礎。構架、理想模型對認識有重大作用。

五、認識論：（四）「自我意識」

38.「自我意識」是康德哲學認識論中最重要也最難解的問題，其實質是集中提出了人的認識能動性。

39.「主觀演繹」充滿了心理學的內容，認為主體意識中必須有一種主動的統一性，才能綜合感性，由想像而概念。「自覺注意」（對自身操作活動的注意）應是人最早的心理特徵。

40.「客觀演繹」的哲學內容。康德區分「知覺判斷」與「經驗判斷」；認識的客觀性不來自直接的感知，而得自意識的能動性，這是與經驗論的重大區別。

41.「先驗自我意識」（「先驗統覺」）指的是人類特有的認識形式。它不能獨立存在，只存在於經驗意識之中，但它建立起「對象意識」。「自我意識」與「對象意識」的相互依存。

42.康德反對任何形式的「心靈」實體，強調「我思」（「自我意識」）只是認識形式和功能，而非實體或存在。

43.經由費希特，黑格爾將「自我意識」實體化。客觀性與對象化由認識中的同一（康德）變而為現實中的同一（黑格爾），思維、範疇不再只是主體認識的規定，而成了客觀存在的本質和規律；思維的能動性不僅在認識世界，而且在創造世界。參閱57。

44.馬克思主義對黑格爾的批判。改造世界的偉大「自我」，不是精神、意識、思維，首先是人類總體的社會實踐活動，首先是物質生產活動。

45.實踐不僅具有普遍性，而且有現實性的優點，認識的能動性根源於實踐的能動性。工藝史、認識論與主客體的區分。

46.舊唯物主義從個體感知的現實性出發，康德、黑格爾從人類意識的普遍性出發，馬克思主義從社會實踐出發。

六、認識論：（五）「二律背反」

47.「先驗邏輯」的第二部分：「先驗辯證論」。「分析論」說明認識如何可能，「辯證論」說明謬誤如何產生，指出上帝、靈魂不是認識對象。

48.「理念」作為理性概念，並不能適用於感性經驗，它不具有客觀效用，只與人主觀上追求無條件的「總體」有關。

49.人的認識追求無條件、超經驗的總體，產生「先驗幻相」，此即辯證法。這是思維進程所必然要發生的越出經驗的結果。

50.充分暴露這種辯證法的四個「二律背反」：時、空有限又無限，物體可分又不可分，必然又自由，上帝存在又不存在。正反雙方表現了康德哲學中的兩種傾向和基本矛盾。

51.黑格爾對康德「二律背反」的批判，指出它們不是主觀幻相，而是客觀存在，要在總體行程中予以展開和揚棄。

52.總體、系統結構、否定之否定在辯證法中的重要地位。總體把握的辯證方法優於片斷經驗的實證方法。辯證法是歷史的：在過程中展開。反對預成論，重視偶然性。

七、認識論：（六）「物自體」

53.「物自體」：有三層涵義，作為感性來源的涵義是其唯物主義方面，不能把康德等同於巴克萊。

54.「本體」一詞的「消極涵義」，「物自體」在認識論上的第二層涵義。洛克、霍爾巴赫均有實體不可知的思想。

55.所謂「先驗對象」：必須肯定一個不能具體確定也永不可知的某物X，作為認識在對象方面的前提條件。

56.「先驗對象」與「先驗自我」：兩個遙相對應的X。

57.康德之後，唯心主義總是用「自我」吞併對象，意識吞併存在，或用「想像」來解決「物自體」問題。

58.恩格斯一再指出實踐、工業是對不可知論最令人信服的駁斥。本書強調，認識如何可能應從人類如何可能來解答。

59.「物自體」作為理性理念：「本體」一詞的「積極涵義」，具有引導認識、統一經驗的「範導」功能，這實際涉及絕對真理與相對真理問題。

60.由認識論到倫理學，康德的積極的「本體」不是認識，而是道德。「不能知之，只可思之」的對象不能由經驗來認識，只可由信仰來保證。維特根斯坦。作為「本體」的人類主體性與歷史唯物主義。

八、倫理學：（上）道德律令

61.倫理學是康德哲學的另一面。康德反對法國唯物主義的幸福主義，認為把道德建築在快樂、利益、人性、良心、天命、神意上都是沒有普遍必然性的。

62. 兩種道德理論對照表。康德認為恰恰是在與幸福、功利的對峙、衝突中顯示出道德。

63.「道德律令」第一條：「普遍立法」。

64.「道德律令」第二條：「人是目的」。

65.「道德律令」第三條：「意志自律」。

66.自由（本體、理性、道德律令）與自然（現象界、經驗、因果必然）的截然二分。黑格爾批判康德倫理學為空洞（無社會歷史內容）的形式主義。

67.康德的倫理學是盧梭革命理論在德國的抽象翻版，政治要求變成了道德律令。

68.康德強調善惡不同於福禍。

69.道德感情的特點，理性戰勝自然性。康德倫理學抓住了道德倫理的超越個體存在的總體性質。

九、倫理學：（下）宗教、政治、歷史觀點

70.實踐理性的「二律背反」： 幸福不是道德，有德未必有福，德與福在現實生活中並不統一。

71.只好把這種統一期之於天國的「至善」， 上帝是「至善」的前提

公設。

72.康德反對宗教儀式和迷信，堅持啟蒙，認為道德不應以宗教為基礎，應把宗教化為道德。

73.但他又把道德化為宗教，主張道德的神學、理性的宗教。

74.實際是：主觀能動性的道德實踐成了純形式，具有一切現實客觀內容的幸福被排斥在外，於是走向宗教作為歸宿。

75.康德的法權、政治思想：認為法權是經驗政治的先驗原理，主張三權分立，主權在民，自由、平等、獨立是立國基礎，反對破壞法制。參看2。

76.從洛克到盧梭、康德、黑格爾，從個人主義、自由主義到總體主義、集權主義，是近代歐洲資產階級政治思想史上的重大轉折。

77.康德的歷史觀點的重要性：「歷史理念」；非社會的社會性，人在鬥爭中發展，不依人的主觀意識的客觀合目的性。

78.康德在「我能認識什麼?」（認識論）、「我應作什麼?」（倫理學）、「我可期望什麼?」（宗教觀）之後，晚年添了一問：「人是什麼?」它實際上是整個康德哲學的真正內涵。

79.康德的歷史觀與其形式主義道德論的矛盾。黑格爾與康德相反，將道德從屬於歷史。

80.再回到康德哲學中心的「物自體」問題。德國古典哲學中的豐富而含混的「理性」一詞究竟是什麼?

81.倫理相對主義的膚淺和維特根斯坦的神祕。

82.資產階級倫理學（從邊沁、穆勒到元倫理學）， 第二國際的倫理社會主義與庸俗進化論攜手同行。

83.「西方馬克思主義」中的主觀主義意志主義思潮。恩格斯的貢獻。praxis 與 practice。

84.社會是主體又是客體。主觀能動性與客觀規律性的統一，反對庸俗決定論和意志主義，歷史唯物主義與實踐論不可分割。

十、美學與目的論

85.《判斷力批判》作為認識論與倫理學的橋樑，是康德哲學的終結點：以人為中心。不同於法國唯物主義，也不同於黑格爾。

86.「反思判斷力」與「自然合目的性」。康德的「人是什麼」的真正答案在美學。

87.「美的分析」一，質：「非功利而生愉快」。樂、善、美三分，實際提出了人（倫理）與自然、理性與感性相統一的思想。

88.「美的分析」二，量：「無概念而有普遍性」。想像力與知性的自由運動，這是上一問的心理方面。

89.「美的分析」三，關係：「無目的的目的性」。上二者的哲學概括。

90.「美的分析」四，模態：「共通感」。指出審美根源在社會。

91.「崇高的分析」：崇高不在對象，而在人心，即人的理性、倫理的尊嚴。對崇高的欣賞要求更高的文化教養。

92.美與崇高、純粹美與依存美，是審美領域由自然到倫理過渡中的兩步。

93.「美的理想」、「審美理念」、「藝術天才」，講的都是在感性自然的有限中展現出道德倫理的無限，其特徵是無法而法，言有盡而意無窮。

94.康德美學的形式主義與表現主義兩種因素對後代都有巨大影響。

95.生命有機體的特點：整體與部分、部分與部分互為因果，具有自組織功能。機械論不能解釋生命，必須有目的論原理。

96.機械論與目的論的「二律背反」。 現代生物學中的還元論與反還元論。

97.康德認為，整個自然的最終目的是文化—道德的人。

98.康德美學與黑格爾美學的歧異：後者只是思辨的藝術史，撇開了人與自然的基本問題。

99.康德哲學中的神祕東西和思維與存在的同一性。德國古典哲學的精髓。

100.「人是依照美的尺度來生產的」。馬克思主義關於「自然的人化」的偉大思想。

第一章　過程思想來源和發展

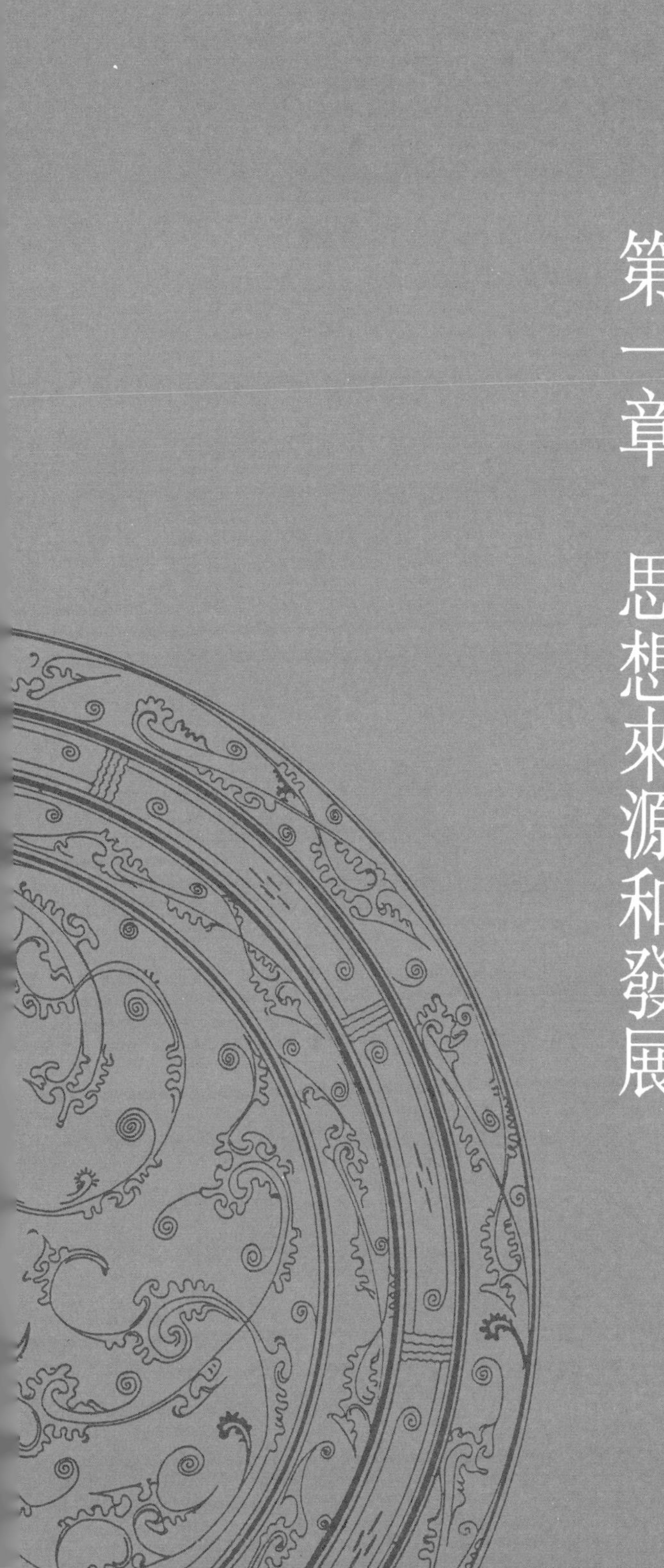

(一) 時代背景、社會根源和政治傾向

詩人海涅說過，康德是沒有什麼生平可說的。康德的一生，是講堂書齋的一生，從未參加過任何重要的現實活動。康德出生在一個祖傳製革的小手工業者的家庭，財產很少。他讀完大學後，當家庭教師以維持生活，31歲才取得編制外的講師資格❶，在柯尼斯堡大學任教。由於他講課受到學生們的歡迎，名氣逐漸大了起來。但上層社會對這個出身低微的人是歧視的，直到他46歲時始任教授。康德講授過大量哲學和自然科學的課程，包括數學、理論物理學、地質學、地理學、礦物學等等❷，發表過許多自然科學論著。康德體弱，終生獨身，經常為疾病擔憂，不喜變動，極少離開故鄉，多次辭退普魯士王國教育大臣和外地著名大學的聘請。晚年，他因幾篇宗教論著遭到官方警告。康德雖堅持自己的觀點，但保證不再公開發表關於宗教問題的講演和文章。他說，「為了別嫌，我保證從宗教（無論是自然宗教或天啟宗教）的課題中撤回，不作公開講演，也不再寫文章，這是我的誓約」❸。但威廉二世一死，康德就繼

❶ 不由學校付薪俸，而直接向聽課學生收費的講師。

❷ 康德對人文科學也熟悉，對世界各國的風土人情均有了解。例如，他的著作中曾提到中國的老子哲學和「童叟無欺」的商店招牌。

❸ 1794年10月12日給威廉二世的申辯信。

續發表關於宗教的論著，認為自己上述「誓約」已自動失效。康德曾說：「對自己內在信念的否認或擯棄是醜惡的，……但在當前這種情況下，沈默卻是臣民的義務。一個人所說必須真實，但他沒有義務必須把全部真實都公開說出來。」❹ 他還說：「我沒勇氣說出我確信的許多事情，我也決不說我不相信的任何事情」❺，「我知道的不宜說，適宜說的我不知道」❻，等等。這些話，畫出了康德對黑暗現實深懷不滿，但無法公開反抗的處境和狀況。這種狀況是完全可以理解的：當時德國還沒有法國革命那種現實條件，處境和地位都甚低微的先進知識分子只有用沈默和迂迴的方式來進行抵抗和鬥爭。據說，康德是喜愛交際，談笑風生的。他的許多著作通俗活潑，生動有趣；材料豐富，充滿了各種經驗之談，並富有論爭氣息。（這一方面常為後人所忽略了。）不過，總的說來，他單調的生平和極為刻板的生活給人們的主要印象，則正好像他的主要哲學著作——《純粹理性批判》的文體那樣：重複、冗長、呆板和乾燥。

如果說，康德的《純粹理性批判》的文體有如他個人的外表生活，那麼這本書的內容和思想卻反映了他那個動盪的時代。

那是近代自然科學取得重大進展的年代，那是法國革命暴風雨就要到來的年代。

康德雖然在講堂和書齋中度過了一生，卻一直是世界形勢和社會鬥爭的密切關懷者❼。他非常注意當時政治局勢的發展趨向。法國大革命

---

❹ 《康德全集》第12卷401科學院版。

❺ 1766年4月8日給孟德爾松（Mendelssohn）的信。

❻ 1765～1766年康德講課說明。

❼ 康德1759年給林德耐（J. G. Lindner）的信中說：「我每天坐在講堂的鐵砧旁，掄著我重複講課的沈重鐵鎚，打著同一個韻律。一種更高的欲求時時刺激著我，想要超越這些狹隘的領域；但事實上，這種感情的威脅常常立即驅使我

前，矛盾重重，社會動盪，思想界山風滿樓，強烈地襲擊著康德。他因看盧梭的《愛彌兒》而打破了奉行終身的作息制度，是哲學史課堂上常要講到的傳聞逸事。與當時德國的進步人士一樣，康德接受了法國資產階級革命思想的洗禮，並表現在他的哲學沈思上，構成了康德哲學中真正有價值的方面。

但另一方面，德國當時的現實是十分落後的。它不是一個統一的國家，而是處在許許多多封建小王國、公國和城市等四分五裂彼此獨立的局面中。資本主義很不發達，市民——資產階級在經濟上非常軟弱，政治上十分怯懦，屈從於封建容克地主。專制官僚制度壓迫著廣大人民，也迫害著進步文化。馬克思、恩格斯曾多次論述過當時的德國狀況：

「這就是前一世紀末葉的德國狀況。這是一堆正在腐朽和解體的討厭的東西。沒有一個人感到舒服。國內的手工業、商業、工業和農業極端凋敝。農民、手工業者和企業主遭到雙重的苦難——政府的搜括，商業的不景氣。……一切都爛透了，動搖了」❽。

「在英國從十七世紀起，在法國從十八世紀起，富有的、強大的資產階級就在形成，而在德國則只是從十九世紀初才有所謂資產階級。」❾

康德哲學就產生在這樣一種歷史背景下。它反映了在落後的德國現實中還不成形的、極端軟弱的市民一資產階級的要求、利益和願望。康

回到艱苦的工作中去」。看來，康德並不安於他那每週28小時教課外加討論的繁重枯燥的處境，但當時的環境只能使他把自己的欲求引到書房的「艱苦工作」中去。

❽ 恩格斯：《德國狀況》，《馬克思恩格斯全集》第2卷，1957年版，第633～634頁。

❾ 恩格斯：《德國的制憲問題》，《馬克思恩格斯全集》第4卷，1958年版，第52頁。

德哲學是德國早期市民——資產階級對法國革命時代的反應。馬克思說，康德哲學是「法國革命的德國理論」⑩。這是個簡明而深刻的概括。它指明，康德哲學既表現了法國資產階級大革命的時代精神，同時又反映了德國落後的社會階級面貌。康德哲學是法國政治革命的德國思想昇華。

正如恩格斯所指出，像宗教、哲學這些「高高淩駕於空中的思想部門」，與社會經濟基礎，與自己的物質存在條件的聯繫，是要經過一些中間環節的，而政治就是這種重要的中間環節之一。康德哲學的這種時代、階級特徵，在康德的政治著作中，以鮮明的形態表現出來。康德很早對社會政治問題有興趣，六〇年代他讀盧梭，寫了有關的筆記。「批判時期」和晚年，他發表了一系列政治論文，對宗教、歷史、法律、國家、世界和平種種問題作了論述（參看本書第九章）。康德哲學的一些研究者經常忽視或避開不談這些論著，特別是不把康德在這些論著中所表現出來的政治觀點和政治傾向與他的哲學思想聯繫起來⑪。康德作為哲學體系的自覺構造者，他的政治觀點是其整個世界觀中重要的組成部分，與他的哲學（例如倫理學）密切相關。看來是如此抽象和晦澀的康德哲學，仍然有其現實生活的根源。康德所採取的社會立場和政治路線是決定他的

⑩ 馬克思：《法的歷史學派的哲學宣言》，《馬克思恩格斯全集》第1卷，1956年版，第100頁。

⑪ 這是占支配地位的主要傾向。另一種傾向是把康德哲學予以政治漫畫化。如漢斯·薩訥（Hans Saner）《康德的政治思想》（1967年）一書認為：「從一開始，康德的哲學作為整體也就是政治哲學」；康德的政治思想是他的形而上學的內核，是他哲學化的主題，他的形而上學不過是其政治思想的預備而已，政治（由對抗走向和平）瀰漫了康德所有作品。康德的哲學被說成只是他的政治思想的索引。這種論點似頗新穎，但並不符合實際。

哲學面貌的重要因素。

康德的哲學世界觀，是在那激發法國革命的同一思潮影響下最終形成的。「理性」和「啟蒙」是當時資產階級反封建的旗幟，也構成他的世界觀的一個基本方面。他在思想上強調：「勇敢地使用你自己的理智吧，這就是啟蒙的格言」；「人的理性的公開使用應該經常是自由的」⓬。在政治上，康德反對封建世襲財產和專制政治制度，主張立法、行政、司法三權分立，實行代議制共和政體，明顯表達了資產階級的願望和利益⓭。他贊同美國獨立戰爭，對法國革命也表同情，認為這個革命在人心中「喚起熱烈的同情」。許多人在革命中無私的犧牲，在康德看來，是表現了人類種族具有趨向於理想的道德素質，指示了人類歷史、道德的不斷進步。他把法國革命看作所謂道德原則的外在實現。康德說，「革命激起的真實的熱情是專門指向理想，特別是指向純道德的(如正義概念)，不能與私利同行。金錢報酬便不能夠使革命的反對者們能激起那種熱情和那種心靈的偉大」⓮；「人類歷史上發生的這種現象將永不會忘記，它表明人性中有一種非政治家根據考察過去的事件過程所能想到的進步傾向和力量。……即使我們上述事件背後的意想的目標目前沒有達到，即使人民革命或立憲改革最終失敗了，……但我們上述哲學判定沒有失其力量」⓯。這表明法國革命對康德確有巨大影響。

但另一方面，康德在理論上和原則上又是反對任何革命的。康德認為，法權本身既來自公眾意志，如果允許暴力推翻，便自相矛盾。任何

⓬ 《回答一個問題：什麼是啟蒙》(以下簡稱《什麼是啟蒙》)。

⓭ 參看本書第九章。

⓮ 《系科之爭》第3篇。

⓯ 同上。

壞的政權也比使人退回到所謂無政府的野蠻狀態中去的革命要好。康德強調，改變有缺陷的政治制度，只有通過立法者自己的改革，而不能通過人民的革命⑯；人民可以抱怨、指責，可以有「作為學者向公眾指出當前制度的不合適的自由」⑰，但沒有革命、造反的自由。康德主張言論、出版自由，認為「筆的自由是人民權利的唯一保護者」⑱，但即使是筆，也仍然沒有鼓動革命的自由，「仍不得超越尊重現有制度的界限」⑲。康德經歷過普魯士王國腓特烈二世（1740～1786）的統治時期，這位國王自命是法國啟蒙思想家伏爾泰的朋友和庇護人。這使康德認為，「使一個國家滿足它的制度的最好方式是專制地統治，而同樣又有一種共和的姿態去治理，就是說，在共和主義的精神下去治理」⑳。康德在理論上並不贊同君主專制，但又希望開明君主領導以實現共和。他不主張革命，而主張進化，用進化來代替革命。所以，康德儘管曾被人看作激進的雅可賓派，他的政治思想倒恰恰是反對雅可賓革命專政的。與當時德國許多進步人士一樣，康德開始時同情法國革命，而後就被雅可賓專政嚇倒了。康德說，「我們親見這場極有才華的民族的革命在我們面前進行，它可能成功或失敗。它充滿如此悲慘和恐怖，以致任何善於思索的人決不會再以這樣的代價來決心從事這樣的試驗了。就是這場革命，我要說，它在未捲入其演出的觀察者心上，卻喚起一種幾乎是狂熱的同情」㉑。這段話很生動地表達了康德對法國大革命的矛盾心情：既非常

⑯ 見《道德形而上學》，法的形而上學原理A。參看本書第九章。

⑰ 《什麼是啟蒙》。

⑱ 《論俗諺：道理說得通，實際行不通》（以下簡稱《論俗諺》）II。

⑲ 同上。

⑳ 《系科之爭》第3篇。

㉑ 同上書，第2篇。

害怕它，又非常同情它；害怕它的暴烈手段，同情它的基本要求。因之，嚮往共和，反對專制，主張改良，反對革命，這就是康德所採取的民主主義的政治立場和改良主義的政治路線。馬克思、恩格斯指出：「在康德那裡，我們又發現了以現實的階級利益為基礎的法國自由主義在德國所採取的特有形式」㉒。

這種政治傾向在根本上決定了以康德開頭的德國哲學古典唯心主義與法國唯物主義根本不同。恩格斯說，「正像十八世紀的法國一樣，在十九世紀的德國，哲學革命也作了政治變革的前導。但是這兩個哲學革命看起來是多麼地不同啊！法國人同一切官方科學，同教會，常常也同國家進行公開的鬥爭；他們的著作要拿到國外，拿到荷蘭或英國去印刷，而他們本人則隨時準備著進巴士底獄。反之，德國人是一些教授，是一些由國家任命的青年的導師；他們的著作是公認的教科書」㉓。

霍爾巴赫、拉美特里、愛爾維修和盧梭等的著作，經常是在國外發表或匿名出版，許多作者被迫流亡。而康德、黑格爾則始終占據著普魯士王國的官方教授職位。前者在著作裡勇敢地高喊：「以絞死或廢黜一個暴君為目的的暴動，乃是一件與他昨天處置臣民生命財產的那些暴行同樣合法的行為。支持他的只有暴力，推翻他的也只有暴行」㉔；「專制權威建立在暴力和人民苦難的基礎上，專制制度絕得不到它所壓制的人民的認可」㉕。後者則認為：「無權暴動，無權反叛，更無權對君主加以暴行或處死」㉖；「自由落在人民群眾手裡所表現出來的狂誕情形實在可

㉒ 《德意志意識形態》，《馬克思恩格斯全集》第3卷，1960年版，第213頁。

㉓ 《費爾巴哈與德國古典哲學的終結》，《馬克思恩格斯選集》第4卷，1972年版，第210頁。

㉔ 盧梭：《論人間不平等的起源和基礎》。

㉕ 霍爾巴赫：《社會體系》第2部。

怕」㉗；「他們的行動完全是自發的，無理性的，野蠻的，恐怖的」㉘，清楚表明法國哲學與德國哲學遵循的是鮮明不同的政治路線。

這種不同，還特別表現在對待宗教（當時鬥爭的焦點之一）的問題上。霍爾巴赫公開宣稱宗教是人類進步的死敵，痛斥君主支持宗教是為了自己的利益；而康德仍要保衛宗教的權威，要求人們信任上帝，只求某種改良。即以遭到官方禁止的康德最急進的著作《理性限度內的宗教》而言，這本著作發表在法國革命的高潮中，卻只是它的蒼白折光。對宗教的理論和態度，可說是政治和哲學的聯結環和中介點，它一方面是當時政治鬥爭敏感的一環；另一方面又是當時哲學思想不可分割的組成部分。

正因為階級特徵和政治路線不同，以拉美特里、霍爾巴赫、愛爾維修為代表的法國資產階級哲學唯物主義，便大不同於以康德、黑格爾為代表的德國古典唯心主義哲學㉙。前者是明朗、確定和勇往直前的，後者是抽象、含混和異常晦澀的。從哲學兩條路線上說，德國古典唯心主義是與法國唯物主義相對抗的。

德國古典哲學採取了唯心主義的思想路線，但如同在政治上要求公民權利、代議制度、反對封建世襲等經濟政治特權一樣，他們的哲學包

㉖ 康德：《道德形而上學》，法的形而上學原理A。參看本書第九章。

㉗ 黑格爾：《康德哲學論述》，商務印書館，1962年版，第18頁。（原文在《哲學史講演錄》的第3部內。）

㉘ 黑格爾：《法哲學原理》，商務印書館，1962年版，第323頁。

㉙ 這只是就大體情況和基本傾向講。關於法國唯物主義者是否直接贊同暴力革命以及革命是否會贊同他們的理論，則是另一回事。例如霍爾巴赫在實際上也是反對革命，害怕人民的暴力「騷動」的。而法國大革命的雅可賓領袖羅伯士庇爾和左派馬拉等則堅決反對和駁斥無神論和唯物主義，羅伯士庇爾曾打碎愛爾維修的塑像。現象非常複雜，需要具體分析。

含了大量合理的內容，並且其深刻的成就遠遠超過了法國唯物主義。而所以如此，原因之一也恰恰正由於野蠻而凶狠的封建統治和落後與困難的現實環境，使這些哲學家們只好把自己關在書房裡，不是讓行動而是讓精神作自由的抽象飛翔，在深遠的思辨（哲學）和激情（詩和音樂）中，去達到和沈溺在現實活動中的人們所不能達到的空前高度。但這也同時使他們的哲學經常處在一種尖銳的矛盾中。在黑格爾，是辯證法與唯心主義體系的矛盾；在康德，則表現為一種二元論的突出特徵。康德一方面強調啟蒙，強調科學，認為上帝存在不能從理論上證明；但另方面，他又要給宗教保留地盤，把上帝存在推到信仰領域。在康德哲學中，科學與宗教、理論理性與實踐理性、「現象界」與「物自體」、經驗材料與先驗形式等等截然二分，無不深刻地表現了這一點。

（二）思想資料

除了現實生活的根源之外，還有思想上的來源。

康德自稱是休謨把他從萊布尼茲—沃爾夫哲學㉚的獨斷論中喚醒的。他在其主要哲學著作《純粹理性批判》一書中，多次提到洛克和萊布尼茲，第二版中又強調批判巴克萊和笛卡爾。康德哲學承上啟下，從

㉚ 沃爾夫（1679～1754）本人雖然拒絕「萊布尼茲—沃爾夫哲學」這種提法，但他確是萊布尼茲哲學的體系化者。他的嚴格唯理論哲學在當時德國占據支配地位，影響很大。康德講到形而上學獨斷論時，心目中主要就是指沃爾夫。獨斷論亦可譯作教條論、教條主義。

已經積累的哲學資料出發，總結、分析和批判了前一代的歐洲哲學，並在這基礎上提出了新問題。它標誌著歐洲哲學史的一個重要轉折。恩格斯說：「在法國發生政治革命的同時，德國發生了哲學革命。這個革命是由康德開始的。他推翻了前世紀末歐洲各大學所採用的陳舊的萊布尼茲的形而上學體系。」㉛

下面我們簡略回顧一下與康德思想來源直接有關的歐洲近代哲學，這主要就是所謂唯理論與經驗論。

培根（1561～1626）和笛卡爾（1596～1650）是近代歐洲資產階級哲學的創始人。培根提出了重實驗、重經驗事實的歸納法，成為英國經驗論的先行者。笛卡爾則以「我思故我在」的著名命題（一切事物均可懷疑其是否真實，但我在懷疑——我思這件事清清楚楚無可懷疑，從而「一個在思想的我是存在的」也就無可懷疑），重理性、重演繹，要求從所謂「清楚、明晰」的原理推出一切知識來，成為大陸（法、德、荷蘭等西歐國家）理性主義（即唯理論）的帶頭人。笛卡爾認為，像三角形內角之和等於兩直角之類的數學，便是「清楚、明晰」、絕對可靠的先天理性知識。

唯理論者追求認識的普遍必然的真理性，把這種真理性歸納為「天賦觀念」之類的理性。斯賓諾莎（1632～1677）認為：「完善的方法在於指示人如何指導心靈，使它依照一個真觀念的規範」㉜去進行認識，「理性的本性在於認為事物是必然的，不在於認為事物是偶然的」㉝。他認

㉛ 《大陸上社會主義改革運動的進展》，《馬克思恩格斯全集》第1卷，1956年版，第588頁。

㉜ 斯賓諾莎：《理知改進論》丙。

㉝ 斯賓諾莎：《倫理學》，見《十六——十八世紀西歐各國哲學》，商務印書館，1975年版，第299頁。

為，從感官知覺得來，不依理知秩序呈現的一般經驗，是不可靠的、虛妄的知識，它們只給人一些偶然的跡象，不能獲得真理。斯賓諾莎企圖從所謂「先天理性」的「自明公理」推論出一切必然的知識。

對康德有巨大影響的是唯心主義唯理論者萊布尼茲（1646～1716）。萊布尼茲認為，宇宙是由許多各自獨立互不相干的精神單子所構成，它們是「內在活動的源泉」、「無形體的自動機」，具有不同程度的知覺和力的能動性。作為這種能動性的高級形態的「理性靈魂」或「精神」，則使人認識必然真理。在萊布尼茲看來，動物的認識全憑經驗和聯想，而人的認識則憑天賦的理性，以得到如數學那種必然的知識。他說，「只有理性能建立可靠的規律……，在必然後果的力量中找出確定的聯繫。這樣做常常使我們無需乎實際經驗到影像之間的感性聯繫，就能對事件的發生有所預見，而禽獸則不然。」[34] 感覺論者本有句名言說，凡存在於理知中的東西，無不先存在於感覺中，萊布尼茲說他同意這句話，但要補充一句，即理知本身除外。萊布尼茲認為，只有理知才提供具有普遍必然性的「推理的真理」，像實體、因果這種概念決不能在感性經驗中獲得，感覺只能提供偶然的不可靠的事例或「事實的真理」。萊布尼茲把一切真理和知識的來源和標準，歸結為所謂先天理知中潛在的天賦觀念和自明原則，外界對象只不過起一種「喚醒」作用而已。形式邏輯的不矛盾律是獲得普遍必然的「推理的真理」的規則，而所謂「充足理由律」則是「事實的真理」的依據。凡事實都有原因，而無窮系列的最後原因或「充足理由」便是上帝。總之，上帝、理性、形式邏輯成了一切真理的淵藪和尋求真理的根本方法。笛卡爾用心理學為中世紀神學家提出的上帝存

[34] 萊布尼茲：《人類理知新論・序言》，見《十六──十八世紀西歐各國哲學》，商務印書館，1975年版，第504頁。

在的本體論證明作證（由人們具有完滿觀念來推論上帝的存在），萊布尼茲也接受這種看法。這就顯示出：唯理論否棄經驗，單憑理性，實際上並不能區別正確與錯誤、科學與宗教，他們追求的普遍必然的知識實際上並不都是真理，有些只是一種形而上學的獨斷，與近代科學精神背道而馳。原來為反抗盲從教會要求掙脫宗教桎梏而強調理性的唯理論，隨著科學的進步，已陷入嚴重的危機中。康德對這一點感受很深。

萊布尼茲在反駁洛克時明確指出，洛克比較接近重經驗的亞里士多德，而自己則接近柏拉圖。與柏拉圖路線的萊布尼茲相對立，洛克（1632～1704）是唯物主義的經驗論的代表。他反對「天賦觀念」，認為一切知識起源於感覺。他說：「心靈像我們所說的那樣，是一塊白板，上面沒有任何記號，沒有任何觀念。心靈是怎樣得到那些觀念的呢？……它是從哪裡得到理性和知識的全部材料呢？我用一句話來回答，是從經驗得來。我們的全部知識是建立在經驗上面的，知識歸根到底都是導源於經驗的」㉟；「首先，我們的感官熟識了個別的、可感覺的對象，就按照對象影響感官的那些不同的方式，把對於事物的一些清晰的知覺傳達到心靈裡面。這樣，我們就獲得了我們對於黃、白、熱、冷、軟、硬、苦、甜以及一切我們稱為可感性質者的觀念」㊱；理知不過是儲備、重複、比較、聯結這些「簡單觀念」。在洛克看來，一切複雜觀念都不過是簡單觀念的機械結合，從而，理性也就不能超出由感覺提供的簡單觀念之外。認識因此不但沒有感性階段與理性階段的本質區別，也沒有普遍必然性的問題，事物既都是特殊的存在，一般的抽象概念便不過是它們的「名

㉟ 洛克：《人類理知論》，見《十六——十八世紀西歐各國哲學》，商務印書館，1975年版，第366頁。

㊱ 同上書，第367頁。

義上的本質」而已。洛克只注意研究感知的經驗性質。他從感覺經驗出發，區分出物質有「第一性質」（體積、廣袤、形狀、動靜、數目等）與「第二性質」（色、聲、香、味等），認為第一性質是物體本身所具有，第二性質則不過是外物的某些不可見的第一性質(物質微粒的不同大小、組織、運動）作用於我們所引起的感覺的能力而已；「這些性質，不論我們錯誤地賦予它們以什麼真實性，實際上並不是什麼在物體本身中的東西」㊲。這樣，聲、色、香、味都被洛克認為是依存於主觀感覺的東西了。

洛克經驗論的這個重要論點，為巴克萊主教所特別發揮。巴克萊（1685～1753）論證道：既然第二性質依賴於第一性質，這說明第一性質與第二性質本是不可分離地連結在一起的。一個只有廣袤、形狀、運動而沒有軟硬、色彩或聲音的東西是不可想像的。「顯然我是沒有能力來構成這樣一個有廣袤和運動的物體觀念的，除非我同時給它些顏色或其他感性性質……。因此，這些其他感性性質在什麼地方存在，第一性質也必定在什麼地方存在，也就是說，它們只存在於心中，而不能存在於別的什麼地方」㊳。在巴克萊看來，「天上的一切星宿，地上的一切陳設，總之，構成大宇宙的一切物體，在心靈以外都沒有任何存在。它們的存在就是被感知或被知道」㊴；「存在就是被感知」，根本不存在任何物質實體。巴克萊最後指出，是上帝而不是物質才可能將感覺與觀念賦予人們。

㊲ 同上書，第375頁。

㊳ 巴克萊：《人類知識原理》，見《十六——十八世紀西歐各國哲學》，商務印書館，1975年版，第543頁。

㊴ 同上書，第541頁。

沿著這條路線，休謨（1711～1776）把經驗論發展成為徹底的懷疑論和不可知論。因為巴克萊已經把存在化為感知，但感知本身只是一堆雜亂無章的瞬間印象，於是就有一個如何可能使這些瞬間印象連結起來，具有一定的秩序規則以構成認識的問題。休謨認為：這是人們經驗習慣和聯想構成的，客觀上並沒有這種秩序和規則。因此，唯理論認為由理性演繹得出的普遍必然的真理，便根本不能成立。「原因與結果的發現，是不能通過理性，而只能通過經驗」㊵；「根據兩件事物經常聯繫在一起，例如火與熱，重量與固體，我們僅僅由於習慣就會由這一件事物的出現而期待那一件事……。由此可見，一切從經驗而來的推論都是習慣的結果，而不是運用理性的結果」㊶。因之，火與熱，雪與冷，身體（肢體運動）與心靈（意志活動），我們只見它們彼此繼起、相互連續，其中的關係和聯繫是根本不可知的；是什麼力量使事物相繼出現，使我們觀念不斷產生，也是不可知的。從而，除數學是與經驗事實毫無關係的必然分析命題以外，一切有關經驗事實的科學知識都只是或然性的推論，不能保證有任何普遍必然的有效可靠性。沒有什麼放之四海而皆準的客觀真理，它們都只是人們主觀的經驗習慣。我們相信太陽明天會出來，不過是由於我們天天看到它曾經出來的緣故。

可見，把知識來源完全歸於感覺經驗的經驗論者，儘管如休謨那樣否定了上帝、宗教奇蹟和精神實體的存在，但也同樣否認了不依存於人們主觀意識的物質世界及其客觀規律的獨立存在。休謨的懷疑論把從感覺經驗出發的整個近代哲學的特徵和問題十分尖銳地暴露了出來，超過

㊵ 休謨：《人類理智研究》，見《十六——十八世紀西歐各國哲學》，商務印書館，1975年版，第634頁。

㊶ 同上書，第642頁。

了任何其他哲學家，到今天仍有其巨大影響。

自培根到休謨，經驗論和歸納法不能保證科學所要求的客觀內容和普遍必然的有效性質，即是說，不能證實知識的真理性質。另一方面，從笛卡爾到萊布尼茲，唯理論和演繹法也不能保證這一點。儘管經驗論和唯理論都是為了從中世紀的宗教神學的束縛下解放出來，反對封建蒙昧。一個是信任人的理知，另一個是信任人的感覺；一個認為只有理知才能獲得真理，另一個認為只有感覺經驗才有真理。它們都企圖為當時蓬勃興起的自然科學提供哲學論據和基礎，結果是經驗論陷入了懷疑論，唯理論歸結為赤裸裸的信仰主義。大數學家萊布尼茲拚命論證上帝和宗教的合理，寫了大部頭英國史的歷史學家休謨則拚命否定任何客觀規律的存在和可知。但是，從伽利略到牛頓，自然科學在凱旋行進，使人們獲得了如伽利略所說的可與神明相比的確實知識。現在這種確實的科學知識的哲學基礎卻反倒成了問題。具有真理性質的科學知識（認識）如何可能？當時取得巨大成就的自然科學的普遍必然的客觀有效性如何可能？……給哲學提出了巨大問題，這是一方面。另一方面，有關宗教、神學、上帝存在種種問題如何對待？（這些問題又與社會政治問題有聯繫。）笛卡爾、萊布尼茲、洛克、巴克萊都或承認、或宣揚上帝的存在，斯賓諾莎的上帝等於自然總體，休謨對上帝則持懷疑態度。總之，在這裡，認識論（認識上帝）和本體論（上帝存在）還混在一起，沒有分家。而宗教究竟是否與科學一樣的客觀真理？它們究竟有否和有何區別？如何來說明科學和宗教的地位和意義？在當時也日益成為巨大問題。這兩方面的問題，經驗論和唯理論兩派顯然都不能解決。

法國十八世紀唯物主義雖然把洛克的學說發展為徹底的感覺論，強調一切認識來源於感覺，反對上帝存在，但他們講的感覺、經驗等等只是一種個體的感知、被動的靜觀。他們對具有普遍性的理性認識了解很不夠，從而在根本上並未能超出洛克的基本立場，仍然沒能解決科學的普遍必然真理性的課題。

於是，這課題歷史地和邏輯地擺在熟悉當時各派哲學和各門自然科學的康德的面前。

一般哲學史常說，康德是上述大陸唯理論與英國經驗論的綜合者。這個流行很廣的老生常談，有一定的合理性，它指出了康德認識論的某些特徵。但如作為對康德哲學的全面概括，則似乎不夠準確。首先，這只是從思想而不是從現實根源來解釋和規定康德，還是黑格爾哲學史那種從思想到思想的觀點。其次，也是最重要的，這主要只講了認識論，而未從包括倫理學和美學的全部康德哲學著眼。第三，唯理論與經驗論各有唯物主義與唯心主義派別，籠而統之說康德綜合了二者，掩蓋了哲學上遠為錯綜複雜的實際情況。例如，這種說法經常說，休謨的終點是康德的起點，由休謨直接康德。於是，與康德同時而略早的十八世紀法國唯物主義，便被一筆抹殺。實際上，康德一方面讚賞伊壁鳩魯和洛克，宣稱反對巴克萊和笛卡爾，表現了他的唯物主義思想淵源和傾向，但同時，柏拉圖、萊布尼茲和休謨的唯心主義，對他影響也很大㊷。他所繼承和綜合的，更多是唯心主義的唯理論（萊布尼茲）和唯心主義的經驗論（休謨）。他所反對的，其中就有法國十八世紀唯物主義反映論。他的倫理學很大成分上就是針對法國唯物論的。所以在這種意義上，不了解

㊷ 康德在何種程度上掌握和理解了唯理論和經驗論上述代表們的著作，也是至今還有許多爭論的問題。現代好些康德研究者強調康德並未讀過巴克萊的主要著作，對萊布尼茲的《人類理解新論》也知道得很晚（因該書出版晚）。伏雷肖爾（Vleeshauwer）則強調休謨對康德並無任何重要影響，等等。

法國唯物論，也不能很好地了解康德。

（三）牛頓和盧梭的決定性影響

最為重要的是，真正決定康德哲學，使其具有積極內容的，並不是唯理論或經驗論這些哲學派別，也不是任何哲學家，而是以牛頓（1643～1727）為代表的當時自然科學的進步思潮和以盧梭（1712～1778）為代表的當時法國資產階級的革命浪潮。牛頓和盧梭才是真正影響康德的兩個最有力量的人。在這兩個人身上體現了資產階級上升時期追求科學與民主的時代精神。他們對康德的影響遠不只是思想資料問題，而且是現實生活對康德思想影響的集中表現。當時廣闊的現實正是通過這兩個時代的標兵作為中介環節，對康德投射了深厚的光影。從下面康德思想發展行程中，可以具體地看出，從早年起，康德便是近代實驗科學倡導者伽利略和牛頓的研究者、信奉者，積極參加了自然科學的活動，提出了一些重要的發現和思想。另一方面，宗教、神學等形而上學和世界觀問題本來即是康德注意的中心，法國革命前夕以盧梭著作為突出代表，反映出當時一系列社會、政治、宗教、教育的危機，使這些舊形而上學問題具有新鮮的迫切現實意義，更強烈地吸引著他。當時自然科學和當代社會問題，是康德哲學產生的現實土壤。科學與民主是當時也是以後許多世代的兩大基本問題，康德接受牛頓和盧梭的巨大影響也正在此。

康德是吸取了當時時代的最先進的思想的。

正是在這個科學實驗和社會鬥爭的現實基礎上，聯繫前述哲學史上的思想資料，康德看到，處理自然界問題的科學在迅速前進，處理人和宇宙的根本問題（其中包括自然科學的真理性這個根本問題）的哲學，在唯理論和經驗論的支配下，卻一籌莫展。例如，牛頓力學作為統治十八世紀的主要科學成就，當時唯理論者認為它表現了笛卡爾重視數學、演繹的結果，經驗派認為表現了觀察、實驗的成果。儘管牛頓主要受培根經驗論影響，憎惡笛卡爾的唯理論，他本人明確地把自己的主張歸結為歸納法，但實際上，從伽利略到牛頓的近代自然科學方法，既不同於唯理論的幾何式的演繹，也並不同於經驗派的描述和歸納；既不是專重感官，也不是只憑理性，而是實驗加數學，經驗與理性的結合。實驗是在理性指導下的經驗，數學也不是與感性無關的理性。總的來說，開始運用近代科學的實驗方法（參看本書第二章），這是人類科學史和認識史上的一大轉折。

因之，照這個標準，不和經驗相結合的唯理論舊形而上學，包括論證上帝存在之類的中世紀以來的偽科學，便應完全擯諸科學（認識）之外；而否認必然真理的懷疑論的經驗論也不能成立。另一方面，認識是為了實踐，科學終竟是服務於人的，它低於人類本身。那麼，人的本質和目的又何在？照當時的提法，這也就是所謂「自由」、「靈魂」、「上帝」之類的形而上學問題。這些問題能像牛頓力學那樣成為普遍必然的科學認識嗎？如果不行，又怎麼辦？一方面是自然界的機械論（這是當時唯物主義的主要陣地），另一方面是以社會領域為實際支柱的目的論（這一直是唯心主義的頑強陣地）；一方面是牛頓發現的因果規律，另一方面是盧梭宣揚的人的自由（詳後），這才是康德極力想要調和統一的課題。

所以，與其說，康德是大陸唯理論與英國經驗論的結合者，還不如說，他是機械論和目的論，同時又更是牛頓與盧梭的批判的結合者。但這個結合又是由上述唯理論、經驗論思想極其錯綜複雜的參預，和推翻萊布尼茲－沃爾夫的形而上學的「哲學革命」而實現的。

康德是在廣泛閱讀了各種自然科學和社會學說，飽餐各派資料的營養基礎上，來構造他的哲學體系，提出自己的獨特觀點的。曾一度是他的學生後成為論敵的赫爾德爾（Herder）追憶說：「……他的講課是最豐富的。他考察著萊布尼茲、沃爾夫、包姆加登、格老秀斯和休謨，也解說著開卜勒、牛頓和科學家們。他審查著剛出版的盧梭的《愛彌兒》、《哀綠綺思》。他評價著任何他所知道的新的自然發現。他經常講自然的知識和人的道德價值」㊸。有的哲學史也講到：他「經歷了沃爾夫的形而上學，經歷了與德國大眾哲學家們的交往，他投入過休謨提出的深奧問題，熱心於盧梭的自然福音。牛頓自然哲學的數學的嚴格，英國文獻中對於人的觀念與意志的心理學分析的精巧，從托蘭和莎夫茲伯利到伏爾太的自然神論，法國啟蒙主義用來改進政治與社會的高貴的自由精神，都在青年康德那裡找到了忠實的合作者」㊹。所有這些，表明康德的思想來源，以及綜合它們以建立自己的體系，是極其複雜交錯的。實質上，有如列寧所指出，它是「使各種相互對立的哲學派別結合在一個體系中」㊺。對康德本人來說，它經歷了一個曲折的、漫長的變化、發展的過程，在這個過程中，這一實質表露得特別清楚。

㊸ 赫爾德爾：《人性進展通信》第79封。康德講課經常採用包姆加登的著作作為教本，例如包姆加登的《形而上學》便為康德多年採用，但這並不意味康德贊成包姆加登的觀點。

㊹ 文德爾班：《哲學史》第6編第1章。所謂德國大眾哲學家指孟德爾松等人。

㊺ 《唯物主義與經驗批判主義》，《列寧選集》第2卷，1972年版，第200頁。

（四）前批判期

根據康德自己的說法，一般都把康德思想的發展分為「前批判期」和「批判時期」兩大段落，以開始形成康德的主要哲學著作（三大《批判》特別是《純粹理性批判》）中基本觀點為分界線。但這個分界並不是突然的轉折，而是一種由量變積累而成的質變㊻。

康德本是萊布尼茲—沃爾夫哲學唯心主義唯理論的信奉者。這個哲學對宗教和神學採取順從和妥協的態度。神學在當時哲學界占統治地位，所謂「先驗神學」（宗教的哲學論證）、「先驗心理學」（論證靈魂不朽等哲學神學學說）、「先驗宇宙論」（闡發上帝創世的宇宙觀念，如時空有開始等等），是大學哲學課堂的重要內容。康德的家庭信虔誠派教義，充滿濃厚的宗教氣氛。康德早年還接受過極嚴格的神學教育。按照這個方向，康德本可能只是一個神學家或沃爾夫哲學的平庸宣講者。正是對牛頓力學的愛好和研究，在康德思想的發展上起了決定性的良好作用。1746年，康德發表了他的處女作《對活力的正確評價》㊼，認為物質並

㊻ 關於康德哲學思想的發展，至今有許多爭議（如關於休謨的影響及時間），本書不擬詳細討論。

㊼ 這本論著很重要，它第一次表現了康德思想某些特徵。首先是創造性的研究態度，敢於向傳統和權威挑戰。他在序中指出，由於偏見和「傳統大人物」的統治，敢於發表自己思想以促進科學的「不知名的作家」常被「似乎博學」的大人物所輕視。但他「決不理睬任何人的命題，即使他極其著名，如果我

非一種純靠外力推動的被動的基體，而是自身保有「活力」（引力和斥力）的運動源泉。它表明康德已感受到牛頓與萊布尼茲、新科學方法與舊形而上學處於矛盾之中。萊布尼茲的彼此獨立互不相涉的單子宇宙觀與牛頓傾向一個彼此聯繫的整體宇宙觀是相矛盾的。另一方面，萊布尼茲重視運動內在源泉以及目的論的思想，與牛頓力學的機械論又是矛盾的。而當時與神學糾纏在一起的關於空間、無限的種種爭論，更把自然科學中一些根本問題推到了哲學理論的祭臺，如絕對空間與相對空間、物質的無限可分與單子的不可分、邏輯的與現實的因果規律與充足理由等，所有這些，使科學的方法、界限、目的以及與哲學、神學的關係突出了。古典力學（牛頓）及其問題已跨越自然科學的範圍，它與舊形而上學（如萊布尼茲）的矛盾和衝突，表現出一種哲學方法論和認識論上的分歧，這種分歧為康德所切身感受和自覺注意㊽。康德從青年時代起直到晚年《遺著》的許多似乎是「純」自然科學的研究，應該放在這種背景下來考察。康德的整個哲學思想更需要在這背景即自然科學的強大影響下來考察。可以看出，康德是用哲學家的眼光去對待自然科學的專門研究的，他的自然科學論著具有顯著的哲學家的特徵，他經常抓住一些帶根本性

認為它們是假的話」，「許多大人物奮鬥無效的真理，卻首先對我的心靈開放」（第1章第55節）。其次一個特點，表現在其自然科學的探索中非常注意哲學的意義和問題。他說：「不講主動的力或動力在機械學和物理學中是否重要，但在形而上學中，這是重要的」，因為它涉及物質、精神、靈魂、上帝、實體種種問題。第三，此文認為，如果有智力相當的不同意見的雙方各持一端，則真理經常在其中間，「這是一條發現真理的規律」（第2章第20節）。這裡實際有一種折衷的意味。最後，也是最重要的，在這個處女作中，康德表現出非常重視矛盾（以及重視從反面來檢驗論證）的特色。以上幾個特點，在康德日後論著中一再表現出來。

㊽ 如《形而上學結合幾何學在自然哲學中的應用：物理單子論》（1756年）。

的或與人類利害密切相關的科學課題來研究。與一般自然科學家明顯不同，他十分注意從哲學上來看待、處理問題，非常重視方法論、整體觀點和具有普遍意義的理論概括。他的哲學思想，也正是首先從這種科學研究中浮現和發展出來的。

在十八世紀五〇年代，康德連續發表了一系列有創見的自然科學論著，如關於潮汐與月球吸力的關係，否認地球衰老，關於風的理論等等，同時表現了他的一些哲學觀點。在論火的短文中，康德說，任何地方我總是非常注意依據經驗和幾何學的指引，沒有它們，便不能走出自然的迷宮，我不允許思想的武斷和假定㊾。在探討地震的著作中，康德斥責把地震看作上帝的懲罰，提出人應該學會有理性地對待這種可怕的不幸，盡可能去防止它；對涉及所有人的命運這種重大事故，科學家更有責任給予公眾以通過觀察探究所得到的知識㊿。(康德研究地震是由於當時里斯本大地震的緣故。) 在《運動與靜止》一文中，康德指出，決不能說一物靜止而不相對於什麼而靜止，一物運動而不指出相對於什麼而改變了位置51，這也是很有遠見的科學－哲學思想。

這一時期，康德最重要的著作是《自然通史和天體論》(1755年)。這本書提出了星雲假說。他以牛頓力學（萬有引力定律）為基礎，創造性地解釋了天體起源和宇宙發展，突破了牛頓否認建立機械的天體起源論的可能和認為行星運動的始源及其程序是上帝安排的神學觀，康德認為，引力和斥力這兩種對抗力量的鬥爭、運動和相互作用，產生了太陽系和其他宇宙星體，並不要借助於任何神意或上帝的干預，也不需要如

㊾ 《論火》(1755年)。

㊿ 《論去年底歐洲西部地震的原因》(1756年)。

51 《關於運動與靜止的新學說》(1758年)。

牛頓所強調的外力的第一次推動。康德這種天體自然演化論與他前後發表的一系列科學論著完全一致，表現了他這時的自然科學的唯物主義思想傾向。這種傾向又是與他接受古希臘唯物主義哲學（主要是原子論）的重要影響分不開的。康德在這本書中說,「我並不否認，盧克萊修或他的前人伊壁鳩魯和德謨克利特的宇宙構成論與我自己的有許多相似之處」;「關於德謨克利特的原子學說的基本之點，在我自己的宇宙起源中也能見到」。康德用純物質的原因（牛頓所確定的機械力學的因果規律）解釋自然在發展中的統一。恩格斯對康德這一成就作了很高的評價，說:「在這個僵化的自然觀上打開第一個缺口的，不是一個自然科學家，而是一個哲學家。1755年出現了康德的《自然通史和天體論》。關於第一次推動的問題被取消了；地球和整個太陽系表現為某種在時間的進程中逐漸生成的東西」㊾;「康德在這個完全適合於形而上學思維方式的觀念上打開了第一個缺口，而且用的是很科學的方法，以致他所使用的大多數論據，直到現在還有效」㊿;「康德一開始他的科學生涯，就把牛頓的穩定的從有名的第一次推動作出以後就永遠如此的太陽系變成了歷史的過程」[54]。

在《自然通史和天體論》中，康德說:「給我物質，我用它造出一個宇宙！這就是說，給我物質，我將給你們指出，宇宙是怎樣由此形成的。因為如果有了在根本上具有引力的物質，那麼大體上就不難找出形成宇宙體系的原因。」可見，康德這時對宇宙、自然（有機體除外）的看法亦即他的自然觀，基本上是機械唯物主義的。

[52] 《自然辯證法》,《馬克思恩格斯全集》第20卷，1971年版，第366頁。

[53] 《反杜林論》,《馬克思恩格斯選集》第3卷，1972年版，第96頁。

[54] 同上書，第63頁。

但是要看到，這種機械唯物主義的自然觀，並不就是康德的世界觀。機械唯物主義是法國唯物主義者的世界觀，他們用機械力學解釋一切，認為人是機器、動物是機器，包括社會領域也可用機械力學式的因果律來解釋。康德則根本否認這一點，他說他能用機械運動解釋宇宙，卻不能解釋一條毛毛蟲，因為作為有機體的生命現象，是機械力學所不能理解和說明的。這表明康德看出，作為有機體的生物界，是比機械力學運動本質上要高一級的現象。同時這也反映出牛頓力學並不能滿足康德，並不能解決康德所關心的哲學問題。用機械力學解釋生命現象都很困難，更不必說用它來規定人的倫理道德了，後者是康德完全不能接受的。在這個領域，原有的萊布尼茲的目的論和傳統神學觀念還支配著他。康德在上述《天體論》一書中便說：「人們在這裡不禁要問：為什麼物質恰恰具有這種能達到合理而有秩序的整體的規律？……難道這不是無可否認地證明了它們有一個共同的原始起源，必然有一個至高無上的智慧，按照協調一致的目標來設計萬物的本性嗎?」「正因為大自然在混沌中也只能有規則有秩序地進行活動，所以有一個上帝存在。」康德認為，宇宙的發展、天體的起源可以用物質運動來解釋，但宇宙存在的原因卻不能由物質或力學來解釋。上帝不是宇宙世界的建築師，但仍然是設計者；不作第一次推動，但仍然是宇宙世界的起始原因。康德用自然的秩序、規律、合目的性來證明上帝是存在的，認為時間雖然無終，但有開始，神創造世界是為了人的目的，力學不能走出自然規律之外，而自然規律本身卻只有目的論才能解釋。可見，康德這時的哲學世界觀在根本上還是傳統的唯心主義，就是說，還在理論上肯定上帝存在，還是站在為他後來在《純粹理性批判》一書中所堅決批判的舊形而上學和「自然神學」的立場之上。儘管《自然通史和天體論》一書具有高度哲學價值，但不能如某些論著所認為的那樣，說康德寫這書時的世界觀和哲學思想，要高出和優於寫三大《批判》的時期。

事實上，正是對自然科學的繼續深入探究，康德對證明上帝存在之類的神學觀念和舊形而上學才產生了根本懷疑。本來，像牛頓一樣，康德多年研究自然科學是想「從自然科學上升到上帝的認識」，牛頓找到上帝存在作為第一個原因，康德則想由萬事萬物的合目的性證明一個有意志的上帝存在。但結果卻始終不能由經驗或現實材料作出這種證明。康德說他對上帝存在問題深思了八、九年，在1763年一篇論著的結尾，他終於說出，「人使自己信仰上帝存在是絕對必要的，但證明它卻並不如此」[55]。他在這篇論著中雖然還保留了一種證明，但對所謂上帝存在的幾個傳統的著名論證，如本體論證明、宇宙論證明等，便逐一加以非難駁斥，並強調要探求一切事物的自然原因，不要把原因歸於上帝，不需要什麼上帝製造的奇蹟。與此同時，康德又對研究這些根本問題的形而上學發出了感嘆，他說形而上學像「無底的深淵」，像「看不見海岸和燈塔的漆黑的海洋」，足見他這時因這些探討所遇到的矛盾感到極其困難和苦惱。

在苦惱的探索中，康德一個重要的成果，便是逐步與萊布尼茲—沃爾夫的唯理論舊形而上學決裂。他日益明確，一個事物的存在是否由於另一事物的存在，這不能純粹由思辨、由形式邏輯來決定，「不能因為我不能思想它不真，它就真」[56]。關於存在的形而上學理論，例如唯理論的上帝存在的本體論證明，正是建築在這種形式邏輯的推論思辨基礎上，所以不能成立。要成立，便必須有經驗來作檢驗和回答。康德對唯理論

[55] 《上帝存在唯一可能的證明》(1763年)。

[56] 1763年應徵文。

將思維的邏輯關係（普遍必然）看作現實事物的邏輯規律，從前者推論出後者的基本觀點，表示了極大的不滿。

同年，康德發表《論負數概念引入哲學》，把這一點表達得非常強烈。此文反對把存在與認識、現實與概念、事物的邏輯與思辨的邏輯混為一談，強調形式邏輯（唯理論所崇奉的邏輯）決不是現實事物的基礎，不能從風的概念中僅僅依據形式邏輯而推論出雨來。康德認為：數學中運用的負數便不是形式邏輯的規定，而是表現了現實生活中的否定。在形式邏輯中，肯定與否定彼此對立，不能同真，現實生活中則不然。形式邏輯不允許是A又是非A，但數學允許一數可以是±A（正負A）。現實生活中的否定、對立不同於形式邏輯的矛盾。在現實中，矛盾和負概念並不只具有消極的意義，相反，而是具有積極的意義。對立雙方可以同存於一個事物之中發展變化。康德舉出了一大堆現實生活中矛盾對立的例子。這篇文章是日後康德強調數學與感性經驗有關而不是純邏輯的觀點的先導；更重要的是，這表現了康德對現實矛盾的肯定和重視，要求在思維認識領域突破傳統形式邏輯的同一性和不矛盾律，並開始醞釀著日後構成其批判體系的某些重要思想，如對不同於「分析判斷」的「綜合判斷」的重視，如提出不同於形式邏輯的先驗邏輯，如批判萊布尼茲把概念的同一性（形式邏輯）與感性的同一性（數學）混為一談、由前者派生出後者，等等。這正是康德長期從事自然科學的研究所取得的哲學收穫，它展示著康德由上階段對自然界的一般科學探討日益轉向哲學理論，並日益自覺地集中到哲學根本問題上來。從存在與認識的關係著眼，普遍必然的科學真理如何可能？將上帝存在、靈魂不朽等當作科學真理的舊形而上學又如何不可能？……這些問題日益成為康德考慮的中心。

康德既主張把數學上的一個基本觀念——負數概念引入哲學即強調事物的矛盾，又十分強調哲學和數學在方法上根本不同。在1767年與孟德爾松同時應徵而落選的一篇題為《是否形而上學真理，特別是自然神學和道德基本原理，能夠得到如幾何學一樣的確證?》的論文中，康德作了與孟德爾松完全相反的回答。孟德爾松認為形而上學可以如幾何學那樣確定，只是較難理解一些而已。這基本上還是傳統的唯理論觀點。康德則認為不行，指出作為哲學的形而上學與作為數學的幾何學有根本的不同。數學從定義出發去構造對象，以獲得知識。哲學不能從定義出發，它所用的抽象語詞必須在應用中才能獲得和明確其涵義，以弄清問題。康德反對唯理論那種偽數學式的哲學，從所謂先天自明公理演繹出一切知識，而要求採用從經驗出發的物理學的方法即牛頓的方法。康德說:「形而上學的真實方法，基本上應該是牛頓導入自然科學中獲得豐碩成果的同樣的方法。」(57) 而形而上學，對康德來說，就不是別的，「乃是關於我們知識最高原理的哲學」(58)。

就理論說，康德已認為邏輯不等於現實；就方法說，哲學不等於數學。總之，離開經驗，單憑思辨、演繹是不能使形而上學獲得真理的。從概念思辨的邏輯推演中無法導出現實事物的存在和因果，不能獲得認識，只能得到虛妄。在同年的《視靈者的幻夢》一文中，康德批評了當時轟動全歐號稱能與靈魂交往的所謂視靈術。他把它與傳統形而上學相對比，再次強調只有腳踏實地的經驗，才是我們關於現實知識的唯一源泉，再次強調事物的存在和因果，不能超出經驗，不能從理性，而只能從經驗中去求得證實。康德認為：如果視靈術是「感覺的夢幻」，那麼形

(57) 1763年應徵文。

(58) 1763年應徵文。

而上學便是「理性的夢幻」。我們不可能獲得也不需要關於鬼神、靈魂的感知或概念，對於什麼是精神實體、精神與物質如何聯結等等，都完全沒有足夠的經驗材料能為哲學所研究和概括，既不能肯定，也不能否定，即不可能認識。由於缺乏經驗材料，生、死等形而上學問題在我們理性可能認識的界限之外(59)。康德在六〇年代反覆強調了感性經驗對認識的重要地位和作用(60)，這對其七八〇年代構造「批判哲學」是極其重要的。像這一時期的《優美與崇高的情感的觀察》等著作，更充滿了各種具體的經驗談和運用描述、歸納的方法(61)。舊唯理論形而上學這時在康德世界觀中已經土崩瓦解，長期自然科學的研究和對哲學形而上學的密切關心，使康德尖銳感到以牛頓為代表的自然科學與舊形而上學之間有深刻矛盾，唯理論本體論的迷夢破滅了。英國經驗論所以能在這一時期對康德產生重要影響，是建立在這樣一個基礎之上的。所謂休謨使他從獨斷論迷夢中驚醒，就是這個意思。其實，休謨在這裡主要是起了一個觸媒作用。

這還只是事情的一個方面。如前所述，康德一方面鑽研自然科學，另一方面，又是社會、政治、法權等問題的關懷者，六〇年代初，他就講授這方面的課程。與此同時，康德固然對萊布尼茲－沃爾夫的形而上學體系由懷疑而反對，但對形而上學本身，對上帝、靈魂、自由這些根本問題，則是康德所不能放棄的。關鍵是這些問題與科學發生了尖銳矛盾，要求一個新的解決。康德寫道：「愛形而上學是我的命運」(62)。康德

(59) 見1766年4月8日給孟德爾松的信。

(60) 在康德的講課說明中，這點也極突出。如「規則是這樣：首先訓練學生比較感覺作出經驗判斷，不能從這裡一下飛入高空作出遙遠的判斷……」。

(61) 卡西爾認為，這是盧梭的影響，見《盧梭、康德、歌德》一書。

(62) 《視靈者的幻夢》。

說他愛形而上學，形而上學卻不愛他，意思是說，他從舊形而上學處得不到愛，即得不到他的問題的解答。唯理論想如科學真理那樣證明上帝存在既已不可能，牛頓力學又不能解決倫理道德問題，那麼，是否另有道路呢？在《視靈者的幻夢》中，康德已提出道德原則不能從神學和思辨形而上學中得出，只有道德經驗或可產生一種非思辨所能證明的道德信仰。在前述那篇應徵論文中，康德也一再寫道：「道德原則只決定於認識能力呢還是感情也在其中起作用?」對上帝的認識，「或只是一種道德本質」；「表象真理的能力是認識，感知善惡的是感情，一定不要把它們混同起來」[63]。這表明，康德這時要求在自然科學和社會問題亦即認識與道德之間作出劃分和區別，以解決他的苦惱矛盾。英國莎夫茨伯利、赫起生等人的道德感官說（認為有一種辨識善惡美醜的獨特內在感官即所謂五官之外的第六官能），這一時期之所以為康德信奉[64]，也是這個緣故。

但康德並未就此止步。他看到道德原則既不能從唯理論的思辨形而上學中演繹得出，又的確不是感知經驗的認識產物（這一點休謨已經指出），但他又不能像休謨和英國道德感官論者那樣，把它們歸之於感情、內在良知、第六官能了事。康德仍然要求一種理性的解決，要求明確道德的本質不在感性、感情，人的道德不是由感情、感性、官能（不管是如何高級的官能也好）支配，而應由理性決定，認為這才是人所以高於動物之所在。唯理論的老路既已走不通（因為唯理論雖然高揚道德的理性本質，但這種本質不過是違反科學精神的變相的神學，這已是康德所

[63] 1763年應徵文。

[64] 《1756～1766康德的講課聲明》：「莎夫茨伯利、赫起生、休謨將道德原理作了最大的推進」。

不能接受的了)，那麼，怎麼辦? 正是盧梭在這個關鍵上給康德以重大啟發。道德形而上學所以在康德哲學中能夠占據那麼重要和崇高的地位，這個問題所以在一個長期從事自然科學探求的人身上具有那麼強烈的吸引力量，不被自然科學研究所沖淡，就並不是因為康德曾經是虔誠教徒或他的「天性」的緣故，而恰恰是由於盧梭對他的強大影響。其所以能有這種影響，又正是與當時法國革命年代，與這個動盪時代所提出的大量現實問題和歷史發展趨向不能分開的。如前所述，法國的政治革命與德國的哲學革命幾乎是同時平行發生的，我們說康德哲學是法國革命的德國理論，並非說康德哲學是法國革命的產物或反映(《純粹理性批判》出版於1789年法國革命之前)，而是說它們同樣表現了那個資產階級革命時代一些重大課題。在法國的社會階級條件下發生了政治革命，在德國只能發生哲學革命，它們在思想上卻同樣來源於盧梭。盧梭對普通人的自然「良心」和道德感情(這已不是英國經驗論講的那種本能式的感情或感性官能，它具有形而上學的意味)的極力渲染，認為信仰(宗教)不是理知而是情感的事，對封建腐敗的社會、政治、教育、宗教、文化(科學藝術)所作的猛烈抨擊，對人生和生活提出的新穎看法(其中如科學藝術與道德背道而馳的強烈對照，人人天生平等，對民主權利的要求等等觀點)，對一向關心這些問題的康德，無疑是大的激勵和鼓舞，給極力掙脫舊形而上學而又苦於無法解決道德倫理問題(這些問題當時在日常生活和實踐中與所謂意志自由、上帝存在、靈魂不朽連在一起)的康德，增添了一位強有力的嚮導。二十年後成為法國資產階級革命旗幟的盧梭，是康德這時最景仰的人物，盧梭的畫像成為康德客廳中唯一的裝飾品。1764年康德寫道：「盧梭是另一個牛頓。牛頓完成了外界自然的科學，盧梭完成了人的內在宇宙的科學，正如牛頓揭示了外在世界的秩序與規律一樣，盧梭則發現了人的內在本性，必須恢復人性的真實觀念。哲學不是別的，只是關於人的實踐知識」[65]；「我渴望知識，不斷地要前進，有所發明才快樂。曾經有一個時期，我相信這就是使人生命有其尊嚴。我輕視無知的大眾。盧梭糾正了我。我意想的優越消失了，我學會了尊重人，認為自己遠不如尋常勞動者有用，除非我相信我的哲學能替一切人恢復其為人的共有的權利」[66]。後來在《純粹理性批判》一書中，康德強調指出，「因為道德哲學具有高於理性所有一切其他職位的優越性，古人所謂哲學家一詞一向是指道德家而言。即在今日，我們也以某種類比稱呼在理性指導下表現出自我克制的人為哲學家，並不管他的知識如何有限」[67]。在他看來，哲學不是科學知識，而是比知識更高的道德實踐，這才是形而上學的「本體」；人的尊嚴不在於他有理知、知識，而在於他能不受自然欲求的束縛去追求自己所設立的目標，人有民主的權利和道德的自由，這種道德是常人現實地具有的。康德終於接近找到解決他的困惑和苦惱的鑰匙了，這就是區別兩個領域、兩個世界：一個感性世界（科學），一個知性世界（道德）；一個科學領域，一個道德領域。牛頓和盧梭就分別是這兩個世界的無上嚮導。正是牛頓，使康德發現自然科學和傳統形而上學用超經驗論證的根本錯誤，它使理性產生二律背反；正是盧梭，使康德看到對人本身尊嚴和權利的信念便可以成為新的形而上學的根基，而無需神學和宗教，因為人本身便是目的。這當然是種反封建的民主思想。再進一步，便是用信仰而不用認識來處

[65] 《康德全集》第20卷，科學院版，第58頁。

[66] 同上書，第44頁。

[67] 《純粹理性批判》A840=B868（A，表示德文初版本；B，表示德文第2版。後為頁碼）。參看藍公武譯本，商務印書館，1960年版（簡稱藍譯本），第570頁。

理上帝存在之類的問題(68)，用本體（道德）與現象（認識）的區別來解決上述理性的二律背反。1767年康德在一封信內提到自己已有一系列的新觀點，相信最終能夠解決道德問題，並已著手在寫道德的形而上學。

這裡要注意的是，如上文指出，是自然科學和社會問題的現實矛盾，而不是純哲學——神學的思辨探討，使康德拋棄舊形而上學，來搞他的「批判哲學」，以建立所謂未來的新的形而上學。康德說過，「純粹理性的超驗使用的產物（按即二律背反）是最引人注意的，它最有力地使哲學從獨斷論的迷夢中喚醒，並使之去進行一種艱難的事業，即對理性本身進行批判」(69)。晚年又說，「不是對上帝存在、靈魂不朽等等的探索，而是純粹理性的二律背反：世界有一個開始，又沒有開始等等，到第四個，人有自由又沒有自由（只有自然的必然），是它們首先把我從獨斷論的迷夢中喚醒，驅使我作理性自身的批判，為了去掉這種理性自身明顯矛盾的醜事」(70)。可見，並不是哲學史資料，而是置根於現實生活的經驗自然科學（四個二律背反的反題）與唯理論形而上學（四個二律背反的正題）(71)的尖銳矛盾，促使康德非常苦惱和不斷探求，終於與舊形而上學分手決裂(72)。而區分道德與科學，則是促使康德最後用以「解決」這些二律背反，調和唯理論與經驗論，走向「批判哲學」道路的橋梁。

(68) 當然，由接受盧梭的影響到完全達到「批判哲學」，又經歷了曲折的過程，並非直接形成。

(69) 《導論》§50。

(70) 1798年9月21日給加爾夫（C. Garve）的信。

(71) 參看本書第六章。當然問題是複雜交錯的，牛頓的絕對時空作為物自體式的客觀存在，又正是導致二律背反的。

(72) 萊布尼茲與克拉克（Clarke）的論爭，與康德所謂二律背反喚醒他是有密切關係的。

所以，是牛頓和盧梭，亦即當時活生生的科學實驗和社會鬥爭、民主思想，才是康德完成其「批判哲學」的真正深刻的現實根源。並非偶然，康德正是在進入批判時期以後，才寫了大量有關政治、宗教、道德、歷史的論著，更加熱切地注意社會生活和政治鬥爭。這成了「批判時期」一個顯著特徵，也正是對他的哲學體系的考驗和應用(73)。與此同時，法國革命的爆發也日益臨近了。

以牛頓為代表的自然科學當然不只是科學，它又是歐洲新興資產階級所需要的啟蒙主義思潮的一個有機組成部分。盧梭則具有濃厚的浪漫主義，對十九世紀影響極大。但是康德和康德哲學（包括倫理學）卻仍然以理性主義、啟蒙主義、樂觀主義為其主要方面(74)。盧梭使康德看到，科學本身（知識）並不能使人為善（道德），道德另有根源。但他並不願意像盧梭那樣，把這種根源看作是人的自然本性，從而否定科學和歷史進步。他只是把這兩者截然分開，作一種雙重世界的安排。盧梭那種重心靈、感情、自然，輕理知、認識、文化的感傷主義、浪漫主義，都不是康德所能同意的。所以康德又只是批判地接受了盧梭的影響(75)，正如

(73) 1793年1月15日有人給康德寫信，表示感謝他的《理性限度內的宗教》一書，亦可見康德哲學與當時現實問題的關係十分密切。信中說：「……但是義務與各種權利（例如財產權）的體系的演繹是如此困難，未能被任何一個以前的體系所解決。所以每個人都真是急著想看到你的道德體系，特別是法國革命以來已經重新激起了一大堆這樣的問題。我相信就法國革命以之為基礎的根本原則，理性一定有許多話要說」。

(74) 歌德所以特別喜愛康德，這是一個重要原因。歌德說他讀康德，感到每頁都充滿了光明。

(75) 例如，儘管康德讀《愛彌兒》入迷，但他仍然認為未來的教育問題並未解決（見寫於讀《愛彌兒》之後不久的論優美與崇高一文）。康德在其倫理學中完全以理性為原則，排斥感情因素，與盧梭便大相徑庭（參看本書第八章），雖

他只是批判地接受牛頓的影響一樣。這種批判的接受，表現出它是當時歐洲時代精華的思想版本。

(五)「使各種相互對立的哲學派別結合在一個體系中」(列寧)

總起來看，如果說十八世紀五〇年代的康德，是唯理論唯心主義滲透著自然科學的唯物主義，還在調和萊布尼茲與牛頓；那麼，六〇年代的康德則已與唯理論形而上學告別，接受著英國經驗論的影響，並由牛頓趨向盧梭，日益走近他的「批判時期」。

在六〇年代，康德批判哲學的觀點已經在日漸積累和成熟，如認為「形而上學是劃定人類理性、設置認識的界限」[76]，「它在清除危險的幻想方面有用」[77]，純哲學是道德哲學等等說法、觀點已不斷湧現[78]。1765年萊布尼茲《人類理知新論》的出版，無疑給康德以新的影響[79]。萊布

然康德倫理學明顯受盧梭的影響而創立。

[76] 《視靈者的幻夢》。

[77] 《對於美和崇高的情感的觀察》。

[78] 又如1764年，他贊同蘭包爾特（Lambert）認為應由來自經驗的質料與來自邏輯的形式兩個方面構成思想，等等。

[79] 康德以前主要是通過沃爾夫體系去了解已被走了樣的萊布尼茲的。

尼茲在這本書裡反駁洛克一切概念來自經驗說，認為像實體、必然、因果等不能從經驗得來，它們來自心靈的主動，這顯然對康德構造其先驗知性的認識論也起了推動作用。到1769年，多年為形而上學問題的探討而苦惱的康德，說他突然看到了光明。到1770年，康德發表了《關於感性世界與知性世界的形式與原則》的哲學教授的任職論文（下簡稱《論文》），把他在六〇年代積累起來的一些新觀點作了第一次系統闡述，思想發展到了一個質變點。這篇論文正式提出兩個世界的原則區分：真實的知性世界（「本體」）與時、空中的感性世界（「現象」）。以前一直作為一切事物統一的最後根據的上帝，以及靈魂不朽等等，不屬於現象領域，而屬於知性世界。形而上學便是知性世界的知識形式，數學則是感性世界的知識形式。康德第一次提出時、空是直觀形式，結束了他多年徘徊於牛頓與萊布尼茲之間的不定處境[80]。在倫理道德問題上，也與莎夫茨伯利等人的內在道德感官論告別，強調純理知形式的「完滿」，日趨「自我立法」的形式理論。凡此種種，顯然已是《純粹理性批判》的前奏。但這還不是「批判哲學」[81]，因為它還認為知性範疇可以超經驗的運用，即可以運用於本體，而這種運用所獲得的理念（上帝等）還是知識，也就是說，本體世界是可以認識的。1772年，康德對此作了重要修正。認為知性不可以作超經驗的運用，上帝、靈魂等舊形而上學不是知識，不是認識對象。康德已在考慮著理論理性與實踐理性的重要區分。又經過漫長時期的集中思考，以物自體（道德實體）與現象界劃分為核

[80] 1768年出版的萊布尼茲與克拉克（代表牛頓的觀點）的通信集，把雙方論爭擺得很尖銳，也促使康德採取了這種第三派立場。

[81] 伏雷肖爾因此認為《論文》與「批判哲學」恰好相反。這是過甚其詞，因後者實際只是前者百尺竿頭更進一步的完成。

心的思想愈益突出和明確，在康德哲學中頗為重要的「綜合」這一根本觀念愈益成熟[82]。這個思考過程是漫長而艱巨的。直到1781年，才出版《純粹理性批判》。在這裡，對「先驗」與「超驗」作了嚴格區別，徹底否定知性任何超經驗運用能獲得知識，強調思辨理性只能運用於感性經驗範圍內才有客觀有效性，才是真理。至於上帝存在、靈魂不朽、意志自由等問題，根本不是知識，不是科學所追求的對象。它們只是信仰的對象，是實踐理性的「公設」。「批判哲學」的體系於是正式產生。人的認識與人的實踐統一於純粹理性，純粹理性是什麼則是不可知的。康德就這樣把科學與道德、啟蒙精神與宗教傳統、唯物主義與唯心主義、經驗論與唯理論……，把各種不同的相互對立的哲學派別，結合在一個體系裡。

《純粹理性批判》與其說是針對休謨的經驗論懷疑主義，不如說主要是針對萊布尼茲的唯理論的獨斷主義，這個主義在當時歐洲大陸是正統哲學。所以《純粹理性批判》出版後，立即引起了大量反應，熱烈的贊同與猛烈的抨擊同時湧來。閨房繡閣裡擺著看不懂的《純粹理性批判》，作為小姐們的時髦裝飾；而從梵蒂岡起的大小教會和僧侶則暴跳如雷，十分惱火，乃至把看門狗取名康德以洩憤。贊同者視康德為自由的保衛人、精神的解放者；反對者則視為異端邪說、洪水猛獸。浪漫主義者陣營認為康德太理性，忽視了感情。赫爾德爾寫了《知性與理性，對純粹理性批判的形上批判》（1799年），雅可比寫了《休謨論信仰，或唯心主義與實在論》（1787年），都反對康德，他們認為感情比思想更能把握住現實。連康德的朋友，當時的名流孟德爾松，也把康德看作「破壞一切者」。然而，更激烈的批評則來自當時占據哲學統治地位的萊布尼茲一沃

[82] 參看本書第二章。

爾夫學派，其中以埃貝哈德（Johann August Eberhard）為代表。他專門辦了個雜誌攻擊康德，他強調凡康德講對的，都是萊布尼茲早就講過了的，所以康德並未新添什麼真理，相反，凡康德所新添的，恰恰都是謬誤，都是違反萊布尼茲的；康德的工作完全多餘，沒有價值，不過是巴克萊的翻版；如此等等。埃貝哈德這種批評使康德極為惱火，1790年為此撰寫專文反駁。康德本是一切神祕主義的反對者，也是正統唯理派的反對者，說他忽視感情等等都無所謂，但說他是巴克萊主義，使康德最為不滿了。康德為了表明自己的學說不是巴克萊主義，同時也為了使他的《純粹理性批判》更易理解，於1783年寫了《任何一種能夠作為科學出現的未來形而上學的導論》（下簡稱《導論》）。1787年再版《純粹理性批判》㊳時，又特意增加了對巴克萊的批評。

雖然《純粹理性批判》一書主要講認識論，但其中已經包含了關於道德哲學和目的論的基本思想。此後，康德陸續發表了涉及各個方面甚至包括教育㊴方面的論著、講課和觀點。其中構成「批判哲學」的，除《純粹理性批判》這一最主要的著作外，還有1785年的《道德形而上學

㊳ 關於《純粹理性批判》第1版、第2版的差異，是頗有爭議的問題。一般說來，唯心主義在第1版更突出，從叔本華到海德格爾大都重視和喜愛第1版。

㊴ 康德非常注意教育問題，他強烈反對死啃古文（拉丁文）和書本的傳統教育制度，反對過分尊敬古代經典，「盲目地聽從它們的指引」，主張不要束縛青年於模仿、因襲；認為「過分地評價古代，意味著把知性倒退到它的孩童時代去，而忽視運用我們自己的才能」，主張從實際中去獲得有用的技能和鍛鍊身體。康德說，好學生不記講義，記講義的大都不行。這些地方都表現出康德身上的啟蒙主義精神。康德的《教育學講義》是相當通達的經驗之談，也貫徹了他的倫理學原理，如他對兒童自制力、獨立能力的重視等等，是很有見地的。（我以為注意力、抑制力、獨立力是幼兒教育中應注重的三種基本能力。）

基礎》、1788年的《實踐理性批判》和1790年的《判斷力批判》。康德在準備寫《純粹理性批判》時將「知」、「情」、「意」三個領域劃分的計畫，至此作為「批判哲學」的體系，大體完成[85]。

綜上所述，康德哲學思想的發展和完成，是一個曲折前進的過程，不是一個退化或變來變去的過程，也不是什麼正——反——合的過程[86]。康德所以成為哲學史上的重要代表，不在於他寫了《天體論》等著作，而在於他寫了三大《批判》（特別是第一個《批判》）。研究康德哲學，當然應以他的主要哲學著作——三大《批判》為主要對象，不能以《天體論》為主要對象，如時下某些人所說的那樣。

1804年2月，康德衰老病逝，終年八十歲。他的一生就是著作，著作也就是他的生平。

恩格斯說：「這個時代在政治和社會方面是可恥的，但是在德國文學方面卻是偉大的。1750年左右，德國所有的偉大思想家——詩人歌德和席勒、哲學家康德和費希特都誕生了；過了不到二十年，最近的一個偉大的德國形而上學家黑格爾誕生了」[87]。歌德說，「康德從未注意到我，但我卻走著與康德類似的道路」[88]。他們都接受了法國資產階級革命的

[85] 關於康德的《遺著》（康德晚年的一些札記，包括未完成的《由自然科學的形而上學基礎過渡到物理學》等著作），有些人強調與「批判哲學」明顯決裂，並走向浪漫傾向的絕對唯心主義，有人則認為與「批判哲學」基本一致。本書同意後者，但這個問題是值得進一步探討的。參看本書第七章。

[86] 即由唯理論到經驗論再到高一級的唯理論。認為康德經過一個經驗論的時期（六〇年代）後又回到高一級的唯理論，這是很不準確的。實際上，康德對唯理論的憎惡到「批判時期」更為突出。這一流行說法是黑格爾派由思想到思想的一種人為的三段式，如開爾德（E. Caird）的《康德的批判哲學》。

[87] 恩格斯：《德國狀況》，《馬克思恩格斯全集》第2卷，1957年版，第634頁。

[88] 《歌德與愛克爾曼（Eckermann）對話錄》1827年4月11日。歌德對康德評

時代精神的熏陶，但反映著德國的落後狀況，這些才智之士也都無例外地或逃避現實鬥爭，或最終與之調和妥協，而把他們的力量放在意識形態的領域之內，作出了偉大貢獻。歌德說，德國的民族任務是在精神世界的統治。這就是對照法國人在現實世界的統治而言的。席勒說，德國人發現自己的價值在於居宿在文化和民族性格中的倫理的偉大，它獨立於任何政治命運。說的也是這個意思。所以說，在法國發生的是政治革命，在德國，卻只是思想革命，兩者都同樣偉大。另一方面，費希特說，當他致力於革命工作時，他的哲學體系成熟了。黑格爾說，哲學家能證明人的尊嚴，人民會學得感受它，從而他們不會滿足於要求被擲棄在塵埃中的權利，而將取回它並付諸應用。這又說明，他們搞意識形態仍然是現實生活的反映，仍然服務於現實的社會鬥爭。當時德國這一批資產階級思想家、哲學家和詩人、作家，無論是康德或者歌德，費希特、黑格爾或者席勒，以及其他相當一批略為次要的人物，都無不具有這種深刻的矛盾雙重性。一方面，他們對法國革命都表示過熱烈的同情，有著進步的理想和要求，希望對現實作出貢獻；另一方面，又始終擺脫不了落後德國的軟弱本性，使這些要求表現在抽象的哲學一文學的高層樓閣的領域中，也還是具有這種矛盾雙重性格。

同時，更值得研究的是，在資產階級德國始終有著分裂的兩面，一

價很高，「我（愛克爾曼）問歌德，他認為近代哲學中誰最優秀，他說康德無疑最優秀」（1827年4月11日）。歌德說，「康德寫了《純粹理性批判》，立了極大的功績」（1829年2月17日）。儘管黑格爾對歌德十分傾倒，但歌德並不真正喜歡黑格爾（見上述對話錄）。他與康德都比較重視經驗和現實，反對思辨決定一切，反對論證神的存在，體現了更多的古典主義、啟蒙主義精神。歌德對法國唯物主義持敵視態度，對霍爾巴赫《自然體系》評價極低。歌德與康德兩人確有許多相近的地方。

個是在文化、精神領域內的無比光輝，歌德、席勒、貝多芬、康德、黑格爾都是永遠在世界文化史上閃亮不息的燦爛的理性明星，但另方面卻又是野蠻、嗜血、妄圖統治世界卻舉國隨之若狂的普魯士軍國主義和法西斯納粹，它們的反理性主義給人類帶來了極大的災難，也永遠是世界歷史上的恥辱。前者在行動上是怯弱的，在思想上卻豐富而充實；後者在行動上是橫蠻的，在思想上卻極端貧乏。這兩者究竟是如何能夠產生在同一個民族文化裡，它們之間的關係究竟又是怎樣的呢？是德國資產階級精神本來就具有這種分裂的雙重性呢，還是正由於野蠻的德國容克貴族迫使才智之士都只能活動在純粹精神領域的緣故呢？而在這些文化巨人們身上的軟弱又堅強的兩重性與這種民族精神的雙重性又有什麼錯綜複雜的關係呢？這些問題不是值得繼續思索嗎[89]？

恩格斯評論歌德說：「在他心中經常進行著天才詩人和法蘭克福市議員的謹慎的兒子、可敬的魏瑪的樞密顧問之間的鬥爭；前者厭惡周圍環境的鄙俗氣，而後者卻不得不對這種鄙俗氣妥協、遷就。因此，歌德有時非常偉大，有時極為渺小；有時是叛逆的、愛嘲笑的、鄙視世界的天才，有時則是謹小慎微、事事知足、胸襟狹隘的庸人。」[90] 這當然並不是歌德個人的性格問題。這種兩重性也同樣出現在康德哲學中[91] 。列寧說：「康德哲學的基本特徵是調和唯物主義與唯心主義，使二者妥協，使

[89] 參看拙文〈關於中國美學史的幾個問題〉，載《美學和藝術問題講演集》，上海人民出版社，1983年版，第202頁。

[90] 恩格斯：《詩歌和散文中的德國社會主義》，《馬克思恩格斯全集》第4卷，1958年版，第256頁。

[91] 漢斯．薩訥《康德的政治思想》一書強調對立（矛盾統一）是康德全部作品的主題。他講了許多對立，如康德與同時代人、與他自己的矛盾衝突，等等，但就是不談這種深刻的時代、階級的矛盾特徵。

各種相互對立的哲學派別結合在一個體系中。當康德承認在我們之外有某種東西、某種自在之物同我們表象相符合的時候，他是唯物主義者；當康德宣稱這個自在之物是不可認識的、超驗的、彼岸的時候，他是唯心主義者。在康德承認經驗、感覺是我們知識的唯一泉源時，他是在把自己的哲學引向感覺論，並且在一定的條件下通過感覺論而引向唯物主義。在康德承認空間、時間、因果性等等的先驗性時，他就把自己的哲學引向唯心主義。由於康德的這種不徹底性，不論是徹底的唯物主義者，或是徹底的唯心主義者（以及『純粹的』不可知論者即休謨主義者），都同他進行了無情的鬥爭。唯物主義者責備康德的唯心主義，駁斥他的體系的唯心主義特徵，證明自在之物是可知的、此岸的，證明自在之物和現象之間沒有原則的差別，證明不應當從先驗的思維規律中而應當從客觀現實中引出因果性等等。不可知論者和唯心主義者責備康德承認自在之物，認為這是向唯物主義、『實在論』或『素樸實在論』讓步。此外，不可知論者拋棄了自在之物，也拋棄了先驗主義，而唯心主義者則要求不僅從純粹思想中徹底地引出先驗的直觀形式，而且徹底地引出整個世界（把人的思維擴張為抽象的自我或『絕對觀念』、普遍意志等等）」[92]。

但對待康德哲學，更為最重要的是，深入分析它的唯心主義先驗論。因為正是這一方面才是康德哲學的獨特貢獻。這一貢獻在現代自然科學和社會學說的檢驗下，仍不斷散發著重要的影響。這是需要予以認真研究的。

[92] 《唯物主義與經驗批判主義》，《列寧選集》第2卷，1972年版，第200頁。

（六）關於「回到康德」的現代思潮

為批判而批判是沒有意義的，回顧哲學史不是發思古之幽情。應該注意活的康德（康德在哲學史上、特別在現代的影響），而不要沈溺在死的康德（康德學的大量文獻）中。在國際上，研究康德的著作已經汗牛充棟，很有一部分是陷在瑣細的章句分析和爭辯中，經常不必要地把問題弄得更加煩雜難解，康德哲學的主要意義和特徵反而被遮掩起來。由於與現實生活和科學發展缺乏聯繫，這些學院派的「康德學」的作品，並不能體現或代表康德哲學在今天的具體作用和歷史影響。

這種影響和作用主要表現在近現代西方哲學和科學的主流中。康德之後，費希特、謝林、黑格爾把康德哲學發展為絕對唯心主義，從康德到黑格爾的德國古典唯心主義，成為歐洲近代思想的頂峰。新康德主義者不滿意這種發展，要求「回到康德」，不承認超經驗的精神實體或絕對精神。他們抹殺物自體的唯物主義方面。從而與要求避開康德的英國經驗論嫡系所屬各派[93]一樣，共同體現了現代哲學的主觀唯心主義總思

[93] 這些派別反康德的態度十分強烈，如羅素以及邏輯實證論。也可用實用主義者詹姆士一段話為例：「總之，哲學進步的真正路線不是經過康德而是避開他，以到達今天我們這裡。哲學完全可以繞過他，通過更直接地繼承老的英國路線而把自己豐滿建成。」

潮。再後來，占據統治地位的便是英美的邏輯實證論——分析哲學和西歐大陸的現象學和存在主義。邏輯實證論以現代科學的精確性的姿態，拒絕了形而上學種種問題，實際是回到休謨，而把這些問題留給了存在主義。存在主義對人的自由等等問題的主觀思辨，對客觀經驗科學的極端漠視，在某個方面和意義上，倒又是康德所反對的理性心理學的再現。存在主義與邏輯實證論，確有如同一個錢的不同花紋的兩面，相互對立又相互補充，在某種意義上恰像康德以前的經驗論和唯理論那樣[94]。也可以說，以所謂「科學的哲學」和邏輯實證論為代表與以存在主義為代表的雙方，恰好是康德的現象界與本體論的兩面。

哲學史上的思想行程，經常以或多或少改變了的形態重複出現。現代資產階級對待康德的總路線，以邏輯實證論為代表，是把康德拉向巴克萊和休謨，用巴克萊、休謨來解釋和規定康德。與此同時，康德研究的大陸本體論學派則是在存在主義影響下，把康德拉回到論證上帝、靈魂、人的本質等可說是唯理論（當然只是在極為限定的意義上）的老路。但是，近二十年來，以休謨為遠祖的邏輯實證論，由於內外夾攻，特別是蒯因（Quine）、確謨斯基（N. Chomsky）等人的異議，已很難繼續下去。高談人的存在的本體論的存在主義，也已接近強弩之末。因此，「回到康德」的傾向從各個方面、各種角度、各方代表人物那裡傳了出來，

[94] 此外，貝克（W. Beck）在《劉易士的康德主義》文中曾把現代康德的批判者分為「分析論的批判者」與「實在論的批判者」，前者同意康德強調主體能動地構造現象對象，但反對有普遍必然的規律和認識。這可說是相當於經驗論的邏輯實證論的康德「批判者」。後者主張知性超驗應用，認為有可以不必證以感覺的獨立對象，從而認識便不是從感覺材料出發，「真的判斷是關於獨立的與形上地實在對象的，而不管這些對象是否感性地被給予」。這也可說相當於唯理論。

是值得注意的。

研究康德哲學的當代著名教授、美國羅徹斯特大學的貝克（Lewis W. Beck）在六〇年代初說：「過去數年中，英國、意大利、美國對康德的研究都有值得注意的數量上的增長和質量上的進步。就是在德國，對康德的興趣也在提高，那裡康德研究的質量本來就是很高的。似乎是在一個由休謨統治的思想時期（英、美）之後，將隨著有一個康德批判主義的重建和復活」㉟。此外，像「……在某種程度上標誌著對康德的回復」㊱、「康德的觀點與現代自然科學——從物理學到生物學都完全適應」㊲等等說法、觀點、主張曾不斷地在出現著。而波普（K. Popper）的所謂「批判理性主義」也響著回到康德的呼喊。

更重要的倒不在哲學家們的呼籲，而在於出現於現實的自然科學理論領域和社會鬥爭中的康德主義的逼真的影子。這次表面平靜的「回到康德」之所以比上次的喧囂一時（上世紀的新康德主義）還重要，正因為它有一定的現實基礎。

首先，這是由於以相對論、量子力學、高能物理學、控制論、電子計算機、遺傳工程等為先鋒代表的現代科技工業，把人的認識能動性以前所未有的鮮明形態實現出來。本來，人的意識向來就有主觀能動性的問題，但這問題隨著科技的發展，在伽利略、牛頓時代開始凸出，成為康德哲學的一個起因。本世紀，特別是第二次大戰後科技工業的飛躍發展，使這一問題空前突出。人們已經遠遠不是作爬行式的感官經驗的描

……………………………………

㉟ 貝克：《「實踐理性批判」釋義》序。

㊱ 艾耶爾（A. J. Ayer）。轉引自康福斯（M. Cornforth）《馬克思主義與語義哲學》，第204頁。

㊲ 《康德與現代科學》，《康德研究》1974年第1期。

述歸納，而是以數學為強大工具，與極大規模的實驗活動相結合，去整理、組織和構造對象。從而，各種抽象理論、方法、範疇和假設的重大意義，結構、形式、精確性、主觀性等等特徵和方面的強調，建構理想模型的重要性，使哲學認識論的主客體關係問題變得非常尖銳。所謂不是主體反映客體，而是主體構造、建立客體，要求客體來符合主體；所謂主客體之間的界線很難劃分；所謂康德的哥白尼式的革命，「人向自然立法」等等思想，日益風行，儘管常常可以不提康德甚或還批評康德，但實質仍是康德主義。這與上次公開高舉回到康德去的旗幟是有所不同的。它外表上沒有掛牌，實際上卻產生了更普遍和更重要的影響。有如貝克所說，「康德哲學受到了實證論者、實用主義者、語言分析論者、社會認識者的最充分的非難，但所有他們都贊成康德認為物理對象是某種構造。」[98]

早在二〇、三〇年代，量子力學的一些代表人物在其哲學議論中便不斷提及康德。儘管有的用休謨來批康德，有的徘徊於休謨與康德之間，但總傾向是把認識過程中主觀作用說成是主導的、支配的、決定性的，在主體規範和組織下去「認識」（構造）客體，可說實質上是康德主義的（參看本書第四章）。海森堡（W. Heisenberg）的測不準原則、波爾(N. Bohr）的互補原理，在哲學上都有此意義。到六〇年代，現代科學技術中的這一思潮又以與此似乎相反的客觀主義傾向──「結構主義」為旗幟，作為一種普遍的方法論和認識論，在語言學、經濟學、文化人類學、社會學、歷史學、心理學、生物學、數學……許多領域內流行起來，有人還以之來替代和補充馬克思主義。

結構主義的主要創始人、文化人類學家列維－斯特勞斯 (Levy-Strauss)

[98] 貝克：《康德哲學研究》，第110頁。

在認識論上明顯地趨向康德主義。特別是知名數十年、最終在七〇年代把自己明確從屬於結構主義的心理學家皮阿惹（J. Piaget）更非常自覺地把它提高到哲學認識論的高度。結構主義的人物繁多，品類不一。我寧願選擇這個本不屬於這一派別的皮阿惹來作代表，是因為他的科學成就和哲學理論最值得重視。皮阿惹既反對邏輯實證論把認識歸結為感覺材料而邏輯只是語言文法的觀點，也不同意確謨斯基認為邏輯的根源在於人類的內在理性的觀點，亦即既反對經驗論，也反對唯理論，而強調「認識是一種不斷的構造」⑲。在他看來，真理既不是現成地存在於客觀世界，也不是現成地存在於人們的主觀世界，而是存在於主體的行動、操作對客觀世界的不斷構造的結構之中⑩。因之，「客體被看作是一種極限，它是獨立於我們而存在，但永遠不能完全達到」，實際上，「客體是建立起來的」⑩。皮阿惹指出，他所提出的並不是純心理學的研究，「我們的目標本質上是認識論的」⑩，「結構主義是一種方法」⑩，「皮阿惹將說，他所真正做的是重新審查康德範疇的整個問題，這一重新審查形成了他稱之為發生認識論的新原理的基礎」⑩。皮阿惹所指出的結構（作

[99] 皮阿惹：《發生認識論》序。

[100] 杜威也講過類似的話，但杜威根本否定客體能脫離經驗而存在，並且錯誤地放大了行動、操作的概念。見下章。

[101] 皮阿惹：《發生認識論原理》序、第3章。這與當年新康德主義強調無既成知識，認識是不斷創造的無限過程，以及哲學是一種認識論、方法論等等是很接近的。但新康德主義沒有實證的自然科學理論基礎。

[102] 同上書，序。雖然皮阿惹認為認識論應和哲學分家，變成一門科學，即以實驗和實證科學為基礎，他稱之為實驗哲學。但他沒有避開存在與意識、客體與主體這個根本哲學問題。

[103] 皮阿惹：《結構主義》第7章。

[104] 《哲學百科全書》第6卷，1972年美國版，第306頁。

為結構的整體不是機械論的部分之和，不是格式塔的不可分析，而是可分析的多因素相互作用的系統）、他所概括的結構三特徵（整體、轉換、自我調節），與列維一斯特勞斯等人的理論一致，總具有某種超越具體社會歷史的性質[105]。這也正是康德先驗哲學的一個特徵。雖然皮阿惹並不認為自己是康德主義者，並且還批評康德的先驗論；雖然皮阿惹重視歷時性，強調建構是一個發生學的時間過程，而不同於一般結構主義只強調共時性的非歷史特點。而且結構主義本身也表現為一種客觀主義的科學外貌，似乎與康德不同。但理論的基本實質，與上述當代自然科學哲學總思潮一樣，是強調主體的操作、思維、作用於一個不可知和不確定的客體以構造知識，從實質上看，這是康德主義的。皮阿惹主張的結構是開放和不斷發展的，與許多結構主義者強調既定的、一成不變的結構有所不同。皮阿惹比許多其他的結構主義高明，特別在於他注意了動作、操作在形成人的邏輯思維和整個開放性的認識結構中的巨大基礎作用，為科學具體地闡明認識的起源和發展提供了重要的唯物主義的基礎。主要缺點在於他未能準確地掌握人與動物的本質區別，即未能從歷史唯物主義特別是從使用製造工具的角度來研究、說明問題，他的發生認識論的最終答案與其說是歷史（人類學）的，就不如說是生物學（自我調節的機制）的了（參看本書第二章）。

上述是一方面。另一方面是表現在社會領域的康德主義。發達的自然科學並不能解決社會問題，傑出的科學家兼虔誠的宗教徒是近代常見的事情。要求將自然與社會、認識與信仰截然二分的康德主義便很自然

[105] 這是指超越人類總體的歷史而言。皮阿惹是談了許多社會、歷史的，如有關科學史的著作。但他始終沒能從整體上把兒童認識進程等等與人類總體歷史聯繫起來，以研究後者對前者的滲透和支配作用。

地產生出來。但除了「元倫理學」這種在社會上影響不大的學院派理論之外，更為重要的倒是，打著馬克思主義旗幟在現實生活和階級鬥爭中起著影響的準康德主義傾向。如果說康德的倫理學是法國革命高漲時期的產物，它帶著德國版本的褪色了的蒼白印記；那麼在今天各國人民解放運動高潮時期，這種準康德主義傾向和思想，卻染著紅色或粉紅色的色彩。例如，法蘭克福學派（Frankford School）的馬克思主義，在六〇年代在美國西歐學生運動、黑人運動高漲時期曾廣泛傳播，便是如此。他們並沒打康德的旗幟，打出的是黑格爾—馬克思的旗幟，但在竭力反對恩格斯—考茨基—普列漢諾夫路線的歷史決定論，把實現社會主義、共產主義說成主要是階級意識、文化批判、理論實踐之類的問題，這實質上與其說是黑格爾主義，還不如說是康德主義。有的「西方馬克思主義」派別則公開反對黑格爾，認為康德對馬克思的影響比黑格爾還大，如科連蒂（L. Colletti）、阿爾都塞（L. Althusser）以及佛雷雪（H. Fleischer）等人（參看本書第九章）。

一方面在自然科學中，一方面在社會階級鬥爭中，康德哲學的一些基本觀點和特徵都在起著作用和影響。包括黑格爾在內的資產階級哲學沒有真正揭開康德哲學的祕密，安息這個始終在游蕩著的陰魂，這個任務歷史地落到了馬克思主義者的身上。

馬克思主義哲學即實踐論，亦即歷史唯物主義（參看本書第二章）。它一方面要研究人類物質文明的發生發展，從生產方式的客觀歷史進程，到展望人類未來的個體遠景，其中當然包括對革命、社會主義等問題的探討。但如果認為，馬克思主義或馬克思主義哲學就僅僅到此止步，甚至認為它的任務就僅僅在於研究或推動革命，馬克思主義僅僅是革命的哲學、批判的哲學，那實際上便極大地局限和束縛了馬克思當年所提出的課題和理想。除了革命，還有革命後的建設；除了物質文明的建設，還有精神文化的建設。這才可能有人的全面發展。而作為個體的人的多樣、豐富、全面地發展，則正是作為目標的共產主義之特徵所在。因之，馬克思主義哲學不僅要研究革命：民主主義革命和社會主義、共產主義革命；而且更要研究建設：社會主義、共產主義的物質建設和精神建設。當然這二者（革命與建設）在現實生活中經常（特別是在最初階段）是彼此聯繫和滲透著的。例如，不與舊事物、舊傳統相決裂，就不能建立新觀念、新思想；但在決裂中卻有繼承，在否定中又有肯定。在精神文明中，這種既否定又肯定、既繼承又決裂的情況更是極其複雜的。如何來注意研究這個方面的問題，提出建設兩個文明（物質文明與精神文明），正是今天真正發展馬克思主義的一個重要方向和課題。

我以為，正是在這裡，對康德哲學的注意具有一定的意義。如果說，黑格爾對人類發展的宏觀進程的偉大歷史感是他的主要特徵；那麼，康德對人類精神結構（認識、倫理、審美）的探索和把握，便是基本特色所在。如果說，黑格爾展示的是人類主體性的客觀現實鬥爭（儘管是在唯心主義的虛幻框架裡）；那麼，康德抓住的則是人類主體性的主觀心理建構（儘管同樣是在唯心主義先驗論的框架裡）。今天要為共產主義新人的塑造提供哲學考慮，自覺地研究人類主體自身建構就成為必要條件。而這，也就是我講的文化—心理結構問題和人性問題。

很有意思的是，當代一些不同的科學學科似乎都在趨向於對深層心理結構問題的探究或提出。確謨斯基最終把語言機制歸結為某種人類普遍具有的先驗理性；列維・斯特勞斯最終也把社會民俗結構歸結為普遍的「腦」即人所共有的某種普遍的心理深層結構。當然更不必說容（Jung）的「集體無意識」了。儘管他們所說的問題並不相同，但在我看來，這裡似乎確有某種「家族類似」(family similarities)，而「遊戲」(game)的核心，都是有關這個人類主體的文化心理結構課題的。

後期維特根斯坦 (Wittgenstein) 已經把語言與現實生活和社會交往活動（他稱之為實踐）密切聯繫起來，指出離開後者，不可能了解前者（語言)，認為心理的應當從社會的來解釋[106]。皮阿惹更具體地把邏輯與操作聯繫起來，提出了內化的理論，這些都具有重要的科學的和哲學的價值。如何在馬克思主義的宏觀的人類歷史學的基礎上，把上述各現代學科提出的問題和學說正確地概括起來，結合對康德哲學的研究，提出人類主體性以及文化心理結構的哲學觀念，我以為是有意義的。

所以，一方面反對因襲康德主義的各種表現，另方面又注意結合當代科學問題正確闡釋康德哲學，既否定，又繼承，只有這樣的批判，才能真正安息這個過去的英魂而為未來作出貢獻。

[106] 參看魯濱斯坦 (David Rubinstein)：《馬克思與維特根斯坦》，1981年，波士頓。

第二章　認識論：

（一）問題的提出

（一）所謂「批判哲學」

康德的主要哲學著作是1781年初版、1787年修改再版的《純粹理性批判》。這本四十多萬字的書，據康德自己說，是他「差不多十二年悠久歲月沈思的產物」，但「脫稿只用了四或五個月的時間。對於其內容是極為注意，而較少考慮其文體和通俗性」❶。這本書不但文句艱澀、重複、冗長❷，而且所使用的概念、論證、提法，都有許多前後出入和自相矛盾的地方❸，造成了理解康德哲學的嚴重困難。《純粹理性批判》成為歐

❶ 康德1783年8月16日給孟德爾松的信。關於通俗性問題，康德當時曾一再指出，「我很願有人把它弄得更輕便通俗些」，「隨著研究的深入就會通俗，在開始時無法通俗」（1783年8月7日給加爾夫信）。「時間一長就會通俗起來，但開始時不行」（《導論》前言）。

❷ 有一個著名的笑話說，有人對康德訴苦，說讀他的這本書苦於手指頭太少了。康德驚異地問為什麼？回答說，我用每個手指頭按住一個子句，十個指頭用完了，你寫的這一句還沒完。

❸ 關於康德這本書的結構形式與其內容的關係，曾經有過爭議。花亨格（Vaihinger）、康浦·斯密（Kemp Smith）等人認為，這本書是由多年陸續寫的一些筆記匆忙拼湊組成的，可以分出許多不同的寫作時間的層次，所以產生許多矛盾出入。特別是「分析論」中的「範疇的先驗演繹」這個十分關鍵的章節，完全是由不同時期寫的一些不同論斷拼補起來的，所以非常難解，它們實際各自起訖，彼此獨立，並無聯繫，呈現出多元而又重複的鑲補湊合狀況。有人認為，這個要害部分有如七寶樓臺，拆下不成片段（瓦爾德〔Ward〕）。這就是康德研究中的所謂「湊合說」或稱作「多元論」（伊文

洲哲學史上非常重要而又非常難讀的一本著作❹。

所以產生這種情況，根本原因不在於寫作時間的匆促❺，也不在先後思想有許多變化❻，而在於：康德竭力調和折中唯物主義與唯心主義，企圖使兩條根本對立的哲學路線在自己的體系裡達到妥協，這才使種種不同的傾向、提法、論證和觀點經常混在一起，交錯反覆地表露出來，不斷陷入矛盾。《純粹理性批判》一書的矛盾是深刻的思想矛盾，不在於表面詞句和論證的矛盾。強調後者（如花亨格、康浦．斯密）與否認前者（如帕頓、格雷耶夫）都是不符事實的。

《純粹理性批判》的形式結構，是牽強武斷的。康德把全書分為極不相稱的兩大部分，即「先驗要素論」與「先驗方法論」。前者又分為篇幅極不相稱的「先驗感性論」（講感性）與「先驗邏輯」。「先驗邏輯」再分為「先驗分析論」（講知性）與「先驗辯證論」（講理性），有如下表：

……………………………………

〔A. C. Ewing〕）。較晚的一些人，如帕頓（Paton）等反對這一看法，認為就整體說，這本書是前後一貫，內在統一的。它們的所謂多元、重複、出入，不過是同一主題的幾種不同偏重的表述。我認為，後面這種看法，比較接近實際。康德自己說過，這些表面上的矛盾，如果對整個觀念掌握了的話，是容易清除的。還一再講過，「不要去斤斤比較字句的得失」（《導論》），不要片面摘引言論等等。但一些人又進而完全抹殺這本書中的許多矛盾，如認為「《純粹理性批判》中的任何一個句子都是與其自身和這本書的其他每句話相一致的」（格雷耶夫〔Felix Grayeff〕《康德的理論哲學》導言），等等，這又走到另一極端，也是片面的。

❹ 黑格爾著作也稱晦澀難讀，但有所不同。讀黑格爾，每個句子似乎難懂，但整段整節的整體意思還是好懂的。讀康德相反，每個句子或子句似乎並不難懂，但整句或整段、整節就很難掌握，不好理解了，因此讀來更吃力。

❺ 帕頓等人認為，除時間匆促外，還有研究課題本身的困難、新穎等原因。

❻ 康浦．斯密等人的看法。

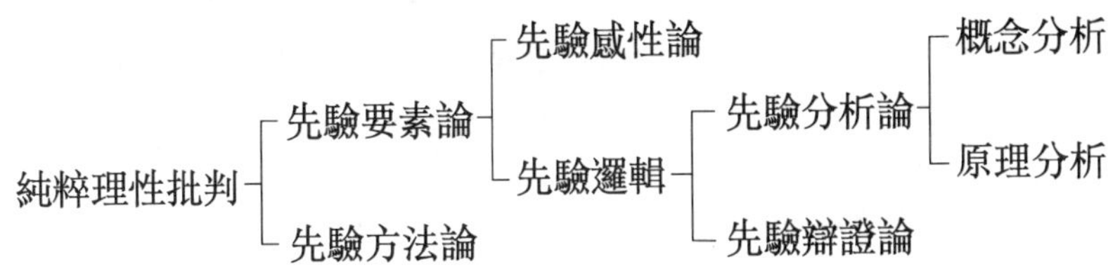

其中每個部分又有一套相當呆板的格式。以後《實踐理性批判》、《判斷力批判》兩書，也基本按照這個格式來寫。這種當時流行並為康德喜愛和採用為其「批判哲學」的所謂「建築術」，實際是一種形式主義的東西[7]。但「感性論」、「分析論」、「辯證論」的劃分和連續，則表現康德對於認識由感性到知性到理性，從而走向「實踐領域」（道德）的有次序的論述。而一向為人忽視或輕視的「方法論」部分，實際上是對全書的概括和總結。要善於區分這本書中沒有意義的形式結構與觀點之間有意義的推演。《純粹理性批判》由於其複雜、折中的矛盾特徵，**可以作各種煩瑣的討論和無休止的爭辯**，**但康德的影響和意義並不在這些細節**，而在那些主要觀念和思想。本書將拋開種種煩瑣的細節探討，只根據主要觀點安排論述。例如，我認為，「物自體」學說是康德整個哲學的核心，其關鍵是認識論到倫理學的過渡。所以本書把它放在整個認識論的結尾和倫理學的前面。又如，「辯證論」中對當時所謂「理性心理學」、「理性

[7] 據說沃爾夫有這種系統化的習慣，康德直接繼承了他。而這種中世紀經院哲學的分科，也可追溯到亞里士多德分為理論哲學與實踐哲學。前者又稱形而上學，下分本體論（研究存在問題）、理性心理學（研究心靈或靈魂）、宇宙論（研究宇宙系統）、理性神學（研究上帝的存在與屬性）。後者分為倫理學、經濟學與政治學。作為啟蒙主義者的沃爾夫把神學與本體論（一般形而上學，研究存在問題）正式分開了。至於原理論與方法論，分析論與辯證論等區分格式，也均來自亞里士多德傳統。

神學」的批判，康德對上帝存在問題的種種探索和駁斥，在當時哲學和康德自己思想的發展上，確有非常重要的意義，但都早成為歷史的陳跡，而且對我們中國人非常陌生，也沒有多大意義，本書便不多談。

康德自稱《純粹理性批判》不是建立體系，而是「批判」認識，以區別於以前的哲學，特別用以反對萊布尼茲一沃爾夫的「獨斷論」。在《純粹理性批判》初版序言中，康德將「獨斷論」比作專制統治，將「懷疑論」比作破壞定居秩序的游牧民族。康德認為：舊唯理論的獨斷哲學，從笛卡爾用所謂「清楚、明晰」當作真理的標尺起，把感性看作只是模糊的觀念，主張真理在於理性，它以先天理知主宰一切，來推出所有知識，但實際已超越經驗範圍，不得不陷入崩潰。獨斷論者用所謂「清楚明晰」作為真理標準，實際上根本行不通。理性的道德觀念可以是非常模糊不清的（按：實際上這反映了當時時代特徵，傳統的道德宗教觀念已開始崩潰），而感性的幾何學卻是非常清晰明白的。至於經驗派的懷疑論哲學，由感知出發，反對有普遍必然的客觀真理，從而在根本上否定了科學知識，只起破壞作用，也不行。康德說：「懷疑論不是從別處，正是從理性最重要的嚮往得不到滿足、感到失望而產生的」❽。懷疑論對什麼都不確證，與獨斷論一樣，同樣使人厭棄。自然科學不斷前進，素稱科學之王的哲學卻處於爭辯的黑暗中。要解救它，只有重新作起，即探討、考慮、分析、審察人的認識能力，指出它有一個不能超越的範圍或界限。這就是康德使用「批判」一詞和把他的哲學叫做「批判哲學」的原故。康德說，「我之所謂批判，不是意味對諸書籍或諸體系的批判，而是關於獨立於所有經驗去追求一切知識的一般理性能力的批判」❾。

❽ 《導論》§4。

❾ 《純粹理性批判》Axii，參看藍譯本，第3頁。

在《純粹理性批判》中，康德的第一步是論證了一切科學知識（在康德看來，主要是數學和物理學。因當時其他科學還處在現象描述的幼稚階段）究竟是如何可能的，即討論這些門類的科學成立的條件（「感性論」、「分析論」)。第二步是論證了像靈魂、自由、上帝之類的宗教、道德的「實體」，因為是完全離開經驗的理性思辨，作為認識對象如何的不可能，即不可能成為科學知識，從而，它們不應與科學認識混在一起或混為一談（「辯證論」)。這兩步論證本是一件事情的兩個方面，這件事情便是人的認識的本質、特徵或可能性到底何在？用康德的說法，這就是人的認識有沒有個範圍、界限？康德認為，以前的唯理論獨斷哲學不明白這個所謂人的認識本性而擅作推演，將上帝、靈魂、自由也劃入認識範圍，作為認識對象，與經驗科學混同了起來。這就越過了人可能認識的界限，得出許多不可證實的和不能成立的結論。另一方面，經驗派懷疑哲學也不懂人的認識本性，對人可能認識範圍之內的科學真理也加以懷疑和否定，這就從根本上取消了科學知識的可能。唯理論與經驗論兩方各持一端，都使哲學陷入困境。原因就在這個認識論問題沒有解決。康德把整個哲學集中到這個問題，成為歐洲近代哲學史上的一個樞紐。近代哲學的中心由本體論轉到認識論，到康德的「批判哲學」得到了明確的表達和完成⑩。

《純粹理性批判》一書已提出有關實踐理性的基本觀點（如「方法論」的「法規」部分、2版序等等），但主題畢竟還是認識論⑪，是講所

⑩ 從培根和笛卡爾起，近代哲學一直重視認識論。但康德以前，認識論與本體論經常纏在一起，沒有分家，前者一般從屬於後者。康德改變了這個情況，舊的本體論被否定了，認識論宣告獨立。康德以後，本體論倒經常從屬於認識論，從認識論中引出來了，黑格爾便是如此，他的邏輯學與認識論是同一的，這也就是所謂邏輯與歷史、認識論與本體論的一致。

謂理論（思辨）理性。康德強調感性經驗是人的認識的根本材料，以區別於唯理論。同時又強調先驗的直觀形式和知性範疇是人的認識的必要因素，以區別於經驗論。康德認為，一切科學知識只能是感性與知性(廣義的理性）兩大因素所構成，是感性材料與知性形式的結合。他說：「通過前者（指感性）， 對象被給予我們；通過後者（指知性）， 它們被思維」⑫；「思維無內容則空，直觀無概念則盲」⑬。儘管先後有許多矛盾和出入，康德這個基本思想並無重大變化，始終貫串其認識論，是他反反覆覆、翻來倒去所論證的主要論點。通過強調知性與感性的結合，康德肯定了普遍必然的科學知識成立的可能，否定了上帝作為認識對象的可能。從而一方面反對了休謨的懷疑論，另一方面反對了萊布尼茲的唯理論，又將兩者折中調和在自己的「批判」裡。但是，康德對科學知識所以成立的肯定，是建築在他認為先驗的知性原理和直觀形式起主導作用之上，即以某種固定不變的先驗框架來規範、支配感性材料，歪曲了科學來自實踐的根本性質。康德對上帝作為認識對象的否定，強調了感性經驗在認識中不可缺少的重要地位，但這又恰恰是給上帝作為超經驗

⑪ 海德格爾（Heidgger）等人認為，「《純粹理性批判》與認識論沒有關係」（《康德與形而上學問題》），它是表述本體論的。「康德的最終意向……是導向本體論，一種存在的學說」（馬丁〔G. Martin〕《康德的形而上學與科學理論》）。海德格爾強借康德來表達自己的哲學觀點，引起了新康德主義者卡西爾（E. Cassirer）的反對。海德格爾強調「先驗想像」，把《純粹理性批判》當作主體（人）的現象學，由心理學走向形而上學本體論。卡西爾強調「知性功能」，把《純粹理性批判》當作客體的現象學，走向所謂文化歷史的符號學。他們表現的側面不同。前者根本取消康德的認識論，後者取消康德認識論中的唯物主義的成分。

⑫ 《純粹理性批判》A15=B29，參看藍譯本，第44頁。

⑬ 同上書，A51=B75，參看藍譯本，第71頁。

的信仰對象和道德實體留下地盤。康德「批判哲學」這種錯綜複雜的矛盾特徵，本書擬通過《純粹理性批判》的幾個主要環節來逐步探討和揭開。

（二）「先天綜合判斷如何可能」

《純粹理性批判》的〈緒論〉，作為全書導引，提出了康德認為必須解決的所謂「先天綜合判斷如何可能」的問題。這個現在看來如此笨拙費解的題目，是康德經過多年沈思作為根本問題提出來的。初版中〈緒論〉的第一句話是：「經驗無疑是我們知性對感官知覺的原料進行加工的首產物。」⓮ 第2版中第一句是：「毫無疑問，我們的一切知識都隨著經驗開始」；下面接著又說：「雖然我們的知識都隨經驗開始，但並不能就說一切知識都來自經驗。」⓯ 兩版開頭的這些話，便鮮明表露出康德哲學的形式和內容的特徵。首先，「經驗」一開頭就有兩種不同的涵義。初版首句中的「經驗」指知性作用於感性的構成物，即相當於第2版首句中的知識。第2版首句中的「經驗」指的主要是感性印象、感性材料。同時要注意的是，「經驗」(Erfahrung) 不同於「經驗的」(empirisch)，前

⓮ 《純粹理性批判》A1，參看藍譯本，第30頁。

⓯ 同上書，B1，參看藍譯本，第27頁。如用歌德的話更概括：「經驗只是經驗的一半」。

者乃知性作用於後者（感性經驗的材料）的結果。康德說，「儘管一切經驗判斷都是經驗的判斷，即以感官直觀為依據，但不能因此便說，任何經驗的判斷就是經驗判斷」⑯。但從內容說，開頭的這句話，無論初版或第 2 版，都開門見山地提出了康德對認識（知識）的一個基本看法，即知識雖離不開感性經驗，但不能歸結為感性經驗⑰。知識必須是先驗知性「改造」、作用於感性材料的結果。康德從區分「分析判斷」與「綜合判斷」開始論證這個問題。

康德認為，知識都通過邏輯判斷表現出來（參看本書第四章）。邏輯判斷可分為分析判斷與綜合判斷兩大類⑱。康德講的是主賓詞判斷⑲。所謂分析判斷是賓詞已隱含地包括在主詞之中，這種判斷不過是把早已包含在主詞中的東西推引出來，所以無需依靠經驗，就可演繹得出，並且具有普遍性和必然性。如這判斷真，則其矛盾判斷必假。但是，這種分析判斷無法獲得新知識。康德以「物體有廣延」作為分析判斷的例子。「物體」可分析出其中必有廣延，「物體」這概念本來就包括了「廣延」的涵義在內。「物體有廣延」這判斷真，則「有些物體無廣延」必假，二者不能同真。綜合判斷則不同，康德以「物體有重量」為例，賓詞並未

⑯ 《導論》§18。所謂「經驗的判斷」即「知覺判斷」，參看本書第五章。

⑰ 本書只在第 2 版首句的意義上使用「經驗」一詞，即指感性材料；而以「知識」代替康德所說「經驗」的後一種涵義，即知性作用於感性材料的構成物。

⑱ 把康德哲學說成毫無獨創、一無是處的羅威爵意（Loveioy）認為，分析判斷與綜合判斷的區分，以及所謂先天綜合判斷等等，都早由萊布尼茲所提出，康德並沒有增添什麼。這是不符合事實的。

⑲ 一些人批評康德只講了主賓詞判斷，未提其他的判斷形式，認為是以偏概全。並且，所謂「包含」、「包括」在主詞中，也很含混，只是種空間形象的比喻，等等。這些批評並未擊中要害，因為問題的實質不在這裡。如現代邏輯學承認分析、綜合的區分，也並不限於主賓詞判斷。

預先包含在主詞中，「物體」是否有重量，不是分析物體概念所能得出，只有經驗才能提供。它對主詞有所擴大，具有新的知識內容。但這種知識沒有普遍的和必然的客觀有效性，因為它依賴人的經驗來證實，而人的經驗總是有限的和局部的，不能保證所獲得的知識有普遍必然的有效性。這實際也就是說，任何綜合判斷是真的，不排除它的「矛盾判斷」也可能真⑳。「物體有重量」是真的，不排除「有些物體沒有重量」也可能真。分析判斷有形式邏輯的不矛盾律就足夠了㉑，綜合判斷則需要另外的原理。康德基本上是把分析判斷與「先驗」(不依存經驗、獨立於經驗)、綜合判斷與經驗等同起來㉒。同時又把唯理論與前者、經驗論與後者聯繫起來㉓。於是，以形式邏輯的演繹法為主要工具的唯理論哲學，從所謂先驗的自明公理、天賦觀念出發來推演知識，實際上只是一種分析判斷，並不能擴充知識。用這種判斷來進行認識，則一切不可感知的對象如上帝、靈魂以及種種超經驗的謬誤，都可以與經驗知識混為一談，無法區別，所以不是獲得科學真理的正確道路。另一方面，以歸納法為

⑳ 這當然是在非形式邏輯的嚴格意義上說的，從這裡也可看出，康德開始在突破形式邏輯。康德這一突破實際開黑格爾先聲，具有重要哲學意義。

㉑ 關於「分析判斷」能否由形式邏輯矛盾律來規定，是有許多爭議的。現代都由嚴格定義來講分析命題。貝克則反對將康德的分析判斷說成是約定的，反對用嚴格定義來講康德的分析判斷。其實，康德要講的並非形式邏輯問題，有如帕頓所說，「形式邏輯與綜合判斷的可能性毫不相干」(《康德的經驗形而上學》第1卷第35章第2節)，詳後。

㉒ 這兩個相等同又並不完全。有人認為，分析與綜合之分是詞義的，先驗與經驗之分才是認識論的，等等。

㉓ 萊布尼茲（唯理論）與休謨（經驗論）都認為，分析是先驗的，綜合是經驗的。不同在於，萊布尼茲認為前者能獲得真知，後者是偶然的，不能獲得真知。休謨則恰好相反，認為只有經驗能取得知識。

主要工具的經驗論哲學，從感覺、經驗出發所得出的知識，是後天的綜合判斷，它雖然能獲得新知，但不能保證其普遍必然的客觀有效，而普遍必然的客觀有效，即放之四海而皆準，康德認為是一切科學真理所應具備的基本條件，經驗的歸納並不能提供這種條件，所以也不是一條獲取科學真理的正確道路。先驗的分析判斷與經驗的綜合判斷既都此路不通，那麼如何來解釋和保證科學真理呢?

康德精通當時的自然科學,對於科學知識的客觀真理性並不懷疑。康德相信歐幾里德幾何和牛頓力學能適用於一切經驗對象，即普遍必然地客觀有效。歐幾里德幾何和牛頓力學當然都是一種「綜合判斷」,即依靠感性經驗提供材料的,但它們又偏偏具有無往而不適用的普遍必然性。那麼，這個普遍必然性是從哪裡來的呢？康德認為，它既然不能來自經驗歸納，於是便只能來自「先驗」。這種科學真理便是一種既非先驗分析判斷又非經驗綜合判斷的另一種判斷，即所謂「先天綜合判斷」。康德認為，「批判哲學」的重要課題之一就在於研究這種判斷是如何可能成立的。因此，所謂「先天綜合判斷如何可能」這個古怪命題，翻譯出來實際上就是:「具有普遍必然性的科學真理是如何可能的」，也即是說它們成立的條件是什麼。這裡的關鍵就在這個所謂「普遍必然性」㉔，康德

……………………………………

㉔ 關於「普遍」與「必然」的關係，可參看普里恰德 (Prichard)《康德的認識理論》第 2 章，其中指出，普遍與必然最終是同一的。列寧《哲學筆記》在摘引費爾巴哈論萊布尼茲一書中有關部分時旁注:「康德與萊布尼茲，必然性和普遍性是不可分割的」，摘引的原文是:「因此，《人類知性新論》的基本思想，和《純粹理性批判》的基本思想一樣，就是：普遍性以及和它不可分割的必然性表達理性所固有的本性，或表達具有表象能力的本質所固有的本性，因此，它們的泉源不可能是感覺器官或經驗，也就是說，它們不可能來自外界」。

強調區別於「經驗」的「先驗」，著重點也在這裡。「先驗」便是「普遍必然」，這種普遍必然不是形式邏輯的普遍必然（那是分析），而是在經驗中有現實客觀效力的普遍必然，這是經驗自身歸納所不能具有的。

要注意這裡是研究「如何可能」，而不是「是否可能」。因為在康德看來，「是否可能」不成問題，數學和物理學已在事實上證明它可能，問題在於它如何可能。所以，康德在《純粹理性批判》一書〈緒論〉中提出的是：「純粹數學如何可能?」（先驗感性論回答），「純粹自然科學如何可能?」（先驗分析論回答）。康德企圖用他的唯心主義先驗論對這些科學知識予以解釋，把這些科學的客觀真理性質歸結到一整套先驗的認識形式裡去。

康德不同意萊布尼茲關於數學是分析，形式邏輯的矛盾律便足夠的觀點，認為數學是綜合，但又不是後天綜合，而是一種非經驗的構造，是有普遍必然性的「先天綜合判斷」。康德認為，最基本的自然數的算術，便如此。例如 7+5=12，12這個數並不能從 7 與 5 之和中分析出來，康德說，「7 與 5 之和這個概念只包含兩個數目的合為一體，而不能得到兩者合起來的那個數是什麼。……必須超出這些概念，借助於直觀，例如，用五個指頭，或五個點。……7+5 這個命題實際擴大了我們的概念。……如果不借助於直觀而只是作概念分析，是永遠得不到這個和數的」㉕大數相加，如幾萬幾千加幾萬幾千，就更明顯，它不是分析判斷而是綜合判斷。另一方面，7+5=12 又適用於一切場所、一切對象、一切經驗，它不依賴於任何具體的經驗而普遍必然地有效。幾何學的例子是「直線是兩點之間最短的線」。線的「短」（量）不能從線的「直」（質）中分析出來㉖。康德說，「直的概念不包含量，只包含質。所以『最短』這一

㉕ 《導論》§2。

概念完全是加上去的，用任何分析都不能從直線的概念中找出，而必須借助直觀，使綜合成為可能。」㉗ 它們都是與經驗有關的綜合判斷。但它們所具有的普遍必然的客觀有效性，又不是通過歸納經驗所能提供。所以，康德就把它說成是「先天綜合判斷」。康德非常重視數學，認為只有數學在其中，自然科學才成其為科學，因為數學是先天綜合判斷，它構成了所謂純粹的要素以作為基礎。康德甚至認為，如果化學還不能把分子運動計算和表現在空間（數學）裡，就不能成為科學。至於自然科學本質，康德認為其中也包含先天綜合判斷作為基礎，康德說，「自然科學（物理學）包含著先天綜合判斷作為其原則」㉘，舉出如「質量不滅」、「作用與反作用相等」等基本原理作為例證，指出這些原理並不能從經驗中歸納出，也不是概念演繹㉙，而是先天綜合。康德以時、空直觀形式作為數學這種「先天綜合判斷」所以可能的先驗條件，即是說，算術與幾何的「先天綜合」性質，主要由感性直觀直接提供（參看本書第三章）。康德以十二個範疇作為自然科學（實即純粹物理學）的這種「先天綜合判斷」所以可能的先驗條件（參看本書第四章），而把這一切的根源歸結為所謂「先驗統覺」的「自我意識」（參看本書第五章）。

此外，康德還提出：「形而上學作為自然意向如何可能?」（「先驗辯證論」回答）與「形而上學作為科學如何可能?」（全書回答）兩個問題。

㉖ 與分析判斷不同，它邏輯上並不排斥「直線不是兩點之間最短的線」。有些人從而認為康德並未排斥而是預告了非歐幾何的產生。說預告當然是言過其實了。

㉗ 《導論》§2。

㉘ 《純粹理性批判》B17，參看藍譯本，第37頁。

㉙ 這一點是至今一些科學家、哲學家所承認或強調的，如質能守恆、相對性以及因果觀念等等。參看本書第四章。

康德認為，這些問題與上述兩個問題（數學和自然科學如何可能）有性質上的不同，因為所謂「形而上學如何可能」，也就是說像上帝存在、靈魂不朽、自由意志這些問題能否像科學真理那樣成立。康德認為它們作為人的自然意向（人在理性思維中必然要提出這些問題）㉚是可能的，而作為科學知識，則是不可能的。康德的前兩問（數學、自然科學如何可能）是給行之有效的科學真理作哲學的論證，後兩問則主要是揭發舊形而上學的謬誤，指出形而上學的命題和觀念，如「靈魂不朽」、「上帝存在」，乃是理性越出經驗使用所產生的「先驗幻相」，同時認為這種幻相又是認識本身的自然要求和趨向。一方面，它不可證明，不是科學真理；另一方面，它在思維和行動中又是有作用、有意義的。這種作用和意義就在於它能作為引導和規範人們思辯和行動的主觀理念和理想（詳本書第六章、第七章）。康德強調，只有把這些問題弄清楚，拋棄冒充科學的舊形而上學，才是建立所謂具有科學性質的形而上學的前提。而他的整個「批判哲學」，就是要弄清這幾個問題，為這種未來的形而上學掃清基地，是未來的作為科學的形而上學的一種「導論」㉛。

㉚ 「要人類心靈永遠放棄形而上學的探求，猶如怕污染而放棄呼吸一樣之不足取。因之世界上總有形而上學，每個人，特別是每個反思的人，都會有形而上學，並由於沒有公認的標準，都將按自己的類型來塑造它。迄今為止被稱作形而上學的，不能滿足任何批判的心靈，但要廢棄也不行。所以一個純粹理性批判自身乃屬必要」（《導論·總問題的解決》）。

㉛ 康德把《純粹理性批判》的通俗縮寫本叫作《任何一種能作為科學出現的未來形而上學的導論》（簡稱《導論》）。這種所謂「未來的形而上學」究竟是什麼樣子，康德並未明確拿出來，以致研究者們對此頗有爭議。有人說康德只有道德的形而上學，並沒有關於科學或包括認識論的形而上學；有人說，康德的「批判哲學」本身就是康德的形而上學，康德的形而上學即是「使經驗對象可能的先天概念與原理的體系」（格里格〔Greger〕）等等。康德的確

康德把自己的「批判哲學」又叫做「先驗哲學」。他說:「這裡成為我們的主題的,不是事物的不可窮盡的性質,而是對事物性質進行判斷的知性,並且也只限於這知性的先天知識的部分」㉜;「我把不是有關對象而只是有關我們認識對象的方式(只要這種認識方式在先天的可能範圍內)的所有知識,叫做先驗的。這種概念的系統便可叫做先驗(transzendental)哲學」㉝;「因此純粹理性批判將包含構成先驗哲學的一切東西」㉞。可見,康德的「批判哲學」,是要研究認識所以可能的一切先驗(a priori)的㉟條件、根源、形式,而不是去研究各種先天綜合判斷等知識內容。康德認為,正如幾何學把三角形從各種經驗具體的三角形中抽取出來加以研究,構成一整套先天綜合判斷的先驗系統一樣,先驗哲學也正是把時空直觀、知性範疇從經驗認識、科學知識中抽取出來加以研究,構成一整套純粹的先驗知識,這種「先驗知識」指的只是知識的形式方面,亦即經驗知識所以可能的先驗形式(這種形式離開感性經驗並無任何意義,也不可能單獨存在,不像唯理論的「天賦觀念」等那種內在知識)。「先驗的」、「純粹的」、「形式的」等詞語,康

多次表明要寫形而上學,他的批判只是為寫這而掃清基地的「導論」。但當人說他只寫了導論而未完成其哲學體系時,康德卻憤怒地駁斥說,他的《純粹理性批判》就是完整性的純哲學(參看1799年8月7日給費希特的公開信)。這裡應注意的是康德所用「形而上學」一詞也有不同側重的涵義。

㉜ 《純粹理性批判》A12～13=B26,參看藍譯本,第42頁。

㉝ 同上書,A11=B25,參看藍譯本,第42頁。

㉞ 同上書,A14=B28,參看藍譯本,第43頁。

㉟ a priori,通譯為先天,如先天綜合判斷。但在康德這裡並無時間在先的發生學的意思(如醫學、生理學所講的「先天的」),它是指認識的先驗結構。transzendental 也譯先驗,則指這些先驗結構應用於經驗而使知識成立這個認識論問題。

德常常是同義地使用著的㊱。「這個詞（指先驗transzendental）並不意味超經驗的什麼東西，而是指雖先於經驗卻只為使經驗知識成為可能的那些東西」㊲。因之，所謂「先驗」也就是作為經驗的前提條件的意思。先驗哲學也就是研究認識（不能離開經驗）的前提條件。康德把哲學認識論看作是研究認識形式的純粹系統，已包含了為黑格爾所大力發揮的認識論就是邏輯學以及邏輯學先於任何具體的自然哲學、精神哲學的萌芽。不過康德只是從認識論講，黑格爾則把它化為本體論。

（三）二元論和唯心主義

康德在〈緒論〉中開門見山地把所謂「先驗」和「綜合」扭在一起，以普遍必然的科學真理如何可能為題目，實質上是把思維與存在這個哲學根本問題，通由一種特殊方式，在認識論上尖銳地提了出來。在這個問題上，康德典型地表現出他那種在唯物主義和唯心主義之間徘徊、折中、調和的基本態度。康德在《純粹理性批判》的〈緒論〉中嘲笑不要經驗的老唯心主義說：「輕巧的鴿子自由飛翔在空中，感受到空氣的阻

㊱ 「純粹的」也有兩種涵義：一指先驗中的一種，即相對於不純粹的先驗知識而言；一即等同於先驗。所謂不純粹的先驗知識，指構成概念之間的聯繫是先驗的，但概念卻仍是經驗的，如「凡變動均有原因」，「變動」概念便是經驗的，即屬於此類。純粹先驗則不但概念間的聯繫而且概念本身也是非經驗的。但康德經常並未嚴格區分，所以「純粹」常等於「先驗」。

㊲ 《導論》附錄。

力，可能設想在真空中飛翔將容易得多。柏拉圖認為感性世界太限制知性，乃鼓起理念的翅膀，冒險超越感性世界而進入純粹知性的真空中，和這是一樣的」㊳。在《導論》一書中，康德更明確說：「從愛利亞學派起到巴克萊主教止，一切真正的唯心主義者的原則包括在這個公式裡：一切通過感官和經驗而來的認識都不過是地道的假象，真理僅僅在純粹理知和純粹理性的觀念中。相反，那徹底支配和決定著我的唯心主義的根本原則卻是：一切來自純粹理知或純粹理性對事物的認識，都不過是地道的假象。真理僅僅在經驗中」㊴。這是一個方面。另一方面，康德又說：「我們要說明經驗與它的對象概念的必然一致，只有兩個途徑：或者認為經驗使概念成為可能，或者認為概念使經驗成為可能。前一種假定不適用於範疇，也不適用於純粹感性直觀。……於是只留下第二種假定了，……即知性範疇含有使所有經驗成為可能的根據」㊵。在《導論》中也說：「理性並不是根據自然創立自己的（先驗）法則，相反，而是向自然頒布這種法則」；「知性是自然的普遍秩序的根源，因為它把一切現象都置於自己的規律下來掌握」㊶。一方面認識需要經驗，真理並不在純粹思辨中；另一方面，不是意識反映存在，而是主觀決定客觀。由「先天綜合判斷如何可能」所展開的這種思想，構成了康德哲學的二元論的基調。一方面是「物自體」所提供的感性材料（參看本書第七章），另一方面是「先驗自我」支持的認識形式（參看本書第五章），這個對立始終貫串在康德全部認識論之中。重要的是去深入剖析這種矛盾，發現其合

㊳ 《純粹理性批判》A5=B9，參看藍譯本，第32頁。

㊴ 《導論》附錄。

㊵ 《純粹理性批判》B166～167，參看藍譯本，第118頁。

㊶ 《導論》§36、§38。

理的內核，而不是去彌合、抹殺或掩蓋它們。

可以清楚地看到，在康德哲學的這個矛盾中，先驗形式的方面(時空直觀和知性範疇）是主宰、支配、構造感性材料的主要方面。知識的獲得主要靠這一方面作用於感性經驗。科學真理的所謂普遍必然的客觀有效性，也主要來自這一方面。先驗的方面是矛盾的主要方面。所以，儘管康德極力折中調和唯理論與經驗論，在唯物主義與唯心主義之間徘徊、妥協，但它的根本性質和必然歸宿，不能不是唯心主義先驗論。

康德批評唯理論和經驗論，其實他是唯心主義的唯理論和唯心主義的經驗論的繼承者。唯心主義的唯理論認為，普遍必然的知識只能來自「天賦觀念」，是「清楚、明晰」的自明公理，而感性經驗只是一堆模糊雜亂的認識。唯心主義的經驗論也認為，普遍必然不能得自經驗歸納，而只能在分析判斷即邏輯、數學中。兩派都認為經驗中沒有普遍必然的真理，同時也都認為，邏輯、數學是普遍必然的真理。「批判哲學」實際上繼承了這個觀點，同樣強調普遍必然不能得於經驗，而只能來於「先天」。它和「天賦觀念」論不同的地方，在於它反對任何具體的現實的知識內容、觀念是天賦的或內在的，而只承認知識的形式是「先驗的」。這個不同極為重要，因為「天賦觀念」不過是一些既定的知識內容，而先驗形式則是所有知識所不可缺少的必要條件，從而它比「天賦觀念」論的唯心主義遠為深廣。雖然它不像「天賦觀念」那樣時間上先於經驗，但它突出了邏輯上的先驗，把它看作主宰所有認識、構成一切真理的普遍必然的理性力量。因之，雖然不是任何具體的知識內容和觀念是先天的，但是構造知識所必需的普遍認識形式，卻成為從天上掉下來和頭腦中固有的東西了。黑格爾正是從這裡進一步發展康德，強調的也是這個理性形式的普遍必然。黑格爾說，「如果說規律的真理性不存在於概念裡，那麼規律就是一種偶然的東西，而不是一種必然性，因而事實上就不是規律了」㊷。這就是說，普遍必然性（規律的真理性），只能存在於概念、思維、理性裡。在康德，這個概念、思維是主觀的先驗認識形式；在黑格爾，這個概念、思維是主宰世界的客觀的絕對精神。黑格爾說，「……客觀性有三種意義，第一，它指外在事物，以區別於主觀的夢幻、設想等等。第二，是由康德所提出的，指普遍必然性，以區別於感知的特殊的主觀的和偶然的因素。第三，如剛才所解釋的，它指思想所把握的事物存在的本質，以根本區別於單純只是我們的思想從而與事物自身相隔絕的……」㊸。康德提出普遍必然性是為了追求和確認真理和認識的客觀性，以與感知經驗的主觀性相區別（參看本書第五章），但這種普遍必然的客觀性卻只是主觀思維所能具有的，所以康德似乎把一般對主觀、客觀的了解（即第一種意義）恰好顛倒了過來。在黑格爾看來，這種顛倒卻有其深刻的道理，這就是「所感知的倒正是附屬的和第二性的，而思想才是真正獨立和原始的」㊹，但黑格爾不滿足康德的客觀性只是認識的普遍必然性，而要把這種思維的普遍必然性同時當作事物本身的真實本質。

費爾巴哈反對黑格爾，強調了感性的普遍性。他說，「人並不是一種如同動物那樣的特殊的實體，而是一種普遍的實體」；「普遍的感官就是理智，普遍的感性就是精神性」㊺。這種普遍性來自哪裡，他並未說

……………………………………

㊷ 黑格爾：《精神現象學》，賀麟、王玖興譯，商務印書館，1962年版，上卷，第167頁。

㊸ 黑格爾：《哲學全書：邏輯》§41，見《小邏輯》，賀麟譯本，商務印書館，1962年版，第131頁。

㊹ 黑格爾：《哲學全書：邏輯》§41，參看賀譯本《小邏輯》，第130頁。

㊺ 費爾巴哈：《未來哲學原理》§53，見《費爾巴哈哲學著作選集》上卷，三聯

明。費爾巴哈最多只能講些「人與人的交往，乃是真理性和普遍性最基本的原則和標準」㊻之類的空洞的人性論。所以，他之所謂人是區別於動物的「普遍的實體」，具有「普遍的感官」，仍然是指人的自然感官的特性，基本上仍然是回到感性靜觀的舊唯物主義，因為這種特性如何從人類社會的漫長歷史中得來，費爾巴哈一點也不知道。實際上，費爾巴哈講的這樣一種感性的普遍性並不存在，要在一般感官知覺經驗中去尋求和論證科學認識的普遍必然性，也的確是枉費心機。費爾巴哈的認識論之所以並沒有真正超出舊唯物主義的局限，正在於僅由所謂感官普遍性所獲得的經驗知識，卻有如恩格斯指出：「單憑觀察所得的經驗，是決不能充分證明必然性的。……不能從太陽總是在早晨升起來推斷它明天會再升起」㊼。舊唯物主義的經驗論之所以最終為懷疑論（休謨）和先驗論（康德）所取代，從認識論的原因講，正是由於僅僅從感覺經驗出發並不能保證認識的客觀真理性的原故。舊唯物主義很難勝利回答康德所提出的刁難：具有普遍必然性的科學真理如何可能？康德認識論正是從這個問題生發出來的。

書店，1962年版，第183頁。

㊻ 同上書，§41，第173頁。

㊼ 《自然辯證法》，《馬克思恩格斯全集》第20卷，1971年版，第572頁。

（四）「生活、實踐的觀點，應該是認識論的首先的和基本的觀點」（列寧）

馬克思說：「社會生活在本質上是實踐的」㊽。人的存在不只是自然生物的感性存在，也不是費爾巴哈那種「人與人的交往」式的抽象的感性關係。人的本質是歷史具體的一定社會實踐的產物，它首先是使用工具、製造工具的勞動活動的產物，這是人不同於物（動物自然存在）、人的實踐不同於動物的活動的關鍵。僅從感覺經驗出發研究人的認識問題，實際上只是從人的自然生物存在出發，這是馬克思主義以前的舊唯物主義。現代許多主觀唯心主義也是從感覺知覺或所謂「經驗」或「可觀察性的經驗陳述」出發，把它們看作最後的「事實」，當作認識的起點，實際仍不能把人的認識與動物的認識作本質的區分。只有從社會實踐出發，不離開人的社會性去觀察認識問題，指明認識對社會實踐的歷史具體的依存關係，包括指出人的感覺知覺的形成發展是整個人類實踐的歷史產物。從感覺材料或「經驗陳述」出發，實際是從個體心理出發，而

㊽〈關於費爾巴哈的提綱〉，《馬克思恩格斯選集》第1卷，1972年版，第18頁。

個體心理從一開始便被制約於整體人類的發展水平。原始人的感知便不同於現代人。康德的先驗論之所以比經驗論高明，也正在於康德是從作為整體人類的成果（認識形式）出發，經驗論則是從作為個體心理的感知、經驗（認識內容）出發。維特根斯坦（Wittgenstein）以及現代哲學則更多地從語言出發，語言確乎是區別於其他動物的人類整體性的事物，從語言出發比從感知、經驗出發要高明得多。但問題在於，語言是人類的最終實在、本體或事實嗎？現代西方哲學多半給以肯定的回答，我的回答是否定的。人類的最終實在、本體、事實是人類物質生產的的社會實踐活動。在這基石上才生長起符號生產（語言是這種符號生產中的主要部分）。當然，語言與社會實踐活動的關係是異常複雜的，維特根斯坦也已明確指出，語言是由社會生活和社會性的實踐活動所決定，並且是由社會性的語言決定個體的感知，而不是相反。這一切都相當正確，現在的課題是如何從發生學的角度來探討人類原始的語言──符號活動與社會實踐活動（其中又主要是維持集體生存和繁殖的物質生產活動）的關係和結構。從哲學上說，這也就是，不是從語言（分析哲學）、也不是從感覺（心理學）而應從實踐（人類學）出發來研究人的認識。語言學、心理學應建立在人類學（社會實踐的歷史總體）的基礎上，這才是馬克思主義的實踐論。真正的感性普遍性和語言普遍性只能建築在實踐的普遍性之上。馬克思說：「凡是把理論導致神祕主義方面去的神祕東西，都能在人的實踐中以及對這個實踐的理解中得到合理的解決」㊾。而只有對實踐的普遍性有正確理解，也才能解決康德提出的「先天綜合判斷」，亦即理性和語言的普遍性。

世上事物本沒有什麼絕對的普遍必然，那只是一種僵化觀念。康德

㊾ 〈關於費爾巴哈的提綱〉，《馬克思恩格斯選集》第1卷，1972年版，第18頁。

當年心目中的那些所謂普遍必然的科學知識，也都是相對真理，只是在人類社會實踐的一定水平的意義上具有普遍必然的客觀有效性。這個有效性隨著人類社會實踐的不斷發展而不斷擴大、縮小、修改、變更㊿。由歐幾里德幾何到各種非歐幾何，由牛頓力學到愛因斯坦相對論和量子力學，都說明康德當年看作普遍必然、一成不變、絕對適用的科學真理，很明顯地只適用於一定的範圍和條件、時期之內，只在這個限度內具有普遍必然性。可見，所謂「普遍必然」，在根本上被決定於人類社會實踐在一定歷史時期內所達到的一定水平、範圍或限度，它無不打上社會性的烙印。這種社會性是客觀社會性，因為它不是來自人們主觀觀念的聯想，不是某種人為的約定，不是先驗的規範，而是來自作為主體的人類社會實踐的客觀性的物質活動。這不是說客觀自然界的種種規律（如力學、生物學等等所揭示的）是人類實踐所創造；客觀自然及其規律的存在並不依存於人類社會和實踐，但它們是為社會實踐所發現、所掌握、所利用、所認識，它們在一定時期一定範圍內的所謂普遍必然的客觀有效性，是由社會實踐所提供、所開闢、所證實。正是社會實踐，最後通過技術與工藝，將繁複多樣、變化多端的自然界各種外表現象（很少普遍必然），與其相對穩定的本質規律（更多一些普遍必然）逐漸區別開來，從前者中將後者逐漸抽取出來，再運用於廣大的對象和領域。皮阿惹從發生認識論論證了認識的普遍性與客觀性同動作的社會協調密切相關。沒有後者也就沒有前者。所謂普遍必然性的邏輯思維也以社會生活中的協同動作為前提。我上面所說的，只是從人類歷史總體的宏觀角度來替

㊿ 苛訥（S. Körner）也認為並沒有絕對的「先天綜合」，它們是隨科學進步而成為相對的（《康德》第1章）。分析哲學從語言的角度也強調凡經驗命題(即科學知識）均有可假性。

代皮阿惹的發生認識論的心理學的微觀角度罷了。而隨著社會實踐水平的不斷提高，所掌握、所認識、所抽取的，也就愈來愈具有更大的普遍必然的客觀有效性。所以，所謂普遍必然性便無不包含著一種特定的客觀社會性質。這種社會性質正是一定時期社會實踐的理論尺度。而所謂社會實踐，首先和基本的便是以使用工具和製造工具（這裡講的工具是指物質工具，例如從原始石斧到航天飛機。也包括能源——從火到核能）為核心和標誌的社會生產勞動，最後集中表現為近代科學實驗在認識論上的直接的先鋒作用。有如大家所熟知，先有古代測量土地等等實踐，而後有歐幾里德的幾何；先有資本主義工場手工業以及各種簡單機械的使用等實踐，而後有牛頓力學和當時的數學；先有近代工業和巨大規模的科學實驗，而後有各種非歐幾何、相對論、量子力學和基本粒子的理論。另一方面，這種種科學理論又不斷地轉變為日新月異的技術和工具，轉變為直接的社會生產力。

包括康德哲學認識論中突出的所謂「向自然立法」的著名思想，仍然是當時科學實驗的新特徵的反映。自伽利略以來，科學家普遍運用主動的實驗向自然提出問題，使自然作出回答，以檢驗、修正和發展所提出的假說和理論，而不是簡單地觀察、描述和歸納。康德自己對這一點是非常明白的。在《純粹理性批判》第二版序言中，康德說：「當伽利略把他的圓球在他選定的重力作用下沿斜面滾下時，或當托里拆利使空氣擕載他事先已知的水柱的重量相等的重量時，或當更近時期斯托爾以撤去金屬中的某成分，保存某物的方法，使金屬變為石灰，石灰又變為金屬時，一線光明就給所有自然的研究者打開了。他們認識到，理性所能洞察的只是它根據自己的計畫所產生的，又認識到，理性必須不讓自己好像由自然用繩子牽著走，而必須以建立在一定法則上的判斷原理展示自己的途徑，強迫自然回答理性規定的問題。偶然的觀察，不是服從於事先思想好的計畫，不會有必然規律的聯繫，而這種規律卻是理性所追求的和所需要的。理性，一手帶著原理，只有與此原理一致的現象，才能看作規律；一手抓住實驗，這種實驗是依據這些原理設計的，它去接近自然是為了受自然的教誨，但這種受教並不像學生那樣事事坐聽教師所講，而應如法官一樣，強迫證人回答他所提出的問題。」(51)

正是在近代科學實驗的基礎上，由自然科學方法論上所展示出來的這種人的認識的主觀能動性，才可能產生康德這種所謂「向自然立法」的哲學思想。為康德強調的這一特徵，到現代已愈來愈突出、愈重要，這又正是以空前規模的工業技術和科學實驗等社會實踐為根本基礎的。

可見，科學方法論本身也是被制約於一定社會發展水平的。波普的強調理論假說的證偽法，以及庫恩（T. Kuhn）強調的反量的積累的科學範式（paradigm），都只能產生在已經累積了不少知識，已經可以擺脫一般經驗的現代科學水平的情況和條件下。正如培根的歸納法只能產生在衝破中世紀的愚昧教條，科學真正開始面向經驗世界的時代一樣。所以前者才著重於去偽，在排去偽說中，科學理論不斷前進。而後者強調存真，在經驗知識的獲得中不斷接近真理。庫恩曾說，「大量科學知識是最近四個世紀的歐洲產物」(52)，倒正好說明了這點。所以他們都強調科學不是從觀察——感知開始，感知、材料、觀察都是在假說理論或觀念的指導下選擇的結果。而後者當然又與一定的社會生活和觀念相聯繫。

這裡強調科學的普遍必然性（自然科學的真理）與客觀社會性（人類歷史）的聯繫，並不意味否認科學發展的內部邏輯。科學分化得愈專門、

(51) 《純粹理性批判》Bxiii，參看藍譯本，第10～11頁。

(52) 庫恩：《科學革命的結構》第13章。

愈特定，就愈不需要依靠包括社會在內的外在的動力。數學和現代理論物理等等便是證明。所以這裡所強調的都只是就其最本源的情況而說的。

（五）「綜合」是改造對象

所謂「分析」與「綜合」，也應從這個觀點來理解。分析與綜合本是相對的，不能截然區分和對立，如邏輯實證論那樣[53]。嚴格的分析命題在現實思維中是少見的。康德本人就把分析判斷分為兩類，一類是同語反覆，一類則賓詞（述語）澄清主詞，認為後者大有益於思維，因為思維通過分析才能清晰明瞭，主詞中暗含的意義在賓詞中明顯表示出來[54]。恩格斯也說：「同一性自身包含著差異性，這一事實在每一個命題中都表現出來，在這裡述語是必須和主語不同的。百合花是一種植物，玫瑰花是紅的，這裡不論是在主語中或是在述語中，總有點什麼東西是述語或主語所包括不了的」[55]。這些都說明純粹所謂同語反覆的分析在現實語言中也是罕見的。

「綜合」與「分析」的區別，在整個康德哲學中占有突出的地位。所謂「綜合的統一」不同於「分析的統一」，所謂綜合比分析在認識過程中遠為根本和重要，都與康德哲學的核心直接相關（參看後各章）。分析判斷、分析的統一、分析法、分析各詞並不相同或相等（例如康德說，

[53] 蒯因等人已反對這種嚴格區分，可參看蒯因〈經驗論的兩個教條〉一文。

[54] 參看康德《邏輯講義》§37。

[55] 《自然辯證法》，《馬克思恩格斯全集》第20卷，1971年版，第557頁。

「分析法和分析命題根本不同」，它不問知識的分析或綜合)，但它們畢竟有基本一致之處，綜合亦然。康德在七〇年代便說：「分析終於簡單的部分，綜合終於世界」(56)。在其晚年的《邏輯講義》中，康德又一再說：「分析命題以其確定性建立在概念（主賓詞）的同一性上，而真理不是依據概念的同一性的叫綜合命題」(57)。「分析原理非公理，綜合原理有直觀，即是公理」(58)；「綜合屬於把對象搞清楚，分析屬於把概念搞清楚」(59)。康德把「使一個概念明確」與「製造一個明確概念」嚴格區分，前者只是分析，後者則必須有與對象直觀有關的綜合活動，可見綜合判斷在這一意義上亦即等於綜合活動(60)。康德把從已知事實出發，去分析、追溯其構成因素的過程，叫「分析法」(61)。例如，從數學、物理學這些既定事實去追溯分析其所謂先驗的可能條件（康德說這是《導論》一書的寫法)。而從先驗的因素條件出發，去逐步建立已知的事實，如從時空、範疇開始探求數學、物理學的可能，叫做「綜合法」(康德說這是《純粹理性批判》一書的寫法)。 康德在認識論上和方法論上都是十分強調思維、邏輯綜合功能的，它是康德的中心議題之一。但是康德雖然講了那麼多分析、綜合，卻始終沒有把它們講清楚，特別是沒有把綜合為什麼

(56) 〈論文〉。

(57) 《邏輯講義》§36。

(58) 同上。

(59) 同上書，導論 VIIIc。

(60) 與亞里士多德、萊布尼茲認為概念先於判斷相反，康德毋寧認為判斷（綜合）先於概念（分析)。參看本書第四章。

(61) 康德的《邏輯講義》中說，「分析的方法與綜合的方法是對立的。前者從既定條件和根據出發，走向原理，後者從原理走向結論，或從簡單走向複雜。前者可稱為追溯法，後者可稱為前進法。分析法又稱發現的方法，為了大眾化，分析法更適合，但科學目的和認識的系統探究，則綜合法更適合」(§117)。

比分析更根本更重要講清楚，許多康德的研究注釋家們也同樣如此。在馬克思主義哲學基礎上，如何正確理解康德所提出的「綜合」，成為了解康德哲學認識論的一大關鍵。我認為，康德強調分析判斷與綜合判斷的區分，主要不在一般形式邏輯的意義上或主賓詞的形式關係上，即不在判斷的形式，而在判斷的內容，在思維是否涉及現實，即思維與存在的關係這個哲學基本問題上。康德通過這兩類判斷的劃分，實際是總結了他在前批判期關於邏輯不等於現實的觀點（參看本書第一章），構成了他的批判哲學的核心要點。但是，邏輯與現實的轉化、邏輯與歷史的一致，則康德遠未能觸及。馬克思指出，研究政治經濟學有兩種方法，在第一種方法裡，「完整的表象蒸發為抽象的規定」，在第二種方法裡，「抽象的規定在思維的道路上複製為具體的事物」；「後一種顯然是科學上正確的方法。具體之所以具體，因為它是許多規定的綜合，因而是多樣性的統一。因此它在思維中表現為綜合的過程，表現為結果，而不是表現為起點，雖然它是現實中的起點，因而也是直觀和表象的起點」(62)。這正是「分析法」與「綜合法」的某種規定和解說。由抽象到具體，不是現實的過程，現實的具體事物不是由抽象的精神、觀念所產生出來的，黑格爾把康德的這種思維方法發展為本體論，是錯誤的。馬克思說，「黑格爾之所以陷入錯覺，是因為他把實在事物理解為在自身中自我綜合、在自身中自我深化而且自動運動的思維的結果」(63)。但重要的是，由簡單到複雜，這種方法卻體現了邏輯與歷史的一致。「從最簡單的事物上升到複雜事物這種抽象的思維過程，符合現實的歷史過程」(64)。分析法可說是從感

(62) 《政治經濟學批判》導言，《馬克思恩格斯選集》第2卷，1974年版，第103頁。

(63) 同上。

知的具體走向邏輯的抽象，把現實事物或對象分解、拆散；綜合法可說是從邏輯的抽象走向現實的具體，它在思維裡複製歷史的行程。如馬克思所說，在思想中，具體表現為綜合即概括或總集（zusammenfassen）。這正是邏輯與歷史的一致，所以它「顯然是科學上正確的方法」[65]。而「綜合法」所以能夠不斷展開和發展為具體，「綜合判斷」所以能獲得新的知識，「綜合」所以比「分析」更為重要更為根本，原因在於：它反映了實踐在現實活動中改造對象、消化對象，打破舊關係，建立新關係，造成不斷由簡單到複雜的歷史行程。這正是它能在思想中擴大認識的基礎，的確不同於以遵循形式邏輯為軸心的分析判斷。因之，可以說，「綜合」在根本上是實踐活動的本性，是「吃掉對象、消化對象」（毛澤東）的行動的邏輯[66]。用這種方法在科學中將問題研究完畢表述出來，就好像是種先驗的方式了：「材料的生命一經觀念地反映出來，看起來我們就好像是先驗地處理一個結構了」[67]。這也才是康德強調各種「綜合」、「綜合法」的真實意義[68]，雖然康德本人並未意識到。

這一點，是了解康德哲學和了解康德強調「綜合」在認識中重要作用的關鍵。

綜上所述，我們認為社會實踐才是所謂具有普遍必然性的「先天綜

---

[64] 同上書，第105頁。

[65] 同上。

[66] 毛澤東是從中國解放戰爭的形式說的。現代大工業倒以更形象的方式，表現了這種吃掉、消化對象，產出產品的實踐綜合的巨大力量。

[67] 《資本論》第1卷第2版跋，《馬克思恩格斯選集》第2卷，1974年版，第217頁。

[68] 黑格爾關於從抽象到具體講得不少，參看《邏輯學》中〈認識的理念〉等部分，可說黑格爾哲學要點之一就是從抽象到具體。

合判斷」的基礎，因之，應該批判康德的先驗論。與此相反，邏輯實證論等現代資產階級哲學則恰恰從對立的方面來批判康德。他們批判的不是「先天」，而是「綜合」。他們強調「分析命題」與「綜合命題」截然二分，以否定康德的「先天綜合判斷」，或把康德的「先天綜合判斷」說成就是分析判斷。以羅素為代表的邏輯主義，則特別以數學為基地，針對康德的先天綜合，提出了激烈的批判。他們堅決否認數學本性是「先天綜合」。數學本質問題成了哲學論爭的場所。這也不奇怪，因為康德所凸出來的數學本質是一個具有深刻意義的哲學問題。數學在現代科學、工業、技術中越來越起著巨大的實際作用，它作為強有力的符號工具，如同物質工具一樣，開闢了無限可能性的發展前途，日益發揮其在人們認識世界改造世界中的能動功能，成為哲學認識論所要研究的一個十分重要的對象。下面就這個問題，以康德與羅素兩種觀點作對立面，探討一下實踐、綜合作為認識基礎的根本意義。

（六）關於數學的本質

康德認為數學不是分析，不能等同於形式邏輯，強調數學與感性有聯繫[69]，例如手指幫助計數，直觀操作產生和改變數量，等等（代數結構、幾何結構都包含有直觀）。在康德看來，分析判斷只有邏輯上的有效

[69] 參看《純粹理性批判》中〈反省概念的含混〉一節中對萊布尼茲的批評，指出數量的同異不是概念的同異，它與感官有聯繫，而非形式邏輯所能證明，等等。

性，綜合判斷則有現實的有效性，前者應以後者為基礎。數學顯然有現實的普遍必然的有效性。邏輯主義者則認為數學就是邏輯，弗雷格（Frege）將數字1、2、3……以及「+」等等符號一概由邏輯定義或由邏輯演繹出來。羅素企圖把全部數學還原為不過是幾個邏輯命題的系統推演。這對數學本身和邏輯固然都是重要的貢獻，在方法論上也有巨大意義，如形式化、系統化、邏輯和數學的交溶等等，但它的哲學傾向，則是謬誤的。羅素說，「有些人說，數學的對象顯然不是主觀的，所以一定是物理的及經驗的；另一些人說數學顯然不是物理的，所以，一定是主觀的及心理的。就他們所否認的而言，雙方都對，但就他們所斷言而言，雙方都錯。弗雷格的優點在於承認雙方所否認之點，並承認邏輯的世界並非心理的，也非物理的，從而找到一個第三種論斷」⑰，即把數看成既非客觀物理、也非主觀心理，而是超感知的邏輯關係，例如自然數是類的類，等等。說「第三種論斷」並不錯，我認為也是「第三種論斷」。但他這個「第三種」是要求數學與感性現實在根源上完全脫離，是種純形式的邏輯語言關係。並且，這種關係最終得歸結為約定的同語反覆，是「記錄我們在一定方式中使用語詞的決定」⑱，即使用語言符號的文法規則；或者「一個數學命題實際上是符號操作的一種規則」⑲，即一種計算規則。總之，他們認為是人為的分析命題，與現實經驗毫無關係聯繫。但是，把數學歸結為邏輯是不行的。例如，無窮公理本不屬邏輯，但如果沒有這條公

⑰ 羅素（B. Russell）：《我們關於外在世界的認識》。羅素在《人的知識——它的範圍和限度》中雖終於承認科學推論的一些前提是不能從經驗中得來的「設定」，而把它們歸結為生物學或心理學的，這仍然是休謨而非康德。

⑱ 艾耶爾（A. J. Ayer）：《語言、真理與邏輯》。

⑲ 轉引自伽斯金（A. T. Gasking）：〈數學與世界觀〉，見伯耐塞來夫（P. Benecerraf）與拍那（H. Putnam）編《數學哲學選集》。

理，羅素的《數學原理》就搞不成。從哲學上看，這可說是從康德倒退到休謨（休謨早認為數學與經驗科學相反，是純粹的分析判斷），在數學上，則不過是堅持萊布尼茲的觀點。康德反對休謨，也反對萊布尼茲認為矛盾律和定義能規定數學，認為數學例如幾何的基本公理便不能由形式邏輯來保證，而與感性有關。這比休謨要高明。正如受康德影響的現代數學中的形式主義比受休謨影響的邏輯主義要高明一樣，形式主義的首要人物希爾伯特（Hilbert）說，「我們是和……康德一致的。康德早已告訴我們（而且這是他的學說的主要組成部分之一），數學有其與邏輯無關的可靠內容，因之不能只靠邏輯建立起來」㊸。康德強調了數學與感性現實的關係，但把這種關係說成是時空先驗直觀（參看下章）。現代數學中的直覺主義繼承了康德這個方向，例如把數與時間先於直觀直接連在一起㊹等等。

邏輯主義把數學（公理）歸結為約定或同語反覆，比直覺主義遠為錯誤㊺。約定和同語反覆本身便需要解釋。為何需要這種約定和如何約定，歸根到底還是要依靠實踐經驗來決定，否則將是一種神祕的結構。

㊸ 希爾伯特：《論無窮》。

㊹ 直覺主義比邏輯主義和形式主義在所謂數學哲學三大派中更接近真理一些。例如布勞爾（Brower）認為構造在數學中有巨大本質意義，以及數與社會有關、因果與先後（時間）有關等等。但他遵循康德，把數的基礎歸結為時間順序的感知，從時間意識中推導出自然數，仍是唯心主義。

㊺ 在這裡，形式主義把數學當作一種無矛盾性的遊戲，可說是同一傾向的錯誤。柯亨（Paul J. Cohen）說，「根據形式主義觀點，數學必須被看作是紙上符號的純形式遊戲，只要求這種遊戲滿足不導致不一致性即可」（《集合論和連續統假設》導論）。這與邏輯主義便有相當接近之處了。羅濱遜（Robinson）也同此，而希爾伯特並不如此。現代真正極端的形式主義比希爾伯特離康德是更遠了。

把數學歸結為幾個邏輯的原始概念和幾條不能證明或無需證明的原始命題，也是如此。不能證明和無需證明的命題（或公理）本身便是一個巨大的疑問。哥德爾（K. Gödel）定理證明了任何相當豐富的無矛盾性的公理系統總有一個真的命題不能從本系統得到證明，正是對邏輯主義的致命的當頭一棒。哥德爾有句話很有意思：「它們（指「支配數學的那個『給予的』東西」）也可能代表客觀實在的一個方面。但是與感覺相反，它們在我們內部的出現，也許是由於我們自身和實在之間的另一種關係」⑯。哥德爾的說法非常模糊和晦澀，這「另一種關係」是什麼，哥德爾沒有回答，但它表現了某些數學家們企圖去尋找數學的現實本性的願望或傾向。哥德爾宣稱自己是柏拉圖主義，與羅素等人的邏輯主義的唯心主義很不同。

2+2=4，7+5=12，……這種到處適用的數學（算術）本質究竟是什麼？是先驗演繹（分析）嗎？休謨、羅素的道路是錯誤的。是經驗歸納嗎？約翰·穆勒從經驗世界的歸納以及今天的新黑格爾主義者如布蘭夏德（Brand Blanshard）企圖從設定（算術之有意義在於世界中有可以分開的對象）⑰。來探求，也是徒勞，因為從對象事物的歸納中得不出普遍適用、必然有效的數學，從感覺、靜觀根本不可能了解數學的本性。同時，它也不在於康德所認為的先驗直觀。

⑯ 哥德爾：〈什麼是康托爾連續統問題〉，引自《數學哲學選集》。此外，貝特（Beth）的某些看法（也很含混）亦可注意，如他認為數學要素中包含由原始感性經驗產生出來的「第二性對象」問題，實即感性對象間的超感知（理

數學不是邏輯，它與感性有關。但不是與康德的感性先驗直觀有關，而是與人類的感性實踐有關。有如黑格爾說，數學的抽象仍然是感性的[78]，但這個感性主要不是感性對象，而首先是感性活動，其根源早在人類原始社會的實踐活動之中。與新康德主義卡西爾把數說成是「思維的原始動作」[79]恰好相反，我以為，數的根源在於人類實踐的原始動作，即在以使用和製造工具為根本特徵的勞動活動的原始操作中。數學的根源首先不在對外在感性事物的歸納而在對主體感性活動的抽象。數學的純粹的量等等基本形式不是從歸納外在事物而來，而是從抽象主體活動而來。它所反映的客觀實在的方面，不是我們與外界世界的靜觀感覺關係，而是為哥德爾所模糊感到的所謂「另一種關係」，即通過人類社會的最原始最基本的一些實踐活動（主要是勞動操作）的感性形式和關係，所揭示出來的客觀世界包括數量在內的某些結構。我們規定 1+1=2，1+1+1=3，表面看來似乎是分析（定義），如羅素所認為；但它實質上是綜合，起源於對原始實踐活動──例如計數的規定和描述。此外，對操作本身的可分離性、可結合性、可逆性、恆等性、對稱性、無窮進行……的運用和把握等等也如此。這種種活動最初是對某些實物的實際操作，其後才衍化為符號的操作，而所有這些操作當時大體上是採取巫術禮儀的神祕形式出現的。數學之所以不只是認識現實事物或對象，它之所以

性）的關係作為數學要素的問題（見他的《數學思想》，1965年）。

[77] 布蘭夏德：《理性與分析》第10章。

[78] 例如，黑格爾論幾何學：「綜合方法的光輝範例是幾何學。……這個抽象的對象另一方面又還是空間，一個非感性的感性的東西；──直觀被提高為自己的抽象──這個直觀是直觀的形式，但還是直觀」（《邏輯學》中譯本下卷，商務印書館，1976年版，第516頁）。

[79] 卡西爾（Ernst Cassirer）：《實體與功能》第1章。

主要是一種認識的手段，具有某種超具體時空和非經驗因果的形式特徵，而與所有以經驗事物為對象的科學大不相同（後者總需要以觀察、實驗為基礎，前者的無矛盾性便是它的保證），其根本原因也就在這裡。所以，數學是人所有的特種認識工具和符號語言，如同人的物質工具一樣，但它以最純粹的形式體現了人的認識的主觀能動性。這種認識能動性，從哲學上看，又仍然是人類的實踐能動性的高度的抽象化。數學的原始概念應從這裡去考慮和研究。數學的構造本性也應從這裡來理解。因之，數學的普遍必然，從根源上講，是抽象化了的實踐活動（勞動操作）形式本身的普遍必然[80]。我們的實踐（包括現代的天文觀測）所達到的任何宏觀世界或微觀世界，不管它們獨特的經驗環境如何，2+2=4，7+5=12，仍然有效，原因就在這裡。數學所以能作為人類認識世界改造世界的強大工具（現代科學廣泛運用數學所獲得的巨大成就不斷證實著這一點），體現了人的認識能動性的顯著特徵，其哲學上的道理也在這裡。萊布尼茲說，數學是上帝的語言，其實，數學是人類的驕傲。

如果分析一下充分體現數學本質的所謂最簡單的「純粹數學」，便可發現，它基本上是由兩個成分組成的。一個成分是形式邏輯的不矛盾律（同一律）等。另一個成分是如加（+）、減（−）、等於（=）、自然數等。這兩個成分和兩個方面都是人類社會原始勞動操作（實踐）的反映。例如，加（+）、減（−）、等於（=）、「無窮」等，來源於原始勞動操作的合、分、可逆、恆等、對稱、進行的無限可能性等等最基本的形式。

[80] 例如，「無窮」並不是指現實世界的事物、對象的無窮（無論是無窮大、無窮小），而首先是意味人（人類）能無窮地（只要人類存在）把操作繼續進行下去，它終於反映在人類思維中，成為數學的一個不可缺少的基本概念。而人類所以能無窮地進行操作，又正是由於相信包括人的宇宙客觀世界是無窮的原故，所以無窮這一數學概念又可以適用於客觀世界。

自然數在根本起源上，是由勞動操作中產生和把握的抽象的量的同一性（即所謂「純粹的量」）發展而來。對上述操作形式、結構、量的同一性等等的把握，是人類認識的一個極大飛躍，從此，世界開始被人類從量和關係的高度抽象的形式、結構方面精確認識，在這基礎上，聯結人類對感性世界所產生的自由直觀能力，不斷創造出自由地理想化地構造關係、結構的能動觀念和系統（大多遠離現實原型，純粹是從觀念世界裡推衍出來似的），成為一種認識世界無比銳利的工具。正如人不斷創造出現實中沒有原型的物質工具一樣，數學作為特種符號工具和作為對客觀現實結構的建構，這二者的關係仍是一個值得深入探索的問題。但從根源上說，它是經過漫長的歷史行程，把本是與勞動操作活動的有關形式方面，加以對象化，並不斷抽象和轉化為符號操作的一些基本演算規定，如皮阿惹強調的操作的可逆性（A+B=B+A）、守恆性（A=A）等等。(與客觀經驗對象直接相關的部分則變為邏輯的量詞和「屬於」等觀念、符號。)數學本性具有這種綜合性質，似應可肯定。數學中形式邏輯的成分，以及形式邏輯本身，其本質則是原始勞動操作本身所要求的相對穩定性，如這樣做就不不這樣做（$A \neq \bar{A}$），等等。它們也是經過漫長的歷史行程，由實踐動作所要求的相對穩定性，通過「自覺注意」這一人所特有的重要心理功能（參看本書第四章），轉化為語言、思維所要求的概念、語詞的相對穩定性，以致似乎成了思維的「本性」、語言「自身」的規律[81]。

[81] 在形式邏輯基本規律的爭論中，一派主張它們只是思維、語言的天生本性，另一派主張它們是客觀世界的相對穩定性的反映。前一派是唯心主義，後一派是靜觀的唯物主義。我認為，客觀世界的相對穩定性只有通過實踐活動本身所要求的相對穩定性，才可能反映為思維的基本規律。缺少這個能動的中介，不可能理解作為思維形式和結構的形式邏輯基本規律是如何得來的。至於實踐要求的相對穩定性終於變為思維規律，又得經過某種整體的原始社會

在這個轉換的抽象提昇的過程中，又正是通過社會的強制（最初由原始的巫術禮儀來保證和集中化，如巫術中的一定的步法、手法、姿態、咒語、次數、序列……等等，都是極為嚴格的）而達到的。我以為，原始社會的人們對主體實踐活動的同一性的嚴格要求，首先表現為一種巫術禮儀→道德倫理的社會指令，表現為禮儀、道德必要性。正是通過這種意識形態的強有力的活動，原始人群那種混沌不清、是非同一、夢幻般的先邏輯思維階段才能逐漸擺脫，而過渡到以遵守概念的同一性為特徵的邏輯思維階段。這是一個極為漫長的歷史行程。這個行程的成果最後才構成了數學的分析方面。總之，原始實踐勞動操作活動的結構和形式特性，在漫長的時間中，抽象、提取、內化、構建為語言、思維、邏輯、數學的本性，使它們具有了所謂普遍必然性。

可見，數學不是先天分析（休謨、邏輯實證論），不是一般的經驗歸納（穆勒），也不是「先天綜合」（康德），而是以實踐為基礎、以綜合為本性的分析與綜合的統一。計算機的出現使某些分析部分如證明可交給機器，將更突出數學的綜合——發現、發明的本性。當代數學哲學中的經驗主義思潮是值得注意的。

如上面所不斷提到，我以為，在現代文獻中，關於這個問題最值得注意的是皮阿惹的一些觀點。這位心理學家以兒童心理的大量實驗作例證，反對邏輯實證論，認為邏輯不能從語言中來；也反對了確謨斯基，認為邏輯不是什麼內在的理性深層結構；他強調邏輯和數學都只能從原始動作中得來。「不是從所動作的對象抽象，而是從動作自身抽象。我認為這就是邏輯和數學抽象的基礎」[82]。他區分出兩種動作，指出「所有

意識形態的狂熱活動（如禮儀巫術）才可能固定和形成起來。這一點甚為重要，是應該深入研究的。

這些協作形式在邏輯結構中有其相平行者，動作水平的這種協同動作，就是以後思想中的邏輯結構的基礎」⑧³。他從兒童心理角度指出布巴契（Bourbaki）三個「母體結構」都來自感知運動的協作⑧⁴等等，等等，都是很有哲學價值的。這種所謂協作結構正是一種「綜合」，可逆、次序、拓扑、交換律、聯合律……這些數學基本形式特徵，正是這種協同操作特徵的抽象提取。皮阿惹強調動作、操作形式，就比用感知經驗或語言作為根本來解說一切的邏輯實證論者（經驗論）和用理性內在結構來解說語言的確謨斯基（唯理論）要勝過一籌。可惜的是，儘管他從心理學看出動作、操作在形成人的邏輯思維和原始數學觀念過程中的基礎作用，卻不能從人類學的社會歷史整體行程中來說明它們，從而把動作、操作作了離開作為歷史總體的社會實踐這個根本要點的解說。具體地說，他沒有充分注意使用工具在操作動作中的巨大意義和特性，工具作為中介所帶來的客觀世界的因果規律性的連結和滲入，等等，從而不可避免地最終在一定程度上歸宿於生物機制，有意無意地沖淡了人的認識能動性與動物的根本區別，忽視了強制教育對人類特別對兒童的巨大作用。

實用主義者也用實踐觀點來批判康德。他們也講工具、操作、實踐等等，認為認識是主體與境遇（situation）的相互關係，思維實質上是動作活動，而概念不過是一組操作的規定（如操作主義者布利治曼〔Bridgemann〕）。杜威說：「法則乃是經由操作……去決定的工具」⑧⁵，邏輯是實驗的探究活動將混沌質料構造出知識來。劉易士（C. I. Lewis）

⑧² 《發生認識論》第1講。

⑧³ 皮阿惹：《發生認識論》第1講。

⑧⁴ 皮阿惹：《結構主義》第2章。

⑧⁵ 杜威：《邏輯》。

說，「一個客觀事實意味著通過我們的活動而可實現的經驗的特定可能性」[86]，等等。他們用所謂實踐操作，代替康德的先驗形式，作用於對象以構成知識。但是，第一，實用主義所講的實踐、操作等等，從根本上講，並不是歷史具體的人類社會實踐，而是適應環境的生物性的活動。實用主義雖強調工具的重要地位和作用，但是，實用主義講的工具是包羅萬象的東西，他們把理知、思維也當作工具。這就恰恰掩蓋了人類使用和創造物質工具的歷史性的意義，忽視了物質性的勞動操作活動（物質生產）在人類起源和社會發展中的基礎意義，沒有把握住人的現實感性活動的本質所在。人是通過使用和創造物質工具的實踐活動而掌握、利用客觀世界的規律，並逐漸建構到思維中來的[87]。實用主義在工具的旗號下，把物質工具與思維工具、實踐活動與理知符號活動混為一談，不認識物質工具對實踐的本質規定意義。

作為實證主義的一個派別，與其他派別把一切認識歸結為感覺材料一樣，他們最終也是把「先天綜合判斷」歸結為生物反應。馬克思主義實踐論與此相反，恰恰是要承認和強調人類的實踐活動的超生物性質，這樣，才可能使人的認識有超生物的性質。這種超生物性質首先是通過使用和製造工具才取得的，正是這種勞動活動（實踐）使猿變成人。

第二，康德承認不依存於人的「物自體」，實用主義卻根本否認外界物質世界的客觀獨立存在。當然更不把實踐看作是符合客觀世界規律和掌握這些規律的活動。它們講的實踐，不過是對一堆混沌感覺加以主觀隨意的整理構造而已。因之並不承認有所謂普遍必然性的客觀規律和綜合活動。所以，雖然大講實踐、操作、工具，作為實證論的嫡系，它

[86] 劉易士：《知識和價值的分析》。他也是反對康德的「先天綜合」的。

[87] 參看本書第四章。

們與馬克思主義實踐論仍然是很不相同的。

總括起來說，從馬克思主義實踐論出發來批判康德，一方面是要與用機械唯物主義的觀點（單純強調意識反映存在）來批判康德劃清界限。列寧早就指出，「要義二則：1. 普列漢諾夫批判康德主義（以及一般不可知論）多半是從庸俗唯物主義的觀點出發，而很少從辯證唯物主義的觀點出發，因為他只是不疼不癢地駁斥它們的議論，而沒有糾正（像黑格爾糾正康德那樣）這些議論，沒有加深、概括、擴大它們，沒有指出一切的和任何的概念的聯繫和轉化。2. 馬克思主義者們（在二十世紀初）批判康德主義者和休謨主義者多半是根據費爾巴哈的觀點（和根據畢希納的觀點），而很少根據黑格爾的觀點」⑱。這就是說，應該像黑格爾那樣注意康德提出的認識能動性和辯證法等重要問題。首先便應該闡明人的認識能動性的唯物主義根源問題，而不只是簡單地「駁斥」康德不符合唯物主義而已。也就是說，在認識論方面要注意研究人的主觀能動性問題，不能停留或倒退到「能動性竟讓唯心主義發展了」（馬克思）之前的舊立場上去。但另一方面，強調人的實踐和認識的主觀能動性，又不能走向否定社會實踐的客觀歷史性質、走向主觀約定或生物適應環境式的實用主義等道路上去⑲。

應當「糾正、加深、概括、擴大」康德的論點，所謂「糾正」在這裡就是把康德所強調的普遍必然性問題要放在具有一定客觀社會性的人類整體歷史的基礎上來考察。即使是自然科學，也要和社會歷史聯結起

⑱ 《哲學筆記》，1974年版，第190～191頁。

⑲ 在康德研究注釋者那裡，也向來有兩種傾向。主要的傾向是把康德完全拉向唯心主義，把人的主觀能動性完全說成是精神的力量。也有人企圖作實在論的解釋，最早如黎爾（A. Riehl），但最多仍只能到達舊唯物主義的水平。總之，不懂人的實踐能動性，也就不能解釋康德提出的認識能動性。

來。例如似乎與社會生活和經驗世界毫無干係的獨立自主的真理形式(如數學),其最終根源也仍在社會實踐的最初的基本形式——原始操作活動中。如同物質生產——勞動操作展現了人類實踐的能動性一樣,符號操作——數學構造正好展現著人類所特有的認識能動性,而這種能動性便正是人類主體性的文化心理結構的一個重要方面,即人類的文化——智力結構中的一個基本因素。從心理學上講,它也正是由實踐——操作活動的內化而成的。用傳統的馬克思主義哲學認識論的話講,它就是對社會實踐活動的一種「反映」。這才是我所理解的馬克思主義的「能動的反映論」——人類學本體論的實踐哲學。可見,本書所講的「人類的」「人類學」「人類學本體論」,就完全不是西方的哲學人類學之類的那種離開具體的歷史社會的或生物學的涵義,恰恰相反,這裡強調的正是作為社會實踐的歷史總體的人類發展的具體行程。它是超生物族類的社會存在。所謂「主體性」,也是這個意思。人類主體性既展現為物質現實的社會實踐活動(物質生產活動是核心),這是主體性的客觀方面即工藝——社會結構亦即社會存在方面,基礎的方面。同時,主體性也包括社會意識亦即文化心理結構的主觀方面。從而這裡講的主體性心理結構也主要不是個體主觀的意識、情感、欲望等等,而恰恰首先是指作為人類集體的歷史成果的精神文化:智力結構、倫理意識、審美享受。研究康德哲學正是應該把康德說成是先驗形式的認識範疇、純粹直觀、絕對命令、審美共通感等等還它們以本來面目,即給予它們以社會歷史的具體根源及其具體發展過程,這就正是研究人類學本體論和主體性問題的一個(也只是一個)重要方面。同時,這也是從康德緒論中所想要「糾正」和「加深」的。

(二) 空間與時間

第三章 認識論：

康德的認識論從感性講起。《純粹理性批判》第 1 篇是《先驗感性論》。一開頭，康德對直觀、感性、感覺、質料、形式等等基本概念作了一系列的規定和說明。這些規定、說明以及以後的使用，都非常模糊含混，錯雜不清。上章已指出這點。例如，「對象」這個詞，在康德這本書裡到處出現，是涉及許多問題的重要概念，他使用了 Objekt 與 Gegenstand 這兩個同義詞，但使用時並不嚴格，Objekt本指可離開我們的感覺意識而存在的客體，卻時而又指在我們感覺意識中的客觀內容，即經過我們感知整理後出現的現象「對象」。在〈先驗感性論〉開頭同一語句中，前後的含義就有了這種變化❶。關於感覺、感性等基本概念，也幾乎無不如此。值得注意的是，恰恰在這樣一些關鍵性的概念、詞彙上含混多義，並且一開頭便如此，這表明不是偶然的疏忽，而是康德哲學的特徵在具體細節上的自然流露。這種情況也便於某些康德哲學的研究注釋者從開頭就突出這些詞彙和規定中的唯心主義方面，例如認為康德的所謂「對象」、「經驗」、「感性」都只是人們主觀意識的產物或成果。

❶ 康浦・斯密：「在句子的前部分，對象是指直觀的對象；在句子的後部分，它是指直觀的原因。按康德的見解，這二者不能是同一的。影響人心的對象是獨立地存在著的，直觀的直接對象是一種感性的內容，……可見對象這一個詞，在同一個句子裡，就有兩個完全不同的涵義」(《純粹理性批判》釋義，1918年倫敦版，第80頁)。帕頓說：「例如，『對象』一詞被康德至少在四種含義上使用，……它用於物自體，也用於現象。並且現象對象是由感覺給予的材料和思想賦予的形式所構成，康德把它們都叫作對象。……因之，他可以說，對象是不可知的，又是可知的；對象是不依存於我們的思想而被給予的；沒有對象能不依存於思想」。(《康德的經驗形而上學》第1卷導論§9)「無疑情況是複雜的，無論對康德或康德的解釋者都太複雜了，以致很難每次都重複『對象』一詞的用法」(同上書，第17章注)。又參看普里恰德《康德的認識理論》，第15頁等。

（一）時、空是所謂「感性直觀形式」

康德認識論的基本觀點是物自體提供感性材料，主體自我提供認識形式。表現在「感性論」裡就是：一方面，獨立於我們意識之外的客觀對象提供經驗的感覺材料、印象、質料；另一方面，我們主體具有整理這些材料的先驗的感性直觀形式，即空間與時間。沒有前一方面，時、空作為純粹的直觀形式無法存在。沒有後一方面，即沒有先驗的時、空直觀形式，人們的感覺只是一團雜多混沌，並不能產生任何的感性知覺。康德說：「通過我們被對象所激動這種方式來獲得表象的能力（接受性），叫做感性。因而，對象是通過感性而被給予我們的，……但一切思維必須直接或間接地憑著某種特徵最終與直觀關聯著，因此對我們人類來說，是最終必與感性關聯著，因為一個對象不能通由別的方式給予我們」❷。另一方面，康德又說，「一般感性直觀的純形式（現象界的雜多在其中以一定關係被直觀到），必須先驗地在心靈中發現。感性的這種純形式自身也可以叫作純直觀。從而，如果我從一個物體的表象中抽掉知性對它的思維，如實體、力、可分性等等，也抽去屬於感覺的東西，如不可入性、硬度、顏色等等，那麼從這個經驗直觀中還會剩下一些東西，這就是廣

❷ 《純粹理性批判》A19=B33，參看藍譯本，第47頁。

延和形狀。這些屬於純直觀」❸。一方面，人的認識必須由感性開始，必須由客體對象提供刺激即提供感性材料，一切思維歸根到底總與感性相聯繫；但另一方面，即使在經驗的感性直觀中，也必須由主體心靈提供純直觀作為直觀形式❹，這種純直觀或直觀形式是不依存於任何感覺（如不可入、硬、色等）、任何感性材料的，即先驗的（a priori）。康德認為，只有這兩個方面——主體具有的先驗直觀形式與外界提供的感性材料相結合，才產生現實的即經驗的感性直觀。這種結合是由前一方面（先驗的直觀形式）來保證感性認識具有普遍必然的客觀有效性質。前一方面是主導的方面。研究這一方面就是研究感性的先驗知識的原理。

康德認為，人類的純直觀便是空間與時間。為什麼只有這二者，康德說，這無法解答。關於時、空，當時主要有兩種看法。一種是牛頓的看法，一種是萊布尼茲的看法。牛頓認為，空間和時間有其獨立自存的實在性，它作為上帝的屬性，是無限的和永恆的，不依存於任何對象或人們主觀意識。它像一個空盒子似的，各種物體都處在其中。萊布尼茲則認為，時、空是一種共存（空間）或聯續（時間）的關係或秩序，本身並無實體的存在，這關係是從經驗中抽象出來，在思維中有一種理想的清晰存在。在現實中，它們是模糊的經驗表象。它們似乎有獨立性，

❸《純粹理性批判》A20～21=B34～35，參看藍譯本，第48頁。

❹ 關於「純直觀」與「直觀形式」的異同，康德的注釋者們曾有大量的議論，如分為進行直觀的形式與直觀到事物的形式，等等，即二者是有區別的。但康德又經常將二者混同使用，因為所謂「純直觀」是將感覺因素排除在外，它不是感知（sense-perception），但它本身又並不能在經驗中獨立存在，而只能作為經驗直觀的形式，所以也就是「直觀形式」。我們這裡也不再作過於細緻的區分。又德文 Anschauung 一詞並非主動，毋寧含有被動、靜觀之意，英、法譯為 intuition，中譯為直觀，均有主動意，不十分精確，故英譯有作 perceive 的（如開爾德）。

其實並不能離開經驗對象。康德認為，這兩種看法都不能成立，而又各有其優點。牛頓那種離開物質獨立存在的時、空並不存在，因為經驗既不能給予、也不能證實這一點。如果按照牛頓的這種觀點，那麼世上一切事物都毀滅掉，時、空卻可以依然存在。這樣，時、空就好像是上帝本身了。牛頓就說過，「上帝是無時不在和無所不在的，正因為此，他就構成了時間和空間」❺。但這仍會發生時、空與上帝的關係、以及非物質的實體（如靈魂）存在於時、空何處等等虛假問題，這些問題正是神學家們糾纏不清而為康德所堅決反對的。康德認為，牛頓這種既永恆又無限的時、空實在，乃是一種虛構。但是，牛頓時、空觀的優點在於，它有無處不在的普遍必然性質，可以作為科學知識的基礎。萊布尼茲的時、空觀便沒有這個優點，因為他把時、空歸結為事物關係的模糊表象，這樣，有關空間的科學（幾何），便完全來自經驗的概括，只具有經驗的相對有效性，不能保證普遍必然，幾何學便不可靠了。但萊布尼茲重視時、空與感性的聯繫，指出它不是實體，而是一種關係和現象，這又是優點。長期以來，康德搖擺在牛頓與萊布尼茲兩種看法之間，企圖調和它們。幾經反覆，最後才提出了時、空是人類感性直觀形式的新看法。

康德說：「空間和時間是什麼呢？它們是真實的存在嗎？它們只是事物的關係或規定，即使它們不被直觀也依然屬於事物嗎？或者空間與時間只屬於直觀的形式，從而只屬於我們心靈的主觀構造，離開了這，它們就不能歸於任何事物嗎？」❻第一種是牛頓的觀點。第二種是萊布尼茲的觀點。第三種是康德自己的觀點。康德這種觀點是把時、空作為人類感知世界的主觀把握方式；它不能得自經驗，反而是構成一切感性經驗的

❺ 牛頓：《自然哲學的數學原理》。

❻ 《純粹理性批判》A23=B37～38，參看藍譯本，第49頁。

前提條件；它不能獨立自存，卻普遍必然地存在於一切感性經驗之中。

康德對此作了一系列的「闡明」，分為「形而上學的闡明」和「先驗的闡明」兩部分。所謂「形而上學的闡明」，是要闡明時、空的形而上學性質，即時、空不是經驗的，而是先驗（a priori）的，即不依存於經驗的。所謂「先驗的（transzendental）闡明」，是要闡明時、空應用於經驗為何具有普遍必然的客觀有效性。康德提出了四種所謂「形而上學的闡明」（初版是五種，第2版將其中一種併入「先驗的闡明」）。這四種闡明又可分為兩個部分。第一、第二個「闡明」是否定時、空為經驗表象❼，肯定它們是先驗的。第三、第四個「闡明」（在時間是第四、第五）是指出時、空乃直觀，而非概念。（康德也承認有時、空的概念，但應與時、空的直觀區別，前者是經驗的抽象。）

第一，康德說，「空間不是一個從外部經驗得出來的經驗概念」❽。這是說，空間表象並不是知覺到事物占有與我不同的空間，即從事物各各占有不同空間的並列關係的感知中抽取出來的經驗表象。康德認為，事情剛好相反，對任何事物在我之外的經驗感知（並列關係的感知），都必須先以一個整體空間表象為前提，如感知甲與乙，必先有一個空間使並列成為可能。這也就是說，當感知「外面某事物」，就已經有空間表象了，不管感知者是否主觀意識到這點。「所以空間表象不能從外在現象的關係中經驗地獲得。相反，這個外在經驗本身只有通過這個表象才是可能的」❾。這也就是說，如要使我的感知與在我之外的某事物發生關係，

❼ Vorstellung，在本章有時譯為表象，有時譯為觀念（嚴格地說，兩者均不甚妥貼）。

❽ 《純粹理性批判》A23=B38，參看藍譯本，第49頁。

❾ 同上書，第50頁。

並使我感知它們在我之外，彼此相異，各占不同位置而共存，這就必須以空間表象為基礎，所以空間是感知任何的「外面某事物」的前提，而不能相反。

第二，康德說，「我們永遠不能想像空間不存在，但完全可以設想沒有對象的空間。因此必須認為，空間是現象可能性的條件，而不是依存於現象的某種規定」❿。上面第一點是強調空間不是從感知外物的經驗中抽取出來，只要一感知外面對象便已有了空間表象。這裡再次強調，經驗對象依賴空間而被感知，空間卻不須依賴任何經驗對象。所以可以設想有空間而空無一物，卻不能設想有事物而沒有空間⓫。

第三，康德說，「空間不是一般事物關係的推論概念或普遍概念，而是純直觀」⓬。前兩點說明空間不能從經驗中得出，而是經驗所以可能的先驗條件。這裡指出：這種先驗條件不是知性的概念，而是感性的直觀。概念都有其邏輯的內包外延。例如「人」、「紅」（不作為空間直觀）等等概念都是由各種具體的不同的人、紅中抽象出來的。空間則不然，它沒有這種種內包外延的邏輯關係。空間只是一個。它與各個不同的空間的關係是整體與部分的關係，而不同於概念之間的種屬關係（如人與中國人、紅與玫瑰紅等）。任何具體的空間只是這個單一的空間(整體）的部分，而不是它的例證。後者（具體空間）以前者（作為整體的「純直觀」的空間）為前提。例如我們能立即直觀到左右手空間位置的不同，但並不能從推論中得出，因為左右手與身體的關係在概念上並無

❿ 《純粹理性批判》A24=B39，參看藍譯本，第50頁。

⓫ 有人因之說康德的空間的第一證明來自柏拉圖的理念說，第二證明則來自亞里士多德和原子論者的實在說。即空間比空間事物更先存在之說（馬丁：《康德的形而上學與科學理論》第1章）。

⓬ 《純粹理性批判》A24=B39，參看藍譯本，第50頁。

不同，即是說，不能從推論（邏輯）中而只能從直觀（感性）上看到它們的不同。康德說，「相似或相等東西之間的差異（例如兩個對稱的螺旋）不能由概念而理解，而只有通過左右手的關係直接訴諸直觀」⓭。

第四，康德說，「空間被表象為一個無限的、給予的量」⓮。空間的無限、聯續也表明它不是概念。任何概念只是在它下面包含一定數量的屬性，而空間的直觀則可以沒有限制地擴展。這不是說，我們可以直觀到無限的空間，而是說，我們對個體對象的感性直觀能夠聯續不斷地擴展。「紅」的直觀與「紅」的概念是大不相同的。前者是可以無限擴展的聯續不斷的空間直觀，後者則只是指示事物某種有限的屬性。

這就是康德的四個所謂「形而上學的闡明」。

更重要的是所謂「先驗的闡明」。如前章所說，康德的「感性論」是企圖通過時、空作為感性直觀形式，來解決數學（算術、幾何）的所謂「普遍必然性」的問題。前兩章已講，與萊布尼茲不同，也與今天的邏輯主義者不同，康德強調數學不同於邏輯，它是與感性有關的科學。數學作為「先天綜合判斷」所以可能，在於它與時、空先驗直觀相聯繫。康德以歐幾里德幾何的「自明公理」，如空間三向量、兩點間直線最短或三角形兩邊之和大於第三邊等，來說明空間是先驗直觀，而不是經驗概念。在當時，歐幾里德幾何一般被公認具有所謂「普遍必然」的客觀有效性。但如何來解釋這種性質？康德認為，這不能從經驗中歸納出來，不管有多麼大量的感覺、經驗，也沒法保證一切情況下空間只有三向量、兩點間直線最短，等等，即沒法保證它們是普遍必然、到處適用的幾何「公理」。同樣，這些「公理」更沒法從概念、思維中演繹出來。任憑如

⓭《導論》§13。

⓮《純粹理性批判》A25=B39，參看藍譯本，第50頁。

何去分析兩點之間的直線；，得不出「最短」的結論；把「空間」作概念分析，也得不出「三向量」，正如分析三角形這概念，得不出內角之和是180度一樣 。康德認為，這說明，這些幾何公理都是空間直觀的結果。這種直觀不是任何經驗的直觀，即不是任何具體的哪兩點之間的直線，或黑板上畫出的哪個三角形，這些只能幫助我們去理解。黑板上畫的某個特殊的三角形，只是用來幫助我們理解三角形的普遍性質的。空間純直觀所揭示的兩點之間直線最短，康德認為，不只是對某些（這是經驗的）而是對所有的對象都適用，是普遍必然的幾何學的「先驗」構造原理。因之，萊布尼茲將數學的線、空間與現實事物的線、空間分為「真實的」與「模糊的」，前者是理性的、可靠的，後者是感性的從而不可靠的這種觀點，在康德看來，恰好是抹煞了數學的線、空間的與感性聯繫的本質。康德指出，時、空作為感性現象，清晰而並不模糊；唯理論認為「真實的」理性世界，例如靈魂、上帝，倒並不清晰，而是模糊的。康德強調空間的先驗感性直觀能普遍用於外部現象界的萬事萬物，歐幾里德幾何（被康德認為是數學中最重要的部分）證實了這一點，即空間直觀具有普遍適用於經驗的先驗性。這就是所謂空間的「先驗的闡明」。

空間之後，是關於時間的「闡明」。 其格式和內容一如空間的「闡明」。康德認為，時間不是經驗概念，事物經驗中的彼此相繼是以時間為條件才可能；可以設想抽去時間中的一切事物，但不能設想能抽去時間；時間只是一個，各別時間是其中的部分，從而與邏輯概念不同，等等。在康德看來，算術之於時間，有如幾何之於空間，因為計數作為經驗的有次序的相繼與時間作為直觀形式有關。由於後者，計數的先後相繼（次序）才有可能，即是說，1、2、3……，計數總要經過時間。這正如只有在空間直觀裡，圖形的幾何公理才有可能一樣。康德還把運動、變化與時間聯繫起來，將力學之於時間與幾何之與空間相比，認為只有時間是先驗直觀形式，才可能了解運動（位移）。A=A，經過時間，A才可以變為非A。時間是運動、變化的普遍必然的前提條件。這種條件不是概念（知性），而是直觀（感性）。如時間只有一個向量，不同時間只是先後相繼，這些性質便完全不可能是概念的。

康德認為，時間與空間不同的一個特點，在於它是「內感覺」的形式，即它是感知主體自身內部狀態的形式。因之，它比作為外感覺的空間（對外界事物的感知形式）範圍更為廣泛。對外界事物的感知必須經由我們的內部意識的狀態，從而也就必須通過內感覺的時間形式。「時間是（我們心靈的）內現象的直接條件，從而便是外現象的間接條件」⓯。但時、空在康德那裡基本上是互為條件，空間固然離不開時間，時間也只有借外感覺的空間才能表示自己。如時間一向量用空間的直線來表示。關於時間是內感覺形式，涉及一系列複雜問題，以後還要講到（參看本書第四、五章）。

（二）「經驗的實在性」和「先驗的觀念性」

〈先驗感性論〉對時、空上述論證作了總括：一，時、空是先驗形

⓯ 《純粹理性批判》A34=B50，參看藍譯本，第57頁。

式，即非經驗中得來。它們是人人共同具有的主觀方面的條件。這雖然包含從心理學來說和邏輯上來說的兩層涵義：從心理上講是先於經驗，從邏輯上說是獨立於經驗。但康德主要指後者，因為沒有經驗，時、空也不能存在。外界感性材料經由這種主觀先驗形式而得到安排整理，成為時間的同時或相繼、空間的並列或間隔等等有條理的客觀對象。二，時、空作為先驗形式是感性的直觀，不是知性的概念。三，時、空不是物自體的存在形式，只是現象界存在形式。這是說，時間和空間不能適用於那提供感性材料的「物自體」，只適用於「物自體」所提供的感性材料。

這也就是康德所要說明的時、空的所謂「經驗的實在性」和「先驗的觀念性」，以區別於所謂「先驗的實在性」和「經驗的觀念性」。

所謂「經驗的實在性」，就是說，第一，時、空必須與感性經驗相聯繫。康德認為，雖然沒有理由排除另有一種超時、空的或無需時、空的「理知的直觀」（參看本書第十章等處），但這不是人類所具有，人類的直觀永遠只是感性的。「只有從人類的立場，我們才能談空間，談有廣延的事物」⑯；「時間是我們（人類）直觀（它永遠是感性的，這就是說在我們被對象所激動的界限內）的純主觀條件……」⑰。任何不與時、空相關連的，就不能在經驗中給予我們。第二，由於時、空與感性材料直接關連（概念只間接地關連），所以具有直接的客觀性質。這是說，時、空雖是主觀直觀方式，卻具有經驗中的客觀性。它們是事物現象界的先後相繼（時）、左右並列（空）等等客觀次序，在根本上不同於聲、色、香、味、暖這種種主觀感受。聲、色、香、味、暖這種感受「不能當作事物的性質，而只能當作主體裡的變化。這種變化實際上可因人而有所

⑯ 《純粹理性批判》A26=B42，參看藍譯本，第52頁。

⑰ 同上書，A35=B51，第58頁。

不同」⑱；「它們只是感覺而非直觀，它們不會從自身產生任何關於對象的知識，更不用說任何先驗知識了」⑲。康德強調時、空與聲、色、香、味、暖有本質的不同，後者作為感覺，只有主觀性；前者作為直觀，則有客觀性。從而，通過時、空直觀建立起來的現象界的秩序，就不是主觀感知的經驗秩序，而是具有客觀實在性的經驗秩序。這就是所謂「經驗的實在性」。康德反對巴克萊把時、空與色、聲、香、味、暖一視同仁，都當作主觀的經驗感知。康德認為，如果從這種主觀經驗出發，就沒法區分醒與夢、真理與幻境，因為它們都是主觀的經驗感知。這就是與康德主張的「經驗的實在性」相對立的「經驗的觀念性」。

康德固然把時、空與聲、色、香、味、暖區分開來，以求所謂客觀性。但他同時反對把時、空看作是客觀事物本身（「物自體」）的形式或性質，反對把時、空「離開與直觀的關係，作為性質或實存以歸於對象自身」⑳。康德認為，不把時、空看作主體的直觀形式而把時、空歸屬於「物自體」，就是所謂「先驗的實在性」。與此相反，康德要求把一切與客體有關的性質和經驗都排除在時、空形式之外。例如，要求把運動、變化與時、空完全割裂開來，因為運動、變化總涉及對客體事物的經驗。他說，「運動以對運動的某物的知覺為前提。……運動的事物必須是某事物，只有通過經驗才在空間中被發現，從而是經驗材料」㉑；變化也以事物的經驗材料為前提，時間自身並無所謂變化。總之，運動、變化只是客體即某種事物對象的運動、變化。如果時、空與它們有關，就不能

……………………………………

⑱ 同上書，A28=B45，第54頁。

⑲ 同上書，A28=B44，第53頁。

⑳ 《純粹理性批判》A36=B52，參看藍譯本，第58頁。

㉑ 同上書，A41=B58，第61頁。

確保時、空作為主體直觀形式與客觀對象毫無關係的先驗性質。這就是所謂時、空的「先驗的觀念性」。

康德在時、空問題上提出的「先驗的觀念性」與「經驗的實在性」，也是他整個哲學認識論的特徵。康德自己宣稱，他的哲學就是「先驗的觀念論」(又叫「形式的觀念論」) 和「經驗的實在論」。由於認識形式和結構不是從客體產生，而是主體先驗地賦予對象（客體）的，所以是「先驗的觀念論」。另一方面，認識的材料都是「物自體」(客體對象) 所經驗地提供的，所以是「經驗的實在論」。在這裡，康德一方面反對唯理論和唯物主義（「先驗的實在論」）㉒，反對時、空是客觀物質世界的形式或某種精神的實體或屬性，另一方面也反對巴克萊的經驗論的唯心主義，反對把時、空看作只是經驗的主觀感知（康德把這叫作「經驗的觀念論」或「實質的觀念論」)。康德一方面強調，時、空是人們的先驗直觀形式；另一方面又強調，如脫離外物提供的感性材料，它們便毫無意義，它們並不能獨立存在於感性材料之先。時、空是主觀的形式，但又具有經驗中客觀的普遍必然性。一方面要求先驗性（獨立於經驗),另一方面要求客觀性（普遍適用於感性經驗)。康德在時、空問題上的這種觀點，隨著由感性論到知性論到理性論，鮮明地表露出他的「批判哲學」的二元論特徵。

㉒ 「先驗的實在論」並不等於唯物主義。在康德看來，萊布尼兹的唯心主義也屬於「先驗的實在論」，不過唯物主義也屬於它。

（三）現代西方哲學批判康德的時、空觀

正如對待整個康德哲學一樣，對待康德的時、空觀，也一直存在著來自兩種不同的批判。叔本華從世界只是主觀虛幻表象的立場出發，讚賞康德的物自體學說，認為時、空觀是康德哲學中最精彩的部分，他把康德說成是耳、目創造聲、色，頭腦創造時、空。但他又責備康德不了解自己與巴克萊實際上完全一致。這可代表主觀唯心主義派別對康德的理解和歪曲。批判康德的更有影響的流派，是披著經驗論科學外衣的主觀唯心主義。早如斯賓塞，從實證論立場出發，認為康德時、空觀簡直荒唐之極，因此不再往下看《純粹理性批判》了㉓。以後如馬赫、羅素和邏輯實證論者，都大體是用巴克萊主義和休謨主義的混合物來反對康德。

這裡只舉羅素為例。羅素對時、空的研究雖遠不及萊辛巴哈等人，但他作為哲學代表更有影響一些。羅素流傳很廣的《西方哲學史》認為，康德的時、空觀是《純粹理性批判》中「最重要的部分」㉔。為什麼「最重要」，沒有說明。大概是由於與現代數學的某種關係吧。如前章所指出，羅素作為邏輯主義倡導人，堅決反對康德認為數學是「先天綜合」的看法，從而也反對康德作為論證數學是先天綜合的時、空觀。在《西方哲

㉓ 參看卡魯士（Paul Carus）：《康德與斯賓塞》。

㉔ 羅素：《西方哲學史》第3卷第3編第20章。下引文同此。

學史》裡，羅素對康德認識論其他部分只作了最簡略的介紹甚或一字不提，卻詳細敘述了康德的時、空觀，並逐條加以駁難。這種駁難暴露了康德這些所謂「闡明」千瘡百孔，矛盾很多。但同時卻也表明羅素不但遠遠沒有擊中要害，並未弄懂康德，而且還倒退到康德以前去了。

羅素針對康德的四個「形而上學的闡明」分別駁難如下：一、羅素說:「有一個困難他似乎從未感到。……是什麼使我們這樣而不是那樣去整理知覺對象呢？例如，為什麼我們總看見眼睛是在嘴巴之上而不是在其下呢?」這是說，康德的先驗時、空形式不能解答事物的具體時、空秩序。但康德說過，這種秩序主要靠經驗給予,「對於任何一個給定的空間規定來說，必須在其不可知的對象中有所根據」㉕，即是說，一方面由「物體」刺激感官，另一方面由主觀提供普遍必然的時、空形式，然後形成具體的時、空關係，如某種特定的大小、形狀、先後……，這個「特定」的大小、形狀、先後等等是制約於客觀對象的㉖。參照《純粹理性批判》所講知性因果原理，這一點更明顯。二、羅素說,「我必須強調否認我們能夠設想沒有任何事物在其中的空間，……我不知道絕對空虛的空間如何可能被設想」。這是正確的。康德本人就反對牛頓那種空合子式的絕對時、空觀，在〈先驗分析論〉中也堅決否認有任何脫離事物的絕對空虛的空間。因此，這裡的這個「設想」，除了是一種心理學的笨拙描繪之外，主要是指在思想中可以抽去各種感性對象而沒法抽去時、空，因為時、空根本不是感性對象而只是感性直觀的純形式。這一點羅素卻

㉕ 康德：《自然科學的形而上學基礎》。

㉖ 有人曾以戴上藍色眼鏡來看事物為例解釋康德。戴上藍色眼鏡看物，一切均藍。但各種不同程度以及不同形狀的藍，仍由事物本身所決定。各種具體的時、空關係也一樣由事物本身所提供（參看帕頓《康德的經驗形而上學》第1卷，第6章）。

並未能深入駁斥。三、羅素說,「我們所說的諸空間,既不是空間概念的諸個別,也不是一個集合體的各部分。……無論是空間或諸空間都不能作為實體詞而存在」。如上所說,康德自己就反對時、空是能獨存的實體,康德這裡的「闡明」主要是區別直觀與概念、感性與知性。羅素並未能否認這一區分。四、至於空間可以作為無限的量而被直觀,羅素嘲笑說,這不過是「生活在柯尼斯堡的平原國度裡的人的觀點。我不知道一個阿爾卑斯山峽谷的居民怎能採取這種觀點」。其實康德並不認為,作為無限的量的整體,能在直觀中被給予。康德在這裡是想說明,感性認識的無窮無盡必須與空間的量的無限有關,從而空間不能是概念。

康德這些「闡明」本來牽強武斷,又含混不清㉗。但羅素的批判則是從康德倒退到巴克萊。他批判的不是康德時、空觀的先驗性,而是批判它所追求的不同於主觀感知的客觀性。康德強調時、空與聲、色、味等有質的區別,羅素則抹煞這種區別。羅素認為,正如聲、色作為主觀感知有與之相對應的客觀的聲波、光波一樣,時、空也應如此。羅素說,「這方面,空間與其他知覺樣式並無區別,……沒有理由認為我們關於空間的認識有任何方式不同於聲音、色彩、氣味的認識」。

與羅素一樣,馬赫也認為,時、空觀念與算術、幾何一樣,都來自主觀經驗。「如果物理的經驗不告訴我們,有許多等值的不變的事物存在

㉗ 很早有人指出,現在也有人繼續指出,康德始終未能證明時、空不是對象存在(物自體)的客觀形式。因為直觀的形式也可以證明是直觀對象的形式,「先驗的觀念性」實際上也可以是「先驗的實在性」(參看苛訥《康德》第2章)。康德所以硬要把時、空說成是屬於主體,而不屬於對象(「物自體」),完全是由於他的整個哲學即「本體」(道德)高於「現象」(科學)所決定。正如有人說的「知識的批判限定(特別是將時、空限制於現象),乃是由某種基本的形而上學的信念所決定的」(海默梭〔Heimsoath〕)。

著，如果生物的需要不促使這些事物積聚起來，那麼計數就是毫無目的、毫無意義的了。如果我們的環境是完全不固定的，就像夢中那樣瞬息萬變，那我們又何必計數呢？……既然數學的工作只能限於利用計算者對自己的整理活動的經驗，去證明計算結果與原始資料符合一致，數學又怎能為自然頒布先天的規律呢？」㉘

這些，看來好像都是經驗論反對先驗論，都認為時、空觀念來自經驗，並承認在客體上有某種相對應的東西。但實際上是更徹底的唯心主義，並且是向康德所反對的「經驗的觀念論」即巴克萊主義的回復。在他們看來，時、空只是經驗，經驗歸根到底是感覺材料或感覺的復合，從而時、空如同聲、色一樣僅僅是主觀的感覺經驗。馬赫說：「世界不是由一些神祕的實體與另一個同樣神祕的實體——自我相互作用而產生感覺，……色、聲、時、空就是暫定的最終要素」；「自我與世界之間、感覺（現象）與事物之間的對立都消失了，我們只需與要素的連合打交道」㉙。我以為，要看到人們的時間和空間的表象、觀念，是通過社會實踐而歷史地形成和出現的。它們的確與聲、色、香、味、暖之類有所不同。康德注意了這種不同，指出時、空作為直觀形式具有主動綜合的性質，不同於被動的感官知覺，這是非常重要而深刻的。但康德不知道，這個「綜合」是歷史的實踐成果，心理—邏輯的結構來自社會歷史。只有從社會實踐這個馬克思主義哲學的根本觀點，才能正確分析和批判康德的時、空觀。

羅素等人抹煞時、空與聲、色、香、味、暖的區分，與當年巴克萊抹煞洛克第一性質與第二性質的區分，有某種類似之處。它們都是盡可

㉘ 馬赫：《認識與謬誤》。

㉙ 馬赫：《感覺的分析》。

能地把某種具有客觀性的東西，歸結和納入主觀的感知經驗，時、空與所謂第一性質，的確有更為直接的密切關係，巴克萊把第一性質統統歸屬於第二性質，羅素、馬赫等人也把時空與聲、色、香、味相提並論。它們抹煞了一個重要的歷史事實，即伽利略、笛卡爾和洛克對第一性質、第二性質的區分，是有其歷史的科學背景和社會實踐的根源的。這種區分的深刻歷史意義在於：所謂物的第一性質（廣延、運動、數目等）比所謂物的第二性質（聲、色等等）在一定歷史時期內更多地與人們的整個社會實踐活動相聯繫，更多地為人們所掌握、所利用、所了解、所認識。這樣就使它們超出了僅僅是感官反映的感覺性質。誠然，人類五官（感覺器官）都是歷史的成果，它們本身都已積澱了社會的性質和功能；人類是在改造世界（實踐）中去認識世界，五官本身受著這種實踐的制約和影響。但如僅就感官的生理反應方面說，人與動物則並無區別。從而第一性質與第二性質作為感官生理感知也無本質區別。洛克說：「我們由不止一個感官所獲得的觀念，則是空間或廣延、形象、靜止、運動等等觀念。因為這些東西在眼睛和觸覺兩方面都造成可知覺的印象」㉚。洛克用「不止一個感官」與僅僅一個感官來作為區分第一、第二性質的根源之一，顯然仍是站在感覺論的舊唯物主義立場上。洛克不可能了解，人的這個「不止一種感官」的感覺活動，正在於以使用和製造工具為特徵的人類勞動實踐為基礎，才可能產生與感覺根本不同的質的差別。康德儘管強調了時、空直觀形式的綜合功能，也不能發現這種「綜合」的真正現實的基礎。事實是，在人類社會實踐中，這種特定的「不止一個感官」的活動，使人類不像其他動物那樣，只是靜觀被動的感知。人類

㉚ 洛克：《人類理解論》第2卷第5章，見《十六～十八世紀西歐各國哲學》，商務印書館，1975年版，第371頁。

的時、空觀念不是僅憑感官被動地感知世界形成的，而是在歷史性的群體結構制約下，由使用工具、製造工具而開創的主動改造環境的基本活動所要求、所規定而形成的。所以時、空與單純感官感知——聲、色、味、暖有重大的區別，它的客觀社會性的特徵極為突出和重要。不是動物性的個體感知，而是社會性的群體實踐，成為人類時、空觀念的來源。「綜合」作為時、空特徵的真實意義正在這裡。從而，伽利略到洛克，提出廣延、運動、數目作為屬於外界物質自身的「第一性質」，便不是一個或多個感官的問題，而是把人類實踐所創造的這一成果表現了出來，同時更反映了他們那整個時代的社會實踐和科學實驗所到達的歷史水平。那正是機械力學占統治地位的時代。機械力學大都是與日常生活中物體的廣延、動靜、數目等等打交道的。機械力學把它們從客觀世界中發現出來，抽取出來，看作物體的客觀屬性：廣延、不可入……，總之是占有空間。正是通過這種一定歷史時期人類改造世界的社會實踐活動的特色，才能從客觀世界中表達出物的這種客觀屬性。這些性質所以在歷史的一定時期中，取得比聲音、顏色以及酸甜、香臭、冷暖等等感覺（它們的主觀性當然又有不同）遠為重要和遠為客觀的地位，就正是這個原故。因此，如果僅從感覺（感官反映）說，人對廣延（遠近、大小）、運動（快慢）等的感知，與對聲、色、香、暖等所謂「第二性質」的感知，在個體主觀性和差異性上的確很難找出本質的不同，並且前者（「第一性質」）與後者（「第二性質」）在實際上也很難分開。廣延難道沒有色彩嗎？沒有一定色彩的廣延究竟是什麼呢？……這些，從感覺、從舊唯物主義的感官反映說是沒法回答的㉛。把感覺或知覺當作認識論

㉛ 巴克萊正是鑽了這個空子。他論證說，所謂第二性質（聲、色、香、味、暖）既然不是物的客觀屬性，而是依存於主體感官構造的經驗感知，那麼「第一

的起點和終點（「最終實體」）是迄今為止的近代哲學一大特徵，它們沒認識到，感知覺是一種歷史構成物。從時空與其他感知的這種差異深刻地證明了這一點。

所以，只有從歷史具體的社會實踐而不是從抽象、不變實即動物性質的個體感知出發，才能了解所謂「第一性質」與「第二性質」並不像洛克所認為的那樣，一個是客觀屬性，一個依存於主觀。它們都是事物的客觀屬性。不同顏色的主觀感知是由客觀光波的不同的長短所決定的，不同氣味的感知是由不同的分子運動所決定的，但光波確乎不同於顏色，分子運動不同於氣味。這和事物的位置、運動以及所謂廣延，與我們看到它們的位置、運動、大小也並不完全相同是完全一樣的（相對論已證明這點，在微觀世界中這點更為突出）。這兩者並無本質區別，但又確有一定的區別，這正應從實踐對認識的要求和二者的具體歷史關係中去研究，看到它們是反映了不同時代的不同的科學水平（亦即不同歷史時期的社會實踐水平）所揭示的不同方面和不同深度。

康德的時、空觀實質上是接受了洛克兩種性質的區分㉜。但如叔本

性質」又何嘗不然？視覺與聽覺，觸覺與味覺，各種感官又有何本質的不同？感官反映總依賴於、被制約於主體的感覺器官，不可能「客觀地」認識世界。相反，所謂客觀世界倒不過只是人們主觀經驗感知罷了；因此，「存在就是被感知」成為巴克萊的著名基本命題。

㉜ 康德雖也直接繼承洛克，也把洛克的「第一性質」歸於現象，似與巴克萊把「第一性質」歸於「第二性質」有相同之處，但由於康德強調「提供現象之物的存在並不因之消滅」（《導論》§13附錄2），即強調「物自體」之存在，因而不同於巴克萊（參看本書第七章）。康德由於人們把他等同於巴克萊十分氣憤，說「它出自一種有意的無可饒恕的誤解，好像我們學說把感性世界的一切事物都變成了僅僅是假象」（同上，附錄3）。此外，康德在《判斷力批判》中還分出客觀感覺和主觀感覺，前者如綠色草原，後者如這草原在心中所引起

華所指出，康德是把它們都放在現象界之內，否認是「物自體」的性質。在康德看來，「第一性質」所以比「第二性質」（主觀感覺）具有普遍必然的客觀性質，是由於它有先驗的時、空形式和知性範疇。巴克萊把洛克的「第一性質」統統都拉到「第二性質」的範圍內，從而都是主觀感覺，是經驗論的唯心主義。康德看到兩者的區分，卻把「第一性質」的物質性取消，把時、空歸為先驗形式。這是進一步的抽象，是形式論的唯心主義，如同康德自己所承認的那樣。從巴克萊到馬赫，宣揚的是感知經驗的主觀唯心主義。康德提出的，則是認識形式的唯心主義。一個突出心理的具體感知，一個突出認識的普遍形式。雖然，作為唯心主義，它們同樣是對承認第一性質是物質自身屬性的洛克和法國唯物主義的反對，但把這兩種唯心主義視同一色，則是不符合事實，也不符合哲學史的必然行程。康德比巴克萊要深刻得多。

（四）「一切存在的基本形式是空間和時間」（恩格斯）

恩格斯認為：「一切存在的基本形式是空間和時間」㉝。時、空與

的愉快，前者與知覺相聯。後者與情感相聯，這大概是從莎夫茨伯里(Shaftebury)、赫起生(F. Hutchson)的所謂「第三性質」而來。康德哲學中的英國經驗論的影響非常突出，應重視這一因素。

㉝ 《反杜林論》，《馬克思恩格斯選集》第3卷，1972年版，第91頁。

其他感知確乎不同，這種不同，如前所述，乃在於時、空表象不僅通過人的個體感官，而且更重要的是從社會實踐獲得的。時、空所以成為人類的認識形式，人所以只具有時、空這兩種感性框架（表象、觀念），是因為人的社會實踐活動作為物質世界的一部分，與客觀世界任何事物一樣，是以一定的先後延續和上下左右的活動場所來表現其現實的存在的。因之它最早要求一種社會的客觀的規定。時、空表象或觀念絲毫沒有先驗或先天的性質，它們是社會實踐向我們主觀意識中的積澱和移入。這裡，社會（非個體）實踐（非感官知覺）是關鍵性的中介環節。所以，儘管動物也可以有某種定向反應之類的時、空感覺，但那與人的時、空表象或觀念，仍有本質的不同。時、空表象所以與聲、色、香、味以及動物生理的感覺根本不同，也是這個原故。

個體感知性的反映，主觀性和差異性很突出。對時、空的反映，卻要求語言符號的社會性的嚴格規範。儘管個體對時、空的心理感受，也可以有如對聲、色、香、味以及冷暖等等同樣的主觀性和差異性。例如，時間便有很不相同的主觀體驗。「對於個人，存在著一種我的時間，即主觀時間」㉞。「真實的」時間本是一種個體的、主觀的、不同質的，但這一方面除了在藝術中和某些日常生活中，反而處於次要的地位。更重要的，是它們在社會生活和科學認識中的一致性，時間所以取得一種同質性的規定，正是社會的原故。即使是強調時間的所謂「綿延」(duration)特性（時間相互滲透，不可分割為過去、現在、未來）的唯心主義直覺論者柏格森也承認，與他著重主觀心理感受剛好對立，社會生活的要求產生了時、空的科學觀念。柏格森說，「我們的知覺、感覺、情緒、觀念

㉞ 愛因斯坦：《相對論的意義》，《愛因斯坦文集》第1卷，許良英、范岱年譯，商務印書館，1976年版，第156頁。

卻呈現兩個方面。一方面是清楚準確的，不屬於任何個人；另一方面是混雜紊亂的，變動不停不可言狀的」；「語言把後者變為前者，成為公共的東西」；「這是由於……社會生活實際上比我們內心生活和私人生活更為重要，我們本能地傾向於把印象凝固化，以語言表達之」；「科學要從時間中去掉綿延，從運動中去掉可動性，才能處理它們」㉟。柏格森企圖貶低這一方面的哲學意義，認為它們不是時間的「本質」，真正具有本質意義的時間是那種不可言狀的個體主觀的時間。但是，它卻恰恰相反地說明了，時、空的觀念本質正在於它們的客觀社會性。也正是社會給時、空一種規範式的表現方式，如年月、鐘表、輿圖、指標等等，使人們在生活、實踐中協調一致，正是這一方面具有人類學（歷史總體）的深刻哲學內容和意義。

但是，這並不是說，時、空的客觀性（物質運動的形式）是社會實踐給予的。並不是如現代某些人所說的，「由於使用了一個鐘，時間的概念就變成客觀的了」㊱。時、空概念不是人為的約定，不是「整理感覺經驗的工具」㊲或「為了更容易理解我們的感覺經驗而設計的手段」㊳，或「空間的一致性是一個定義問題，同樣，時間的一致性也是定義問

……………………………………

㉟ 柏格森：《時間與自由意志》§79、§80、§81。柏格森對時間問題的一個重要貢獻，在於他突破了牛頓那種靜止的、無限可分的、與實體無關的空合子式的時、空觀，強調了時間的每一瞬間均有其與實體事物不可分離的個性性質。它不是電影的膠片（每一片只存在於一瞬，彼此排斥而相繼，即分割隔離空間化了），而是電影本身（不是平行相繼，而是後包含前，有因果聯繫）。當然，柏格森是用主觀唯心主義來論證這一切的。愛因斯坦科學地論證了時、空與物質（實體）的存在（運動）不可分割。

㊱ 愛因斯坦、英菲爾德：《物理學的進化》。

㊲ 馬赫（Mach）：《力學及其發展的歷史批判概念》。

㊳ 愛因斯坦：《狹義與廣義相對論淺說》。

題」[39]。從牛頓那種空合子式的時、空觀，那種空間化的時間觀，到今天相對論的時、空觀，表現為人們的時、空觀通過社會實踐的不斷前進發展[40]。

所以，空間化的時間觀，儘管似乎不符時間本性，但有其合理的存在根據。在遠古，原始人們的時、空觀是如孩童般地混雜不清、「綿延」一片的。隨著社會的進步，才開始有了初步的區分形式，但古代人們的時、空觀也還經常與現實生活或某些特定事物密不可分地相聯繫，與特殊的內容糾纏在一起，還沒有什麼普遍的形式。例如，時間與季節或節令，空間與方位（中國古代東、南、西、北、中與農業生產的關係等）。原始人與兒童的時、空觀的狹隘性和具體性，更是眾所周知的。它們都表現出人們對客觀時、空的認識和把握制約於社會實踐的歷史性質。它們相對的普遍必然性，正是一定的客觀社會性的表現。

從而，康德講的那種絕對的普遍必然的先驗時、空形式就並不存在。康德用數學來論證，也是枉然。歷史說明，最早的希臘算術是從處理羊、水果等的計數活動中，幾何是從測量面積體積等實踐活動中開始形成的。「數和形的概念不是從其他任何地方，而是從現實世界中得來的。人們曾用來學習計數，從而用來作第一次算術運算的十個指頭，可以是任何別的東西，但是總不是悟性的自由創造物。……形的概念也完全是從外部世界得來的，而不是在頭腦中由純粹的思維產生出來的」[41]。算術所

[39] 萊辛巴哈（Hans Reichenbach）：《科學的哲學的興起》§9。

[40] 關於康德的時、空觀與現代物理學，可參看卡西爾《實體與功能》、加耐特（C. B. Garnett）《康德的空間哲學》。前者認為康德與愛因斯坦不但不矛盾，而且相一致；後者強調《純粹理性批判》一書中感性論與分析論中的時、空觀有所不同，分析論中的時、空觀可與現代物理學符合，感性論中的時、空觀則否。

以與時間緊密相關，是由於如自然數以及加減等連結詞，主要是主體在時間中的活動操作（如不斷重複的同一動作與形成數字1 的觀念有關，加減與作為主體勞動操作的基本形式的分與合有關，等等）而獲得。2+2=4，7+5=12，如上一章所指出，不可能是觀察外物歸納而來，它是對原始操作活動的符號化的規範，所以與時間相關。反過來看，時間觀念的形成又恰好建立在用數來計算、測度的實踐活動的基礎之上㊷。幾何所以與空間相關，也主要是由於如位置、直線、曲線等等，通過主體使用工具、製造工具的勞動活動，對空間的支配、利用而獲得。初生嬰兒、原始人群便不能有這種空間觀念。總之，人們不是在靜觀的對外物的觀察歸納中，也不是在先驗的純粹直觀中，而是在能動地改造世界的勞動操作的實踐中，去認識時空，認識客觀世界的存在形式和普遍規律，並逐漸把它們內化、移入為包括時、空在內的人們一整套認識形式和心理—邏輯結構。客觀世界的規律變而為主體的認識工具和手段，正是意味著社會實踐在改造客觀世界的同時，也改造了人們的主觀世界。認識內容如此，認識形式和結構，也如此。數學便是這種形式結構的一個極為重要的方面，也是人們認識世界形式結構方面的強大武器。

與時、空在根源上有密切聯繫的數學，雖然來自現實世界的實踐活動基本規範。但也如恩格斯所指出，「從現實世界抽象出來的規律，在一定的發展階段上就和現實世界脫離，並且作為某種獨立的東西，作為世界必須適應的外來的規律而與現實世界相對立」㊸。康德的先驗唯心主

㊶ 《反杜林論》，《馬克思恩格斯選集》第3卷，1972年版，第77頁。

㊷ 「致命的錯誤在於：認為先於一切經驗的邏輯必然性是歐幾里德幾何的基礎，而空間概念是從屬於它的。這個致命錯誤是由這樣的事實所引起的：歐幾里德幾何的公理構造所依據的經驗基礎已被遺忘了。」（愛因斯坦：《物理學和實在》）

義就是這樣，它把從現實抽象出來的規律說成為世界必須適應的先驗規律。「兩點之間直線最短」，本來來自億萬次人類實踐活動，獲得了「自明」公理的性質，康德卻說成是自然界必須適應的、由人類理性頒布的「先驗」形式。實際上，從數學發展歷史看，數學與感性時、空，由直接關係發展到沒有直接關係，由可感知的超感知關係發展為一整套超感知的形式結構，正是對客觀現實關係的深入反映，同時也開拓了認識深化的途徑。愛因斯坦一再明確指出，幾何空間是由物理固體的間隔性、由物理空間發展而來。而近代工業技術和科學實驗的實踐活動，產生了各種非歐幾何，更是如此。由日常生活中的歐幾里德空間到似乎很難感知和想像的非歐幾何的空間，這並不只是邏輯的可能進展，同時又是我們對客觀關係深入認識的重要途徑44。

認識總是近似的，不可能窮盡，但日益深入。人們的時、空表象和數學科學、物理科學，也是這樣。上下左右的空間表象，先後相繼的時間表象，以及從算術、幾何到今天各門數學科學，從牛頓力學的時、空觀到相對論的時、空觀，都經歷了一個由狹隘到廣闊、由簡單到複雜、由初級到高級的發展過程。隨著社會實踐的不斷前進，它們還將不斷前進。康德時空觀中特別有意思的是，它強調了時空與感性直觀的聯繫，這一點我以為至為重要。時空不是概念、理性，也不同於被動的純感覺如色味香暖之類，而在於這種感性直觀中積澱有社會理性，因之對個體來說，它們似乎是先驗的直觀形式，無所由來；然而從人類整體說，它

43 《反杜林論》，《馬克思恩格斯選集》第3卷，1972年版，第78頁。

44 但即使是種種符號演算的形式系統，最終又仍是與歐幾里德空間，也即是人類日常實踐活動的空間，並不完全脫離關係，包括符號演算本身就在歐幾里德空間之內。

們仍然是社會實踐的成果。這種成果便不同於如形式邏輯那樣，只是操作活動的「內化」，即外在實踐活動轉化為內在理性結構；而更是積澱：即社會理性積累沈澱在感性知覺中。前者（內化）是邏輯，後者有與審美相關的「自由直觀」的因素，數學的發生和發展有賴於這兩個方面。這個過程還有待心理學的具體研究，特別是它與皮阿惹所說「內化」的關係等等問題。這裡只是從哲學上提出這個觀念而已。

第四章　認識論：範疇（三）

（一）範疇作為「知性純粹概念」

康德將人的知識分為感性與知性兩大部分、兩大方面、兩大根源，從而是「批判哲學」所要研究的先天知識的兩種形式。《純粹理性批判》在〈先驗感性論〉之後，便是對知性進行探究的〈先驗分析論〉。康德說：「我們的知識發自心靈的兩個基本源泉，第一個是接受表象的能力（印象的承受性），第二個是通過這些表象以認識對象的力量（概念的主動性）。通過前者，對象被給予我們。通過後者，對象在與表象的關連中被思維……。因此，直觀與概念構成我們一切知識的要素，有概念而無與之相適應的直觀，或有直觀而無概念，都不能產生認識。」❶ 又說：「如果把心靈的承受性，即當心靈被刺激而接受表象的力量，叫做感性，那麼，心靈從自身產生表象的力量，認識的主動性，就應該叫做知性。我們的本性就是這樣構造的，即我們的直觀永遠不能不是感性的，就是說，它只是我們被對象所刺激的方式。另一方面，使我們能思維感性直觀的對象的，是知性。哪一種力量也不比另一種優越。……這兩種力量或能力不能互換其功用。知性不能直觀，感性不能思維，只有通過它們的聯合，才能發生認識」❷，等等。

❶　《純粹理性批判》A50=B74，參看藍譯本，第70頁。

康德將感性與知性看作平行獨立互不相生的兩種能力，批判唯理論與經驗論將二者混為一談。康德說，「萊布尼茲將現象理知化，正如同洛克按其悟性論（如容許我用此說法）體系將所有知性概念感性化，即將知性概念解釋成只是經驗的或抽象的反省概念，都不是以感性與知性為兩個不同源泉，只有它們二者的聯合才能提供事物的客觀有效判斷。這兩個偉人都各執一端，把它看作與物自體有直接關連，從而另一種功能則被認作前者所產生的混沌表象，或是前者所產生的表象的整理」❸。唯理論把感性看作知性的混沌表象，經驗論把知性看作感性的抽象、整理；一個把感性歸結為知性，一個把知性歸結為感性。康德認為，這都不行，感性和知性無論從來源、本性和作用說，都不能由一方產生另一方。它們應如雙峰對峙，有如下表：

感性：	來自對象；	被動接受；	雜亂無章；
	特殊內容；	主觀的；	經驗的；……
知性：	來自主體；	主動創造；	綜合統一；
	普遍形式；	客觀的；	先驗的；……

很明顯，康德強調感性與知性的聯合才產生知識，恰恰是建築在將它們截然二分的基礎之上。

同時，康德強調的「聯合」，是知性主動作用於感性的結果，是知性對感性的規範、組織和構造，即綜合統一直觀提供的感性材料，將它

❷ 《純粹理性批判》A51=B75，參看藍譯本，第70～71頁。1789年5月26日給郝爾茨的信：「純粹理性的二律背反提供了一個好的試金石，可以承認：不能把人的理性與神的理性視為同類，只有範圍或程度差別。人的理性不同於神的理性，它只有思維的功能，而沒有直觀的功能。它完全有賴於根本不同的功能（感受性）來幫助，或更明確地說，有賴於材料，才能形成認識。」

❸ 同上書，A271=B327，第229頁。

們組織到邏輯形式的概念系統中去，才產生認識，也才使一切知識成為可能。康德在〈先驗分析論〉要講的主要就是這個問題❹。

所以，「先驗分析論」屬於「先驗邏輯」的範圍。所謂「先驗邏輯」，大不同於傳統的形式邏輯。康德認為，傳統的形式邏輯是分析的，它以不矛盾律為基礎，處理的只是一切思維的必要形式❺，而不能提供真理的充分條件和積極標準。（這裡康德實際上是在反對萊布尼茲的所謂「充足理由律」。）「先驗邏輯」則不然，它是綜合的，要求認識與對象相一致，涉及認識內容。康德認為，這才是真理的邏輯❻。這種邏輯講的是既獨立於經驗而又使經驗成為可能（即形成知識）的思維條件，亦即是分析純粹知性的概念和原理，用它來作為自然科學的「先驗」基礎。康德這個「先驗邏輯」是對唯理論的造反，反對僅僅由一般邏輯（即形式邏輯）就能解決認識問題，靠矛盾律（分析）就能認識世界（參看本書第一章）。康德認為，幾何、算術的公理由於與感性相聯繫，是自明的；

❹ 「借助於思維，……我們的全部感覺經驗就能夠整理出秩序來，這是一個使我們嘆服的事實，但卻是一個我們永遠無法理解的事實。可以說，世界的永久祕密就在於它的可理解性。要是沒有這種可理解性，關於實在的外在世界的假設就會是毫無意義的。這是康德的偉大的認識之一。」（愛因斯坦：《物理學和實在》）「這好像是說，在我們還未能在事物中發現形式之前，人的頭腦應當先獨立地把形式構造出來。開普勒的驚人成就，是證實了下面這條真理的一個特別美妙的例子，這條真理是：知識不能單從經驗中得出，而只能從理知的發明同觀察到的事實兩者的比較中得出」（愛因斯坦：〈開普勒〉）。愛因斯坦反對康德那種先驗的不變的範疇，但在認識論一些基本觀點上卻是相當接近康德的，詳後。

❺ 康德所指的形式邏輯實質上只是指它的一些基本規律，即同一律、不矛盾律、排中律。

❻ 這種觀點開黑格爾邏輯學的先聲，可參看康德的《邏輯講義》。這本書實際是傳統形式邏輯與近代認識論的混合物。

但像力學的公理便缺乏這種感性直觀的自明性，從而需要經過先驗的邏輯演繹來保證它們的客觀的普遍必然性。

〈先驗邏輯〉主要是講知性與理性。〈分析論〉講知性，〈辯證論〉講理性。知性既然被康德認為在根本上不同於感性，純粹知性的概念和原理便不能來自任何感性印象或經驗，而只能到知性活動自身中去尋找。康德認為，知性活動主要是進行判斷，「我們把知性的一切活動稱作判斷」❼。判斷就是應用概念和統一表象。概念如作為活生生的思維活動，便與判斷不可分，它實際是綜合的產物。不進行認識的概念，沒有意義；進行認識便是判斷。認識不是心靈的狀態而是心靈的活動，所以應注重判斷活動，實際這是主張先有判斷才有概念❽。判斷在這裡已不是一種形式上的邏輯規定，而是涉及認識論內容，它指的是統一意識的基本活動和功能。康德說：「知性可看作判斷的功能。因為如上所述，知性是思維的功能，而思維乃是用概念進行認識。」❾康德認為，傳統形式邏輯的判斷形式，久經考驗而未變動，它們已經概括無遺地窮盡了我們的知性，它的種種判斷形式（形式邏輯）實即是在這些判斷裡的聯合統一性的綜合功能（認識論、心理學），任何判斷（不管是分析判斷或綜合判斷）都具有這種綜合功能，例如把直觀雜多放置在一個概念之下。康德根據傳統形式邏輯，對判斷作了如下的分類：

一、判斷的量：全稱的；特稱的；單稱的。

❼ 《純粹理性批判》A68=B93，參看藍譯本，第81頁。

❽ 這涉及一系列邏輯學和心理學問題。康德《邏輯講義》中區分「使一個概念明確」（分析）與「製造一個明確概念」（綜合）的不同，他講的形式邏輯並不是命題邏輯而是判斷邏輯。

❾ 《純粹理性批判》A69=B94，參看藍譯本，第81頁。

二、質：肯定的；否定的；無限的⑩。

三、關係：定言的；假言的；選言的。

四、模態：或然的；實然的；必然的。⑪

康德在處理知性時，把功能與形式等同起來，判斷的功能等於判斷的形式。因為，康德認為，知性的作用本在於綜合統一直觀表象以構成各種判斷，產生出各種判斷形式，起著綜合統一的主動功能。顯然,「綜合」在這裡是關鍵，它把原來感性、知性的心理學式的二分打破了，強調二者結合⑫。同時，將感性歸屬於知性（唯理論）或將知性歸屬於感性（經驗論）也打破了，指出二者來源不同，不能混為一談。要形成認識，必須通過綜合，使二者結合起來，在這綜合中，起主動作用的，是知性，判斷本質上便是使表象產生統一性的一種知性主動作用。而通過各種判斷形式展現出來起著綜合統一的功能，便是所謂「知性純粹概念」。「給各種不同表象在判斷中以統一的功能，也就是在直觀中給各種表象以綜合的功能，這種統一，在其最一般的說法上，我們稱之為知性的純粹概念。」⑬ 正如純直觀作為直觀形式存在於一切經驗直觀中一樣，

⑩ 所謂「無限的」，意思是說主詞屬於一個沒有限制的（非封閉的）類。如S是非P。如康德自己所解釋：「無限判斷不僅指示主詞是不屬於賓詞範圍，而且它在賓詞外的無限範圍之某處，從而這判斷表示作為界限的賓詞範圍。任何事物可能是A或是$\overline{A}$（非A），說某物是$\overline{A}$，如人的靈魂是非永生的，某些人是非學者，如此等等，便是無限判斷，因為超出A的有限範圍，……它實際是沒有範圍……。」（《邏輯講義》§22注I）好些中譯均改為「不定的」，誤。

⑪ 《純粹理性批判》A70=B95，參看藍譯本，第81頁。

⑫ 文德爾班的一段話可參考：「綜合的概念是把《純粹理性批判》從〈論文〉區別開來的新要素。從其中，康德發現在〈論文〉中依據接受性與主動性的相應特徵而被完全分開的感性形式與知性形式的共同要素。」（《哲學史》第6篇第1章）

純概念作為思維形式（判斷），也存在於一切思維活動中。從而，與上述傳統形式邏輯的每種判斷形式相適應，便應該都有一個起著這種統一功能作用的「知性純粹概念」。也只有追溯到這些「知性純粹概念」，才可能找到那些判斷形式的根源。這些「知性純粹概念」是各種邏輯判斷的前提和基礎，是使那些判斷所以能進行的條件。而所謂「知性純粹概念」，康德認為，也就是範疇。〈分析論〉的「範疇的形而上學演繹」，就是通過對判斷的研究，確定範疇自身作為「知性純粹概念」的先驗性質。可以看出，康德的「先驗邏輯」是將形式邏輯（判斷形式）通過心理學（功能），而歸結為哲學（範疇）。在下章主觀演繹、客觀演繹更可看到這點。心理學（經驗論）成了形式邏輯（唯理論）過渡到「先驗邏輯」（認識論）的中介環節，這也正是康德哲學自身形成的過程（參看本書第一章）。

康德在古代亞里士多德之後，把形式邏輯的判斷形式作為功能提高到認識論的高度⓮，強調提出了範疇問題，這是對思想作辯證規範的一個重要發展。亞里士多德的範疇是關於存在（事物、對象）的本體論範疇，康德這裡則是關於思維的認識論範疇。

康德依據上述傳統邏輯的判斷形式的分類，將亞里士多德的十範疇

⓭ 《純粹理性批判》A79=B104～105，參看藍譯本，第86頁。

⓮ 沃爾夫（P. R. Wolff）認為康德的範疇表並非從形式邏輯中得出，而是從自我意識逐步推出的（《康德關於精神能動性的理論》）。馬丁也認為，既然康德認為形式邏輯是分析的，那麼作為綜合形式的範疇如何能從形式邏輯的判斷中得出呢，可見非來自判斷（《康德的形而上學與科學理論》）。本書不同意這看法。康德為何用形式邏輯的判斷形式作為認識真理的必然要求，《邏輯講義》的一個說法可以看出來源和意圖所在，康德認為，一個認識要是完全的，它應有普遍性（量），是清晰的（質），是真的（關係），是確實的（模態），等等，這裡量、質等都有其認識論的內涵。可見康德是在將形式邏輯改造成哲學認識論。

加以增刪（例如，康德認為時間是感性直觀形式而不屬於知性範疇），提出了這樣的一張範疇表：

範疇表

I

量的範疇

統一

多數

總體

II	III
質的範疇	關係的範疇
實在	屬有性與實存性（實體與屬性）
否定	原因性與依存性（原因與結果）
限制	相互性（能動者與受動者之間的交互作用）

IV

模態範疇

可能性——不可能性

存在性——不存在性

必然性——偶然性[15]

[15] 《純粹理性批判》A80=B106，參看藍譯本，第87頁。

康德把邏輯的判斷形式推演為範疇表，顯然作了重要的變動。前者基本上只是外在的形式分類，後者則涉及並過渡到內容。例如，把定言、假言、選言三種判斷變而為實體、因果、交互三個關係範疇，便是如此。但這種推演，帶有很大的主觀隨意性。一方面，從十二種判斷形式推演出十二個範疇，就有能否窮盡範疇的問題。顯然不可能窮盡，範疇並不止康德所舉的這十二個。康德在「反思概念的含混性」節中曾舉出「同與異」、「一致與反對」、「內與外」、「質料與形式」四對概念，認為它們因與感性有關，都不是範疇。實際這些概念與康德的十二範疇的區別並不像康德講的那樣明顯、確定。康德把範疇及其標準完全關閉在形式邏輯的判斷形式內，是一種給定而非發展的觀點⑯。另一方面，為了照應十二判斷，康德的十二範疇中好些是為了湊數而列出，並不為康德所重視，實際用的只有八個範疇，質、量範疇各只一個，「多數」、「否定」等範疇，康德並未作多少論述。有些十分重要的範疇，如關係三範疇是康德整個範疇表的核心，又與其他範疇平列在一起，顯不出它的重要地位和意義。總之，這張範疇表是完全靜態和相當呆板的。

但是，從哲學史上講，康德從傳統邏輯的判斷分類過渡到「先驗邏輯」的「範疇表」，表明康德企圖通過挖掘形式邏輯的根源來探究人們邏輯思維的本質，提出了從思維判斷中提取範疇的原則和標準，指出人們長久以來的思維形式中包含著更深一層起綜合統一作用的知性功能。這就大不同於笛卡爾和萊布尼茲等人的「天賦觀念」的唯理論，也不同於

⑯ 從費希特到黑格爾，範疇便不再是給定的，而是自己（思維）建立起來的了，即有一個發展過程。至於為什麼是十二個範疇，康德認為沒有理由可說，正如語言規則一樣。「我們指不出語言為什麼偏具有那樣的形式結構，更指不出為什麼在那種語言中恰好找出那些不多不少的形式規定」（《導論》§39）。

形而上學的經驗論。他把認識論的問題提得更深刻了，為認識論、邏輯學、辯證法的緊密聯繫，為著重研究人類認識的能動性提供了課題，開闢了道路。同時，康德也不像黑格爾那樣，把形式邏輯與形而上學混同起來，一起踢開，而注意到了形式邏輯 與「先驗邏輯」（認識論）的異（前者只講思維形式，後者涉及認識內容）同（都是認識的形式和功能）。

康德把十二個範疇按三三式分四組排列。他說：「每組內包含有同樣數目的範疇，即三個，這是有意義的。進一步考察便可見，每組的第三個範疇乃是第二範疇與第一範疇相聯結而發生。」⓱ 例如，量的第三範疇「總體」乃是「多數」的「統一」，即被認為統一（單一）的多數。「限制」則是與「否定」相連繫的「實在」。「交互」乃是彼此相互規定的「實體」的「因果性」。「必然」正是通由「可能性」自身被授予的現實「存在」⓲ 。康德後來曾明確解釋自己的三分法與傳統形式邏輯的二分法的區別，認為後者是分析的，前者是綜合的。它不是形式邏輯的A與非A，而是：「(1) 條件，(2) 被條件的，(3) 二者的結合」⓳ 。康德這一觀點，很快就為黑格爾所緊緊抓住和充分發揮。黑格爾把這種三分法作為邏輯學的旋轉車輪，進而深入廣闊地論證了範疇之間的聯繫、依存、對立、過渡、推移、轉化等等，展開為範疇自身變化發展的運動歷程，不再是康德這種平行而靜態的十二範疇，不再是康德對傳統邏輯的外在格式的仿製，而是充滿著內在聯繫不斷運動發展的思維的辯證法。這個辯證法頭腳倒置地表現著物質世界中客觀的辯證發展規律，從而構成了黑格爾

⓱ 《純粹理性批判》B110，參看藍譯本，第89頁。

⓲ 同上書，B111，參看藍譯本，第89頁。

⓳ 《判斷力批判》導論9（參看宗白華譯，上卷，商務印書館，1964年版，第36頁）。

哲學的精華。但如果沒有康德的範疇表，也就很難有黑格爾的辯證法。亞里士多德通過柏拉圖把蘇格拉底的內在的東西變而為外在的抽象共相。黑格爾通過費希特、謝林將康德的內在的東西變而為具體的共相⑳，即將康德的主觀認識的範疇表以及「範導原理」(參看本書第六章) 變而為客觀的、進行對象化的精神和理念。

康德和黑格爾在論述和研究範疇時所處理的問題和偏重的方面是不同的。黑格爾以絕對精神來產生、支配和改造一切，他著重的是邏輯範疇如何與歷史相一致，並使歷史從屬於邏輯範疇。康德所集中注意的，則是範疇作為「知性純粹概念」如何運用於感性，如何與感性經驗相聯繫，亦即「綜合」問題。範疇實際上是康德所強調的「綜合」的具體形式。他們兩人的這種區別，貫串著整個認識論。一個夾雜著許多心理學和自然科學方面的問題（康德），一個則心理學幾乎不提，著重的是社會的歷史發展（黑格爾）。

（二）「先驗構架」㉑

⑳ 林賽：《康德》。

㉑ 按《純粹理性批判》的次序，分析論中範疇表（即「形而上學演繹」的部分，主要探討思維結構自身，而不涉及認識對象）之後，是「先驗演繹」，即論證知性範疇應用於經驗認識對象的客觀有效性，然後才是這種客觀有效性的具體途徑，即由「構架」和知性原理的先驗規定以達到對於現象世界的認識。但「先驗演繹」是康德認識論的核心，應專門來講（本書第五章）。由「範疇表」直接「構造」、「原理」，也文從字順。（「原理」部分當然最好與本書第

如前所述，康德認為範疇是先驗的「知性純粹概念」，與一般的概念不同，它們與經驗毫無關係。那它們又如何運用到感性直觀上去呢?一般的概念是由經驗提昇而來，概念與直觀有同質的東西，所以反過來將概念運用於直觀沒什麼困難。如圓之於盤，前面這個幾何學概念與後面的經驗直觀有同質的東西。但範疇卻不然，它們作為先驗的「知性純粹概念」，與感性直觀毫無共同之點或相通之處。康德說：

「但因為知性純粹概念的確與經驗直觀、與所有的感性直觀根本不同，不可能在任何直觀中遇到它們。沒有一個人會說，範疇，例如因果，能通過感性被直觀到，它本身包含在現象中。那麼，直觀的材料包括在純概念之下，範疇應用於現象，又是如何可能的呢? ……

「很明顯，這裡必須有某種第三者，一方面與範疇相一致，另一方面又與現象相一致，這樣才使前者可能應用於後者。這個中間表象必須是純粹的，這就是沒有任何經驗內容，同時它必須一方面是知性的，另一方面是感性的。這樣一種表象便是先驗構架。」㉒

康德所說的「構架」㉓，不是具體的感性形象或意象（Image)，而是一種指向概念的抽象的感性，它並不等於概念，而概念性的圖式化、感性化的東西，大體相當於某種圖表、格式、模型等，如地圖、建築施工的藍圖、化學元素周期表、人體解剖圖之類。康德以數學為例，他說，「.....」這樣五個點便是意象，不是構架。數目字5，則是構架，而非意

五章參照一起看。）伊文《純粹理性批判》簡釋和其他一些著作則經常把「先驗演繹」提了出來，放在「範疇表」前講。

㉒ 《純粹理性批判》A137～138=B176～177，參看藍譯本，第142～143頁。

㉓ 構架（Schema)，或譯「圖式」(《反杜林論》中譯本)，或譯「圖型」(《純粹理性批判》藍譯本)，或譯「範型」、「間架」。由於它是指構造對象的框架，似譯「構架」為宜。

象。一個大數（如五位數），這點更明顯，它是構架，而無意象可言。又如幾何學的三角形（不是黑板上或紙上的三角形），就是構架。它與圓不同。我們可以從圓型事物中得出圓這個經驗。但我們不能有三角形的意象，我們的意象只能是銳角三角形、直角三角形或鈍角三角形，不可能是一般的三角形。意象是特殊的、具體的感性形象，構架則是更為抽象的感性結構。所有意象都是感性的，但並非所有感性一定都有意象，構架即如此。構架既不是經驗的概念，也不是事物的形象，而是一種概念性的感性結構方式、結構原則或結構功能。它不是被動接受的某種形象，而是主動構造的某種規則。例如，狗的構架就不是任何那個或任何某種具體的狗的形象、畫圖，而是一般具有狗的特徵的四足獸的構圖（如狗的解剖圖）。總之，所謂構架，乃是一種抽象的感性結構，是作為接通具體感性材料的中介和途徑的一個關鍵環節。構架成為知性與感性的交叉的焦點。它的主要特徵是主動創造的抽象化的感性。

康德認為，作為「知性純粹概念」（範疇）與感性之間的中介的「先驗構架」，就是時間。時間符合上述「先驗構架」的三個條件。「先驗構架」必須是純粹的，沒有任何經驗內容。時間作為純粹直觀正是如此（見「感性論」）。同時，「先驗構架」必須一方面是知性、另一方面是感性。在康德看來，時間也正如此。時間一方面作為先驗的感性直觀形式，一切事物必須在其中才能為我們所感知，沒有時間或不在時間中的對象，根本不是認識對象。我們認知一座房屋，需要經過一個感知的時間連續的過程（由這一部分到那一部分），只有與時間聯繫起來，房屋才成為認識對象。另一方面，時間與空間不同，它作為內感覺與知性範疇的根源（即「先驗統覺的自我意識」，詳下章）又有密切關係。時間意識與「自我意識」息息相關，後者必須在時間中展開，為時間所限定。所以時間又具有知性特徵。一方面時間是直觀的純形式，與感性相連；另一方面又具有普遍的主動性，與知性相通。康德說，「時間的先驗規定是這樣地與範疇相一致（它構成統一），它是普遍的和建立在先驗規律之上。另一方面，它又是這樣地與現象相一致，時間包含在任何雜多的經驗表象中。從而，通過時間的先驗規定，範疇應用於現象成為可能。它作為知性概念的構架，是使現象材料屬於範疇的中介。」㉔

康德晚年在一封信中再次解釋了「構架」，比較簡明扼要。他說：「把一個經驗概念置於一個範疇下，似乎是內容上不同種類的東西的從屬，這在邏輯上是矛盾的，如果沒有任何中介的話。然而，如有一個中介概念，就可能把一個經驗概念置於知性純粹概念之下，這就是由主體內感覺表象綜合出某物概念，作為這樣的表象，與時間條件相一致，表現出是依照一個普遍規律先天綜合出來的某物。它們所表現的與綜合一般的概念（即任一範疇）同類，從而依照它的綜合統一就可能把現象從屬在知性純粹概念之下。我們把這種從屬叫作構架。」㉕

「先驗構架」如何來的呢？康德說，它來自一種先驗的「創造的想像力」的綜合活動。範疇得自邏輯判斷的純形式，例如，實體範疇來自作為一切賓詞的主詞，因果範疇來自「根據」這一邏輯觀念，它們都有純邏輯的抽象統一性；構架則不同，由於與感性相連，與雜多在時、空中的綜合相關，便不只具有純邏輯的意義，而是表現為時間中的永存（實體）和前後序列（因果）等等。在這裡康德仍然是用經驗論（心理）來調和和糾正唯理論（邏輯）。所謂構架化的範疇是先驗想像的成果，正是如此。這種所謂先驗的「創造想像」介乎感性與知性之間，可以說是知

㉔ 《純粹理性批判》A138～139=B177～178，參看藍譯本，第143頁。

㉕ 康德1797年12月11日給梯夫屈克的信。

性對感性的某種主動活動或功能，所以不同於被動式的「再現想像」。「再現想像」是從意象的再現中簡單歸納或抽象出來。「創造想像」是與知性主動性相等同的東西，它實際上是知性主動性的具體化。經驗對象統一的可能性來自知性，而具體地將直觀雜多統一為經驗對象的，便是先驗想象，即「創造想像」。正是這種創造的想像提供規則和計畫，產生構架，有如「再現想像」產生意象一樣。一般「再現想像」產生的意象，也只有通過構架，才能與概念相連結，可見構架不受特定的經驗意象的限制。這種構架的能力，康德認為，是「潛藏在人類心靈深處的一種藝術，其活動本質的真實狀態很難讓我們去發現和打開在我們眼前」㉖。康德把它簡單地諉之於先驗的純粹想像即創造想像後，就未多談了。「創造想像」也就成為康德認識論中的一個極為關鍵又很不清楚的問題㉗。

康德轉而迅速地把四項範疇塞進時間構架中：「量」的構架是「數」，即時間系列。「質」的構架是「度」，即時間內容。「關係」的構架是時間次序。「模態」的構架是時間總括。關於這些是什麼意思，下面講知性原理時就比較清楚了。康德對這四大項共十二個範疇的構架，並沒有每一個都細說。例如，「量」的三個範疇，主要講了「總體」範疇的構架；「質」的三範疇也只第三範疇——「限定」有構架，如此等等。有人用黑格爾的觀點說，康德著重的是正、反、合中的「合」即第三範疇㉘。

㉖ 《純粹理性批判》A141=B181，參看藍譯本，第144頁。

㉗ 「想像力的先驗綜合」與「統覺的先驗綜合」（本書第五章）實際可說是一回事，從不同方面去講罷了。「這乃是同一個主動性，一以想像力之名，另一以知性之名……」（《純粹理性批判》B161注，參看藍譯本，第116頁注2）。但它們二者的關係在康德那裡仍是極為複雜的。參看本書下章。

㉘ 參看開爾德：《康德的批判哲學》第1卷第1編第3章，這當然是一種黑格爾化的解釋。

但事實並非如此，關係三範疇著重的恰恰是前二者。這說明康德對此還沒有一個確定的原則。

知性如何具有客觀性？這是康德探討的中心，將在本書第五章中講。構架和創造想像，則是使知性通向感性從而獲得客觀現實性的橋梁。它們是使知性結合感性的關鍵和要害。構架的作用就在於：一方面使範疇應用於現象而具有現實性；另一方面又在認識過程中約束範疇，使之不運用於感性經驗之外。康德說：

「因此，範疇而無構架，只是知性產生概念的功能，而不表現任何對象。這種客觀的意義是得自感性，在限制知性過程中來實現知性。」㉙

「範疇一離開感性直觀的條件……，便與任何確定的對象沒有關係，從而也就不能規定任何對象，其自身也就沒有客觀概念的有效性了。」㉚

例如，「實體」這個範疇，如不與感性直觀相連繫，即如沒有時間構架作為中介以應用於感性現象，其本身對於認識便毫無意義。實體是什麼？不用時間來規定或說明，根本無法理解。但如果與時間構架相媒接，實體等於時間中的長存、持續，屬性等於時間中的變易，這樣就感性化，可以應用於直觀現象，具有客觀內容和意義，也就好理解（認識）了。可見，實體這個範疇作為知性純粹概念，要能應用，必須使之通過時間構架而媒接於經驗。同樣，因果這個範疇，要應用它，也必須媒接於「時間繼續」的構架，即必須由有次序的時間的經驗繼續以給予對象。本來，康德的先驗範疇是完全獨立於經驗的所謂「知性純粹概念」，但一講到具體範疇，康德更多地是講各範疇的構架。如講實體範疇，實際上

㉙　《純粹理性批判》A147=B187，參看藍譯本，第148頁。

㉚　同上書，A246，參看藍譯本，第221頁。

講的是它的持續、永恆的構架。範疇在這裡與範疇的構架已無區別。但是，範疇一與構架等義地使用，便宣告了康德所說範疇的所謂純粹先驗性質的破產㉛。構架說是用感性限制了知性範疇。一些康德研究者異口同聲地斥責康德的構架說，認為這是他的先驗唯心主義不徹底，與「先驗演繹」矛盾。有的人則認為構架說不重要，盡量避而不談。其實，構架說是康德「批判哲學」認識論的關鍵之一，它是企圖聯結先驗與經驗、知性與感性、一般與特殊、本質與現象的中介，康德以唯心主義的方式提出了這個具體聯結方式的問題，有極為重要的意義。

（三）「知性的先驗原理」：甲、「量」與「質」

緊接著構架理論，是康德對於所謂「知性的先驗原理」的規定，實即上述時間構架的具體化。康德說：

> 範疇表十分自然地在構造原理表中給予我們以嚮導，因為後者不過是前者的客觀應用的規則罷了。因此，純粹知性的所有原理是：

㉛ 當然這是指認識論。沒有構架的範疇，在康德整個哲學中，例如倫理學中，仍有其重要意義。例如無構架的因果範疇，雖不可認識，但大有作用。參看本書第六至第八章。

I

直觀的公理

II　　　　　　III

知覺的預定　　　經驗的類推

IV

一般經驗思維的準則㉜

康德認為，一切經驗或科學都必須在前述的四項範疇下通過時間構架才有可能成立。例如，在《自然科學的形而上學基礎》一書中，康德將範疇應用於自然科學，便把整個物理學實亦即整個自然界作為運動的研究，分屬在四項之下：1. 運動學：處理運動的量（運動的速度與方向）； 2. 動力學：處理運動的質（斥力與吸力，它們構成不同密集的物質的度即形成運動）； 3. 機械學：處理運動之間的關係（如運動中作用力與反作用力相等，等等）； 4. 現象學：處理運動的狀態（直線、曲線等等）。在知性先驗原理中指出，範疇必須依據這些「原理」才能應用於一切經驗。例如，量的範疇應用於經驗，使雜多的感知構成認識對象，就必須在「一切知覺都是延擴的量」這條直觀公理的先驗知性原理之下進行。康德認為，通過知性原理的闡述，結束「先驗分析論」，才完成他對「先天綜合判斷如何可能」這個認識論主題的解答。「知性原理」不僅是康德的範疇表、構架說的具體化，也是康德認識論中最富有內容的部分。

康德從數學與力學的事實出發，提出其「先天綜合判斷如何可能」

㉜ 《純粹理性批判》A161=B200，參看藍譯本，第155頁。

的問題，他把時空直觀、知性範疇作為兩大先驗要素，通過形而上學和先驗的闡明或演繹，由抽象走向具體，到構架和原理部分，便是這個具體化的全面展開和完成。知性如何結合、駕馭和處理感性以構成認識，通過這種綜合的方法和道路，得到了具體的表達；感性與知性在上面一直還是分割對立的，在這裡才獲得統一㉝。

下面逐條來看：

第一，「直觀的公理」：「原理是：一切直觀都是延擴的量。」㉞這也就是時、空直觀形式的原理。它表現為所謂「時間系列」的構架。因為直觀是由一部分到另一部分的不斷的綜合，亦即部分的相繼出現，這即是時間的系列。只有在量的第三範疇（總體）下，即數的構架中，現象才為我們所認知，這是數學的先天原理㉟。可見，〈先驗感性論〉講數學作為所謂「先天綜合判斷」，只講了時、空直觀的先驗感性形式，還是不夠的。包括幾何和算術在內的知識，也必須是感性與知性的結合，必須運用上述這個知性原理才行。感性與知性「二者聯合行使時，才能規定對象」㊱。純數學的「先天綜合判斷」也不例外。在前面〈先驗感性論〉

㉝ 以前中國有人把範疇與原理說成是「體」「用」關係（見鄭昕《康德學述》），這說法似明豁好懂。但注意不要因此有「體」（範疇）可離「用」（原理）而存之誤。依康德，範疇如不在原理中即無認識功能，雖可具有倫理學的本體意義（如自由因）。

㉞ 《純粹理性批判》B202，參看藍譯本，第156頁。

㉟ 康德早在其就職〈論文〉中便認為：「一般感覺對象的純表象為時間，量的範疇構架是數，即1加1的同質繼續增加的表象。數不是別的，而是一同質雜多的綜合統一，這統一是由於在了解此直觀中我產生時間自身之故。」布勞爾的直覺主義數學學派完全承繼康德，認為數的本質在於時間的延續。有人則認為在這一公理中康德解釋了數學如何能應用於經驗，從而預告了數理物理學的可能。

裡，只是為了敘述方便，康德才把數學單獨放在那裡講，好像不需要知性就可成為知識。實際上，康德仍然認為，數學需要知性範疇（量）及知性原理的參預，才可能產生。所以，這第一個「知性原理」也可說是感性論的直接引申。它的重要性在於指出任何認識對象必須有可計算性的數量，從而它是可分的，不能是一種不可分和不可計量的東西。康德認為，所有範疇都指向先驗綜合，如果綜合的是同類的質料，則表現為數學的功能，不同類的則表現為力學的功能。延擴的量屬於第一種。可見量的範疇實際成了康德由感性論（時、空）到知性論（範疇）的過渡。量的同一性與時間的同質化確有關係。我以為，正是這種時間的同質化與量的同一性，使人類原始意識形態從夢幻般的神話中逐漸走向科學和歷史的認識。康德一貫重視數量在認識中的巨大意義，以量來規定質，強調數學方法在於構造對象，認為不能引入數學加以計算便不成為科學，凡此等等，都可與現代自然科學突出形式化（數學化）的重要特徵聯繫起來研究。數學有極廣泛的普遍適用性，這種普遍性隨著經驗科學的進展日益變得重要了。

第二，「知覺的預定」。「原理是：在所有現象中，作為感覺對象的實在，都具有強弱的量，即度。」㊲

與黑格爾先質後量相反，康德的範疇是先量後質，先直觀形式，後知覺內容，有其深刻意義。黑格爾先質後量，是乾脆甩開質的物質現實性，他講的「質」是一種純邏輯的規定，更徹底地貫徹了絕對唯心主義。康德的「質」的構架範疇則不同，它以間接方式肯定了外界物質的存在。康德說：「無論直接或間接（即不管推理如何遙遠），沒有知覺從而沒有

㊱ 《純粹理性批判》A258=B314，參看藍譯本，第219頁。

㊲ 《純粹理性批判》B207，參看藍譯本，第159頁。

經驗能夠證明現象領域中的一切實在可以完全消失。換句話說，決不能從經驗得出虛空的時間和空間的證明。」㊳「任何實在，按照其性質，都有特定的度，……所以充塞一個空間的膨脹物，例如熱和類似的現象界中的任何其他實在，能夠無限地減少其度量，但也決不會使這個空間的最小部分成為完全空虛。」㊴康德不承認有絕對空虛的空間與時間，而時、空作為直觀形式（量），是與質（存在，物質實在）不可分的。康德肯定物質多樣性的存在，反對用量的增減來解釋質。康德說：「凡實在皆有量，但不是延擴的量。」㊵「現象領域中的實在常有一量。但因為對它的感知只通過感覺立即獲得，而不是通過不同感覺的連續的綜合，從而不是由部分進到整體的。」㊶就是說，這種量不同於上述那種部分加部分的延擴量，即不是第一項原理講的感知所以能繼續下去的時、空直觀形式的量，那是數量。「質」的度量指的是，直接為感知所獲得的量。因為任何一剎那間，感知對象總是一定的經驗物質的實在，具有不同的度量，亦即具有一定質（由於物質實在）的量。這兩個量不相干，也沒關係㊷。前者關於直觀形式，後者涉及物質材料，所以前者是「直觀公理」，後者是「知覺預定」。因為後者說的是知覺必須有一定程度的度量。如果這個量消失為零，感覺就不存在，任何經驗認識也就不可能了。這種量不是通過時間的系列一部分一部分地給予的，而是當下在任何一個時間點上都必須

㊳ 同上書，A172=B214，第162頁。

㊴ 同上書，A174=B216，第163～164頁。

㊵ 同上書，A168=B210，第160頁。

㊶ 同上。

㊷ 好些研究者把「知覺預定」的量與質等同起來，或還原為「直觀形式」的量，把它們說成一是內在的量，一是外在的量，如克羅耐(Kröner)、瓦爾什(Walsh)，這是不符康德原意的。

具有的。實際上康德這裡已開黑格爾邏輯學中的「限有」、「度」的先聲[43]，但他還沒有把質、量統一起來，像黑格爾的辯證法那樣。總之，康德認為，儘管感知的任何具體質料是什麼，不能預先確定，但必須先驗地預定有經驗的質料存在，即必須具有外界物質實在作為知覺的內容。與上述「量」的原理一樣，這個「質」的原理，也是一切科學認識的必要條件。可見，康德這條所謂「知覺預定」的知性原理，是把物質世界的客觀存在說成是種「先驗的」規定。它有唯物主義的成分，但這成分仍然束縛於其先驗唯心主義的體系之下。

（四）乙、「實體」與「因果」

康德把四項範疇的原理分為兩大部分，第一、第二項是所謂「數學的原理」，後二項是所謂「力學的原理」。前二項是現象的直觀，表現出連續、極限等數學特性，直接與感性相連繫。後二者涉及本質的存在，與感性並無直接聯繫。前二者是構造對象，後二者是規範認識。前二者有直接的自明性，後二者沒有，只有靠推論才成立。

所以第三條原理便叫「經驗的類推」。「原理是：經驗只是通過知覺的一種必然聯繫才可能。」[44] 意思是：只有通過知覺間的某種必然聯繫(不

[43] 「延擴的量的例子，如同類事物的集合，例如，一平面上的點與數目；強弱的量的例子，如度的概念，例如一房間的照明亮度」（1797年12月11日康德給梯夫屈克的信）。

[44] 《純粹理性批判》B218，參看藍譯本，第165頁。

是知覺的偶然聯續）的推論類比，經驗才是可能的。因為通過前兩條「量」「質」原理，得到的仍然只是些直接的混沌感知，這還不能構成認識。要認識任何一個事物，必須認識這個事物與其他事物的關係，即它的上下左右，來龍去脈。不可能絕對孤立地（不與任何事物相聯繫的條件下）去認識一個對象，這樣是不能獲得認識的。而對一個對象與其他對象之間的關係的認識，卻完全不是直觀感知可以獲得，必須經過思維才能發現。例如，不能直觀感知因與果存在於兩件事物之間，只能推論它們如此。不能直觀感知實體與屬性的關係，只能思維到有這種關係存在於所直觀的對象中。所以，康德認為，與前二項原理不同，關係範疇的原理不是直觀的，而是推論的。它不是對一個對象作數學的直觀構造（如前兩項那樣），而是指引人們對一個對象作所謂力學的邏輯組織。

關係範疇的構架是「時間次序」。康德說：「時間的三種形態為持續、相繼和並存，所以時間中所有現象的一切關係也必須有三種規律，這些規律先於一切經驗，並使經驗成為可能。」[45] 但時間本身作為直觀形式並不能獨立存在，我們不能感知時間本身。時間的這三種構架本身也不能獨立存在，它們不能脫離感性質料的羈絆，必須在感性現實中才有意義。它們是由現實事物在時間中的客觀關係所構成和決定。在康德看來，一切事物總在時間關係之中，如果事物的時間關係不是經驗的對象，那就不存在什麼經驗；如果這種時間關係不能客觀地去規定，也就沒有經驗的對象，而只能是些主觀的偶然的觀念集合。此外，這三個構架本身是相互聯繫相互包含的。只有和相繼（先後）對應，才有持續；必須有持續，才可能出現相繼，這二者又都包含並存。三個類推處理的是同一問題的三個方面，特別是「實體」與「因果」兩個範疇，聯繫更為密切。

[45] 同上書，B219，第166頁。

第一是實體原理：「在現象的一切變易中，實體是永恆者；它的量在自然中既不增加也不消失」㊻。康德解釋說：「永恆者是時間自身的經驗表象的基體。時間的任何規定只有在這個基體中才成為可能。永恆性是現象的一切存在、一切變易、一切並存的相應的住所……。」㊼「在所有現象中，永恆者是對象自身，即是，作為現象的實體。相反，變易或能變易的任何事物，不過是屬於實體或諸實體的存在方式，即屬於實體的規定。」㊽

康德的意思是，必須先驗地設定實體範疇和永恆性持續原理構架，才能談到任何變易。因為變易總是某個東西（永恆者）的變易，有變易必有發生變易的不變者。沒有不變就不能知道變，沒有常在、永恆，就不能知道變動、遷易。而所有這些都是在時間中感知到的。我們的知覺都在時間之中，在時間中事物表現為延續、相繼與並存，所以，必須設定在知覺的對象中，時間有一永恆性的基體。沒有這樣一個持久不滅的實體，則一切的時間的經驗序列根本不可能。這個永恆性實體又並不是時間本身，時間本身無所謂變與不變，它只是主體的直觀形式。我們不能脫離事物去感知時間，而只是我們感知到的變易都在時間中而已。我們意識到時間中的延續、相繼、並存，實即我們從時間中意識到延續、相繼與並存。可見永恆性實體只能是一個時間中的可感知的不變者，一個時間中的「某物」。這個「某物」究竟是什麼，康德認為不能作出什麼規定。但有一點很明顯，它在康德心目中並不是精神性的東西。相反，它必須是感性經驗的對象，並且只在感性經驗中才具有意義。我們認識

㊻ 《純粹理性批判》B224，參看藍譯本，第169頁。

㊼ 同上書，A183=B226，第170頁。

㊽ 同上書，A183～184=B227，第170頁。

一個對象，不把它看作只是一堆主觀感知，而把它表象為一個事物的同時存在，看一座房屋，不會只是色彩、體積等等感知的主觀系列，而認知它是一個同時存在的客觀對象，就必須有「實體」這個範疇起作用。這個範疇也只有在這種經驗中才有其作用和意義。康德指出，如果實體去掉給人以「持久性的感性條件」，那麼，它不過是一種不能作賓詞的主詞，這種主詞的性質絲毫不能告訴我們什麼，這對於認識就毫無意義了。所以，儘管並沒明說，康德這個「實體」，是指向自然界的永恆物質自身。與奧古斯丁把時間看作思想的伸延倒恰好相反，它實際是當時牛頓力學所遵循的質量守恆原理的哲學化㊾。牛頓也曾提出其「自然哲學」的四條「推理法則」，其一便是：「物體的屬性，凡不能增強也不能減弱者，又為我們實驗所能及的範圍內的一切物體所具有的，就應看作是所有物體的普遍屬性。」㊿ 這個所謂普遍屬性其實就是作為實體的物質存在的屬性。

可見，與第二項原理「知覺的預定」一樣，康德的實體永恆性原理是在扭曲了的形式中肯定了物質世界的存在永恆性51。自然界的永恆存

㊾ 康德曾一再說，「關於有形自然的所有變化，物質的量作為整體是相同的，不增不減」（《自然科學的形而上學基礎》）。又說，「一個哲學家被問煙的重量時，將回答說，從木柴中剪去灰燼的重量，便是煙的重量。他就是以即使在火中，物質（實體）也不滅，而只變化為無可否認的前提的」（《純粹理性批判》A185=B228，參看藍譯本，第171頁）。無不生有，有不能變無，這正是現實與幻夢不同處。此外，「實體」一詞，康德有時用單數有時用複數，亦可見非主觀感知而為客觀物體，注釋家們於此又作了不少文章，均從略。

㊿ 《自然哲學的數學原理》第3編。

51 多數康德研究者根據康德的某些含混和矛盾的說法，如康德說「物質」只是「現象」而非「物自體」，是依存於認識的，等等，把康德的實體解說為在感覺之內的東西，如感覺材料。正如否認康德的「物自體」作為感性來源具有

在被康德形式地設定在時間中，作為經驗的持續和變易的基礎，即經驗世界中種種變易必須有物質的永恆存在作為基礎。在《自然科學的形而上學基礎》中，物質便被定義為：「……充滿空間，有運動能力，能成為經驗的對象」，則已接近科學的實體概念。康德認為，自然科學（物理學）的一些基本原理，如物質不滅，無不能生有、有不能變無等等，只有在這條原理的基礎上才有可能。而整個自然科學則是建立在這些基本原理（物質不滅、質能守恆等）之上的。在一般經驗中也是這樣，如果沒有時間中持續存在的實體（物質），也就不能客觀地了解變易。事物便不能作為一個相對穩定的對象被認知，而成為一種恍惚不定的如夢幻似的主觀感知的系列了。

但是，康德說，「以上原理常設為經驗的基礎（因為在經驗知識中，這個基礎的必要是感覺到的），其自身卻是絕對沒有證明的」[52]。這是說，這個作為經驗基礎的實體永恆性原理是「絕對沒有證明的」，它只是一種先驗的知性規定。康德說：「除物質外，我們別無永恆者，能夠作為直觀把實體概念建築於其上。但就是這個永恆者也不是得自外在經驗，而是作為時間規定的必要條件而先驗地設定的」[53]。把物質世界的永恆存在歸結為人們主觀思維（知性）的一種獨立於經驗的規定，似乎成了一種邏輯前提，就是這條所謂實體原理的本質。一方面它包含有唯物主義的

唯物主義方面一樣，他們也否認實體原理有這一方面。對前述「知覺預定」更是如此，認為說的只是感覺本身。這些是不能成立的。但康德對物質的說法的確很多，經常把它歸之為運動的力即斥力、吸力，又被等同於彌漫的「以太」：「物質是世界空間中無處不在，物體則是分割開的」，「物質在物體形成之前，通過物質，物體才形成」，等等。（見《自然科學的形而上學基礎》等）

[52] 《純粹理性批判》A185=B228，參看藍譯本，第171頁。

[53] 同上書，B278，第199～200頁。

成分，另一方面又從屬於唯心主義的先驗形式之下。從而，這種實體存在作為先驗的形式設定，便失去了物質世界本來具有的豐富具體的現實內容，而成為空洞的抽象。這正是康德的先驗唯心主義的必然結果。

第二類推是「因果」：「一切改變是按照原因與結果聯繫的規律發生的。」(54)「因果」是康德所有範疇中最煩難和最重要的一個。如果說，實體原理是講存在，那麼因果原理便是講過程；如果說，實體原理主要是針對主張精神實體的唯理論，那麼因果原理便主要針對否定因果存在的經驗論。康德這兩種針對又是密切聯繫在一起的。因果原理以前一「類推」——實體原理為基礎，又是實體原理的更進一層。因為，因果的產生和事物的變易必須先以不變的存在即實體為根本，實體本身便是最根本最原始的「因」，但以實體為基礎的任何變易，又總是有原因的。沒有原因的事物如宗教奇蹟便不屬於認識範圍，不是科學對象。列寧在《哲學筆記》中摘引黑格爾的話「實體只是作為原因才具有……現實性」之後，指出：「一方面，應該從對物質的認識深入到對實體的認識（概念），以便探求現象的原因。另一方面，真正地認識原因，就是使認識從現象的外在性深入到實體。」(55) 由實體到因果到交互，康德的所謂「關係」三範疇即有這種推移轉化的辯證過程，也是認識日漸深入的過程，這一點為後來黑格爾所強調。康德本人則只偶或提到(56) 並未充分論證範疇的這種相互轉化的關係。

牛頓在自然科學中確立了機械力學的因果律，用以解釋物質世界的

(54) 《純粹理性批判》B232，參看藍譯本，第173頁。

(55) 《哲學筆記》，1974年版，第167～168頁。

(56) 《純粹理性批判》A204=B249，參看藍譯本，第183頁：「因果引導到行動的概念，從而引到力的概念，再引到實體的概念」。

存在和運動，上至日星，下如塵土，都由客觀機械因果關係支配著，這是由經驗事實所確證了的。康德實際上是企圖在哲學中也來確立這樣一個普遍規則。

在康德之前，休謨圍繞因果問題提出了懷疑論哲學。休謨認為，因果不是一種純邏輯的關係，不能像唯理論者那樣看作理性的東西。它只是人們經驗中的主觀習慣。人們經常看到A在B之前，B與A經常保持這種經驗的聯繫，便習慣地認為A是B的原因，即「先A後B」的習慣使人們心理上相信「有A則有B」。休謨認為，其實在客觀事物中分析不出因A必B，客觀世界中並不存在這種因果的規律。

康德固然反對唯理論把邏輯的「理由」等同於現實的「原因」，認為因果決不是僅由理性就能保證或證實的純邏輯關係。在他看來，邏輯理由只是概念的分析的統一，現實的因果乃是經驗的綜合的統一。但是他也不滿意否認因果的經驗論。他針對經驗論，指出連續的觀念並不同於觀念的連續。後者只是一種心理經驗的聯想，前者則涉及對客體對象下邏輯的判斷。他從而要求區分兩種次序，一種是主觀的次序，另一種是客觀的次序。用什麼標準來區別這兩種次序呢？康德認為這要看先後次序是否可以倒轉。主觀的次序是隨人們意志可以倒轉的感知次序，如看一座房子，可以由上往下看，也可以倒轉過來從下往上看，這一系列的感知是可以逆轉的次序。又如主觀的想像，也可以任意變動。客觀的次序則是不以人們意志為轉移的，是不可倒轉的感知次序。例如，對一條順流而下的船的知覺，只能由上而下，而不能隨意感知為由下而上。人們這種知覺次序為外物所強迫，不得不如此感知57。即是說，所謂客觀

57 羅維爵意認為康德只證明了靜止對象與運動對象的不同感知，並未證明可逆轉與不可逆轉是主客觀次序的不同。

的次序乃是它必然如此的意思，這也就是因果。時間中這種客觀的次序，以對象間的因果聯繫為前提條件。因之對這種時間相繼次序的意識，也就是對客觀事物的因果關係的意識。自然界由於因果的關係，構成客觀的時間相繼次序。雖然船的先後不同位置的客觀時間次序並不就是因果，但它必須設定有因果在其中支配才成為可能。康德說：「例如，我看見一只船順流而下。我對於這只船在下游較低位置的知覺是接著對於它在上游位置的知覺的。對這個現象的把握，不可能是先知覺到這只船在下游的位置，然後才知覺它的上游位置。知覺在其中彼此相繼的這個次序在這裡是被決定了的，我們的領悟為這個次序所約束。」(58)「在一個事件的知覺中，總有一個規則，使得（在領悟這個現象當中的）知覺依次相繼的次序成為一種必然的次序。所以，我們必須從現象的客觀的繼續得出領悟的主觀的繼續。」(59)「按照這種規則，在那個先於一個事件的東西裡面，就必須有一個規則的條件，這個事件按照這條件不變地必然地跟著，我不能顛倒這個次序。……假定一個『事件』之前，並沒有這個事件所必須依據規律繼起的先在事物，那麼，知覺的所有的連續就只是在領悟之中的，即僅為主觀的了，也就永不能客觀地規定知覺的真正先後，而只是不關係對象的表象的遊戲。……那只是主觀的東西，規定不了對象，不能看作是任何對象的認識。」(60)「只有我們的表象在它們的時間關係方面必然地屬於某種次序時，它才有客觀的意義」(61)，如此等等。要注意的是，康德這裡講的是一種時間的邏輯次序而並非時間的現實流逝，

(58) 《純粹理性批判》A192=B237，參看藍譯本，第176頁。

(59) 同上書，A193=B238，第176～177頁。

(60) 同上書，A194～195=B239～240，第177頁。

(61) 同上書，A197=B243，第179頁。

所以因果同時的事件也仍適用。例如房間裡的火爐（因）與房間的熱度（果）。「因果中的因與其立即的果之間的時間可以是不斷消失的量，因之二者是同時的，但其一到另一的關係仍經常是決定於時間中的。」[62] 但因與果仍是不可逆轉的，如同時間一樣。此外要注意的是，知覺的不可逆轉並非就是因果，並非凡在前者即在後者的原因，先後不過是客觀因果的一種標誌而已。

康德關於因果的論證極為繁複多樣，有人分析它有五、六種之多[63]，非常複雜難通，這裡不擬多講。它的要點在於，康德強調必須有一個必然的規則或秩序，使人們的知覺次序不是主觀任意的感知，不是表象的現象遊戲。人們主觀感知必需服從於、來源於事物的客觀次序，即必然因果關係。在這裡，主觀感知中的時間次序是以對象間的客觀因果關係為前提的。否則時間次序本身就不能存在或毫無意義。但這只是一個方面，另一方面，康德又認為，我們所以能認識客觀對象，使經驗的科學知識成為可能，亦即發現其中的因果聯繫，乃是由於我們的知性將時間次序輸入感知中的結果，亦即先驗知性的因果範疇，經由時間次序的構架，作用於感知材料的結果。康德說，「知性的主要貢獻不在使對象的表象清楚，而在於使對象表象成為可能。這是由於它輸入時間次序於現象……。」[64] 即是說，儘管我們還不知道事物的具體因果，還沒有到經驗中去將這些具體因果找出來，但因果（「凡事總有原因」）這個先驗的概念（即知性範疇）卻已經有了。前面說客觀對象的因果決定人們主觀的感知次序；後面說，人們的先驗範疇通過時間次序，產生客觀對象的具體

[62] 同上書，A203=B248，第182頁。

[63] 可參看康浦·斯密、威爾頓等人著作。

[64] 《純粹理性批判》A199=B244，參看藍譯本，第180頁。

因果，因果又是知性規範感知，給予對象的。前面說，先驗的因果範疇自身並無意義，也不能獨立存在，它只能存在於經驗之中；後面說，它又邏輯地獨立於任何一個具體的經驗因果，而且是所有經驗因果的前提條件。康德就這樣既反對萊布尼茲—沃爾夫認為因果屬於理性本身，可以超經驗的使用，有超經驗的普遍有效性；又反對休謨認為因果只是知覺表象的主觀習慣，毫無確定有效的客觀性質。從而康德一方面認為因果的使用和有效性必須在經驗之中，不能超脫經驗而獨立；另一方面又認為因果必需具有普遍的有效性質，所以不能來自經驗，不能從經驗中歸納概括出來。這就是既強調它的客觀性（必需存在於經驗中，所以不是我們主觀的感知習慣，應從客觀對象本身去尋找），又強調它的先驗性（必需普遍有效，所以它是我們知性賦予經驗現象的，只能來源於先驗知性範疇）。康德就這樣翻來覆去不斷地徘徊、搖擺、徬徨在這個尖銳對立中。

康德企圖調和不可調和的矛盾，結果進退維谷，自相矛盾。在這個矛盾中，主導的一方仍然是先驗的方面。正如在第一個類推中，「實體」是先驗的範疇，原子、電子則為經驗科學所提供一樣；在這裡，「因果」的普遍範疇屬於先驗，各種科學和事物的許多具體因果規律則由經驗提供。即對任何一個具體的經驗的因果的尋求中，總先要以「有一個原因」這樣一種普遍必然的先驗因果的抽象範疇作為前提。換個通俗的講法，這就是說，人作任何事件，考慮任何問題，探究任何科學，總是先抱著「事情總有原因」這樣一個「想法」，才可能去具體探求。如果根本沒有這樣一個「想法」，就無法也不會去作什麼探求了。人不同於動物也就在這裡。這種「想法」，照康德的話說，就是先驗的因果範疇，就是人的理性（廣義），必須有它作為指引、規範和整理具體思維和感性材料的一般形式。「凡事總有原因」這樣一個「想法」，並不是從經驗中歸納出來的。我們看見一只白烏鴉便會推翻「天下烏鴉一般黑」的經驗歸納。但我們如在經驗中遇到一件似乎無原因的事物，如果具有科學態度的話，便不會認為它沒有原因，相反地總是去探求它的原因。這也就是說，不會推翻或懷疑「凡事總有原因」這個想法的正確。可見，「凡事總有原因」不是從經驗中歸納出來的，相反，它倒是普遍必然地適用於一切經驗事物、對象，所以它只能來自理性，是先驗知性範疇。康德所謂理性是自然的立法者，它向自然提出問題要求回答，好像法官詢問犯人一樣等等說法，都有這個意思。

（五）丙、「交互」與「經驗思維三準則」

繼「實體」、「因果」範疇之後是「交互」範疇。交互範疇的原理是：「所有實體，在其能被知覺為在空間中共同存在者，都在一貫的交互作用中。」[65] 所謂交互作用，包含互相聯繫、互為因果等內容，它的時間構架是「同時共存」。但感知是沒法把握「同時」自身的，它表現為感知A、B可以交互倒換位置，如同A、B在因果中由於時間次序的前後而不可倒換。感知所以有這種倒換的可能，是因為對象之間有一種必然性的

[65] 《純粹理性批判》B256，參看藍譯本，第187頁。

客觀關係，這種關係只能用交互這個範疇和同時共存這個範疇構架才能把握它。

比起實體、因果兩範疇，這範疇比較次要。但值得注意的是，與以前各範疇只講時間不同，康德從交互範疇起強調了空間。空間是外直觀形式，與時間作為內直觀形式不同，它更多與客觀經驗對象相聯繫、從而就有更多的客觀對象方面的規定。康德在《純粹理性批判》第二版中增加了對空間的強調[66]。在康德《自然科學的形而上學基礎》一書中，空間占有極重要的地位，與《純粹理性批判》中的時間一樣。康德的交互原理實質上是與當時用牛頓力學對太陽和諸行星空間關係、位置的研究分不開的。康德終於指出，「交互範疇」僅僅通由理性去把握是不行的，它的客觀實在性只能通過直觀即通過空間的外直觀來規定。只有在空間中才可能把握彌漫到處的諸物質和實體的相互關係和交互影響，也正是通過這種交互作用，不同位置（空間）才顯現出它們的共存，大自然也才可能被經驗到是有相互聯繫的。如同實體原理、因果原理表現當時自然科學的狀況一樣，交互原理也是為了在哲學上表述當時的科學（特別是天文學）所呈現出來的圖景：對象間相互聯繫和互為因果，構成一個機械力學的全景。但是，康德並不認為，自己這些哲學原理是從自然科學中抽取出來的，恰好相反，他認為自然科學之所以可能，是由於知性有這些先驗原理應用於經驗。有實體原理（持續的存在），才可能認識事物的生滅；有因果原理（必然的連續），才可能認識事物的變異；有交互

[66] 如在實體、因果兩範疇中也說：「……證明實體概念的客觀實在性，我們需要空間中（物質的）直觀。因為只有在空間中的才能被規定為永恆的」（《純粹理性批判》B291，參看藍譯本，第207頁)。「要展示變化為與因果概念相應的直觀，我們必須用運動——即在空間中的變化作例證。只有這樣，我們才能得到變化的直觀……」（同上）。

原理（同時的共存），才可能認識事物是有聯繫的。

按康德範疇表三三制原則，作為「關係」的第三項，交互範疇，具有最後原因的意義，即交互範疇（第三項）是諸實體（第一項）互為原因與結果（第二項）。這一點後來為黑格爾所發揮，成為他的邏輯學中本質論的最高範疇。

「關係」三範疇之後，是所謂作為「模態」的「經驗思維的準則」。它與前三類範疇不同。它講的不是範疇自身的性質，而是範疇與人們主觀認識的關係。它們不像量、質、實體、因果、交互這些範疇指向客體對象，而是指向認識狀態自身，即認識的可能性、現實性與必然性問題。這裡的認識講的就是科學或日常的思維、認識，所以叫做經驗思維的準則，即在「經驗思維」中必須具有或遵循的「準則」。這首先必須有感性作為材料，以限定在具體經驗認識的範圍內，從而這些範疇的感性的客觀性方面就更突出一些。「經驗思維三準則」的原理是：

「一、在直觀及在概念中，凡與經驗的形式條件相符合者，是可能的。二、凡與經驗的質料條件即感覺相關連者，是現實的。三、在與現實的聯結中，凡依據經驗的普遍條件而規定者，是（這是說，其存在是）必然的。」[67]它們的時間構架是：有時存在（可能性），某一定時間內存在（現實性），無論何時都存在（必然性）。康德認為，所謂「可能性」，只能由感覺、經驗來證實：「……沒有經驗的證實，概念只是思維的任意聯結，雖然確無矛盾，但不能要求有客觀實在性。從而，只承認作為思維的對象並沒有可能性」[68]。康德指出，科學認識中的可能性是一種現實的可能性，即在經驗中有可能出現的性質，因而必須在時間之中，而

[67] 《純粹理性批判》B266，參看藍譯本，第192～193頁。

[68] 同上書，A223=B270，第195頁。

不只是一種純粹思維領域中的可能性，即不只是邏輯的可能。這也就是說，在科學和日常思維中，應該依據感知經驗，而不能只是依據思辨推理來預測、規定或探求事物的可能性。像萊布尼茲那種既不占時、空(無「量」的範疇構架)，又不能感知（無「質」的範疇構架），作為實體又不與別的實體發生因果或交互作用（無「關係」範疇構架）的精神性的單子，就只是邏輯的可能，而不是物理的或經驗的可能，亦即沒有現實存在的可能。由此可見，形式邏輯的矛盾律就不能是經驗認識可能性的準則。違反形式邏輯矛盾律的，邏輯上不可能，現實裡卻存在，如種種事物的對立統一性質（參看本書第一章）。邏輯上有可能性即無矛盾的，如果不符合經驗形式的條件（即量、質、關係等範疇構架），在現實裡便是不可能的。例如兩直線構成一圖形，在邏輯上是可能的，但日常生活的現實卻沒有提供這樣的感性直觀，因此是不可能的。又如上述的萊布尼茲的單子，也是這樣。

關於現實性，更是如此。康德說，「並不要求對對象的直接直覺。……所要求的是，依據經驗的類推，對與某些現實的感知有聯結的對象的認知。」[69] 康德舉例說，譬如在磁石吸鐵的經驗知覺中，雖然不能直接感知磁場，但可以依據類推得知有磁場的現實存在。就是說，事物的現實存在的性質，雖不一定由當下知覺直接感知它，卻必須能依據經驗的類推而與一定的現實的知覺、感知相聯結。現實性雖然大於直接感知的範圍，但最終必須建築在經驗感知的基礎之上，必須有感知來最後證實才行。同時這也表明，範疇運用於現實感知，可以推知其他事物的現實存在，現實的事物並不局限在當下感知的狹隘範圍之內。這個原理一方面是針對唯理論單憑推理便肯定對象的現實性[70]；另一方面又是針對經

[69] 《純粹理性批判》A225=B272，參看藍譯本，第196頁。

驗論單憑不能感知便否定對象的存在(71)；既強調必須有感知作為推理的依據，又強調不能以直接感知作為一切現實存在的標準。這可說以哲學表達了當時自然科學所採取的經驗與數學相結合的新途徑。

同樣，必然性範疇說的是，「……存在的必然性絕不能由概念，而只能依據經驗的普遍規律與已知覺的東西相聯結才可以認識」(72)。這是說，必然性不能像唯理論者看作只是思維、理性的產物，只是種邏輯的必然，它必須通由一定的現實感知的東西，依據因果等推論，才能確定其必然存在。「凡人皆有死」，就是這種必然。康德認為，這並不在邏輯上否定與之對立的「人可以成仙（不死）」。後一命題在邏輯上是成立的，但經驗中不能為感知所證實或提供。所以，「凡人皆有死」並非邏輯的必然，而是經驗現實的必然，這才是科學認識的對象，像「人可以成仙」之類不能由經驗提供材料以證實其必然性的命題，應根本放逐在認識領域和科學研究之外。由此可知，康德對必然性強調的也是認識必須與經驗感知相聯繫。

至於這三者之間的差異和關係，康德在別處曾說：「可能性是被思維而未被給予的，現實性是被給予而未被思維的，必然性是通過被思維而被給予的。」(73)這是說，可能性是符合經驗認識的形式條件，即上述三

(70) 如牛頓在《自然哲學的數學原理》中說，「物體的屬性只有通過實驗才能為我們所了解」，要求排斥各種空想和假說，也正是反唯理論的傾向。

(71) 康德一方面非常輕視那種毫無意義的概念思辨，另一方面又很重視邏輯思維成果。他說，「一個認識沒有重要結果叫作反芻，例如經院哲學」。又說，「任何邏輯的完全認識常有某種可能用途，儘管它還不為我們所知，而以後將為我們發現，如果在科學文明中，只看到物質所得或功利用途，我們將沒有算術與幾何。」（《邏輯講義》導論VI）

(72) 《純粹理性批判》A227=B279，參看藍譯本，第200頁。

(73) 轉引自康浦・斯密：《康德「純粹理性批判」釋義》。

大範疇原理，但當下尚未為感覺提供的。現實性是感覺提供了但尚未被論證，即尚未自覺納入經驗認識的形式條件中的。必然性則是二者的統一，對象是感覺提供了材料又由實體、因果等範疇構架所規定了的。如果說，可能性提供的是經驗的形式條件，現實性提供的則是質料條件，前者是時、空直觀和知性範疇，後者則是感覺，必然性正是這二者的統一。其實，康德的現實性已經是這種統一，它決不僅是感覺材料而已。所以這三者的關係在康德哲學裡並未很好展開。要到黑格爾那裡，才發展為一套相互依存和轉化的辯證觀念。例如，現實性與必然性，在康德這裡是含混地等同著的，在黑格爾就發展為深刻的辯證關係了，提出「現實的都是合理的，合理的都是現實的」、「現實性在其展開過程中表明為必然性」等等著名思想。但黑格爾在發展康德這三範疇的同時，也拋棄了康德在這裡的唯物主義的因素，即任何現實存在的東西都必須或直接或間接與感知經驗相聯繫（一切科學儀器、測量工具不過是為擴大人的感知而延長了人的感官），否則就不能肯定其存在，也不能認識。可見，與黑格爾不同，康德偏重的不是這些範疇之間的辯證的邏輯聯繫，而是它們與認識的關係。康德在原理的結尾部分反覆強調的，仍然是知性範疇不能脫離感性作超經驗使用這個主題。他說，「於是本節全部的最後結論是：純粹知性的一切原理，只是經驗可能性的先天原理。而一切先天綜合命題，也只有與經驗相關，這種命題的可能性完全建立在這種關係之上」[74]；「一切概念和伴隨它們的一切原理，即使是先天可能的，都與經驗的直觀相關，即與可能經驗的材料相關。概念一離開這種關係，就沒有客觀有效性，而只是想像力和知性的純然遊戲而已」[75]；「離開一切

[74] 《純粹理性批判》B294，參看藍譯本，第208頁。

[75] 同上書，A239=B298，第211頁。

感性，這種種範疇就毫無使用的地方」(76)；如此等等。

總之，如果沒有感性，則上述一切知性範疇都沒有客觀的實在性和普遍的有效性，而只是一種邏輯的可能性，於認識毫無意義。康德認為，認識論要探求概念與客觀對象相一致的問題，不能純粹從邏輯來論證事物以取得知識。所以，我認為，康德強調純粹知性本身不能認識現實，要求知性與感性密切結合，普遍原理（知性範疇）與具體實際（經驗感知）密切結合，反對唯理論的獨斷主義和經驗論的爬行主義，這在認識論上有其重要的積極意義，是當時科學實驗在方法論和認識論上的哲學概括，是康德哲學中健康成分，也是許多康德研究者所一貫輕視甚至抹殺不提的。

但是，另一方面，康德要求與感性相結合的知性，是在根源上與感性完全割裂的先驗的東西。康德固然一方面強調知性與感性在經驗中相互依存，在認識中概念與直觀不能缺一；但同時，康德卻在根源和本質上將知性與感性完全切開和對立起來。從而，結合只是二元的湊合或混合。感性與知性在根源上處於分裂中，感性不能上升為知性，知性也根本不是來源於感性。一個是在地下（感性），一個是在天上（知性）。結果則仍然用天上來主宰地下，用知性來主宰感性，用先驗來主宰經驗。

其所以如此，從認識論的原因講，是由於康德不了解人們的知性概念範疇的根源是什麼，不了解人們的理性認識階段是如何出現的。他看到這個理性階段、這些知性範疇並不能從零碎的感知經驗中直接提升出來（如洛克所設想的那樣），於是把它們乾脆與經驗割開，用唯心主義先驗論的形式，把這個具有普遍必然性的理性認識問題突出來了。之後，黑格爾也說：「範疇並不包含在給予的感覺裡，這是完全正確的。例如，

(76) 同上書，A248=B305，第214頁。

我們試看一塊糖，我們發現它是硬的、白的、甜的等等。所有這些性質，我們說都統一在一個對像裡。但這個統一卻不是在感覺中發現的。我們認為兩件事之間有因果關係，也是這樣。感覺只告訴我們兩件事依時間次序而相連續，但其中一為因，一為果，即兩件事的因果聯繫，卻不是感覺所感知的，而只是思想所發現的。」(77) 實體、因果等等範疇的確不是感覺所能提供，而是思維的特定功能。那麼，思維如何會有這種功能和範疇呢？這些思維範疇是如何來的呢？黑格爾也沒有真正回答。相反，黑格爾把思維作為世界的本體推演出一切，因之也就不需要回答。

（六）自然科學因果性理論中的康德主義

在康德那裡，因果範疇之於自然科學（物理學）猶如時、空感性直觀之於數學，它們是保證這些科學成立的「先驗」要素。因果問題恰恰也是現代物理學理論的時髦課題。圍繞著這個問題，有過影響頗廣的一些觀點和爭論。在這些觀點和爭論中，康德不斷被人提到。現代西方自然科學的哲學著作中，幾乎沒有不提到或追溯到康德的。（卻絕少或根本不提黑格爾，黑格爾在這方面的影響幾乎沒有。實際上黑格爾是巧妙地避開了因果問題。）總的傾向仍然是從唯心主義方面來反對或修正康德。

(77) 黑格爾：《哲學全書：邏輯》§42，參看賀譯本《小邏輯》，商務印書館，1962年版，第134頁。

量子力學的一些著名代表便是如此。

海森堡說：「康德說，每當我們觀察一個事件，我們都假設有一個居先的事件，跟著那個事件必有另一個事件按著某種規律發生，這如康德所論述，是一切科學工作的基礎。……由此可見，因果律歸結為科學研究方法，它是科學能夠成立的先決條件」78。但海森堡緊接著指出，這在現代物理學中是行不通的。因為在微觀世界中，古典的機械因果的決定論已經為統計性的機率所替代。於是他們說因果律不存在了，甚至說電子有「自由意志」，等等。因果問題與存在（實體）問題本是聯繫在一起的，對因果規律的否定，也是對不依存於觀察者主體的客觀世界的否定。海森堡說：「原子和基本粒子本身也不像是真實的。與其說它們構成一個物和事實的世界，不如說構成一個潛能或可能性的世界」79。波爾（Bohr）則提出互補原理作為統一人類知識的認識論，強調「客體和測量儀器之間的不可控制的相互作用」，主客體界限不能確定從而可以任意劃分，心理學的東西與物理的東西彼此「互補」，以及由知覺的主體創造出客體。波爾說，「任何觀察都需要對現象過程進行一種干擾，這使我們失去因果描述方式所依據的基礎。從而自然本身對我們所談論的客觀存在的現象的可能性加上了限制……」；「因果性可以認為是我們用來將感官印象加以條理化的一種知覺形式」80；如此等等。

某些邏輯實證論者也走著這條道路。艾比（Aebi）斥責康德的因果必然思想導致了黑格爾的決定論。萊辛巴哈反對康德的「凡事總有原因」的因果先驗範疇。他說：「這個論證是謬誤的。如果我們要尋找一個特殊

78 海森堡（Heisenberg）：《物理學和哲學》第5章。

79 同上書，第9章。

80 N. 波爾：《原子論和自然描述》。

原因，我們不必一定假設一個原因存在。我們可以讓這個問題掛著。正好像倒底是什麼原因那個問題一樣。」[81]「經驗論者休謨……高出於唯理論者康德……。」[82]「時常有人說，這專門是量子力學中的問題……，然而這是對問題性質的誤解。即便在經典物理學中，我們也要解決觀測之外事物的本性問題。……假定我們看到一棵樹，然後我們把頭轉開去，我們怎能知道這棵樹在我們不去看它時仍舊在它的位置上呢?」[83]這很明顯是巴克萊主義了。

情況是複雜的。在由康德退到巴克萊的總傾向中，也可以看到一些人的觀點是徘徊在休謨與康德之間，或不斷由休謨走向康德，並且後一種傾向愈來愈在替代前一種。量子力學的現代文獻承認了因果性。量子力學著名人物玻恩（M. Born）認為，「因果性就是這樣一個原理，我們把它定義為一個信念，即相信可觀測情況相互之間存在著物理依賴性」；「它們的確在物理學之外，並且要求信仰的活動」[84]。邏輯實證論者艾耶爾、費格爾（H. Fiegl）也都在不同程度上有由休謨走向康德的趨向，即逐漸承認並不能把一切科學歸結為經驗（感覺材料）。萊爾（Ryle）等人也注意到範疇涉及的並不是語言運用的問題。連羅素後來也承認有非分析（邏輯）、非經驗的某種東西。儘管他們在表面上激烈地駁斥和反對

[81] 萊辛巴哈:《科學的哲學的興起》第2部分§7。

[82] 同上。

[83] 萊辛巴哈:《量子力學的哲學基礎》，中譯本，第30頁。當然，萊辛巴哈還有一些觀點，不滿足於邏輯實證論，認為理論不能完全還原於「觀察命題」，表現出肯定某種獨立的物理世界的實在論傾向。

[84] M. 玻恩:《關於因果和機遇的自然哲學》，中譯本，第127頁。羅素《人類的認識》:「對某一類外部因果性的確信，是一種原始的、在一定意義上是動物行動所固有的信念。」

著康德，實際上卻趨向於承認康德的「先天綜合」。他們提出的邏輯(分析）如何能應用於經驗（綜合)，科學中的概念成分與經驗成分如何可能結合等問題，這些都可說是變形了的「先天綜合判斷如何可能」罷了。

包括愛因斯坦的某些哲學觀點，也是如此。作為偉大科學家和思想家的愛因斯坦，堅持有不依存於人的客觀世界及因果規律的存在，這一點比量子力學的哥本哈根學派的哲學觀點要高明㊽。但他又認為，儘管如此，因果仍是一種無法加以證明的「信念」。從而，愛因斯坦一方面說，「相信一個獨立於感知主體的外界世界是一切自然科學的基礎」㊾。這是唯物主義。另一方面，他又認為，概念雖由經驗提示，但並不是由經驗歸納而來；相反，感覺經驗是被我們的概念所組織整理而成為知識的，這些概念是「自由的創造」，但它們之所以有認識價值，又仍然必須與一定的感性材料相聯繫。

愛因斯坦一再地說：

> 我們的一切思維和概念都是由感覺經驗所引起的，所以它們只對於這些感覺經驗才有意義。但另一方面，它們又都是我們心靈的自由活動的產物，所以它們絕不是這些感覺經驗內容的邏輯推論。㊿

……………………………………

[85] 愛因斯坦不承認機率在微觀世界中的意義是不對的。但他在哲學上卻比量子力學的那些代表人物要清醒得多。他痛斥「自由意志」為胡說，同時他也指出，「我們目前應用因果原理的辦法是十分粗糙和膚淺的。……量子物理學向我們揭示了非常複雜的過程，為了適應這些過程，我們必須進一步擴大和改善我們的因果性概念。」(〈關於因果性和自由意志的對話〉，見普朗克《科學往哪裡去》)

[86] 〈馬克斯威爾對物理實在觀念發展的影響〉，見《馬克斯威爾紀念集》。

[87] 〈空間——時間〉，見《英國百科全書》，1955年版。

在我們的思維和我們的語言表述中所表現出來的各種概念，從邏輯上看來，都是思維的自由創造，而且都不能從感覺經驗中通過歸納而得出來。88

即便看起來，觀念世界是不能用邏輯的方法從經驗中推導出來的。在某種意義上，它是人類心智的創造，並且要是沒有這種創造，就不可能有科學。但儘管如此，這個觀念世界還是一點也不能離開我們的經驗本性而獨立，正像衣服之不能離開人體的形狀而獨立一樣。89

很明顯，愛因斯坦在這裡幾乎完全重複康德90。差別僅在於，愛因斯坦強調的是任何概念（而不只是康德所固定不變的十二範疇），是「自由創造」（而不是康德的「先天」）。這種差別當然是非實質的。正如愛因斯坦自己所承認：「這裡所主張的理論態度和康德的態度的差別，僅僅是我們並不認為『範疇』是不變的（受知性的本性制約的），而認為它（在邏輯意義上）是一種自由約定。如果不一般地規定範疇和概念，思維就會像在真空裡呼吸一樣，是不可能的，僅在這一點上，這些範疇才好像是先天的。」91

88 《論羅素的認識論》，見席浦（Schilpp）編《羅素的哲學》。

89 《相對論的意義》。

90 愛因斯坦的哲學觀點是相當混雜的，也有許多變遷。如果粗略地說，可大體概括如下：1. 相信不依存於人的自然規律的客觀存在性質。2. 對這種客觀規律性的信念即宗教感情（即斯賓諾莎的上帝）。 3. 對這種客觀規律性的掌握不能通過感知，而是通過思辨，但須由感知來檢證。4. 所以，非歸納（經驗），也非演繹（邏輯），而是自由的想像才能發現這種客觀規律，並不斷創造簡單明瞭的基本概念來表述。愛因斯坦徘徊在唯理論與經驗論之間和尋求這二者的統一這一基本狀況，與康德是頗為近似的。

康德如果活在今日，大概也會贊同愛因斯坦的上述觀點。康德所以提出既不同於分析也不同於綜合的先天綜合判斷，與愛因斯坦這裡提出的既非邏輯推演也非經驗歸納的「自由的想像」，在某種意義上可說是同一個問題，即人的創造性的認識活動和功能。這種功能和活動究竟是怎樣的，是至今仍待進一步研究的哲學和科學問題。現代自然科學的重大特徵之一，正如愛因斯坦強調反對以可觀察量（經驗實在性）為準繩，認為理論不是發現而是發明；先有理論，後有觀察，而任何真正系統的理論總有不可觀察、非經驗所能確證的方面、內容或因素一樣，是通過高度的數學抽象與特定的經驗材料相聯繫主動地建構抽象理論和理想模型，能先於經驗和觀察而推演和預見出新的現實。人的創造性的心理功能日益在這裡現出它的作用和威力，深刻地展示了人的認識能動性，這不是經驗論的歸納法或邏輯主義所能解釋的。所以康德主義的暗影在自然科學家的思想裡浮動，便完全可以理解了。量子力學和愛因斯坦正是有代表性的例證。在三〇年代，帕頓已看出：「……在量子力學和相對論中，科學家們自己發現了誖論和矛盾……，甚至斷言：時間只是人類觀察事物的方式，它不能在物理世界中發現；我們只有測量，而並沒有我們所測量的對象。這些斷言都是完全獨立於康德的影響下出現的，卻非常像是康德學說的復活。」[92]

....

[91] 〈回答〉，見席浦編《愛因斯坦，哲學家——科學家》。

[92] 帕頓：《康德的經驗形而上學》第2章。又，沃曼（Wolman）說：「理論物理學家，在它們之中有波爾、布羅德依、愛丁頓、愛因斯坦、海森堡、瓊斯、普朗克、薛定格，都是今天物理科學的傑出的哲學領導者。他們並不相信馬赫和維根斯坦，普朗克尖銳地批評過邏輯實證論，愛因斯坦……並不管卡爾納普和萊爾，他的認識論不是邏輯實證論的繼續……」（〈基於心理學與科學的哲學〉，見《心理學手冊》，1973年）。這些理論物理學家的哲學傾向並不

恩格斯早就說過：「在哲學中幾百年前就已經提出了的、早已在哲學上被廢棄了的命題，常常在研究理論的自然科學家那裡作為全新的智慧出現，而且在一個時候甚至成為時髦的東西。」(93) 事情不正是如此嗎？何況康德提出的這個命題尚未完全廢棄。

另一些更老的新康德主義者，則企圖把因果歸結為一種進化而來的先天生理結構。朗格說：「也許有一天，因果概念可以在身體的反射運動及同情興奮的機制中找到，這樣，我們就當把康德的純粹理性批判翻譯為生理學。」(94) 認為因果觀念是進化而來的先天生理結構，至今也仍為一些人所喜愛或探究(95)，雖然這很早曾為人所駁斥(96)。不過這仍是很值得重視的。因為歷史的進化在人們大腦皮層等生理結構中大概會留有某種影響，這是值得探索的生理科學的艱難課題。特別從積澱的哲學觀念來看，正是需要生理學——心理學來具體地科學地找出由社會（歷史）到心理（個體）的通道。也可以說，由深層歷史學到深層心理學，由社會實踐和歷史成果到意識和無意識的心理機制，也許正是未來哲學和科學的前進方向之一。而這，也是徹底解開康德先驗論之謎的科學前提。當然從哲學認識論來看，遺傳只是一種生理學的潛在可能性，要它轉化和發展為現實性，又還得通過社會實踐（對個體來說便是教育）才能真正

一樣，如普朗克的實在論傾向與薛定格的主觀唯心主義，但共同反映了立足於現代物理科學的這些人的哲學傾向已非休謨主義（邏輯實證論）所能籠住，許多人在走向康德主義。參看本書第一章。

(93) 《自然辯證法》，《馬克思恩格斯全集》第20卷，1971年版，第383頁。

(94) 《唯物論史》下卷第2章。

(95) 例如海森堡便同情地談到遺傳的觀點。又如一些語言哲學家認為語言結構的根源可能是生物學的，也可參看確謨斯基的深層結構說，等等。

(96) 例如日本人桑木嚴翼在其通俗的《康德與現代哲學》一書中便指出用進化論來解釋這點，是根本沒有了解康德先驗論的哲學涵義。

展現出來。

(七)「必然性的證明是在人類活動中，在實驗中，在勞動中」(恩格斯)

與時、空問題一樣，在因果這個重要範疇上，以上種種或是準康德主義，或是從休謨主義、巴克萊主義來修正康德。馬克思主義在這個問題上則用歷史唯物主義來批判康德的先驗論,找出因果範疇的現實根源。

恩格斯非常注意因果問題，曾經一再講到它。恩格斯說，「單憑觀察所得的經驗，是決不能充分地證明必然性的。Post hoc〔在這以後〕，但不是 propter hoc〔由於這〕。……但是必然性的證明是在人類活動中，在實驗中，在勞動中：如果我能夠造成 post hoc，那麼它便和 propter hoc 等同了。」[97]「由於人的活動，就建立了因果觀念的基礎，這個觀念是：一個運動是另一個運動的原因。的確，單是某些自然現象的有規則的依次更替，就能產生因果觀念：隨太陽而來的熱和光；但是在這裡並沒有任何證明，而且在這個範圍內休謨的懷疑論說得很對：有規則地重複出現的 post hoc〔在這以後〕，決不能確立 propter hoc〔由於這〕。但是人類的活動對因果性作出驗證。如果我們用一面凹鏡把太陽光正好集中在

[97] 《自然辯證法》，《馬克思恩格斯全集》第20卷，1971年版，第572頁。

焦點上，造成像普通的火一樣的效果，那末我們因此就證明了熱是從太陽來的。」⑱ 所謂因果，就是指事物之間具有的本質必然的聯繫，這種本質聯繫的發現和形成因果觀念，的確不是通過一般的感知、觀察、歸納所能得到，所以它不是動物所能具有。它必需通過漫長的人類集體的社會實踐活動才能得到，是人所特有的理性認識方式。

認識如何可能，根本上源起於人類如何可能。只有從後一問題出發，從人類的社會存在來看人類的社會意識，包括因果之類的認識範疇，才能歷史唯物主義地解答問題，也才是貫徹「不離開人的社會性」這一馬克思主義實踐論的觀點。從起源說，人的實踐活動不同於動物的生存活動，最根本之點在於他使用工具、製造工具以進行勞動。人所獨有的雙手和直立姿態便是使用工具的成果⑲。人類使用工具製造工具的勞動實踐活動的特點，不但在於伸延了肢體器官，更重要的是它開始掌握外界自然的規律來作用於自然。首先，使用工具、製造工具的實踐活動的多樣性的特點（不同性能不同形狀的木棒、石器、骨器的多樣，把持使用方式的多樣，操作動作姿態的多樣……），從根本上打破了任何動物種類的既定肢體、器官和能力的固定性、狹隘性、特殊性，是任何動物的任何肢體、器官的活動（無論是銳牙、利爪、飛腿、雙翼）或任何能力（無論是跑、捕、攀）所根本不能比擬的。後者作為動物的生存活動，只能把自己的活動及活動的肢體器官、能力束縛在、局限在、固定在若

---

⑱ 同上書，第573頁。

⑲ 康德認為人的直立姿態不是自然形成而是理性的人為。他說，自然把人作為動物保存，人的理性卻使人直立；直立對於作為生理姿態並不有利，但這樣卻符合人的目的，使他大大優越於動物（〈對人與動物構造區分的評論〉，1771年）。這個兩百年前的素樸觀點是有意思的。

干極其狹窄的客觀因果聯繫之中，使這些少數的、特定的因果聯繫逐漸變成本能性的東西，一代代遺傳下去。前者卻大有不同，它由於對現實世界主動地造成極為多樣和廣泛的大量的客觀因果關係，現實物質世界的各種各樣的客觀因果聯繫便作為屬性、規律被日益深入和廣泛地揭示出來，保存在、鞏固在、積累在這種勞動實踐活動之中。這裡可以鮮明地看到由量到質的轉換和飛躍。由少量的、本能式的到大量的、非本能的使用和製造工具，在自然史上開始了由猿到人的偉大過渡，這個過渡的根本基礎，正是這種原始的勞動活動。在這個過程中，原始操作提煉凝縮為動作思維，再與言語聯接，逐漸轉化為語言——思維的觀念系統。（如前面已一再強調，原始巫術、禮儀在這個轉化中起了決定性的中介作用）。因之，究其最終根源，客觀因果規律之能為人所反映、掌握，成為因果觀念之類的認識的重要範疇，首先是由於人類社會實踐活動的結果，而不是靜觀的感知、觀察、歸納的結果。恩格斯說，「隨著手的發展、隨著勞動而開始的人對自然的統治，……他們在自然對象中不斷地發現新的、以往所不知道的屬性。」[100] 因果就是這樣一種客觀世界極為重要的屬性。它經過原始語言逐漸反映在人的意識之中。它本身又有一個由具體到抽象的提升發展的歷史過程。開始的因果觀念是極為具體地與特定事物和觀念密切聯繫在一起的（可參看原始民族原始社會的大量研究材料）。由這些具體因果觀念再逐漸概括和抽象為「凡事總有原因」的因果範疇，更經歷了漫長的歷史時期[101]。它在本質上不能等同於一般的歸納，而是人類實踐的必然產物。至於因果作為辯證範疇正式提出和使用，正如陰陽五行、「相反相成」、矛盾統一的範疇一樣，是在晚得多的時候。

[100] 《自然辯證法》，《馬克思恩格斯全集》第20卷，1971年版，第512頁。

[101] 皮阿惹從兒童心理學研究因果等觀念的發生發展，其中有許多正確論斷。

恩格斯說:「辯證的思維——正因為它是以概念本性的研究為前提——只對於人才是可能的,並且只對於較高發展階段上的人(佛教徒和希臘人)才是可能的,而其充分的發展還晚得多,在現代哲學中才達到。」(102) 總之,範疇不是一般感性的經驗歸納(經驗論), 也不是理性的先驗演繹(康德),不是邏輯假設和情感信念(邏輯實證論),不是操作的規程(實用主義)(103),不是生理的結構(朗格)。它們不是任何個體的感知或經驗的歸納,而是人類社會的歷史實踐的內化成果。從無意識的原型到有意識的符號,到抽象的辯證觀念,都只有建立在這種有著社會歷史內容的實踐基礎上。對實踐作實證的(等同於感知經驗)和主觀主義的解釋,便不能說明這點。

不只是辯證範疇,一般地說,由感覺、知覺等感性階段上升為普通的概念、判斷等理性認識,已是人類獨有的認識中的飛躍,是認識能動性的具體表現。這個飛躍也是以實踐為基礎,通過語言符號在人類社會的集體中完成的。因此具有語言符號為外殼的概念(詞)和判斷、推理形式,對一個個體(例如兒童)的感知來說,似乎是「先驗的」知性形式,好像康德講的「先驗的」知性概念加在個體的感性經驗上以形成認識一樣。(104) 但是對個體似乎是「先驗的」東西,卻是人類集體從漫長的歷史經驗中抽取提升出來的。它們雖然不能從個體的感知中直接歸納出來,卻能夠從感性現實的社會實踐的漫長歷史活動中產生出來,並保存在人們的科學、文化之中,不斷積累發展著,使人的認識能力日益擴大。

(102) 《自然辯證法》,《馬克思恩格斯全集》第20卷,1971年版,第565～566頁。

(103) 參看本書第二章。

(104) 當然,康德並不認為一般概念是先驗的,而只認為十二範疇才是先驗的「知性純粹概念」。

它們的確成了不僅反映世界而且創造世界的思維的主體或主體的思維。因此，也才說，「……作為擁有自由時間的人的勞動時間，必將比役畜的勞動時間具有高得多的質量」[105]；「不是把人當作某種馴服的自然之力來驅使，而是當作主體來看待，這種主體……作為支配一切自然之力的活動出現在生產過程裡面」[106]。這種主體正是以其創造性的理性認識的活動，並不是以其有限的自然體力的活動來征服世界。人類正是一代一代地把這種理性的財富如同物質的財富那樣傳遞、保存下來，不斷發展，走向以自由時間為創造社會財富的衡量標準的共產主義。這些理性形式，對個體來說，成了似乎是「先驗」的結構了。無論是康德，或愛因斯坦、皮阿惹，提出的問題都只有從歷史唯物主義的基本觀點來作進一步的研究。

一些自稱為馬克思主義者的人們，卻沒有理解這點，於是在向資產階級哲學靠攏的同時，便最終陷到與康德同樣的困境。例如，有人一方面因看到辯證法不能從經驗歸納中建立，就把它說成只是保證思想避免荒謬而具有「可傳達性」的思維方法，這實際上與分析哲學所說的語言自身的規律已無區別；另一方面又不得不承認它總得與經驗相聯繫才有效，它自身並不說明什麼，等等[107]，這樣，辯證法就變成一種與康德的知性純粹範疇相似的東西了。

康德以唯心主義形式提出範疇問題，要點在於指明主體藉以進行認識的能動性。他看到人對任何事物的認識離不開範疇，儘管一般並不一定自覺意識到。例如，當認識 xx 是 xx 時，在這個一般判斷中就包含有

[105] 馬克思：《剩餘價值理論》，《馬克思恩格斯全集》第26卷III，1975年版，第282頁。

[106] 馬克思：《政治經濟學批判大綱》，中譯本，第3分冊，1963年版，第250頁。

[107] 康福斯：《馬克思主義與語義哲學》，第3部分第1、2章。

實體與屬性種種範疇的作用在內。康德看出範疇與一般概念有所不同，它們在認識中很重要。這比某些邏輯實證論者認為這些抽象概念、範疇毫無用處，應予廢除，要高明得多。馬克思主義也重視範疇在認識中的能動意義和樞紐作用。如列寧所指出，「範疇……是幫助我們認識和掌握自然現象之網的網上紐結」[108]；「人對自然界的認識（=『觀念』）的各環節，就是邏輯的範疇」[109]，「這些範疇反過來又在實踐中……為人們服務。」[110] 當然，因果範疇的具體形態將隨著科學的發展而變化，它可以是古典式的線性單一途徑，也可以是現代具有反饋功能的網狀結構體。可以有古典型決定論的因果，也可以有現代機率型和非機械決定論的因果。它的具體形式將不可能是一定不變的先驗，只是它作為抽象哲學觀念則具有某種特定的守恆性，這如同物質概念的具體形態可以有變化而作為哲學的實體範疇將有守恆性一樣。

構架更是如此。構架具有依據規律進行形式構造的特徵。它們作為上升到純粹科學理論的必要階梯，或作為付諸現實的中介設計（如模型、藍圖、表格），在認識中是非常重要的一環，在科學理論、發明以及設計中，都有極重要的意義，甚至占有中心的地位。像門得列夫那種化學元素週期表本身不僅是構架，而且也是理論，突出地表現了這一點。現代在實驗現象與嚴格理論之間，作為橋梁和中介的各種「物理模型」，也是這樣。理論模型是現代科學方法論的重大問題[111]，它比經驗觀察遠為重要，康德歸之於「創造的想像力」所產生的構架，理應看作與此題目密

[108] 《哲學筆記》，1974年版，第90頁。

[109] 同上書，第212頁。

[110] 同上書，第87頁。

[111] 可參看內格爾（Ernest Nagel）的《科學的結構》（1961年）。

切關聯，很需要深入探討。它與現代科學認識論的能動性特點（由感知經驗論走向模型結構論）有關。

範疇的構架為何只是時間，康德未加任何清楚的說明。有人認為，這是因為思想（知性）只占時間的原故。康德也的確認為，時間只是內感覺的形式，這樣，外在對象的存在就依存於內省的時間感知中。這正是有些人把康德等同於巴克萊的重要依據。其實作為所謂「先驗構架」的時間，實質上乃是由於人類實踐活動將客觀活動過程空間化和內化為人們認識形式的「網上的紐結點」（範疇），這一過程必須通過漫長的實踐歷史才實現。時間所以在康德（認為動物只有外直觀而無內直觀，所以沒有變化的意識，即無時間）、黑格爾（認為自然界沒有時間中的發展，只有空間的重複）的哲學中，占有比空間遠為重要的地位，實際上都與人（社會）有關。好些哲學家以神祕的形式來強調時間，其祕密就在這裡。時間是一個深刻的科學和哲學問題[112]。例如，時間與數學的關係、時間與數學在構架中的重要意義、時間的同質化和純粹的量的同一性的關係、部分與整體的關係，等等，都確乎具有重要的科學和哲學內容。

康德以唯心主義形式，把問題顛倒了：本來是人類的社會實踐將客觀世界的規律，通過漫長的歷史，內化為範疇，被康德說成是「先驗的」範疇，經過時間構架，應用於感性。黑格爾也是這樣，不是人類在歷史實踐中形成了辯證法的各種範疇，而是人類歷史成了絕對理念在時間和各範疇中的展開了。唯心主義把認識的能動性與人類實踐的漫長歷史分割開來，變成了無源之水、無本之木。

[112] 章太炎說，「人類所以異鳥獸者，正以其有過去、未來之念耳」（《駁中國用萬國新語說》）。《論語》、《莊子》中即可說有此。時間是一個古今中外的哲學課題。

由此可見，馬克思主義實踐論要把先驗論顛倒過來，以找出它的現實的物質根基。康德的先驗論認為，範疇是先天理性的產物。實踐論認為，範疇是對客觀世界的歷史性的產物。先驗論認為，構架是用以連結感性或組織經驗的先驗想像。實踐論認為，它作為感性的抽象，仍然是某種創造性的客觀概括。這也就是說，是神祕地解說認識的能動性呢，還是把它追溯到實踐的能動性？這是馬克思主義實踐論與唯心主義先驗論的根本分歧。這個問題在所謂「自我意識」——康德認識論的核心環節上，以最集中的形態表露出來。

第五章　認識論：（四）「自我意識」

（一）「自我意識」是康德認識論的核心

「自我意識」即所謂「統覺的原始綜合統一」，是康德認識論中重要的關鍵問題，也一向認為是《純粹理性批判》一書中最難懂的部分，被稱為康德認識論之「謎」。這個問題主要包含在「先驗分析論」的所謂「範疇的先驗演繹」❶中。康德自己說，「我知道關於我名之為知性的能力及規定其使用規則界限的探討，沒有比我名之以『知性純粹概念的演繹』的〈先驗分析論〉的第2章中更為重要的了，這種論述也盡了我最大的努力……。」❷

這個部分所以如此難解而又重要，是因為康德用唯心主義方式集中提出了認識的能動性問題，這個問題又是作為解決認識的客觀性而被提出和論證的。所謂範疇的「先驗演繹」，如同空間時間的「先驗闡明」一樣，就是要論證範疇在經驗中使用為什麼會具有普遍必然的客觀有效性。這個論證通過「自我意識」來進行。「自我意識」成為上章所講的「知性純粹概念」（即範疇）的基礎和根源，知性範疇的運用不過是它的具體實

---

❶ 所謂「演繹」，如康德自己所解釋，並非邏輯學的意義，而是法律學的意義，即推演證實之意。「先驗演繹」就是證實範疇有應用於對象的權利。

❷ 《純粹理性批判》Axvi，參看藍譯本，第5頁。

現。這個所謂「自我意識」的「先驗統一」(或又叫作「純粹統覺❸ 的綜合統一」),被康德看作是認識的「最高點」。康德一再說:「統覺的綜合統一是最高點,我們必須把知性的所有運用,甚至整個邏輯以及先驗哲學都歸屬於它。統覺的功能實即知性自身」❹;「統覺綜合統一的原理是知性所有運用的最高的原理」❺;「統覺的原理是整個人類認識範圍內的最高原理」❻;等等。康德認為,時、空因為與感性直接關連,所以具有客觀性。範疇並不與感性直接關連,它的客觀有效性有賴於「自我意識」。

康德的「先驗演繹」分為「主觀演繹」和「客觀演繹」兩個方面。這兩方面經常交織在一起,很難截然劃分。所謂「主觀演繹」,簡單說來,就是從主觀心理方面探究知識所以可能的條件,從人們知識發生的進程來說明「自我意識」。許多涉及想像的部分就屬於主觀演繹。它以意識首先表現為「時間意識」這個事實為出發點,描述所謂主體能動性的三種綜合:即「直觀中把握的綜合」、「想像中再造的綜合」和「認知中概念的綜合」,心理學成分相當突出❼。所謂「客觀演繹」,主要是直接探究:先驗範疇既發源於純粹理性,如何又能對經驗具有客觀有效性?著重提

❸ 「統覺」一詞來自萊布尼茲。萊布尼茲用來指對感知自身內在狀態的意識或反思。如他說:「感知是單子表現外在事物的內在狀態。統覺則是對這種狀態的反思或意識」(《自然和恩賜的原理》§4)。康德用「純粹統覺」與之相區別,即強調不是經驗的自我意識或反思。詳後。

❹ 《純粹理性批判》B134注,參看藍譯本,第101頁。

❺ 同上書,B136,第102頁。

❻ 同上書,B135,第102頁。

❼ 儘管一些康德研究者企圖完全否認這點,但事實是哲學認識論與心理學糾纏攪雜在一起,成為近代哲學一定歷史時期的規律性現象,正如當代哲學與語言學的糾纏一樣。

出了對象意識問題，從哲學角度論證了自我意識的「本性」。《純粹理性批判》第1版偏於「主觀演繹」。但第1版序文中，康德已指出，「客觀演繹」是更有力量的。康德還指出，他要探討的不是經驗如何發生如何來源之類的問題（這大都是心理學問題），而是經驗如何可能的哲學問題。隨著他回答批評和注意與巴克萊劃界限，第 2 版這部分作了全書僅有的極大改動，去掉了許多心理學的論證，突出了「客觀演繹」。與某些康德研究者的看法相反，「客觀演繹」實比「主觀演繹」遠為重要和深刻。康德本人的意見是這樣，哲學史的角度來看也是這樣。關於這兩種「演繹」，研究注釋家們作過大量的議論、分析。 這個所謂枯燥、單調、步履艱難的「巨大的沙漠」❽和「有如阿拉伯圖案花紋似的」❾纏繞不清的行文，許多人也有過逐段逐句的推敲梳理。本書不打算再講這些，下面只作一個綜合性的簡述，然後加以評論。

上章已說過，康德把感性與知性截然二分，互不相干。那麼，在認識過程中這二者究竟是如何連在一起的呢？康德認為，對象只能給予我們以雜多的感性表象，要把這些雜多的表象聯結起來，不是感性本身所能作到，這要靠想像力；想像力又要把所聯合的歸屬於概念，概念才使綜合成為統一。康德說，「一般雜多的聯結，永遠不能通過感官得來，從而不包含在感性直觀的純形式中。……一切聯結，不管我們意識與否……，都是知性的一種活動，一般可名之為『綜合』。……在一切觀念裡，聯結是唯一不能由對象給予的。由於綜合是主體的自我能動性的活動，所以，它除由主體自身外不能執行」❿。雖然聯結意味著雜多的綜合和統一，

❽ 帕頓：《康德的經驗形而上學》。

❾ 威爾頓：《康德的「純粹理性批判」》。

❿ 《純粹理性批判》B130，參看藍譯本，第99～100頁。

但統一並不能來自聯結。「正相反，恰好由於統一把自身加到雜多的表象上，才首先使聯結的概念成為可能」⓫。這就是說，感性只能提供一堆雜亂無章的表象（如顏色、聲音等等），把這些雜亂無章的表象聯結綜合起來構成一個對象（如椅子、樹……），卻只有靠主體意識的一種主動的統一性。必須先（不是時間在先）有這種統一性，雜多才可能聯結起來。那麼，這個統一性是什麼呢？它從哪裡來的呢？康德認為，它不是從任何範疇例如「統一」、「實體」等等得來。相反，它是使這些範疇成為可能（也就是使知性可能運用）的前提、基礎或條件。它是一種更根本的綜合統一性。康德叫它為「本源的綜合統一」。在這裡，「綜合」便是關鍵所在。如本書第二章、第四章中所陸續指出，「綜合」是認識真理的前提，是範疇的基礎，康德也正是在範疇之後緊接提出「先驗演繹」，引向構架和知性原理的。「先驗演繹」的核心，其實也就是講「綜合」——首先是所謂「本源的綜合統一」亦即是所謂「統覺的綜合統一」。康德晚年有封信對此說得很簡要：「綜合概念一般本身不是一個特殊範疇，它倒是包含在每個範疇之中。因為被綜合的（複雜的）是不能即此被直觀，為了去思考作為統一在一個意識中的直觀的雜多（被給予的），綜合（是一種功能，如統覺的綜合統一，是所有範疇的基礎）的意識或概念必須是前提。換句話說，為了思考作為已被綜合為某物的對象，我必須以綜合的功能為前提，並通過判斷力的構架而完成之。」⓬

⓫ 同上書，B131，第100頁。

⓬ 康德1797年12月11日給梯夫屈克的信。

(二)「主觀演繹」

康德從時間意識開始論證這種統一。康德說,「……所有我們的知識最終從屬於內感覺的形式條件,即時間。在時間中,它們被整理、聯結和帶入一定的關係中。」⓭ 首先,感性雜多所以能夠表現為雜多,其前提就有「繼續」的時間意識在內。否則,一剎那中的任何表象,孤立起來,只能是一個絕對的單一體,沒法構成認識。可見,一個簡單的知覺表象就已經包含了雜多感覺的會集和統一,就包含有時間意識於其中,在時、空直觀中,已把雜亂無章的感性眾多構成為一個知覺。這也就是說,從人們感知一開始,就有一種統一性於其中,把雜多的感性表象聯結起來,否則這些雜多就只能永遠是些孤立的、零碎的、亂七八糟的感覺。這種聯結綜合雜多的統一性,並不是被動接受的感性本身所能具有,而必須有心靈的主動綜合作用才行。這就是所謂「直觀中把握的綜合」。

其次,表象還必須保存在記憶中,由想像(康德稱之為「盲目而不可缺少的心靈的功能」)使之再現出來。這樣才能使前後的感覺印象(即感性雜多)聯成一定的系列,使一個知覺到另一個知覺能銜接統一起來。否則,如後者起而前者忘,也就不能有任何完整表象可言了。這個想像過程明顯地與時間意識有關,它是在時間(內感覺)中進行的。這就是所謂「想像中再造的綜合」。實際上,前面的所謂「直觀中把握的綜合」

⓭ 《純粹理性批判》A99,參看藍譯本,第122頁。

也與想像不可分⑭。

最後，也是最重要的，就是「概念中認知的綜合」。因為，「如果沒有對我們現在所想的與前一刻所想的是相同的這一意識，那所有的表象系列的再現也是無用的」⑮，這就需要有一種概念的同一性的引導，把想像所喚起的表象，與當下知覺表象的系列相聯結綜合，把前後感知的和想像的印象雜多，看作是同一個正在進行認識的對象。這才可能形成對一個對象的認識。沒有這個概念同一性的引導，眾多知覺和想像不可能構成一個對象而為我們所認識。這也就是說，必須將上述雜多的表象和想像賦以一定的概念，將前者綜合統一於後者（概念）之下。康德說，「概念這個詞本身即提示這種意義，因為正是這個統一的意識，將相繼直觀到的和再現出來的雜多，聯結在一個觀念中。」⑯通過概念，才可能有對象在意識中的同一性，一個被意識到的對象才可能出現或存在。實際上，概念從感知一開始，便在起綜合統一作用。在想像中更如此，通過概念，想像得到比較和進一步的綜合。康德非常重視概念在認識中的巨大作用，認為它是人與動物根本不同之處。

總結上面，康德認為，我們所以能由知覺、想像、概念而認識一個對象，雜亂無章的感覺印象所以能夠通由知覺、想像、概念的綜合而形成一個統一的對象，完全是由於主體意識中有一種所謂主動的統一性將它們聯結綜合起來的原故。對象的統一來源於構造它們的主體意識的綜

⑭ 想像是個異常複雜的心理學問題。康德在《人類學》中把想像又分為：1. 造型的想像，即空間形象，如夢（未控制的）、藝術想像（控制的）。2. 聯想。3. 親和性的想像，即發自同一對象的雜多聯結在一起的想像。「再造想像」可說屬於2。作為認識，康德認為3最重要。

⑮ 《純粹理性批判》A103，參看藍譯本，第124頁。

⑯ 同上。

合統一性。這個意識的統一性就是「我在思維」，即「我思」。即是說，在整個綜合活動和過程中，「我思」保持了它的連續性、同一性。必須有這個「我思」為基礎，才可能有上述各種綜合活動的一貫和不變。也就是說，必須有一個常住不變的「我思」來作為所有知覺、想像、概念進行綜合的根基。這就是所謂「統覺」、所謂「本源的綜合統一性」，亦即「自我意識」。

康德反覆強調，沒有這個「統覺的綜合統一」（「自我意識」），則一切概念的綜合、想像的綜合、知覺的綜合都不可能。所有直觀雜多只能是些莫名其妙的感知，一堆零雜的色彩、軟硬、輕重等等，不能聯結綜合而成為認識對象。從而，任何經驗對象便不可能存在，任何知識也不可能獲得。康德說：「『我思』必須伴隨我的一切觀念……。一切直觀的雜多，在它們被把握的那同一主體裡，與『我思』必然的關係。但這種『我思』觀念是種主動性的活動，即不能看作屬於感性的。我叫它為純粹的統覺……。」⑰ 從直觀感知一開始，就必須使這些感性材料聯結、綜合、統一起來。這些感性材料不會自動地這樣作，可見有一個能動的主體始終保持在這個綜合統一的過程中，使感知（聲、色、香、味等等）能夠上升到概念，形成一個經驗對象（糖、花、桌子等等）。這樣一種功能的主體和主體的功能就是「我思」，亦即「自我意識」。這個「我思」即認識過程的統一性，是動物所沒有的。「動物有理解，沒有統覺，因之不能把它們的表象變為普遍的」，「動物的理解是沒有意識的」⑱ 。在康德看來，這種「自我意識」便是人的認識的根本特點，而所謂想像力、知性都不過是主體這種自我意識在不同情況下的表現。在知覺、想像中，

⑰ 《純粹理性批判》B131～132，參看藍譯本，第100～101頁。

⑱ 轉引自康浦·斯密《康德「純粹理性批判」釋義》的導言。

這個自我意識還是盲目的，在概念中則是自覺（即意識到）的。

「主觀演繹」就是這樣企圖由內感覺——時間意識的經驗事實出發，從心理學角度，論證經驗的自我意識，從而再進一步論證先驗的自我意識。這個部分值得注意的是，它強調了在人的認識的心理過程中，主體具有重要的能動作用。即使是最簡單的知覺，也包含認識的主動性在內，它常常是一種構成物，而決不是純被動的反映。現代心理學的許多材料，也說明這個方面的種種特點，例如人的感知有巨大的選擇性，又如感知經常在概念支配下進行，又如所謂「人只看到他所知道的東西」[19]，等等。其中，特別值得提出來的是「自覺注意」問題，康德講的感知中雜多的聯合，「直觀中把握的綜合」，都在某種意義上與這問題有關。所謂「自覺注意」不是由外界對象對主體本能需要的吸引而引起，這樣產生的「注意」是「自發注意」。我以為，「自覺注意」恰恰是抑制了這種注意和本能要求而產生的最早的人類能動性的心理活動。這種注意的對象與動物性的本能欲望、利益、要求無關[20]。它經常不是如食物等的外界對象，而是人的主體實踐活動——如勞動操作自身，亦即在最早的勞動操作的實踐活動的漫長過程中，對這種活動、操作自身的自覺意識和強迫注意，視覺在這裡與動覺——觸覺獲得聯結、綜合和統一。也只有這樣，才可能使自己的勞動操作逐漸嚴格符合客觀規律（物理的、幾何的等等）而達到為族類生存服務的目的（如獵取食物），所以這種人所獨有的最早的能動心理特徵正是產生在使用工具、製造工具的勞動創

[19] 關於狼孩（由狼或其他動物撫育的人類小孩）的報告很能說明這點。狼孩對許多事物沒有感覺，即使刺激很大，也絲毫不引他注意。

[20] 可參看芮波（Th. Ribot）《注意心理學》（1890年）。遺憾的是，現代心理學在精密化的科學條件下，反而沒有重視這個問題，也未作出多少新的成果。

造人類的過程中，是這一過程所獲得的最早的心理成果，是人不同於動物的最早的「理知狀態」。正是在這一基礎上，勞動操作中的客觀因果聯繫（如利用工具去取得食物）才有可能在漫長的歷史過程中，逐漸反映和最終內化為主觀的因果觀念。猿類在自然條件或實驗室的條件下都可以產生使用甚至製造「工具」的活動（參看苛訥的著名試驗等），但由於這種活動只是個體偶發性的，並非具有歷史必然性的大量的族類活動，不能在心理上留下和產生像「自覺注意」這樣一些能動的心理活動和能力，不能最終形成因果的觀念聯繫，亦即不能領悟使用工具在主體獲取食物這個因果鏈中的地位、意義和作用，從而也就不去要求保存或複製工具，用完了就丟。所以就人類意識來說，對主體自身使用工具、製造工具活動的「自覺注意」，即持續地聯結、綜合、統一感知以保持對對象的同一性的意識，使之成為對一個客觀對象的自覺感知，這才是要害所在。這不是什麼「先驗統覺」，對人類來說，它恰恰是人類勞動的產物並通過原始巫術禮儀等模仿活動而提煉保存下來（實驗證明，猿類只有對對象的注意，不能形成對自己活動的自覺注意），對兒童來說，則是在社會環境和教育下所形成的能力。（所以從嬰兒起培養這種與本能需要無關的注意力是重要的教育內容，它與人類另一特有能力——自制力也密切相關。）認識（包括感知）的能動性歷史地來源於實踐（人類勞動）的能動性。（參看本書第2章）

在「自覺注意」之後，想像便是人類心理能動性的第二個重要特徵。它既是與個別事物有關聯的感性意識，同時又是具有主動支配性質的綜合統一的感性意識。它的內容極為複雜，這裡不能談了。至於再進一步，到概念、語詞的認識能動性，則是人所熟知，不必多談。至此完成了以能動性為特徵的人類獨有的心理發展道路。

我以為，研究人類心理，應不同於研究動物心理，應從這些由社會實踐產生的心理結構和特徵出發，回過頭來研究考察感覺、知覺。由於人的實踐不同於動物的生活活動，人的感覺知覺才不同於動物的感覺知覺。現代心理學在這方面已積累了不少原始素材，但由於哲學觀點的謬誤，不但沒能進一步說明問題，反而走向相反的方向，把人類心理生物學化，或忽視、或抹殺人類能動性的心理特點，不能重視區分和處理在語言階段之前的人與動物在心理上的本質差別。包括巴甫洛夫的兩種信號系統學說，也有這個缺點。它們大都脫離開人類社會歷史的根本基礎來解釋人類心理，未注意從人類社會實踐活動（特別是人類起源時期和原始社會這一漫長的數百萬年甚至更長的歷史中）去探求人類心理的最終基礎和具體起源。我願再次指出，人類的心理特徵的原始根源在於使用工具、製造工具的勞動活動，並且是通過一系列極為複雜和重要的巫術、禮儀等社會意識形態的活動，在群體中固定、鞏固起來，最終才轉化為心理——邏輯的形式、功能和特點的。離開了人類學，不可能解決心理學的問題。在這裡值得一提的是懷特（L. White）為代表的文化學的基本觀點。懷特正確地反對了把文化歸結為心理的錯誤潮流[21]，強調工具和符號（語言）在形成超個人超心理的社會文化中的根本作用，指出技術（例如能量和工具）的基礎地位，但他混淆了物質生產與物態化的精神生產（意識形態、符號的生產），同時也沒有重視製造工具、使用工具的物質生產對形成人類特有的心理結構的重要關係。這就使他的文化人類學具有庸俗化和片面性的特徵。總之，康德的「主觀演繹」從心理學角度提出人的認識的能動性，仍然是今天並未研究清楚的重要問題。

[21] 參看懷特《文化的科學》(1949年)。

（三）「客觀演繹」

任何心理學也代替不了認識論。單從「主觀演繹」來論證「先驗統覺」（「我思」），說明綜合統一全部認識過程的心理功能，並不能解決認識的客觀真理性的哲學問題。於是，康德在第2版上突出「客觀演繹」。「主觀演繹」基本上是從如何形成一個認識對象的過程來論證必須有純粹統覺的能動「我思」作為全過程的基石。「客觀演繹」則拋開這個過程來論證知性如何能與對象相一致，範疇如何可能具有客觀性，也就是提出人的認識形式與經驗內容、意識統一與感性雜多、自我意識與對象意識的關係問題。基本關閉在心理領域之內的「主觀演繹」，從哲學上簡單說來，亦可說只是「我是我」這樣一種「分析的統一」，它說的是「我所有的表象都是我的表象」。更重要的是「綜合的統一」，即不同於「我」的直觀雜多如何能被連結統一在我的意識中，並獲得真理的性質。作為判斷，人的認識建立在知性範疇之上，這是上章所已說明（康德稱之為「形而上學的演繹」）。這裡就要說明，這些範疇如何可能適用於經驗，亦即先驗知性如何可能具有經驗的效力（康德稱之為「先驗演繹」）。光是心理學的論證並不能解決這個問題，必須說明與主體自我意識的統一性相對應有一個對象的統一性，雜多表象必須被了解為屬於一個對象的統一才行。也只有在這種綜合的統一亦即客觀的統一中，才可能具有自我意識自身的分析的統一或主觀的統一。「綜合的統一」、「分析的統一」

是康德認識論中的複雜概念。任何概念，就其把不同表象中的共同東西抽象出來以形成說，是分析的統一，即從具體到抽象。但就其把不同表象雜多聯結統一在思維中說，是綜合的統一，即從抽象到具體。例如「這是一所房屋」這個判斷把雜多表象聯結統一在「房屋」這一概念之下，「房屋」概念（抽象）也才有具體內容，即在認識裡抓住即理解到它們的雜多（具體表象），這就是綜合，諸直觀雜多通由概念而構成一個認識對象。康德重視和反覆強調的就是這個綜合。在康德看來，先有綜合的統一，把不同表象聯結統一在一起，才可能有分析的統一（抽象出概念），綜合是分析的基礎和條件，認識起源於綜合。這個意思如果聯繫上章講的判斷先於概念等等，就更清楚了。康德終於由這種心理的說明進到哲學的說明。康德轉入了所謂「對象意識」的探討。

所謂「對象意識」，是指意識中所建立起來的對象，也即是對象出現在意識中。康德認為，這並不是主體的聯想等等心理過程所能任意產生出來，而是有一種客觀的秩序和統一性，來使人的意識超出動物的連想之類的自然心理過程，獲得普遍必然的認識。康德在這裡直接提出了意識與存在這個主客觀關係的認識論基本問題。康德說：「綜合自身不是被給予的，相反，它須由我們作出。……把握給予的雜多、在意識的統一中接受它，與構造表象（即是說，只有通過綜合），是同一回事。如果在把握中我的表象的綜合和作為概念的分析，產生同一的表象，這種一致便適應於對所有人均有效的某物，此物不同於主體，這就是說，一個對象。因為它既不只在表象中，也不只在意識中，卻對所有人均有效（可傳達的）。」㉒ 這是說，認識的所以統一不是從主體來的，應從客體對象方面著眼。這是康德認識論一個很重要的觀念，但康德在論證這個問題

㉒ 康德1794年7月1日給貝克的信。

時，卻陷入了主體——對象的搖擺不定、糾纏不清的重重矛盾之中。

由知覺、想像進到概念，產生認識，與作為客體的「對象意識」的出現，即認識到客體，是同一過程的兩個方面。對一個對象的意識（認識），就是自我將知覺、想像的綜合置於一定概念之下，與對象相一致。這便是康德的所謂「客觀演繹」的基本內容：即所以設立這樣一個作為「統覺」的「自我意識」，是為了論證知性認識與對象相一致的客觀性。康德說：

> 統覺的先驗統一是那種統一，通過它，所有在直觀中被給予的雜多，聯結在一個對象的概念中。所以它叫客觀的統一，必須把它與意識的主觀的統一相區別……。㉓

後者是一種經驗的統一，只是表象之間一般的可聯結性。例如，一張桌子，作為人的感知，不過是一堆硬的、黃色的、有重量的等等感覺表象的聯結和集合。康德認為認識一個對象並不就是這種種感覺、表象的聯結集合而已，這是巴克萊的觀點，康德把這看作只是「觀念的遊戲」和「白日夢幻」。他要論證的是，人們的知覺、想像和認識具有客觀的基礎，必須把它和這種個體主觀感知的偶然性的湊合區別開來。康德在《導論》一書中對此講得比較簡要明確。他在那裏強調區分所謂「知覺判斷」與「經驗判斷」㉔。前者是只對個體有效的主觀的判斷，就是剛才講的這種感知的偶然聯結；後者才是客觀的即普遍必然地對所有人都有效的判斷。康德說：

㉓ 《純粹理性批判》B139，參看藍譯本，第104頁。

㉔ 《導論》§18～20。

思維聯結諸表象於一個意識中，這個聯結或者僅僅關於主體，從而是偶然的和主觀的；或者是無條件的，從而是必然的和客觀的。聯結諸表象於一個意識中就是判斷。……判斷或者僅僅是主觀的，即諸表象只在一個主體內與意識有關並聯結在其中；或者是客觀的，諸表象是一般地即必然地聯結於意識中。㉕

它（經驗判斷）表現的不僅是主體的有關感知，同時是對象的一種性質。因為沒有理由要求別人的判斷同於我的判斷，除非別人的判斷與我的判斷所涉及的對象是同一的，它們都同這個對象符合一致，因而它們才彼此一定一致。㉖

所以，客觀有效性，與（對任何人的）普遍必然性，是相等的詞彙。……當我們認為一個判斷是普遍的和必然的，也就是了解它具有客觀的有效性。㉗

「知覺判斷」則不同，它

只有主觀的有效性，即它只是知覺聯結在我的精神狀態中，與對象無關。㉘

在這裡，康德與洛克以及巴克萊、休謨等經驗論者有一個很大的不同，即強調認識的能動性，並把這種能動性與認識的普遍必然的客觀有效性聯繫起來，認為恰恰是被動的接受（感知），形成沒有普遍必然的主觀的

㉕ 《導論》§22。

㉖ 《導論》§18。

㉗ 《導論》§19。

㉘ 《導論》§20。

判斷，看來似乎是從客觀的感覺、知覺等經驗出發，結果反而只能得出主觀的「知覺判斷」，進而在理論上便可以走向巴克萊的主觀唯心主義和休謨的懷疑論。所以客觀有效性並不來自對對象的當下直接的感知中，而是來自構成這種普遍有效的諸條件中，這也就是以「先驗統覺」為基礎的知性功能，它表現為上述「經驗判斷」，即是客觀的認識、判斷。康德說：

> ……通過知性概念，由我們感知所給予的對象諸表象的聯結，被規定為普遍有效的。對象通過這個關係被規定，這就是客觀的判斷。㉙

一個判斷是真的，照康德看來，等於說它能夠按照某些條件構造起這個對象，因此，客觀真理不在消極的感知反映中，而在思維的能動構造中。感性本身不能保證認識的客觀性，這種客觀性必須由理性（知性範疇）作用於感性材料才可能獲得。這就是說，真理的客觀性來自以知性綜合為特徵的人類的認識能動性。正是由於人把像量、質、因果、實體等等先驗範疇用來綜合統一感性雜多，才使認識具有了普遍有效的客觀性。這些範疇如何具體地應用於感性，建立起經驗對象和經驗規律，上章已說明（構架與原理）。這裡說的是這些知性範疇所以具有這種功能，所以能聯結、綜合、統一感知，則是以所謂「統覺」即「自我意識」（「我思」）為其根本基礎的。

康德舉例說，如「太陽曬在石頭上，石頭變熱了」，這只是「知覺判斷」㉚，沒有必然性，它仍處在內感覺的「經驗統覺」的水平上，即

㉙ 《導論》§19。

㉚ 康德前後一些講法並不一致。例如，他在《純粹理性批判》中認為，知覺並

不過是我主觀感知間的聯結。但如我們說,「太陽曬熱了石頭」,這就大不相同了。這個判斷以「先驗統覺」為基礎,用上了知性純粹概念——因果範疇,這個範疇將「日曬」與作為它的必然結果的「石熱」聯結了起來,便具有了普遍的客觀有效性。又如,「物體是重的」,康德認為,它不是說兩個觀念聯結在我的知覺中而已,而是不管我們主體的情況怎樣,它們是在對象中的聯結。像「是」這種聯結詞和這種判斷就不能等同於「我感覺是」,它有客觀的性質和意義。因此才叫「經驗判斷」,不同於「知覺判斷」㉛。

作為自然科學家,康德與主教巴克萊確乎有所不同,他追求知識的普遍必然和客觀有效。這樣一來,他就不得不承認對象有一種不以人們意志為轉移的秩序和性質,康德稱之為現象對象之間有一種客觀的「親和性」㉜,它強迫我們只能按一定法則、秩序或方式去想像和思維它,而不能任意去想像和思維它。康德說,如果硃砂時紅時黑,時輕時重,毫無客觀的至秩序和穩定性,那我們的想像就無法把紅與重聯結起來構成綜合的表象,也就根本無法有對它的任何認識了。現象對象的「親和

不能有任何判斷,凡判斷就有知性範疇使用於其上。並且,沒有知性,連知覺也不可能,因為知覺已是感覺雜多的聯結綜合了。康德還說過,如沒有想像的先驗活動,也不可能有任何確定的直觀。關於這些問題,歷來的研究者們也有不同解釋。開爾德認為,沒有知性,則甚至連感覺材料也談不上,不過是一堆無形式、無關係的雜多。林賽 (Lindsay)、伊文等人認為,無知性仍可有意象、圖畫,雖然不能構成認識對象。

㉛ 「舉例說,當我觸及石頭時,我感到熱,這是一個知覺判斷;石是熱的,便是一個經驗判斷……。」(康德:《邏輯講義》§40)

㉜ 親和性,特別是「先驗親和性」,又是康德說得非常模糊的問題,它也可以解說為主體而非客體方面的,是先驗想像的綜合結果,想像力的先驗綜合是親和性的根源等等,這裡均從略。

性」產生與主觀統一相區別的客觀的統一，決定了主觀意識。雜多所以能被聯結綜合為一個對象，直觀之所以能與意識相聯繫，構成認識，都必須有這種客觀的統一。顯然，這種所謂客觀的統一指的便是對象在意識中所呈現出來的客觀規律性的結構特徵。康德企圖把這個客觀的統一歸結在這個所謂「對象意識」上。

（四）「自我意識」與「對象意識」的相互依存

在「客觀演繹」中，與「對象意識」相對應的是「自我意識」。那麼，這個「自我意識」是什麼呢？康德指出，它不是經驗的自我意識，而是先驗的自我意識。所謂「經驗的自我意識」就是自己意識到自己在思維、感知、想像，亦即是主體的感知、想像、記憶……自身。「先驗的自我意識」與此不同，它不同於任何具體經驗中的自我意識，不等於具體意識到自身的那種自我意識。後者亦即經驗的自我意識。康德認為這種經驗的自我意識與所有其他的經驗材料一樣，也只是變動不居的雜多，這種經驗的自我意識中的「我」，也不過是隨滅隨生的一種感知經驗。先驗的自我意識，卻是人類特有的常住不變的意識的同一性的形式本身。它邏輯地先於任何確定的思維，而又只存在於一切具體的感知、想像、思維、意識之中。很明顯，康德說的「自我」，並非個體的感知經驗，而是指人類的認識形式，康德因之把它說成是所謂「先驗自我」。感知、感覺都總是個人的，它們所以能建立一個共同的客觀的認識，正在於有這個人類的「先驗自我」，即認識形式。但這個先驗的自我意識又決不能離開各種具體的經驗意識而獨立存在。它只是作為一種形式，存在於經驗意識之中，並具體地為經驗中的對象意識所決定，之所以說它是先驗的，是因為它普遍必然地適用於一切經驗認識和認識的全部過程，具有客觀的效力。

這樣，就到了康德全部論證的最關要害的部分，這就是「對象意識」與「自我意識」的相互依存。一方面，先驗的自我意識只是一種純形式，它本身不能獨立存在，只存在於經驗意識中，即有關對象的意識中。可見，自我意識具體地為對象意識所決定。另一方面，只有先驗統覺將知性的概念範疇運用於感官經驗之上，對象意識才有可能。可見，對象意識又原則地為自我意識所決定。一方面，只有一個被思想所指向、有著內部必然聯繫的對象意識的存在，作為本源統覺的自我意識才能現實地存在，否則只是空洞的虛無；如果沒有通過對象意識的綜合同一性，心靈不可能先驗地思維它自身的同一。另一方面，客觀對象作為現象世界之所以是一種能理解的統一，又正在於它們從屬和服從於自我意識的統覺形式；對象意識是由自我意識用感性材料構造和建立起來的。一方面，客觀對象迫使我們如此這般去思維。另一方面，先驗的自我意識把範疇運用於感性雜多才可能有對象的客觀規律。一方面，不同於經驗論，康德指出了普遍必然的客觀真理的認識，不在感覺，而在知性，正是能動的知性保證了認識的客觀性和真理性，這是自我意識提供的。另一方面，不同於唯理論，這個能動的知性並不能夠脫離感性經驗而獨立存在，它不是天賦觀念之類的內在的東西；相反，它必須存在於經驗意識之中，依存於一切具體對象的認識，離開了後者，也就沒有什麼能動的知性，也沒有什麼客觀認識和真理標準，因之是種種具體對象及其客觀秩序和統一性，具體地規定了主體自我意識的綜合統一。這樣，一方面，自我意識不能脫離對象意識，依存於對象意識；另一方面對象意識又由自我意識所建立㉝。自我意識與對象意識成為彼此對立而又依存，交相決定而又並無干係這樣一個巨大的矛盾。認識的客觀性和能動性的關係問題不但沒解決，實際是更突出了。

這個巨大的矛盾的具體表現，我們在上章實體、因果等原理中，已經看到。這個巨大矛盾的本質是康德二元論基本觀點所導致，簡單說來，因為康德一方面承認有不依附於自我意識活動的感性雜多，任何具體認識——一件事、一件物、一個對象、一個過程，都首先必須要有給予了的即提供了的感性材料。正如經驗概念有其對應的特殊的對象一樣，整個自我意識也有其對應的對象，這就是先驗對象。這個先驗對象作為不確定的「某物」是所有經驗判斷的前提（參看本書第七章）。例如當我們判斷這「是」一朵花，也就是判斷給予我們的直觀雜多「是」一個不依存於我們心靈主體的客觀對象，而不只是些紅、香等等觀念的主觀聯想和感知。這正是由於在我們所有認識中，有這麼一個對象「某物」先驗地存在，才有可能使人的意識與對象、認識與現實產生互相一致的客觀性。康德認為，沒有經驗表象給思維提供材料，「我思」活動就不會發生。他說，「只有我們的感性的和經驗的直觀能給予概念以實體和意義」㉞；

㉝ 參見愛因斯坦：「客體這個概念是用以考慮某些經驗的複合在時間上的持久性或連續性的一種手段。因此客體的存在具有概念的性質，而客體概念的意義完全取決於它們與原始感覺經驗的複合（直觀）的聯繫。但這聯繫產生一種錯覺，好像原始經驗直接把物體的關係告訴了我們（但這種物體只有在它們被思維時才存在）」（〈空間——時間〉，《英國百科全書》，1955年版）。

㉞ 《純粹理性批判》B149，參看藍譯本，第109頁。

另一方面，卻又必須有一個統覺（綜合統一的自我意識）來作為知性以主動聯結、整理、安排感性原料，才能構成對象，形成認識。「某物」之所以成為被認識的事物，對象之所以成為主體的對象，又是自我意識即統覺綜合統一的結果。「意識的綜合統一性是一切知識的客觀條件」㉟；「只有在不同於『我』的直觀中，雜多才能被給予，只有通過聯結在一個意識中，雜多才能被思維」㊱。多樣性來自感性對象，統一性來自知性心靈。經驗作為一個對象被認識，靠知性範疇；但作為什麼對象被認識，仍然要靠感性材料。康德說：「的確，經驗規律決不能從純粹知性中找到根源，正如不能僅僅從感性直觀的純形式就可推出理解無窮盡的現象豐富性一樣。但是所有經驗規律又只是純粹知性規律的一種特殊規定，從屬和依據這種規定，經驗規律才成為可能」㊲。如前章所說，例如因果範疇作為形式，來自知性；具體因果規律和關係，則又仍依存於客觀具體事物的對象。這樣，一方面是先驗的自我意識，另一方面是先驗的對象，它們二者互相映對，是知識的兩大基礎。這兩大基礎，康德認為都是不可知的。這些將在本書中第七章詳細講到。

康德論證自我意識，是要反對萊布尼茲唯理論的「先定諧和說」，即認為對象所以與我們認識相一致，是一種上天安排的預定的諧和。在康德看來，這是根本無法證實的形而上學，是超經驗的思辨，不能成立。同時康德也是為了反對洛克經驗論的認識論，這種認識論認為人的認識、範疇都來自經驗，所以能與對象一致。在康德看來，範疇根本不能來自經驗，所以不能成立。因此，只有第三條路可走，這就是認識與對象的

㉟ 同上書，B138，第103頁。

㊱ 同上書，B135，第102頁。

㊲ 同上書，A128，第136頁。

一致，是由概念——認識所構造出來的。康德把這稱為認識論上的「哥白尼式革命」（詳後）。但康德雖然反對萊布尼茲所主張對象與概念之間的先定諧和，實際卻代之以知性與感性之間的先定諧和，亦即人們主體意識內部功能之間的諧和一致。對象意識中的「對象」，通過主體意識這種諧和才能建立。在自我意識與對象意識的相互依存中，前者是矛盾的主要的、起決定作用的方面。「對象」是作為我們意識的統一性在雜多上的出現，是意識中的對象，形成知識的條件與知識對象的條件完全是同一的。主體關於對象的知識與知識的客觀對象變成完全同一的東西。自我意識的綜合統一，如康德所說，「不僅是在認識一個對象時我自己所需要的條件，並且是每個直觀為了成為我的對象必須從屬的條件」㊳。一切都是在「我」的意識領域中進行的。康德把為萊布尼茲所「客觀地採用」（即事物之間）的「先定諧和」改變為「主觀地採用」（認識功能之間）的「先定諧和」，「……是同一事物的兩種不同能力的諧和，即在這同一事物裡，感性和理性彼此一致而構成一個經驗認識」㊴。至於兩者的來源及諧和，則是先驗既定而不可知的。萊布尼茲唯理論的本體論變成了康德先驗論的認識論。

㊳ 《純粹理性批判》B138，參看藍譯本，第103～104頁。

㊴ 1789年5月26日給郝爾茨的信。

（五）康德反對「自我」心靈實體

如前所指出，康德認為，這個能動的、主要的、起決定作用的方面，即自我意識，作為起著綜合統一功能的統覺形式，不能離開對象意識和感性經驗而獨立存在。康德在論證自我意識建立知識對象的同時，特別強調自我意識絕非實體的存在：它不是內感覺，不是笛卡爾的「我思」，也不是當時流行的「理性心理學」所說的心靈實體。統覺之所以不同於內感覺，是因為統覺（「我思」）只是一種先驗的功能（形式），它沒有任何感性直觀的性質，是超時空的；內感覺則屬於經驗的自我意識。先驗「我思」（統覺）是經驗的自我意識所以可能的條件，經驗的自我意識是它的具體運用，才展開為內感覺及內感覺中的表象雜多。而內感覺（時間）中對自我的經驗意識，則是以對外部世界（空間）的意識為前提的。所以，笛卡爾講的「我思」也不是先驗的自我意識。後者只是純形式，前者卻有經驗內容。

康德反對笛卡爾「我思故我在」時指出，我意識「我在思維」這一所謂不容懷疑的內在經驗，實際上卻只有先假定有非我的外在經驗才可能。關於我的意識恰好只是關於在我的意識之外的客觀對象的意識。

康德說：「我意識我自身的存在，是作為時間中所規定的。時間的一切規定都以知覺中永恆的某物為前提。但這永恆者不能是我內部的某物，因為只有通過這個永恆者，我在時間中存在此事本身才能被規定。所以對此永恆者的知覺，只能通過在我之外的一物，而不是只通過在我之外一物的表象而可能；所以我在時間中的存在的規定，只能通過我知覺在我以外的現實事物的存在才可能。……換句話說，我存在的意識同時也就是對在我之外的其他事物的存在的直接意識」[40]。「以上的證明，已說明外的經驗是現實地直接的，內的經驗……只由此外的經驗才可能的」[41]。「要規定主觀，外的對象絕不可少。從而可以推論，內的經驗自身所以可能，乃是間接的，並且只有通過外的經驗才可能」[42]。「除非通過相對於空間中永恆者的外在關係（運動）的變化（例如相對於地球上的事物的太陽運動），我們不能知覺時間的任何規定」[43]。這些都是說，「我在思維」這一內的經驗，只可能以「我思維了什麼」的外的經驗為前提。由作為在思維的我不同於所思維的東西這一點，並不能推出這個思維的我能夠自身生產出所思維的東西來，後者必須由感性經驗提供材料才可能，而沒有後者，前者只是一種空無內容的形式。可見，經驗的「我思」或經驗的「在思維的我」，是以感性直觀的經驗材料為前提的。必須有外在經驗對象的存在才可能有內在的經驗的「我思」，也才可能有「我在」的意識。思維的「我」本身作為形式，並不是感性直觀的對象。所以不能由「我思」推論出「我在」來，即不能從思維推論出存在。任何存在都必須有「物自體」所提供的感性直觀。康德說，「這個『我』固然在一切思維中，但此觀念並無絲毫使『我』與其他直觀對象相區別的

[40] 《純粹理性批判》B276，參看藍譯本，第198頁。

[41] 同上書，B276～277，第199頁。

[42] 同上書，B277，第199頁。

[43] 同上。

直觀痕跡。從而我們固然能感知此觀念不變地表現在一切思維中，但並不能感知它是一個思想在其中作為轉換者彼此接替的常住而連續的直觀」㊹；「我並不是通過意識我在思維而認識我自己，而只在當我意識……我自身的直觀時才認識我自己」㊺。「所以，我的存在不能像笛卡爾那樣，從『我思』的命題中推論出來……。」㊻

在《先驗辯證論》裡，康德又以很大篇幅駁斥了論證有靈魂（心靈）實體的「理性心理學」。這種「理性心理學」，是萊布尼茲唯理論哲學的引伸。萊布尼茲在《單子論》中說：「也是憑著關於必然真理的知識，憑著關於這些真理的抽象概念，我們才提高到具有反省的活動。這些活動使我們思想到所謂『我』，使我們觀察這個或那個在『我們』之內；而由於我們思想到自身，我們也就思想到存在、實體，單純物或複合物，非物質的實體和上帝本身……。這些反省的活動給我們的推理提供了主要的對象。」㊼康德則強調「我思」──自我意識不是這種由反省而得的實體。因為沒有感性直觀，就不能將「實體」範疇運用於其上。康德說，「作為範疇基礎的意識的統一，在這裡被誤成作為對象直觀的主體，因而把實體範疇用於其上。但是，這種統一只是思維中的統一。不能只借助這種統一，對象就被給予。因此，以被給予的直觀為前提的實體範疇就不能應用於其上」㊽。先驗的「我思」本身並沒有感性直觀，它本身不是經驗對象，與經驗的「我思」不同。經驗的「我思」本身是經驗對

㊹ 同上書，A350，第287頁。

㊺ 同上書，B406，第272頁。

㊻ 同上書，B422，第281頁。

㊼ 萊布尼茲：《單子論》30，見《十六～十八世紀西歐各國哲學》，商務印書館，1975年版，第488頁。

㊽ 《純粹理性批判》B422，參看藍譯本，第280頁。

象，先驗的「我思」則是指在我們關於對象的認識過程中，永恆包含著一個「自我意識」。即是說，認識中時時刻刻有「我思」的存在和活動。這句話的主賓詞接近於同語反覆，因為認識或認識過程也就是自我意識及其過程。人類認識本身也就是「我思」。可見，所謂先驗的自我意識（我思）不過是意識的一般形式，康德用它指所有經驗意識的先驗能力或先驗的可能性，從而它本身並不是任何經驗意識。它只有一種邏輯的意義，而不能有任何實體的性質或存在。它指的實際上是思維的活動，而不是思維的主體。「理性心理學」在推論中將「我思」實體化，是犯了形式邏輯四名詞謬誤推論。

華特生（J. Watson）有幾段話將康德反對「我思」實體化解釋得相當清楚：「在一切關於對象的確定中都包含有自我意識這事實，並不證明在這主體的持久性的基礎上有一單個持久不可毀滅的實體……。自我意識的統一性只說明：只要有對象的意識就有自我意識，它永遠不能推論有一個永恆而不可毀滅的思維實體。」「這個『我』本身是什麼，我們不可能知道，因為它總離不開它藉以確定對象的思想而被給予出來……。它是獲得關於對象的知識所通過的一切觀念的一般性形式。把這個形式作為能不依靠經驗而存在的一個對象並能為人所認知，純係謬誤推理」[49]。康德一直強調「我思」——先驗的自我意識（先驗統覺）只具有一種純形式、純邏輯的功能意義，這個「我思」中的「我」永遠離不開它所思維的具體事物、內容即經驗對象、經驗概念。所以它不是內感

[49] 華特生：《康德哲學解說》。也可參看康浦・斯密：「第一，『我思』雖是知性的，但只能在經驗判斷中找到它的表現，也就是說，它自身只是形式的，它的應用以被給予的一定內感官雜多為前提；第二，所謂包含在『我思』中的『存在』，並非存在的範疇」（《康德「純粹理性批判」釋義》，第324頁）。

覺（經驗的自我意識），不是具體的心理過程，它們都有感性經驗的實際存在。如果把「我思」（先驗統覺）脫離開這些被思維的東西，脫離開具體實際的經驗的思維，即是說，自我意識脫離開對象意識，那它本身究竟是什麼，就根本不可能知道了。那只是一種完全空虛的「我」，不但毫無客觀實在性，而且是「一切表象中最空虛的表象」。這個「我思」概念絕不能特有所指，因為它只是用以引導我們一切思維從屬於意識而已，「……我們甚至不能稱它為概念，而只能稱它為伴隨一切概念的純意識而已」㊿。

總之，康德的「先驗自我意識」只是一切經驗意識的前提和條件，是指一種形式、能力或功能，決不是任何獨立的實體或存在[51]。可見，康德從認識角度提出「自我意識」的巨大功能，用「自我意識」來統一認識，構造對象，保證認識的普遍必然的客觀有效性質，而不認為它是一種實體性的獨立自存的東西，並堅決反對種種把「我思」——「自我意識」實體化，即把它看作是種精神性的存在（也不管是主觀式的存在還是客觀式的存在）的觀點。就這一觀點和傾向說，是康德哲學中重要的唯物主義因素。

㊿ 《純粹理性批判》A346=B404，參看藍譯本，第271頁。

[51] 現代語義學派用澄清應用的語言方式對一些傳統哲學命題作了駁斥，與康德有相似處。例如，「……說一個人的心靈，並不是說一個允許裝東西而禁止裝所謂物理世界的倉庫，而是說這個人的在日常世界中做事的各種責任和傾向……」（萊爾：《心靈的概念》）；又如奧斯丁（Austin）對「自我」、「我」等詞用法的分析。但這種對傳統哲學的所謂「最新」的「革命」，其深度實際上比康德要差。

（六）黑格爾的「自我意識」

康德這個「自我意識」的提出，在哲學史上起了很重要的作用。不同的哲學流派從這裡引導出不同的方向。緊接著康德，並不顧康德的反對，費希特提出了純思維的「自我」建立「非我」（感性自然及整個世界），「非我」建立在「自我」之中的本體論的論點。從而把康德看作認識形式的主動功能的「我思」，改說成思維實體在行動中建立整個對象世界，並且與超感性的世界溝通會合起來。這當然就不是認識如何可能的問題，而是存在如何可能的問題了。費希特說：「唯心主義從理知的行為中說明意識的規定，……理知是一行為，絕對不再是什麼。……應該從這種理知的行為中引申出……一個世界的表象來，這就是說，引申出一個沒有我們的助力而存在著的、物質的、占據空間的世界等等的那些表象，大家都知道這些表象是出現在意識中的。」[52] 這不是笛卡爾「我思故我在」，而是「我行故我在」。這個「行」只是思維，是一種開始並無客體的主體思維。

這樣，思維第一性、存在第二性問題十分突出了，康德二元論的「自我意識」、「對象意識」被取消了，代之以徹底的主觀唯心主義。費希特說：「無條件地絕對確實的物質，今後是消失了。我將用下列公式來表述

[52] 《知識學引論》第1篇，見《十八世紀末～十九世紀初德國哲學》，商務印書館，1975年版，第199頁。

它：自我在自我之中設定一個可分割的非我，與可分割的自我相對立」(53)；「……物完全不是別的什麼東西，只不過是通過想像力把這一切關係綜合起來罷了」(54)。費希特將康德認識論中的自我意識實體化（康德是反對這種實體化的），構成一個絕對的思維實體的自我本身。

黑格爾接著費希特，從客觀唯心主義方向修正和發展康德(55)，把康德的認識論的自我意識推移為絕對精神，把先驗自我從認識論提高到本體論，原來僅僅作為思維的功能被賦予了現實的力量。概念在認識中的客觀性變而為本體的客觀性，認識的客觀有效性被等同於思維的普遍必然性(56)。在康德，能動性與客觀性緊緊連在一起是在認識範圍內；在黑

(53) 費希特：《知識學基礎》第1部§3，見《十八世紀末～十九世紀初德國哲學》，商務印書館，1975年版，第174頁。

(54) 費希特：《知識學引論》第1部，見《十八世紀末～十九世紀初德國哲學》，商務印書館，1975年版，第201～202頁。

(55) 「自我」在康德那裡已不是個體的涵義，由康德、費希特到黑格爾，經由謝林的客觀唯心主義，使這一點更突出。謝林說：「自我這個概念內包含某種比個體這個單純術語更高的東西」；「從一般自我意識的行為本身並不包含任何個體的成分。然而個體的意識都必然地和自我意識同時發生出來」。（《先驗唯心論體系》）

(56) 黑格爾派的康德的研究者們把這一點表述得最明白，可以參考。在他們看來，康德的所謂主觀演繹與客觀演繹，可以作為一個過程來表述。即認為康德那個未與對象相結合的自我意識（所謂分析的統一），實際是一種潛在的綜合（即對象已潛在地在其中），以後逐步實現，以產生（不只是構造）經驗及經驗的規律、秩序和統一性。對象不在自我意識之外，而是潛在地在其中，然後由自我意識把它實現出來。這個過程也即是自我（心靈）在自己的外化的對象世界中尋求自己的統一，以認識自身的過程。認識對象就是認識自身，對象完全放在意識領域之中了。康德在認識論中提出了意識能動性保證真理的客觀性，在這裡具有了本體論的涵義。意識不再是能動地認識世界，而是去能動地創造世界。於是康德強調的客觀有效性被完全等同於意識的普遍必

格爾，這二者是在本體論內連在一起，於是思維具有真正現實的客觀性了。客觀性與對象化由在意識（認識）中的同一，即主體意識構造認識對象，變為在歷史（現實）中的同一，即主體意識構造現實對象。這樣，思維也就不再關閉在主觀認識的範圍內，範疇也不只是認識的規定，而且還是客觀自然和社會發展的法則。康德作為認識論（認識如何可能的要素之一）的先驗邏輯，變成了世界歷史的客觀行程。康德講的感性雜多（客）與自我同一（主）的矛盾，變成了理念（主）外化（客）又回復到自身的矛盾統一的歷史辯證法。康德所強調的自我意識不能離開對象意識，知性不能離開感性，即必須有感性經驗才可能有客觀有效的經驗知識等認識論中的唯物主義成分被否定了。它把康德所反對的形而上學本體論重新建立起來，認識功能實體化，自我意識成了上帝式的絕對理念：它牢籠百態，宰制萬物，陶鑄世界，與神齊一。這固然將唯心主義貫徹到底，但同時也就走到它的反面——處在為唯物主義徹底批判的前夜。

黑格爾說：

> 康德曾用很笨拙的話來表述這個意思，他說，「我」伴隨著我的一切表象……。「我」從我的表象、情感，從每一心靈狀態，從每一特性、才能和經驗裡抽離出來。「我」在這意義下，是一個完全抽象的普遍性的存在，一個抽象的自由的原則，因此可見，作為思想的主體，是用「我」這個詞表現出來的：「我」在我的一切感覺、概念和意識狀態中，即思想無所不在，

然性，抹殺它必須有物自體提供感性材料的方面。從而，康德只是由普遍性達到客觀性，完全把康德加以黑格爾化了。參看開爾德《康德的批判哲學》。

是貫串所有這些形態的範疇。57

> 自我乃是那原始的同一性，……凡是與自我的統一發生關係的事物，都必受自我的影響和溶入其中。自我猶如洪爐烈火，吞併銷熔那散漫的雜多感性而將它溶為一體……。純粹統覺乃被康德認為……是將外物自我化的動力。這種說法至少正確道出所有意識的本質。一切人類的努力的趨向是去理解這個世界，適應並宰制世界，為此目的，世界的積極的實在必須好像被打碎砸爛，換言之，加以理想化。同時我們得注意，並不是我們個人的自我意識的活動，使感覺的雜多導致一個絕對的統一，毋寧說，這同一性即是絕對自身。58

列寧在《哲學筆記》中說：「黑格爾在轉過來對康德主義進行批評

57 黑格爾：《哲學全書・邏輯》§20，見《小邏輯》，商務印書館，1962年版，第82～83頁。黑格爾還說，「思想是構成外在事物的實質，也是精神事物的普遍實質。思想也存在於人類一切感知中，存在於所有認知和回憶活動中，總之，它是任何精神活動、意志、願望等等中的普遍性。……在這種意義下，思想就不是與其他功能同列，與感知認識、意志同一水平的東西了。……人是思想者，從而是普遍的，但只有因為他感到他的普遍性時，他才是思想的。動物也有普遍性，但這個普遍性不是被它所意識到的普遍性，它只感到個體性……。只有人使自己有雙重性，能成為一個意識到普遍性的。當人知道他是『我』時，這便發生了。……『我』似乎是意識的不可分解的最終的成分，『我』與思想是同一回事。它明確地說，我是作為思想者的思想，凡在我意識中的，即是『我』的，『我』是接受任何事物和一切事物的虛空的容受器。……它不只是一單純的普遍性，而是包容一切在其中的普遍性」（§24）（見《小邏輯》，商務印書館，1962年版，第91～92頁）。由認識論推移到本體論，蹤跡宛然。

58 黑格爾：《哲學全書・邏輯》§42，參看賀譯本《小邏輯》，商務印書館，1962年版，第133頁。

時，認為它的偉大功績就是提出了關於『統覺的先驗統一』(意識的統一，概念是在這個統一中形成的）的思想，但是他斥責康德的片面性和主觀主義：……（黑格爾把康德的唯心主義從主觀的提高到客觀的和絕對的)」(59)。列寧繼續指出：「康德承認概念的客觀性（概念的對象是真理)，可是他仍然把概念當作主觀的東西。他把感覺和直觀當作悟性的前提。」(60) 列寧引黑格爾的話：「在這裡……應當把概念當作不是自我意識的理知的活動，不是主觀的理知，而是既構成自然階段又構成精神階段的自在自為的概念。概念出現在生命或有機界這一自然階段上」。列寧在黑格爾這一段話旁加以評論說：「客觀唯心主義轉變為唯物主義的『前夜』」(61)。

黑格爾把思維作為概念和現實的統一，強調思維與存在的同一性（相互依存和轉化)，駁斥康德將思維與存在割裂的二元論，駁斥康德認為知性範疇（思維）只是主觀方面的東西。黑格爾的抽象的知性範疇可以超越感性，以接近對對象的本質認識。但這個所謂對對象本質的認識，在唯心主義者黑格爾那裡，歸根結底是對上帝的認識。這也就是理念自己認識自己，亦即是「自我意識」。重要的是，這個「自我意識」必須經歷一個由對象化而復歸的辯證過程才能達到。因此它就有一個與物質世界如何相對立而統一的關係問題。這樣，康德的主觀唯心主義的先驗統覺的「自我」，變成了黑格爾的客觀唯心主義的絕對理念的「自我」之後，自我與對象就不但在認識中（認識論）互相依存而已，而且是在客觀現實中（本體論）成為互相轉化的矛盾統一的邏輯學了。在康德那裡，自

(59) 《哲學筆記》，1974年版，第178～179頁。

(60) 同上書，第179頁。悟性即知性一詞的另一中譯名。

(61) 同上書，第179頁。

我與對象是對立和依存的關係，缺乏彼此轉化的辯證聯繫。在黑格爾這裡，突出的就是這種辯證法的轉化，強調物是我之物，我乃物之我，亦即人（思維）的對象化，對象的人（意識）化。這樣就達到德國古典唯心主義哲學發展的頂峰。

德國古典哲學唯心主義將人等同於神（上帝），將自我意識作為認識世界（康德）和改造世界（黑格爾）的原始動力，極大地高揚了人的價值和地位62，它代表當時處於上升階段的資產階級反封建的意識形態，有重要的進步意義。但同時，卻又是唯心主義地抽象地「高揚」了。首先，這是抽象的人，不是歷史具體地屬於一定社會時代的人；第二，這是思辨（精神）的人（自我意識），不是現實的人。在黑格爾，「自我」與思維是同一之物，一切皆蘊藏於「自我」之中。作為被高揚的主體「自我」只是思維。能動的「自我」，只是思辨的精神。物與我、存在與思維的依存與轉化，統統只是精神——思辨領域內的活動，而不是感性現實的活動。勞動、生產都只是思辨，歷史只是思維的自我即自我意識的異化和復歸。馬克思說，「黑格爾認為，人的本質、人等於自我意識。從而，人的本質的異化不過是自我意識的異化。」63「唯心主義卻發展了能動的方面，但只是抽象地發展了，因為唯心主義當然是不知道真正現實的、感性的活動本身的」64。一般地說，它用抽象的人代表歷史具體的人，表現了資產階級意識形態的共同特徵；特殊地說，它用思辨的「人」即人的思辨來統治現實世界，反映了當時德國新興思想猛漢的獨有特徵。

62 如拉克林斯（Lacrinx）認為，康德三大批判都是圍繞人在宇宙中的地位這個問題展開的（康德的先驗自我也是倫理學的本體。參看本書第九章）。

63 《經濟學——哲學手稿》，參看何思敬譯本，1963年版，第129頁。

64 〈關於費爾巴哈的提綱〉，《馬克思恩格斯選集》第1卷，1972年版，第16頁。

唯物主義者費爾巴哈企圖恢復人的感性和感性的人。費爾巴哈指出，唯心主義就在於把一般、思維、名稱、語言當成上帝，說成是普遍必然的永恆本質，而將感性等同於個別的、偶然的、暫時的現象。他指出，「康德哲學乃是主體和客體的矛盾，本質和現象的矛盾，思維和存在的矛盾」(65)。費希特、謝林、黑格爾則將這矛盾統一於思維、自我、絕對。費爾巴哈認為，「只有人才是費希特的自我的根據和基礎，才是萊布尼茲的單子的根據和基礎，才是『絕對』的根據和基礎」(66)；「因此新哲學的認識原則和主題並不是『自我』，並不是絕對的亦即抽象的精神。簡言之，並不是自為的理性，而是實在的和完整的人的實體。實在、理性的主體只是人。是人在思想，並不是我在思想，並不是理性在思想。……因此，如果舊哲學說，只有理性的東西才是真實的和實在的東西。那麼新哲學則說，只有人性的東西才是真實的實在的東西。因為只有人性的東西才是有理性的東西」(67)。費爾巴哈的所謂「新哲學」，是企圖以現實感性的人來代替唯心主義的思辨精神的「自我」、「絕對」，用感性的普遍性來代替理性的普遍性。費爾巴哈說：「新哲學是光明正大的感性哲學」(68)；「思維與存在的統一，只有在將人理解為這個統一的基礎和主體的時候，才有意義，才有真理」(69)。所以，費爾巴哈的哲學的確是對從

(65) 費爾巴哈：《未來哲學原理》§22，見《費爾巴哈哲學著作選集》上卷，三聯書店，1959年版，第151頁。

(66) 費爾巴哈：《關於改造哲學的臨時綱要》，見《費爾巴哈哲學著作選集》上卷，三聯書店，1959年版，第118頁。

(67) 《未來哲學原理》§50，見《費爾巴哈哲學著作選集》上卷，三聯書店，1959年版，第180～181頁。

(68) 同上書，§36，第169頁。

(69) 同上書，§51，第181頁。

康德到黑格爾高揚理性自我的普遍性的批判。費爾巴哈強調的是，超感性的神來自感性的人，理性的東西來自感性的東西，只需要不將「理知與感覺分開，便能在感性事物中尋得超感性的東西，亦即精神與理性」(70)。「不但有限的、現象性的東西是感覺的對象，真實的、神聖的實體也是感覺的對象」(71)，即是說，感性自身便能認識真理。

但是，費爾巴哈這個所謂恢復感性地位的「新哲學」，在根本上並沒有超出洛克和法國唯物主義多少，所謂理性的東西必先在感性中等等，幾乎講的是與洛克（見本書第一章）同樣的話。它與康德以前的唯物主義並無本質的不同。「他把人只看作『感性的對象』，而不是『感性的活動』，……他從來沒有把感性世界理解為構成這一世界的個人的共同的、活生生的、感性的活動。……當費爾巴哈是一個唯物主義者的時候，歷史是在他的視野之外」(72)。費爾巴哈的「人」仍然是非社會、超歷史的自然生物的存在，他的所謂人的感性仍然是被動的感知，是「離開人的社會性」的靜觀（「離開人的社會性」與所謂靜觀、被動的感知是一回事）。這種感性是否有普遍性，或這種感性普遍性具有何種意義，便大成問題。康德的出發點正是揭露舊唯物主義從感覺出發不可能理解認識的能動性，不能保證認識的普遍必然和客觀有效，而建立其先驗唯心主義的。費爾巴哈使哲學從唯心主義回到唯物主義，從自我意識回到感性的人，但由於他的這個感性的「人」仍是這種性質，就仍然不可能解決人的認識所特有的主觀能動性，及由之而來的科學知識的真理性——它的普遍必然的客觀有效性問題。費爾巴哈這種「直觀的唯物主義，即不是

(70) 同上書，§42，第174頁。

(71) 同上書，§39，第171頁。

(72) 《德意志意識形態》，《馬克思恩格斯選集》第1卷，1972年版，第50頁。

把感性理解為實踐活動的唯物主義」(73)，是不能說明人的認識的能動性的。對康德來說，費爾巴哈沒有前進，反而倒退了。

（七）「問題在於改變世界」（馬克思）

這個問題的解決歷史地屬於馬克思主義實踐論的範圍。

馬克思指出，「費爾巴哈不滿意抽象的思辨而訴諸感性的直觀；但是他把感性不是看作實踐的、人類感性的活動」(74)。其實這兩種感性的不同，正是人與動物的根本不同。動物的生活活動與其對象是同一個東西，受同樣既定的自然規律所支配。馬克思說，「動物和它的生活活動直接是一個東西」(75)；「動物不對什麼東西發生關係，而且根本沒有『關係』。對動物說來，它對他物的關係不是作為關係存在的」(76)。所以，主客體之分對動物是沒有意義的，從而動物是不可能有人所特有的認識能動性的。以使用工具、製造工具的活動為特徵的原始人類的實踐，突破了這個限制。它不再是原來動物性的既定的族類生活活動，而是在特定的社會結構的制約下，通過對客觀自然界種種事物日益廣泛和深入的掌

(73) 〈關於費爾巴哈的提綱〉，《馬克思恩格斯選集》第1卷，1972年版，第18頁。
(74) 同上書，第17頁。
(75) 《經濟學——哲學手稿》，1963年版，第58頁。
(76) 《德意志意識形態》，《馬克思恩格斯選集》第1卷，1972年版，第35頁。

握，從而具有無限發展可能地去支配自然、改造自然的客觀性的現實活動。這就與動物適應環境的本能性的生存活動有了根本的區別。在這裡，主客體之分才有真正意義。社會實踐面對著自然，區別於自然，利用自然本身的規律（如因果關係）以作用於自然，使自然屈服於自己。同時它自身的存在和發展也有不同於自然的獨特規律（社會發展的規律）。這樣就構成了與客體自然相對立的主體。像費爾巴哈那樣「把人的本質理解為『類』，理解為一種內在的、無聲的把許多個人純粹自然地聯繫起來的共同性」(77)，是不能解釋區別於客體自然界的人的主體的。而把作為生物體的人群塑造為區別於自然界的主體，正是以使用工具製造工具的實踐生產活動為中心的社會存在和以使用語言和符號系統為特徵的社會意識。離開這個根本講實踐和語言，實踐就會等同於動物生活活動和動物心理意義上的感知狀態，而語言則成為無所由來的神祕結構和生物性的先驗本能了。

在當代馬克思主義哲學中，「實踐」一詞已經用得極多，它泛濫到幾乎包容了一切人類活動，從日常生活、飲食起居到理論研究、文化活動等等。在馬克思早年手稿以及〈關於費爾巴哈的提綱〉等著作中，的確強調的是理論與實踐相統一的感性的人的活動即 praxis（實踐），praxis（實踐）一詞也確乎包括了人類整個生活活動。但也是從早年起，馬克思同時強調了勞動、物質生產、經濟生活在整個人類社會中的基礎地位和決定性的意義，日益認定物質生產是整個社會生存、社會生活即社會存在的根本，特別是自馬克思歷史具體地探討了社會生產方式諸問題，確定基礎與上層建築的理論，明確提出歷史唯物主義學說後，馬克思的實踐哲學便進一步加深和具體化了。我以為，馬克思的實踐哲學也就是

(77) 〈關於費爾巴哈的提綱〉，《馬克思恩格斯選集》第1卷，1972年版，第18頁。

歷史唯物主義。因之，應當明確在形態極為繁多的人類實踐活動中，何者是屬於基礎的即具有根本意義的方面，我以為這就是歷史唯物主義強調的經濟基礎，而其中又是以生產力為根本的。生產力——這不就正是人們使用工具製造工具以進行物質生產的實踐活動麼？正是由於這種活動，才有人類的發生和發展（恩格斯：〈勞動在從猿到人轉變過程中的作用〉）。這是第一性的、根本的方面。人類的這種活動從歷史總體說，是由非意識非目的的偶發性進到有意識有目的從而具有必然性的過程，也是在這個過程中，產生了語言、意識、符號、思維等等。而如何由工具到語言，以及物質工具與符號工具（語言）之間的發生學的關係等等，都是很需要進一步探索的要點所在。我之所以在本書再三提及皮阿惹，正是因為他從兒童心理學的微觀角度接觸和闡明了操作對邏輯、思維的基礎意義，對實踐哲學的人類學本體論的宏觀大有啟迪。我之所以幾次提到維特根斯坦，也是因為他晚年明確論證了社會生活和實踐對語言、個體心理意識的決定功能。所有這些，作為科學成果，都恰好是有助於說明馬克思主義實踐哲學的，儘管他們本人並未這樣認為。

聯繫康德哲學的「自我統覺」，如果倒轉過來，則可以說，不是意識的「先驗自我」，而是歷史（物質現實）的人類實踐，才是真正的偉大的主體「自我」。實踐作為現實活動的感性，雖然也呈現為個別的存在，但其本質卻是普遍的。它之所以是普遍的，不但因為它總是某種社會結構的活動，普遍地作用於自然，具有改造世界的普遍的能動作用。而且，就整體說（不是部分或暫時），人類實踐生產活動是以符合和掌握客觀自然規律來改造自然為特徵，它本身就是一種理性（即符合客觀規律）的力量。因之，它就具有一定範圍內的客觀有效性和普遍必然性。從而在總體歷史上，它必然具有能夠實現自己的現實性格。（非理性的衝動、盲動，也是感性現實的力量，但它的本質是動物性或個體性的，並不具有這種實現自己的歷史必然性。）

列寧說，「實踐高於（理論的）認識，因為它不但具有普遍性的品格，而且還有直接現實性的品格」[78]。這個現實性，不只是指一般實踐具有感性的物質力量，而且更是說明：符合客觀規律的實踐活動具有必然實現自己的現實性。它使主體的存在不僅有現實的普遍性（即能夠普遍地作用於現實），並且還有普遍的現實性（即合規律的主體目的能夠實現）。而人們主觀意識、思維的普遍性，不過是這一物質現實的主體實踐的普遍性的表達罷了。知覺表象之間、意識之間的必然性的相互聯繫和秩序，正是實踐將客觀自然的這些聯繫發現出來，反映到思維、意識中。因之，康德所謂「對象意識」，所謂對象思維中的「重建」，亦即思維綜合感性材料構成有關對象的能動認識，正必須以上述實踐能動地改造對象現實為基礎和前提。如同在本書第二章中所指出，所謂「綜合」是以實踐活動改造對象為現實前提，康德在論「先驗統覺」時所極力強調的「自我意識」的綜合作用和功能，仍然不過是實踐的「自我」主體感性現實地改造對象的反映。康德所謂必須有一個先驗的「常住」的「我思」，作為統一意識、貫串認識的不變的基礎和形式，不過是現實的「常住」的人類主體實踐，不斷將客觀自然的統一性發現出來的表達。認識的能動性來源於實踐，認識的客觀性和真理標準，仍然是實踐。康德強調的能動性和客觀性相統一這種自我意識的本質特徵，實際來自人類實踐的能動性和客觀性。

恩格斯在批判掇拾康德牙慧的杜林認為思維把存在變為統一體、一切思維的本質就在於把意識的要素聯合為一個統一體時指出，存在的統

[78] 《哲學筆記》，1974年版，第230頁。

一決不在思維裡，而在於它的物質性。事實上，首先有物質世界的統一性，才可能有思維中的統一性，而這個物質世界的統一性，正是通過人類實踐才過渡為意識、思維的能動的統一性。包括思辨、意識的形式的統一性也是如此。前文講「主觀演繹」時，便講到這種心理、意識的統一性如何來自實踐（勞動活動）的統一性，同樣，具有普遍性的高級邏輯思維形式（如辯證範疇和形式邏輯）和自由直觀，也是具有普遍性形式的實踐本性所內化和積澱。本書第二章到第四章中已就形式邏輯、數學、時空構架和因果觀念等作了一些說明。這樣一些人類所特有的認識形式是人類認識能動性的表徵，它們根本上是來源於人類實踐的。至於具體的思維內容，則人所共知，更是歷史具體地決定於一定社會時代的實踐內容。總之，不能把實踐等同於感知經驗（邏輯經驗主義）或語言活動（維特根斯坦），也不能把實踐看作是無客觀物質規定性的主觀活動，即不能把實踐囊括一切、無所不包（西方馬克思主義），而應還它以物質結構的規定性，即歷史具體的客觀現實性。這才是真正的實踐觀點，本書之所以不嫌重複，再三強調使用和製造工具，原因即在此。現在講馬克思主義實踐論的很多，但對這點都重視不夠（參看第九章）。

費爾巴哈和一切舊唯物主義從感覺出發，實際是從個別或個體出發，它有現實性，但無普遍性。康德、黑格爾從普遍出發，實際是從思維出發，它有普遍性，沒有現實性。只有從實踐出發，才既有普遍性，又有現實性。立足於感覺或一般的感性呢？或者立足於理性即抽象的思辨呢？還是立足於實踐、立足於具體歷史的社會活動呢？這就是馬克思主義實踐論與舊唯物主義認識論和唯心主義認識論的根本分歧之處。舊唯物主義（包括洛克、法國唯物主義和費爾巴哈）從感覺出發（靜觀的存在），德國古典唯心主義從意識出發（思辨的活動），馬克思主義則從實踐出發（物質的活動）。從實踐出發，也就是歷史具體地從社會生產方式出發，從億萬人民群眾的衣食住行出發。所以說，馬克思主義的歷史唯物主義才是科學的認識論的哲學基礎。馬克思主義奠基人在批判直觀的唯物主義，批判不懂得歷史唯物主義的自然科學時一再指出：「費爾巴哈特別談到自然科學的直觀，提到一些只有物理學家和化學家的眼睛才能識破的祕密，但是如果沒有工業和商業，哪裡有自然科學？甚至這個『純粹的』自然科學也只是由於商業和工業，由於人們的感性活動才達到自己的目的和獲得材料的。這種活動、這種連續不斷的感性勞動和創造、這種生產，是整個現存感性世界的非常深刻的基礎……」(79)。「工業是自然和自然科學對人的現實的歷史的關係。如果工業被看作是人的本質力量的外在顯現，那麼，我們就好理解自然的人的本質或人的自然本質了。」(80)「自然科學和哲學一樣，直到今天還完全忽視了人的活動對他的思維的影響；它們一個只知道自然界，另一個又只知道思想。但是，人的思維的最本質和最切近的基礎，正是人所引起的自然界的變化，而不單獨是自然界本身；人的智力是按照人如何學會改變自然界而發展的。」(81)馬克思恩格斯的思想，都在指明只有從人的能動的社會實踐活動中去理解客觀世界和人本身，才能理解人的認識，才能理解人的感性和理性。這個能動的實踐，不是費希特那種無客體的純思維的主體行動，而主要是以自然存在為前提，使用和製造工具，利用客觀自然的人類工藝學的物質生產活動。從原始石斧到現代自動化，開闢著使人類從動物式的生存、活動和「勞動」中徹底解放出來的道路。人將不是以自然賦

(79) 《德意志意識形態》，《馬克思恩格斯選集》第1卷，1972年版，第49頁。

(80) 《經濟學——哲學手稿》，1963年版，第91頁。

(81) 《自然辯證法》，《馬克思恩格斯全集》第20卷，1971年版，第573～574頁。

予他的那有限的體力、器官和心理意識，即自然生物族類的本能和能力（動物也有這些）來征服世界，人類的「自我」具有由工具武裝起來的主體意義。人所以是萬物的尺度正在於他有工具。馬克思說，「工藝學會揭示出人對自然的能動關係，人的生活的直接生產過程，以及人的社會生活條件和由此產生的精神觀念的直接生產過程。」[82] 馬克思特別重視工藝學，稱之為「社會人的生產器官的形成史」，比之如達爾文研究「自然工藝史」，即「在動植物的生活中作為生產工具的動植物器官」的形成史[83]。

馬克思說，「環境的改變和人的活動的一致，只能被看作是並合理地理解為革命的實踐。」[84] 革命實踐作為活生生的偉大的現實物質力量，才是陶鑄自然統一萬物的主體「自我」。這個「自我」主體具有真正客觀的力量。這種力量到近代大工業機器生產出現，到現代自動化、計算機、核能等等的出現，更直接以可無限發展的智力、認識、科學來征服世界。科學直接轉化為生產力。物化智力的生產形態，將日益成為人類「自我」的突出特徵。在這種意義上，作為這一「自我」的精神意識方面，才具有真正巨大的意義。康德的「先驗自我意識」，不過是這個真正雄偉的人類實踐的「自我」的一種唯心主義的預告罷了。康德所謂「先驗綜合統覺」在思維中作為形式的無處不在，只不過是實踐的「我」在現實中作為變革世界的物質力量的無處不在的折光罷了。實踐的「我」在現實上的統一萬物，才有可能產生思辨的「我」在意識中統一萬物。所以，不是思維的「我」，而是實踐的「我」，不是任何精神思辨的「我」，而是人民群眾集體的、社會的「我」，才是歷史的創造者，才是客觀世界的改

[82] 《資本論》第1卷，《馬克思恩格斯全集》第23卷，1972年版，第410頁。
[83] 同上書，第409頁。
[84] 〈關於費爾巴哈的提綱〉，《馬克思恩格斯選集》第1卷，1972年版，第17頁。

造者，也才是科學認識的基礎。這才是群眾創造歷史的唯物主義「反映論」，也就是馬克思主義的實踐論。有這樣一首中國現代民歌：「天上沒有玉皇，地下沒有龍王，我就是玉皇，我就是龍王，喝令三山五嶺開道，我來了。」正是這個「喝令三山五嶺開道」的「我」，這個歷史的創造者、社會實踐的主人翁，這個集體的「我」，才是認識論的真正的主體自我。只在這個客觀的自我的基礎上，人類主觀自我一切能動認識形式才有產生的可能。康德所要求確立的知性、判斷力、理性，的確是動物所不能具備，只有人類才有的普遍必然性的東西，這些東西卻又只有歷史地從這個實踐中才能產生出來。由動物性和主觀性的五官感知進到具有客觀性和能動性的認識形式，由個人的所謂「知覺判斷」到共同性的「經驗判斷」，都是以人類的物質實踐作為基礎和前提。在這裡，本體論與認識論才真正是統一的，人類學與心理學、歷史與邏輯才真正是一致的。自我的真正的唯物主義的意義就是如此。在現代科學、技術、工業基礎上，這個改造世界的「自我」人類主體已日益突出。與此同時，作為個體的「自我」的地位、作用、意義和獨特性、創造性、多樣性、豐富性等問題，也日益突出和重要了。

（八）「哥白尼式的革命」

可見，用思維的能動性來囊括一切，這是由康德到費希特、黑格爾的道路。用物質生產活動的社會實踐來作為人和自然統一的基礎，來構建心理和邏輯，這是由馬克思主義到康德的道路。

康德提出「自我意識」作為認識的主觀能動性的軸心，否定了舊唯物主義的靜觀反映論，曾自比是哥白尼式的革命[85]。哥白尼認為，不動的星球卻在運動，是由於觀察者（在地球上）在運動的原故；康德認為，本身並沒有時空、因果等等的「物自體」看來有這些經驗現象，是由於人心在動的原故。康德把認識圍繞對象（自然）而旋轉，改變為以「自我意識」為軸心而旋轉。人的認識不隨外界旋轉，而是外界隨人的先驗意識形式而旋轉。這是以物質自然為本體轉到以人的精神意識為本體，由以自然為中心轉到以人為中心的所謂哲學中的哥白尼式的革命[86]，亦即把洛克和法國唯物主義的認識論變革為德國古典哲學唯心主義的認識論，以唯心主義的先驗論反對舊唯物主義的反映論。

但如前所述，康德的先驗「自我意識」又必須依存於具體「我思」中的客觀經驗內容，「自我意識」又必須與「對象意識」相互依存，才可

---

[85] 康德《純粹理性批判》第 2 版序言中談到此時說，「如果直觀必須符合於對象，那我不懂我們如何能先驗地知道對象，但如果對象（作為感覺對象）符合於我們的直觀能力，便很容易看到這種可能性。……或者假定為我藉以得此規定的概念與對象相符合……，這就仍然陷於關於對象我如何能先驗地認識的困擾中。或者假定為對象或經驗（這是同一的，因為對象只有在經驗中才成為給定的對象而能被認知）與概念相符合。在後一假定中，解決變得容易得多」（《純粹理性批判》Bxviii，參看藍譯本，第13頁）。就是說，由於知性範疇直觀形式先驗地存在於「自我」，亦即先驗統覺的自我意識使科學知識（普遍必然的「先天綜合判斷」），成為可能。

[86] 關於康德的哥白尼比擬，有一些爭議。有人認為，哥白尼推翻了以人（地球）為中心的托勒密體系，與康德以人為中心恰好相反。但康德是以原來以為不動的方面（地球、人）的活動，亦即以人（精神）的能動性，來比擬地球的能動性的。

能存在，這個「哥白尼式的革命」就並未徹底實現。只有到黑格爾的「絕對理念」，雖然它也必須通過展開為經驗世界的萬事萬物，完成其理念發展的精神歷程，才達到自我意識——對自身的認識，但黑格爾卻明確地把精神、意識高揚為第一性的決定性的東西。康德的「哥白尼式的革命」，即唯心主義對唯物主義的否定，到黑格爾才算得到真正的完成。

物極必反。絕對唯心主義發展到了極點，也就為把這種顛倒了的過程再顛倒過來準備了條件，從而走到更高一級的唯物主義的轉變前夜。青年黑格爾派正是從自我意識展開了對黑格爾的批判。青年馬克思在其〈博士論文〉中也正是從自我意識來處理和重視伊壁鳩魯原子偏斜觀念。自我意識本是當時黑格爾學說解體的中心議題。進一步，馬克思在對青年黑格爾派這種精神性的自我意識的批判中，走向了歷史唯物主義。「即便他們把哲學、神學、實體和全部廢物都消溶在『自我意識』之中，……『人』的『解放』仍然不會因此而前進一步；真正的解放不可能是別的，只能在現實世界中並通過現實的手段加以實現。沒有蒸汽機、珍妮機——走錠精紡機，工業奴隸制就不能廢除；沒有改良的農業，農奴制就不能廢除；只要人們還不能使自己的吃、喝、住、穿在質上和量上得到充分供應，就根本不能使人獲得解放。『解放』是一種歷史的活動，而不是思想的活動……」[87]。「自我意識」成了由黑格爾到馬克思，由唯心主義到唯物主義，由思維的主體自我到歷史的、物質現實的主體自我的一個關鍵環節。通過費爾巴哈的媒介，馬克思對黑格爾的批判改造終於完成了。正是這樣，無論從德國古典哲學發展和解體的具體歷史說，還是從哲學認識論的一般邏輯說，都是如此。而由洛克、法國唯物主義

[87] 《馬克思〈德意志意識形態〉手稿片斷》，載荷蘭《國際社會主義思想史評論》第7卷第1冊（1962年）。

到康德、黑格爾，再由康德、黑格爾到馬克思，這便是具有深刻意義的人類認識史上的辯證法：否定之否定，由物質到精神，再由精神到物質。它成為整個近代哲學史的終結和完成，螺旋形地上升了一級。正如列寧所指出：「哲學上的『圓圈』：……近代：霍爾巴赫——黑格爾（經過貝克萊、休謨、康德）。黑格爾——費爾巴哈——馬克思。」[88] 但這個圓圈並不是思想的直接轉化和抽象繼承，而是以社會鬥爭和科學發展為基礎的哲學路線的否定。唯物主義由靜觀的反映論到能動的實踐論，由洛克和法國唯物主義的靜觀地觀察自然（感覺），以自然為中心，到能動地改造世界（實踐），以歷史的階級的人為中心，這是唯物主義史發展中的一個巨大的飛躍。在舊唯物主義那裡，人只作為自然的一部分，屈從於自然[89]。馬克思主義實踐論強調了人的能動作用，人成了包括自然界在內的整個世界的主人，這才真正實現了「哥白尼式」的偉大的哲學革命。這個革命又正是在批判了康德、黑格爾的古典唯心主義的虛假的「哥白尼式的革命」才可能取得的。法國唯物主義把人從屬於自然，德國古典唯心主義把自然從屬於人的精神，馬克思主義的唯物主義則把自然從屬於人對世界的能動的物質改造。這也就是由自然本體論（法國唯物論）到意識本體論（德國古典唯心論）到人類學本體論（馬克思主義）。人類的大我和個體的小我特別是它們之間的關係，在這過程中不斷發展和變化，個體自我的存在意義、性質、權利、地位和豐富性，將日益突出，「自我意識」也將具有更新的覺醒意義。

[88] 《哲學筆記》，1974年版，第411頁。

[89] 霍爾巴赫便強調說過，人不要自以為了不起，是宇宙之王，「人決沒有理由自以為是自然中的一個有特權的生物；他同自然的一切其他產物一樣，服從於同一的變易」，等等。（《自然的體系》上卷第6章，商務印書館，1964年版，第82頁）

因為只有在這種能動改造自然的基礎上，作為個體的自我才有可能獲有和發展出他的獨特的存在價值、特徵和性格。動物雖然也有生理稟賦以至氣質、才能的差異，但談不上什麼真正的個性。個性的豐富性、多樣性是隨著人類總體亦即社會存在和社會意識的發展而發展和擴充的。正如皮阿惹論證兒童的個性是隨其社會性、他的個性主觀性是隨著他的認識的客觀社會性的發展而發展的一樣。而個性的被壓抑、被漠視以及個體的小我被淹沒在總體的大我中，則又是共產主義到來前的人類史前期所難以避免甚至必然要經歷的大量現象。正如失去個性只有普遍性形式的符號系統和物化智力成為大我見證一樣，小我的見證最初只能表現在具有各種個性獨特性、多樣性和豐富性的審美——藝術結構中，它在社會各領域的真正充分展開，則有待於人類史前期的結束。這一問題在本書第十章結尾時還要觸及到。

總起來看，前面幾章依次討論了時空直觀和知性範疇，本章論述了康德把這一切歸結為「自我意識」，經由黑格爾，馬克思從「自我意識」走向歷史唯物主義。在這裡，奠定了人類主體性的文化心理結構的客觀基礎即作為歷史總體的人類社會實踐，這也就是人類主體性的客觀方面即工藝—社會結構的方面。人類主體性的「自我」由這兩個方面（工藝—社會結構和文化—心理結構）組成。而工藝、社會物質生產這一方面是基礎，是「第一性」的方面，這就是本章在批判和顛倒康德後所要說明的。

第六章 認識論：（五）「二律背反」

（一）「先驗幻相」與辯證法

康德的〈先驗辯證論〉是《純粹理性批判》一書中比較好讀的部分。〈分析論〉說明知識（真理）如何構成，〈辯證論〉說明謬誤如何產生。它是〈先驗邏輯〉的第2部分。康德認為，認識論的根本任務，在於防止認識闖入本不是它所能達到的領域。批判哲學之所以叫批判，也正是這個緣故。康德說：「一切純粹理性的哲學的最大也許是唯一的效用，只是消極的；因為它不是用來擴大純粹理性的工具，而是限制純粹理性的原則，它不是去發現真理，而只有防止謬誤的功勞。」❶（這與現代邏輯實證論和語言分析論某些論點表面非常相似。）在〈辯證論〉裡，康德通過給知性劃定界限，指出靈魂、自由意志、上帝這些形而上學的實體，由於沒有感性直觀的經驗基礎，即感性經驗不能提供有關這些實體的任何材料，超出了知性所能適應的範圍，因而不是認識的對象。一切證明靈魂、自由意志和上帝的理論學說，即當時流行的所謂「理性心理學」、「理性宇宙論」和「理性神學」，康德逐一加以駁斥詰難，指出它們都是不能成立的，其中特別是對上帝存在的神學（安塞爾謨）—哲學（笛卡爾）的「本體論證明」，以及「宇宙論的證明」和「自然神學的證明」，予以詳細討論和批駁。這在當時宗教具有極大勢力的情況下，是有突出的進步意義的。如本書第一章所說明，在法國發生政治革命的同

❶ 《純粹理性批判》A795=B823，參看藍譯本，第544頁。

時，在德國發生了哲學革命，它革了十七世紀形而上學的命，革了論證上帝存在之類的神學的命。恩格斯著重提到詩人海涅注意到了德國的哲學革命。海涅在《德國宗教和哲學的歷史》一書中正是把康德的《純粹理性批判》比作法國大革命恐怖時代的國民議會。海涅說，羅伯士比爾將法王路易十六送上斷頭臺，康德將上帝送上了同一場所，從此以後，企圖論證上帝存在的任何理論便完蛋了。康德認為，上帝存在根本不能證實，它純然是個主觀信仰問題。但我們知道，人是有理知的，人的理知能夠加強或減弱人的信仰，教會和宗教的維護者所以總要用種種辦法來「論證」神的存在，就是這個原故。現在康德將上帝逐出認識領域，客觀上便能削弱人們對上帝的信仰。儘管康德本意並不如此，但客觀上所起的不利於宗教的作用，仍然是很明顯的。革命的詩人海涅歡呼它是革命，同樣，敏感的天主教會卻視為大逆不道。其實康德認為，這些不能認識的對象——靈魂不朽、自由意志、上帝存在，雖然不能證明它們存在，但也不能證明它們的不存在。它們除了作為信仰對於人們的實際生活道德倫常有利、有益之外（參看本書第九章），並且還是知性認識追求的趨向和目標。作為「範導原理」（詳後），它們對認識有積極的意義。可見〈辯證論〉與〈分析論〉一樣，康德哲學中的唯物主義與唯心主義兩種傾向在這裡仍然有著深刻的對峙，只是不像〈分析論〉那樣呈現為直接的矛盾。這裡表現出的是一付典型的折中形態。這是因為，〈辯證論〉一方面是康德整個認識論的完成，另一方面它又逐漸跨向道德倫理領域，實際上是思辨理性（理論理性）向實踐理性的過渡。

〈先驗感性論〉主要談感性，〈先驗分析論〉主要談知性，〈先驗辯證論〉主要談理性。感性、知性、理性，這是從康德到黑格爾對人的認識功能的區分。感性是感覺、知覺等接受的功能和時、空直觀形式。知性就是理知、理解等功能。理性在德國古典唯心主義哲學中，則具有一個特殊位置。它不同於感性，也區別於知性。它指的是一種更根本更高級的東西。它有時帶著十分神祕的意味，有時又完全與知性同義。康浦・斯密解釋康德所用「理性」一詞說：「理性一詞在《純粹理性批判》一書中有三種不同的意義。在上述標題裡（按指書名標題，即《純粹理性批判》中的『理性』一詞。──引者），它是用於最廣泛的意義上，作為一切先驗因素的源泉。它包括著感性的先驗和知性的先驗。在其最狹的意義上，它甚至和知性區分開來，指那促使心靈不滿足於其日常的和科學的知識，而指引它去要求在經驗範圍內永不能發現的完全性與無條件性的功能。知性決定著科學，理性產生形而上學。知性有諸範疇，理性有其理念。第三，康德常常把知性與理性作為同義詞使用，把心靈只劃為兩種功能：感性與主動性。」❷ 康德的第三種用法，即把理性看作是知性的同義詞，與我們今天的習慣用法即區分認識為感性認識與理性認識，約略相當。但對康德（以及黑格爾）來說，重要的並不是這種用法，而是理性不同於知性、區別於知性的用法。這個用法包含非常複雜、多樣和含混的內容，在本書第九章中還要講。這裡只講康德在認識論中的「理性」。康德認識論的「理性」，指的是「純粹思辨理性」，也叫「純粹理論理性」，以區別於倫理學領域的「純粹實踐理性」。在〈辯證論〉中，它並不是指另一種與知性不同的思維功能或能力，而是就理性有一種與知性不同的思維對象和內容而說的。即是說，知性的對象和內容是感性經驗，理性的對象和內容不是感性經驗，而是知性自身。理性與感性無關，只與知性的活動和使用有關，因之它也可以說是關於思維的思維。康德說：「純粹理性絕不直接與對象有關，而只與知性關於對象所構成的概念

❷ 康浦・斯密：《康德「純粹理性批判」釋義》，第2頁。

相關」❸；「……理性絕不直接應用自身於經驗或任何對象，而僅應用於知性，它要用概念給予知性的雜多知識以先天的統一」❹。純粹知性的概念是範疇，純粹理性的概念則是理念。純粹知性範疇具有綜合統一感性的功能，通由想像將感性雜多納之於知性的軌道。純粹理性的理念則以其「範導原理」對知性具有統一的功能。知性予感性以統一，理性則予知性以統一。理性由於只統一知性，與感性無關，所以它不是經驗的統一，而只是概念的統一，是一種應用概念構造系統的統一。範疇是規範感性以用於經驗的，理念則恰恰針對非經驗的東西。這樣，理性的統一性便只是主觀的，沒有任何客觀意義和效力。這即是說，不能把統一知性的理性的理念看作是客觀存在的對象，或具有客觀規定性和實在性。可見，它與知性的範疇、概念很不相同。

理性概念與知性概念在外表上是看不出什麼分別的。兩者都是抽象概念，它們的區別是在上述實質上。知性的對象是感性經驗，任何感性經驗都是有條件的、有限制的具體存在。但是，人們總是不能滿足於對這些有限、有條件的感性經驗對象的認識，而要不斷地追求、認識無條件的、無限制的統一整體，亦即所謂絕對總體。但這種無條件無限制的絕對總體，是任何具體的感性經驗所不能給予的。「所有經驗的絕對總體自身是不能經驗到的。」❺例如，關於世界如作為一個總體，便不是感性經驗所能給予或提供的。任何感性經驗總是有條件、有限制的。知性只能從這些有條件、有限制的感性經驗出發，去推論和肯定一個無條件的、不受限制的絕對總體的存在對象，這便是知性超越感性對象（材料）的

❸ 《純粹理性批判》A335=B392，參看藍譯本，第265頁。

❹ 同上書，A302=B359，第247頁。

❺ 《導論》§40。

一種擴充，即由有條件的統一擴充到無條件的統一，由受限制的部分擴充到無限制的總體……，從而越出了人們可能經驗的範圍，於是產生了理性的理念。靈魂、自由與上帝，就是這種客觀並不存在，但由於知性超經驗地追求無條件、無限制的統一而產生的先驗理念。「理性概念是關於完整性的，即關於全部可能經驗的集合的統一性的」❻。知性是管經驗的，理性則通過知性追求一種全部經驗的完整統一體。

康德用形式邏輯作類比，以判斷與推理相當於知性與理性。康德認為，正如每種形式邏輯的判斷蘊涵著一個純粹知性概念一範疇一樣（參看本書第四章），形式邏輯的每種三段論式（推理）便蘊涵著一個純粹理性概念，即理念❼。十二個判斷蘊涵著十二個範疇，三種三段論式的推理（直言推理、假言推理、選言推理）便蘊涵著三個理性理念：由直言推理最後追溯到一個自身不是賓詞的主詞，即靈魂；由假言推理最後追溯到一個不再以任何其他事物作為條件的前提，即自由；由選言推理最後追溯到一個自身不再是部分的總體，即上帝。知性範疇不能由感性得來，只能從判斷得出；理性理念不能由判斷得來，只能通過推理得出。因為判斷是直接論斷，推理則有大小前提，亦即有條件的，於是由有條件的不斷追溯到一個無條件的，便是上述三個理念❽。

康德說，「一切先驗理念可列為三類：第一類包含思維主體的絕對（無條件的）統一；第二類包含現象的條件系列的絕對統一；第三類包含一

❻ 《導論》§40。

❼ 康德的 Idee 因指非經驗的主觀觀念、想法（特別是在〈辯證論〉中），不同於一般的觀念，故不譯觀念。但康德的理念並無柏拉圖或黑格爾那種客觀存在之意，柏拉圖那裡則以譯「理式」為妥。

❽ 與由判斷形式得出範疇有所不同，康德這種所謂由推理形式得出三個理念，是為了體系結構搞的所謂「建築術」，其實妨礙了思想內容的準確表達。

般思維的一切對象的條件的絕對統一」❾。第一類是推論一個主觀思維的絕對統一（不朽的靈魂）；第二類是推論客觀對象的絕對統一（形成所謂宇宙論的二律背反）；第三類是推論一個一切主客觀所有條件的絕對統一，這就是上帝。康德指出，這實際上是「我們把對知性有益的概念聯繫的主觀必然性，當作物自體的規定中的客觀必然性」❿，就是說，把主觀思維中（通過概念的無限推移聯結）追求的東西，看作客觀存在的東西，構成了虛假的對象，即所謂「先驗的幻相」。這種「先驗的幻相」，不是邏輯錯誤，邏輯錯誤一經發現便可避免或糾正；它也不是經驗的幻相，因為它是理性的。但正如看到月大日小、水天相接的經驗幻相是無可避免的，是感官本身所必然產生的一樣，「先驗的幻相」也是理性進行認識必然要產生出來的。它們是幻相，但必然要產生。經驗幻相是感官影響我們的知性，發生判斷的錯誤。「先驗幻相」則是知性本身超經驗使用的結果。而所以如此，則是因為追求形而上學是人的一種自然要求，是思維進程不可避免的趨向，每個人心中都有一種形而上學傾向，都要求對這種超經驗的總體有所認識和把握。

康德認為，這種以假為真，以概念為事實，以主觀理念為客觀對象的「先驗幻相」，既是認識進程所必然產生，因之，任務就在於研究這種幻相，暴露出它的謬誤和矛盾。這種暴露認識進程所必然產生的「先驗幻相」的矛盾謬誤，就叫做辯證法。辯證法就是「先驗幻相」的邏輯。幻相之所以為幻相，在於將主觀（認識）的必然性當成了客觀（存在）的必然性，辯證法就是要揭出這個矛盾。康德說：「我們必須與之打交道的是一種自然和不可避免的幻相，這種幻相棲身在主觀的原理之上，而

❾ 《純粹理性批判》A334=B391，參看藍譯本，第264～265頁。

❿ 同上書，A297=B353，第244頁。

欺騙我們好像是客觀的。……所以存在一種純粹理性的自然和不可避免的辯證法，……這是與人類理性不可分離的辯證法」⓫。

（二）四個「二律背反」

這種認識進程中的辯證法，最充分地體現在第二類先驗理念，即宇宙論的四個「二律背反」之中（「二律背反」就是矛盾對立的意思。或譯「先驗矛盾」，亦可）。這是三個理念中最為重要的部分。作為第一類先驗理念的靈魂實體在上章中實際已講過，第三個先驗理念的上帝在第九章中再講⓬。

康德說：「我把所有先驗理念在它們有關現象綜合中的絕對總體，叫做宇宙概念，部分是因為這個無條件的總體也是世界整體概念建築於其上的基礎，部分是因為它們只與現象綜合即經驗的綜合有關。」⓭人們認識中的二律背反，是因為去追求和推論這個宇宙的絕對總體而引起，即從部分的、有條件的、有限制的經驗對象進而追求完整的、無條件的、不受限制的絕對總體的宇宙，即把宇宙作為一個總體（完整、無限、絕對統一……）來追求，從而引起無法解決的矛盾，產生「先驗幻相」。這幻相因為涉及感性經驗的現象綜合，康德說，所以仍可用範疇的四項——即量、質、關係、模態來表示它們。相當於「量」的，是時、空有限無

⓫ 《純粹理性批判》A298=B354，參看藍譯本，第244～245頁）。

⓬ 也只講涉及上帝與道德倫理等有關的部分。關於對上帝存在的幾種神學、哲學證明的反駁，如第1章所說，將不予論述。

⓭ 《純粹理性批判》A408=B434，參看藍譯本，第319頁。

限的矛盾。相當於「質」的，是物質能否無限分割的矛盾。相當於「關係」的，是有否不同於自然因果的自由。相當於「模態」的，是能否有宇宙萬物的最後原因或根源的存在。這四個「二律背反」的正反題如下：

第一個「二律背反」

正題	反題
世界在時間上有開端，在空間上有限界。⓮	世界並無開端，也無空間限界。就時、空言，它是無限的。⓯

第二個「二律背反」

正題	反題
世界中任何組集的實體，都是由單純的部分構成的，除了單純的事物或由單純部分所構成的事物以外，世界上別無他物。⓰	世界中組集的事物不是由單純部分所構成，世界中沒有任何單純的事物。⓱

第三個「二律背反」

正題	反題
按照自然規律的因果，不是世界的所有現象全能由它得出的唯一的因果性。要解釋這些現象，必須假定還有另一種因果，即自由的因果。⓲	沒有自由，世界中任何事物都是按照自然規律而發生的。⓳

⓮ 《純粹理性批判》A426=B454，參看藍譯本，第330頁。

⓯ 同上書，A427=B455，第330頁。

⓰ 同上書，A434=B462，第334頁。

⓱ 同上書，A435=B463，第334頁。

⓲ 同上書，A444=B472，第340頁。

⓳ 同上書，A445=B473，第340頁。

第四個「二律背反」

有一個絕對必然的存在屬於這個世界，或作為它的部分，或作為它的原因。[20]	世界中或世界外都沒有一個絕對必然的存在來作為世界的原因。[21]

康德用反證法（證明對方無理）論證了這四個正題和反題都能成立，從而認識就陷於嚴重矛盾之中。其所以如此，康德認為，就是因為把宇宙世界作為一個統一整體（或絕對總體）去追求認識，從而超出感性經驗的範圍的原故。感性直觀並不能把宇宙世界作為整體呈現給知性，亦即感官不可能感知作為整體（或總體）的宇宙世界。由感性直觀提供的經驗世界，總是有限制的，不完備的，部分的，聯繫於其他事物而存在的即有條件的，受自然因果關係所支配的。對於一個超出這些的「現象綜合的絕對不受條件制限的總體」，是經驗所不能提供的。所以，上述正反雙方就都不是經驗所能證實，經驗所提供的對象與正反雙方都是不相適應、不能符合的（所以都只能用反證法來證明）。康德指出，對運用於經驗範圍、使世界被我們認識到的知性概念來說，宇宙論的理念不是過大就是過小。如果說世界沒有起點、無限可分、沒有最初原因，等等，這就超出關於一切經驗和知性概念所可能提供的，所以過大。如果說世界有起點、由不可分的單純部分組成、有一個最初原因，等等，則又過小，因為知性和經驗還能夠繼續前進，科學還能繼續發現發明，決不停止在任何一個具體的有限之內。這就是說，前者（沒有起點、無限可分等等）是經驗所永遠無法提供證實的，後者（有起點、不可分等等）則已由經驗予以否證。

[20] 同上書，A452=B480，第345～346頁。

[21] 同上書，A453=B481，第345～346頁。

那麼，如何解決這個矛盾呢？康德說，「先驗的唯心主義是宇宙論的辯證論解決的鑰匙。」㉒ 康德認為「二律背反」證明了先驗的觀念論即劃分不可知的物自體與經驗認識的現象界的「正確」。因為從物自體與現象界的劃分來看，第三第四個「二律背反」的正題和反題都是對的。作為物自體，正題肯定上帝和自由意志的存在，它們不是認識的對象，不是感性直觀的對象，而是屬於道德倫理領域的實體，這是對的。作為經驗世界的現象界，反題又是對的，因為否定上帝、否定自由意志的存在（即沒有什麼與自然因果不同的另一種因果），是與我們的感性直觀和經驗相吻合一致的。在感性時、空直觀和經驗世界中，是沒有這種超自然、超因果的自由和作為萬事萬物的原因的上帝存在的餘地的。

第一個和第二個「二律背反」，康德認為，無論就物自體或就現象界說，都是錯的。就物自體說，它根本不是認識的對象，時、空根本不適用於它，從而根本不存在什麼有限或無限的問題，也不存在單一或非單一（即有限可分還是無限可分）的問題，說物自體有限或無限可分都是錯誤的。就現象說，第一第二兩個「二律背反」的正題反題仍然是錯誤的，因為對現象界的認識離不開我們主觀的直觀形式，如上面所已指出，它們作為現象系列只能存在於經驗的不斷追溯之中，它們既依存於人的經驗認識，因之就不能作出這種對經驗認識來說是或過大（無限）或過小（有限）的肯定結論。說時、空是有限的，物質不是無限可分，不符合經驗認識，因為經驗認識還可以繼續擴展伸延；說時、空是無限的，物質無限可分，也不符合經驗認識，因為經驗並未也永遠不能告訴我們這一點。所以，正反題對經驗都是沒有意義的。康德說：「因為世界不是獨立於我們表象的追溯系列而自身存在，世界自身的存在既非無限

㉒ 《純粹理性批判》A490=B518，參看藍譯本，第368頁。

的整體，也非有限的整體。世界只存在於現象系列的經驗追溯中，不能作為某某物自身而遇到。從而，如果這種系列經常是有條件的，絕不能作為完成的系列被給予，世界就不是一個無條件的整體，並不作為無限的量或有限的量的整體存在」㉓。「……一個被給予的現象中的部分的數量，其自身既非有限，也非無限。因為現象不是自身存在的某物，它的部分首先是在分解的綜合的追溯中並通過這追溯給予我們的，而追溯絕不能作為有限或無限的絕對完成給予我們」㉔。這種時、空數量的經驗追溯本身也不能說是有限或無限地進行，而只能說是不定地進行下去，就是說，我們認識的不斷綜合本身也不能以有限或無限規定，因為綜合並沒有這樣一個有限或無限的絕對的完成體。如肯定追溯可以無限地進行，也就等於事先假定時、空本身是無限的，「就是以世界具有無限量為前提」。如肯定追溯只能有限地進行，那「這種絕對的限界在經驗上同樣是不可能有的」，對於經驗又太小了，因為經驗仍然能夠不斷繼續下去的。所以解決這個有限無限的矛盾，就在於指出經驗可以不定地進行下去。這兩個背反是形式邏輯的反對判斷，還不是矛盾判斷，即可同假，從而可以有這種第三條（不定進行）出路。所謂不定進行，也就是說可以一直進行下去，它既非有限，也非無限。

康德這四個「二律背反」的正反雙方，標明著康德哲學中的兩種來源和兩種傾向。正題是傳統的唯理論，它符合於神學和宗教，是唯心主義路線。反題是經驗論的，它不符合神學教義和當時統治階級的所謂道德風尚，它肯定時、空無限，否定上帝和非因果的自由，是接近唯物主義的。康德自已明確指出，這兩方面是古代希臘柏拉圖路線和伊壁鳩魯

㉓《純粹理性批判》A505=B533，參看藍譯本，第376頁。

㉔ 同上。

路線的對立。康德說：「上述的二律背反構成了伊壁鳩魯主義與柏拉圖主義之間的對立。這兩種哲學類型所論斷的都超過他們所知道的。伊壁鳩魯主義鼓勵和促進知識，但對實踐有偏見。柏拉圖主義提供優良的實踐原理，但又縱容理性對自然現象作理想的解釋……，而忽視物理的探討」㉕。康德自己則動搖在這二者之間，對正反兩方，時而傾向反題，承認它更符合經驗事實，對於當時為唯理論統治的哲學界不能評價反題頗為遺憾，「經驗論之普遍不為人歡迎，實在令人驚異」㉖。但是，他又遵循當時的宗教教義和統治思想，指責「……經驗論……堅決否定超越直觀認識範圍以外的一切，暴露出自身也缺乏中庸之道。這種錯誤使理性的實踐利益受到不可彌補的損害，所以更應予以譴責」㉗。從認識論講，康德推崇伊壁鳩魯，說他從不以推論超出經驗界限之外，「表現了比古代其他任何哲學家更具有純正的哲學精神」㉘。從倫理學講，康德更推崇柏拉圖。但整個說來，本體高於現象，倫理高於認識，所以，從體系上講，康德的唯心主義的正題仍然占了優越地位。

由於符合事實，康德對反題的論證，一般比較清楚。對正題的所謂論證，則相當拙劣。這裡只舉第一個「二律背反」的正題反題即時、空有限的論證為例。康德論證道：

正題	反題
世界在時間上有開端，在空間上有限界。	世界並無開端，也無空間限界。就時、空言，它是無限的。

㉕ 同上書，A471～472=B499～500，第357頁。

㉖ 同上書，A472=B500，第357頁。

㉗ 同上書，A471=B499，第356頁。

㉘ 同上書，A471=B499注，第357頁。

證明：

如果我們假定世界在時間裡沒有開端，那麼在任何一個被給予的瞬間上，永恆已經逝去，因而一個彼此相繼的事物狀態的無限序列在世界上流逝了。但是，序列的無限性正好在於它永遠不能由連續的綜合來完成。因此，無限的世界序列已經流逝是不可能的，所以世界的開端是世界存在的必要條件。這是需要證明的第一點。

關於第二點，我們再假定相反的情形：世界是一個由同時存在的事物所構成的無限的給予的整體。對於不在任何直觀的某種限界內提供的量的大小，我們只有通過它的各部分的綜合才能設想，並且對於這種量的總體，只有通過完成的綜合即通過單位自身的不斷相加才可以設想。為了把充滿一切空間的世界設想為一個整體，必須把無限世界的各個部

證明：

我們假定有開端。由於所謂開端就是一個存在，在它以前就有時間，在那時間裡，這東西還沒有，那麼，就必須有一過去的時間，在這時間裡，世界還不存在，那就是說空的時間。而一個東西不可能在空的時間裡發生，因為這種時間的任何部分同任何別的部分比較，都不具有存在而非不存在的特殊條件，不管我們認為這個東西是自己發生的，還是由於其他某種原因發生的，都是這樣。在世界裏，許多個事物系列固然能有開始，但是世界本身不能有開端。所以在過去的時間方面是無限的。

關於第二點，我們先假定反面，即世界在空間中是有限的、有限界的，從而就是存在於一種無限界的空的空間裡面。因此，各樣東西不只是在空間中關聯著，並且是同空間關聯著。可是由於世界是一個絕對的整體，在

分的連續綜合看作已完成的東西，就是說，在計算所有同時存在的事物時，無限的時間必須被看作已經流逝了的，但這是不可能的。因此現實事物的無限聚集不能被看作一個給予的整體，也不能被看作同時給予的東西。所以，世界就其在空間的廣延來說，不是無限的，而是有界限的。此即爭論的第二點。㉙

它以外沒有直觀的對象，因此就沒有世界與它關聯的那個相關的東西，世界同空的空間相關聯就是它對沒有對象的關聯。但是這種關聯，從而世界為空的空間所限定，都是空無。所以，世界不能在空間中有限界，也就是說，世界在廣延方面是無限的㉚。

反題的證明雖然囉嗦，但由於合乎經驗和常識，還是好懂的。這個論證簡單說來，便是：世界如有開始，則開始前有虛空的時間，而無事件的虛空時間，任何時候均是類似的，因之也就無法區分哪一點是世界的開始，從而世界無開始，時間是無限的。正題的證明則不然。在那裡，空間的有限是由時間的有限推論得來的，時間的有限又是把時間作為序列的起點必然有限（即任何一點作為開始），從而就不能說時間是無限來推論的。這個推論語義含混，似是而非，因為它把往後追溯的「流逝」說成是到此（計算起點）為止的完成與終止，顯然是不能成立的，這完全變更了時間一向量的根本性質，把指向未來的「開始」與過去系列的「完成」完全混同，待證明的「開始」變成了證明的前提。實際上是把現實上的無限與數學上有數字為起點的無限序列混為一談了。

㉙ 《純粹理性批判》A426～428=B454～456，參看藍譯本，第330～331頁。

㉚ 同上書，A427～429=B455～457，第330～331頁。

（三）「不能避免矛盾」（恩格斯）

恩格斯在駁斥杜林「一字不易地」抄錄康德這段論證時，指出，時、空的「這種無限性和無限序列的無限性完全不同，因為後一種無限性總是開頭就從一，從序列的第一項開始。這種序列觀念不能應用於我們的對象……」㉛。「如果沒有數學上運用無限序列的習慣，全部錯覺都不可能有了。因為在數學上，為了達到不確定的、無限的東西，必須從確定的、有限的東西出發，所以一切數學的序列，正的或負的，都必須從一開始，否則就無從計算。但是，數學家的觀念上的需要，決不是對現實世界的強制法」㉜。現實的時、空本來不會有什麼起點和終點的，康德在這裡顯然是以從 1 開始（即從有限開始）的數學序列的無限性替代了現實時、空的無限。所以，康德關於時、空有限這個論證是不能成立的。

但重要的是，康德提出了無限與有限的辯證關係，提出了這是理性一思維所必然碰到的矛盾，雖然他的解答是錯誤的：他把這種矛盾看作只是主觀認識的幻相，是不能適用於經驗的虛假的理性理念，辯證關係被屈從在形而上學之下。然而這在哲學史上卻起了重要作用。黑格爾再三談到康德的「二律背反」。黑格爾指出，「康德對二律背反，給了這樣

㉛ 《反杜林論》，《馬克思恩格斯選集》第3卷，1972年版，第89頁。

㉜ 同上書，第90頁。

的概念，即它不是詭辯的把戲，而是理性一定會必然碰到的矛盾。這是一種很重要的看法」㉝；這「是造成近代哲學進程中的一個最重要的步驟。……但似乎矛盾的污點不應污染世界的本質，而只能把它歸諸思想的理性即精神的本質」㉞，沒有更進一步發現二律背反的真正的積極的意義。黑格爾肯定康德將矛盾作為理性必然要「碰到」的問題，但駁斥了康德認為矛盾只是主觀的幻相，指出「二律背反的真實的積極的意義，乃在於任何實在的事物都是包含相反成分的共存。因此認識或把握一個對象，就等於要意識到此對象是一個相反成分的具體統一」㉟；「的確不錯，我們可以超出每一個確定的時、空；同樣不錯，只有確定性的時、空（如此時此地）才是真實的」。「以自由與必然為例，真正講來，知性所了解的自由與必然實際上只構成真自由與真必然的抽象環節，將自由與必然截分為二，則皆失其真實」㊱。這些都是說明，現實事物本身都存有矛盾，從而，真理不是逃避或撇開矛盾，而是在把握矛盾的對立、統一、推移、轉化之中，即應在知性抽象概念的片面性的不斷揚棄之中來獲得真理。黑格爾把認識看作是概念的辯證運動過程，這個過程就是矛盾的發展，「二律背反」的展開。黑格爾說：「……只要對理性的二律背反的性質，或者更正確地說，辯證的性質，深入觀察一下，就會看出每一個概念一般都是對立環節的統一，……有多少概念，就可以提出多少二律背反」㊲。「康德指出了四個矛盾；這未免太少了，因為什麼東西

㉝ 黑格爾：《邏輯學》上卷，商務印書館，1966年版，第200頁。

㉞ 黑格爾：《哲學全書・邏輯》§48，參看賀譯本《小邏輯》，商務印書館，1962年版，第142～143頁。

㉟ 同上書，第144頁。

㊱ 同上書，第145頁。

㊲ 黑格爾：《邏輯學》上卷，商務印書館，1966年版，第200頁。

都有矛盾。在每一個概念裡都很容易指出矛盾來」㊳。「二律背反的真正解決，只能在於兩種規定在各自的片面性都不能有效，而只是在它們被揚棄了，在它們的概念的統一中才有真理……」㊴。這個統一是通過概念的推移運動，在認識的過程中來取得的。黑格爾說，認識應當以自身的運動來解決自己的有限性，並從而解決自己的矛盾。

黑格爾對康德的批判是深刻的。這個深刻倒不在於指出任何概念和事物都包含矛盾，因為這一點康德並非不知道。從其五〇年代的處女作到六〇年代的論負數，以及到八〇年代論歷史，等等，康德是非常重視事物和概念的矛盾雙重性的。矛盾和否定在康德那裡也並不都是消極的。相反，康德經常指出它的積極的意義，強調自然界的斥力、反作用力、社會中的醜惡（參看本書第九章）等等的重要作用，這是康德哲學一個重要因素。但是，問題在於康德把矛盾和否定作為發展過程的總體，不是肯定它，而是否定它。他不能把作為總體進程的世界本身看作矛盾，從而不了解人的認識進程也必須通過這種矛盾運動來接近世界。列寧《哲學筆記》摘錄了黑格爾講認識應當以自己的運動來解決矛盾這句話，批注說：「認識的進程使認識達到客觀真理」㊵。這個過程在黑格爾是概念的運動過程，是理念的辯證發展的過程。列寧指出，「人的概念就其抽象性、隔離性來說是主觀的，可是就整體、過程、總和、趨勢、泉源來說卻是客觀的」㊶。「康德把認識和客體割裂了開來，從而把人的認識（它的範疇、因果性，以及其他等等）的有限的、暫時的、相對的、有條件

㊳ 黑格爾：《康德哲學論述》，商務印書館，1962年版，第41頁（原文在《哲學史講演錄》第3部分內）。

㊴ 黑格爾：《邏輯學》上卷，商務印書館，1966年版，第200～201頁。

㊵ 《哲學筆記》，1974年版，第222頁。

㊶ 《哲學筆記》，1974年版，第223頁。

的性質當作主觀主義，而不是當作觀念（=自然界本身）的辯證法」㊷。康德把「二律背反」當作先驗的幻相、主觀的矛盾而予以避開和否定。黑格爾肯定「二律背反」到處皆在，是概念本身的辯證法。馬克思列寧主義強調，人的理性認識是通過概念來進行的，而任何概念總是凝固的、僵硬的，它們只能部分地、抽象地、片面地反映和把握客觀現實。只有以實踐為基礎，在概念與其他概念不斷聯繫、過渡、推移和轉化的過程中，不斷揚棄這種片面性、凝固性，才能生動地、全面地、具體地反映客觀世界，才能獲得對客觀世界的正確認識，使主觀認識符合於客觀實際即獲得真理。有限與無限，連續與非連續，因果與機遇，自由與必然……，這些康德視為嚴重的「二律背反」，視為超出感性經驗範圍之外的主觀先驗的幻相，實際上完全現實地存在於自然界和人類歷史之中，從而也存在於人類的主觀思維的發展進程之中。從最簡單的機械運動的位移到有機體的生存發展，從為相對論所揭示的宇宙宏觀世界到為量子力學所揭示的微觀世界，從勞動二重性、商品二重性到複雜激烈的社會生活、階級鬥爭，無不如此。如恩格斯所指出：

> 運動本身就是矛盾；甚至簡單的機械的位移之所以能夠實現，也只是因為物體在同一瞬間既在一個地方又在另一個地方，既在同一個地方又不在同一個地方，這種矛盾的連續產生和同時解決正好就是運動……。㊸
>
> ……生命首先正是在於：生物在每一瞬間是它自身，同時又是別的東西。所以，生命也是存在於物體和過程本身中的不

㊷ 同上書，第222頁。

㊸ 《反杜林論》，《馬克思恩格斯選集》第3卷，1972年版，第160頁。

斷地自行產生並自行解決的矛盾；矛盾一停止，生命也就停止，死亡就到來。[44]

在思維的領域中我們也不能避免矛盾。[45]

一方面，人的思維的性質必然被看作是絕對的。另一方面，人的思維又是在完全有限地思維著的個人中實現的。這個矛盾只有在無限的前進過程中，在至少對我們來說實際上是無止境的人類世代更迭中才能得到解決。從這個意義來說，人的思維是至上的，同樣又是不至上的，它的認識能力是無限的，同樣又是有限的。按它的本性、使命、可能和歷史的終極目的來說，是至上的和無限的；按它的個別實現和每次的現實來說，又是不至上的和有限的。[46]

馬克思主義哲學肯定矛盾的普遍性和絕對性。不僅因為矛盾普遍存在於任何事物，而且因為矛盾存在於事物發展的一切過程中，又貫串於一切過程的始終。

康德發現了認識的必然矛盾，是一大功績；企圖逃避它，則是錯誤。不能把辯證法徹底用於認識論，是康德的弱點。恩格斯說，「要從康德那裡學習辯證法，這是一個白費力氣和不值得做的工作」[47]。列寧說：「康德主義＝形而上學」[48]，也只是這個意思。馬克思主義所以特別重視黑格爾在哲學史上的作用，就在於黑格爾克服了康德的這種形而上學，把

[44] 同上。

[45] 同上。

[46] 同上書，第126頁。

[47] 《自然辯證法》，《馬克思恩格斯選集》第20卷，1971年版，第386頁。

[48] 《哲學筆記》，1974年版，第110頁。

康德提出的辯證法觀念和「二律背反」加以「糾正」、「擴大」和「加深」，成為一整套矛盾統一的辯證發展規律，儘管是在唯心主義的形式裡。

（四）四個「二律背反」的特殊性

如上所述，康德既從早年處女作開始，便一直注意現實事物的矛盾，他在好些論著中廣泛談到各種事物的矛盾，但為什麼他最後只提四個「二律背反」，作為辯證幻相呢？顯然這有特殊意義，這四個「二律背反」的正反面的意義顯然還有不同於一般概念的矛盾正反面的地方。不能把這四個「二律背反」的具體內容，像黑格爾那樣，掩蓋在概念一般的對立統一的辯證法的解決之下，還應該研究它們的矛盾的特殊性。光講矛盾的普遍性並不能解決這四個矛盾的特殊性問題。

本書第一章已指出，康德自己說，是這四個「二律背反」把他從獨斷論的迷夢中喚醒，迫使他為了消除這種所謂人類理性的「醜事」，而尋求和最終提出他的先驗觀念論的批判哲學，即用物自體與現象界的原則區分來解決這四個矛盾，擺脫「先驗幻想」。《導論》說，「這個純粹理性超驗應用的產物是一個最卓越的奇蹟了，它好像一個強有力的使者，把哲學從獨斷論的迷夢中喚起，激起它去從事理性自身批判的艱苦工作」㊾。《純粹理性批判》說：「然而由這種二律背反，我們能獲得決非一種獨斷的而是一種批判的、學說上的好處。它提供了現象的先驗觀念性的間接證明。這個證明應使那些不滿足於先驗感性論中的直接證明的人信服。這個證明在於下述二難論證：如果世界是一個自身存在的整體，它將或是有限的，或是無限的；但二者皆假（如有關反題與正題的論證所顯示）。所以世界（現象的總和）是自身存在著的整體就是假的。從這裡便可以得出，現象一般不是在我們表象之外的東西——這就正是先驗觀念性的意思。」㊿

康德「批判哲學」是在概括當時科學成就的基礎上，與唯理論的鬥爭中形成的。這四個「二律背反」便正是與這種概括和鬥爭直接相關。首先，關於時、空有限無限，不只是從希臘以來哲學史長期爭議的問題（如巴曼尼德主張空間有限，原子論、畢達格拉斯的空間則是無限的；柏拉圖的時間可說是有限的，亞里士多德則不然，等等），更重要、也使康德更注意的，是它成為當時科學爭論的一大問題：牛頓認為有限世界存於無限時、空中，對萊布尼茲來說，兩者都是無限的。康德多年一直研究這個問題，關於空間寫過好些論著，一直到「批判哲學」才自認得到解決。其次，關於無限可分問題也如此，希臘原子論與亞里士多德、牛頓與萊布尼茲各執一端。第三第四個「二律背反」，則更是康德長期苦惱的關於科學與宗教、形而上學的異同問題（參看本書第一章）。正是這兩大問題，即有限與無限、自由與因果的尖銳矛盾，使康德突破唯理論的先驗實在性的教條，提出先驗觀念論的「批判哲學」。所謂「先驗實在性」，主要指唯理論認為世界（包括上帝和自然界）如實存在，這便會發生有限、無限問題，也發生上帝、自由與自然因果的關係問題。但如按

㊾《導論》§50。產物，指宇宙理念。

㊿《純粹理性批判》A506～507=B534～535，參看藍譯本，第377頁。

康德的先驗觀念論來看，世界作為人的認識對象，只是現象，而非獨立自在的物自體，因此它的所謂有限無限不過只存在於我們認識的不斷進展之中，它本身無所謂有限無限。同時，劃分現象與物自體，康德認為也解決了因果與自由的矛盾，現象界為必然因果（機械力學）所統治，不存在自由。自由只在本體（物自體），但這又是經驗所不能證實，它只是一種邏輯上的可能和存在，而不是現實的可能和存在，它只是「可思」而不是「可知」的。這樣，就不至於像唯理論那樣把二者混為一談，從而陷入不可解決的矛盾之中了。

可見，康德這四個「二律背反」的提出，有其特殊性。這特殊性在於與他的整個「批判哲學」的建立密切相關。「解決」這四個「二律背反」，構成了他的「批判」的基本拱石㊿。

有限與無限，作為科學和哲學問題，來源的確很久，至今也仍在爭論。古希臘芝諾飛矢不動等幾個著名的「詭辯」，中國先秦哲人的「一尺之棰，日取其半，萬世莫竭」以及「至大無外，至小無內」等著名思想，都是談的這個問題。今天，所謂宇宙有限抑無限，基本粒子能否再分？仍是討論這個問題。

因果（必然）與自由，也是如此。它自古至今，一直是社會領域內爭論很多、鬥爭激烈的重大問題。今天的存在主義和所謂「西方馬克思主義」仍在這問題上做文章。這又是四個「二律背反」的特殊性的另一方面，即不同於一般矛盾，始終具有重要現實性。

---

51 所以《純粹理性批判》一書可說有一種邏輯與歷史的一致：先是〈感性論〉（關於時、空的論點作為出發點，〈論文〉已成熟），然後是〈辯證論〉（「二律背反」等等的提出），最後才是〈分析論〉（結局於現象界與本體的區分）。這是經後人研究發現的康德寫作時的次序，非指該書現有結構。

從哲學上正確提出和解決這四個「二律背反」，應該說，黑格爾作了辯證法的貢獻。一般關於無限與有限比較簡單的看法，是把無限看作有限的量的不斷的延伸或積累，如1、2、3、4……或1、1/2、1/4、1/8……。黑格爾把這種無限叫作壞的無限。因為這種無限是有限永遠不能達到的「彼岸」。如列寧指出，這種無限「在質上和有限性對立，和有限性沒有聯繫，和有限性隔絕，……似乎無限站在有限之上，在有限之外」[52]。牛頓的宇宙觀就是這種無限。康德暴露了這種無限的困難和缺點。黑格爾則以「真」無限來解決這個矛盾。黑格爾認為，無限與有限是相互轉化的，有限中就包含了無限。壞無限有如一條無止境的漫延的直線，真無限則是一個封閉的圓圈，「沒有起點也沒有終點」[53]。現代所謂四度球形體的宇宙空間，也可以說是這種黑格爾式的無限。但這種「無限」算出了宇宙的空間半徑和存在的時間，實際上仍然是有限。無限與有限的矛盾並沒有獲得解決。

康德以理性矛盾的形式突出地提出了有限無限這個問題，反映著唯物主義與唯心主義兩種傾向的尖銳矛盾，反題是唯物主義的，正題則是唯心主義的。前者符合科學也服務於科學，後者符合於宗教也服務於宗教。這個哲學史的教訓對今天自然科學的爭論，仍有著借鑒的意義。

關於時、空等前兩個「二律背反」是康德所謂「數學的」，只涉及量，如無限有限、可分不可分。後兩個是所謂「力學的」，涉及的不是量而是所謂「存在」。「理性的力學概念……不與看作量的對象有關，而只與對象的存在相關」[54]。所謂與存在相關，就涉及因果律所展示出來的

[52] 《哲學筆記》，1974年版，第114頁。

[53] 黑格爾：《邏輯學》上卷，商務印書館，1966年版，第149頁。

[54] 《純粹理性批判》A535=B563，參看藍譯本，第393頁。

客觀世界作為總體存在的本質。在這裡，康德所提出的第三、第四兩個「二律背反」實際是一個問題，因為所謂宇宙是否有一個最後的超自然的原因和作用，即是否有不同於自然因果的自由因，亦即是否有一個最後的必然存在（上帝）。

我認為，把客觀世界作為存在「總體」來追求其原因，必然走向神祕主義。因為，人們的因果範疇以及「為什麼」等等概念，本都來自這個客觀物質世界，是這個客觀物質世界中事物的因果規律等等的反映。它們本身不能離開這個客觀物質世界。如果把這些範疇、概念抽取出來又加在它的來源總體上，去追問這個客觀物質世界整體如此存在的原因，硬要去尋求宇宙世界「為什麼」存在，這不僅僅是語言使用的過錯（如邏輯實證論者所認為），實質上表現了唯心主義不把概念、範疇歸結於客觀物質實踐所必然帶來的「假」問題，從而也造成了種種神祕。維特根斯坦說：「神祕的不是世界是怎樣的；而是它是這樣的。」(55) 也可以說，神祕的不是宇宙世界的種種規律、現象，而是宇宙世界作為總體為什麼就這樣存在著。維特根斯坦尖銳地提出了這個「形而上學」問題。康德所提出的第三、第四兩個「二律背反」也是如此。

可見，康德提出包括宇宙論的二律背反在內的理性理念，要害仍在「總體」問題。這個問題構成了自康德到黑格爾的辯證法的一個重要特徵。如前所述，在康德，作為客體方面的總體，有四個「二律背反」；作為主體方面的總體，是靈魂，作為主客體的總體則是上帝。靈魂與上帝不過是二律背反這個「總體」的一種神祕表現方式。繼康德之後，黑格爾也緊緊抓住了這個「總體」觀念，把它與辯證法密切聯繫起來，這樣就取得了一種前所未有的巨大意義。黑格爾認為，「總體」只是在辯證法

(55) 維特根斯坦：《邏輯哲學論》6、44。

的全過程中才真正存在和能被認識。總體是過程，是辯證發展的全程。如果改用現代語言，我們也可以說它（總體）是一個系統（system）。由康德開頭而黑格爾總其成的近代辯證法不同於古代的辯證觀念（矛盾、陰陽等等），也在這裡。它所反映和處理的是整體過程，是歷史行程，而不只是點明事物或思想中存在對立雙方（矛盾）而已。這也才是不同於古代矛盾觀念的黑格爾那種一整套的辯證邏輯。在這套邏輯裡，對立統一（矛盾）是辯證法的核心，但非它的全體。它的全體乃是對立統一這個核心通過各個範疇和環節的相互聯繫、過渡而全面展開或完成，以構成一個系統──總體。所謂否定之否定，便是對這一行程的總體的概括。它構成黑格爾辯證法的獨特表徵。否定之否定決不是一種外在的正反合呆板格式，像好些人所誤解的那樣。它的實質是對立統一通過不斷否定而發展，在一個總體行程即系統結構的全面展開中，去獲得或達到真理性的成果。它是對立統一所展現出來的歷史形態。馬克思主義經典作家都十分重視黑格爾否定之否定的思想。因為所謂矛盾的鬥爭及其解決(對立統一)，便是否定，否定其實也就是康德重視的「綜合」。否定不是簡單的扔棄，而是揚棄，有所吸取，有所批判，亦即吃掉對象消化對象，這樣才能前進。這是辯證法的發展(56)。馬克思把黑格爾的辯證法看作「否定的辯證法」。恩格斯對辯證法作規定時，強調指出，「……由矛盾引起的發展，或否定的否定──發展的螺旋形式」(57)。列寧說，「從肯定到否定──從否定到與肯定的東西的『統一』──否則，辯證法就要成為空

(56) 皮阿惹把否定看作「辯證理性」，說「在邏輯和數學中，通過否定而構造實際已變成一種標準的方法」，他強調了操作的可逆性，看出通過否定去生產的重要意義。見皮阿惹《結構主義》第7章。

(57) 《自然辯證法》，《馬克思恩格斯全集》第3卷，1972年版，第521頁。

洞的否定，成為遊戲或懷疑論」[58]。可見否定之否定的要點不在於外表形式的正反合，特別不在於把這種形式半神祕化或僵固化，而在於真理必須了解為在一個系統的有機結構中，通過多種矛盾運動的全部行程的總體才能獲得。「現在，真理是包含在認識過程中，包含在科學的長期歷史發展中」[59]。總體、系統大於局部、事實之和，總體注重從歷史（縱）和全面（橫）來了解和認識，例如從過去、未來來把握現在，這就超出了可觀察到的事實經驗。這就是辯證法的方法區別於種種僅僅抓著或著眼於局部事實、微末細節的所謂精密科學方法或實證主義經驗論方法的地方。辯證法是總體把握的理性方法，實證主義是片面把握的知性方法，它只抽取了某種屬性、方面、因素。同時也正因為辯證法著眼於總體，所以它就不會是預成論。在這裡，因果不是線性的機械決定論，系統的複雜結構形成了多元和網狀的因果，可能性的選擇數字極大。而任一選擇對整體系統和結構均將產生影響。所以不能把總體過程當成是機械決定論的必然，必須極大地注意偶然性、多樣的可能性和選擇性。

總之，如果辯證法缺乏這個「總體」觀念，便得不到真理的客觀性的規定，而成為主觀地玩弄矛盾，即抓住任何一種矛盾（這是到處都有的）而大講一分為二或合二而一，這就成為「空洞的否定」。即不是歷史地全面地從總體出發，而是任意抓住一個問題或一個階段，來講對立統一，辯證法便常常成為變戲法。主觀地運用對立面的統一，運用這種概念的靈活性，如列寧所指出，等於折中主義和詭辯論，只有客觀地即「反映物質過程的全面性及其統一的靈活性」[60]，才是辯證法。所以列寧一

[58] 《哲學筆記》，1974年版，第245頁。

[59] 《費爾巴哈與德國古典哲學的終結》，《馬克思恩格斯選集》第4卷，1972年版，第212頁。

再強調：「真理是過程」[61]，「現實的各個環節的全部總和的展開（注意）=辯證認識的本質」[62]。也只有這樣，對立統一（矛盾）才獲得一種歷史的（經過時間的）展開和解決，辯證法才取得一種歷史的性格。黑格爾辯證法的特色，它的偉大的歷史感正在這裡。否定之否定是邏輯與歷史的高度統一。人創造工具和各種物質的和社會的機器以征服世界，又淪為上述機器的配件和附屬品，再從這種種異化中解脫出來而成為世界的真正主人。這個人類自由的史前史的歷史行程，是黑格爾唯心主義化了的否定辯證法的真實基礎。

所以，黑格爾這種以否定之否定為特徵的辯證法，又不僅是一種歷史觀，而且它還是本體論，是精神的外化和復歸史。黑格爾的本體是絕對精神外化（或對象化）為自然，再回到自己這樣一個曲折複雜的總體歷程。這個總體過程被看作是真理自身，是有機的整體，是歷史全程。正是在這個外化和復歸的全程中，精神囊括了一切，從而使自己獲得了全部的豐富性、現實性和深刻性。總體行程的意義其實正在於此。也就是說，「總體」在康德那裡，只是作為統一系列的主觀理念和辯證幻相；在黑格爾這裡，它得到了這種本體論意義的客觀實存的巨大力量和必然展現的歷史行程。在康德，理性理念只是一種主觀的範導原則；在黑格爾，就變成了一種具有能動統攝力量的客觀原則。在康德，理性理念只是為了保證知性（認識）的統一和系統，是方法論；在黑格爾，則是保證現實（存在）的統一和系統，是本體論。黑格爾的理念（理性），是將康德的理念（理性）予以斯賓諾莎化即實體化，同時又予以費希特自我

[60] 《哲學筆記》，1974年版，第112頁。

[61] 同上書，第215頁。

[62] 同上書，第166頁。

建立非我的那種能動化。「把實體了解為主體，了解為內部的過程，了解為絕對的人格。這種了解方式就是黑格爾方法的基本特徵」(63)。不是像斯賓諾莎那樣把一切都溶入實體之中，而是主體外化又復歸，不斷經過正反合（即否定之否定）全過程而辯證展開。康德視為主觀理性的對立面的自然，被黑格爾也納入這個理性行程之中，成為它的一個環節和契機。人的精神作為客觀的創造力量吞併、改造了自然。在黑格爾看來，真的無限（「好」的無限）只是在人的這種精神發展歷史中。黑格爾的具體共相、思維與存在的同一性、主客觀的統一都建立在這個基礎之上。所以說黑格爾這種否定之否定的歷史觀,又正是精神改造世界的本體論。黑格爾就這樣用唯心主義化了的歷史的邏輯來替代了康德的辯證幻相論的先驗邏輯,唯心主義的客觀歷史辯證法替代了主觀認識中的形而上學。辯證法、認識論、邏輯學、歷史觀、本體論，在黑格爾這裡便溶成了一個整體體系。這個體系是唯心主義的。

馬克思說，「當黑格爾認為否定之否定從其肯定方面看是唯一真實的肯定，從其否定方面看是一切存在的真實活動和自我實現時，他不過只是發現歷史運動的、抽象的、邏輯的、思辨的表現而已，這個歷史過程還不是人的現實歷史……」(64)。人的現實歷史是生產鬥爭、階級鬥爭等社會實踐活動，是這個活動通過改造自然而豐富自己的不斷前進發展的過程。這個過程經常表現為一種往復曲折的螺旋形上升的圓圈。反映在思想上、哲學上，也經常如此。這也就是為什麼列寧非常重視黑格爾的圓圈論思想的原故。所謂圓圈論也就是否定之否定，正反合的螺旋形

(63) 馬克思、恩格斯：《神聖家族》,《馬克思恩格斯全集》第2卷，1957年版，第75頁。

(64) 《經濟學—哲學手稿》，參看何譯本，1963年版，第123頁。

不斷上升的發展運動。在上一章中已引用過列寧標明的哲學史上的「圓圈」，這個否定之否定的「圓圈」運動，從馬克思主義的唯物主義來看，它的基礎不是客觀的精神、自我意識，如黑格爾的邏輯學與本體論那樣，而只能是人類主體的社會實踐。馬克思主義的實踐論和歷史觀完全聯在一起，馬克思主義的邏輯學、辯證法、認識論和人類學本體論是在這個歷史唯物主義的基礎上統一起來的。

歷史過程展現在客觀的時間中。圍繞著時間，是現代哲學激烈爭論的要點之一。從柏格森到海德格爾，都以主觀體驗的時間為真實，排斥由社會規定的客觀時間，從而他們講的「歷史」，實際是非辯證法的、扔棄客觀總體進程的個體體驗。關於整體的思想，現代結構主義也相當重視，例如強調全體大於部分的和等等。但結構主義的根本問題之一，也正在缺乏歷史觀點；它沒有總體的歷史概念，而只有一種非歷史的平面整體模式。它的一些具體方法和概念，如反饋、自我調節、部分與整體之間的有機聯繫、定量、形式化、引入數學等等，可以批判地吸取和採用，但它的哲學基礎並非歷史的辯證法，而仍然是先驗的形而上學。只有在過程中展開的辯證法，才真正可作科學的歷史的結構分析。「西方馬克思主義」、 實踐學派的「馬克思主義」以及他們的先驅，也強調「總體」，但他們所謂「總體」概念異常模糊（如盧卡契），他們用「總體」反對歷史唯物主義，實際是一種主觀、個人、文化、心理性質的東西，抹殺了「總體」的客觀進程涵義（參看本書第九章）。本章通過對辯證法作為總體系統的方法論的闡述，指出它的歷史性質，而這一性質歸根結底仍然來自人類實踐的客觀現實進程。

關於康德〈先驗辯證論〉中由辯證幻相提出的一系列有關「總體」的問題，就簡略地講到這裡。

最後要說明的是，康德的三個理性理念（靈魂、自由、上帝），又不只是知性追求統一和系統化的總體理念，同時它還有比認識更高一層的力量和地位。它不只是認識論中先驗邏輯的幻相，而且更是倫理學中的實踐理性的公設。這就要由康德的認識論講到康德的本體論了。

康德的理性理念本具有「消極」的和「積極」的雙重作用和涵義。「消極」方面在於警告知性不能超經驗的使用，不可越出經驗範圍；「積極」方面在於闡明它作為知性的統一和趨向，由現象過渡到本體，而這兩個方面都歸結為「物自體」問題。

康德說：「一切人類認識以直觀始，由直觀進到概念，而終於理念」[65]。《純粹理性批判》由理性理念的第四個「二律背反」與緊接著它的關於先驗理想（上帝）到〈辯證論〉的附錄（即〈純粹理性所有理念的範導使用〉與〈人類所有自然的辯證性質的終極意向〉[66]），已經到了認識論的終結，再到〈先驗方法論〉的「法規」部分，康德實際上提出了他的道德倫理的本體論觀點，它們已經包含《實踐理性批判》的基本思想與《判斷力批判》中有關目的論部分的基本思想，只是還未充分展開。可見，「二律背反」的後兩個「背反」是通由物自體過渡到道德本體去的重要環節，它們以物自體為自己的最後歸宿，即將在下章講到。

---

[65] 《純粹理性批判》A702=B730，參看藍譯本，第491頁。

[66] 《純粹理性批判》的這兩個附錄（還有另一個分析篇後的〈反省概念的歧義〉），常為研究者所忽略或甩開。一些康德選本（如華特生、格林耐〔Greene〕、茨威格〔Zweig〕等）也略去不選。其實康德這三個附錄以及同樣不為研究者重視的〈先驗方法論〉部分都特別重要，其中有許多重要的論點。

第七章 認識論：（六）「物自體」❶

❶「物自體」一詞一般常譯為「自在之物」，本書沿用「物自體」譯名，因為在康德哲學中，它突出了與「現象界」區分這一根本涵義，不同於黑格爾突出「自在」與「自為」的區別。

「自我意識」（所謂「先天綜合判斷」的基礎）是康德認識論的中心。「物自體」學說則是整個康德哲學的中心，它貫穿康德整個哲學體系。在《純粹理性批判・先驗分析論》的最後，康德專門寫了〈對象區分為主體與現象〉一章來談「物自體」。海涅認為這是全書最重要的部分。其實，在這章前後的許多地方，康德都大量談到或涉及「物自體」問題，例如「先驗演繹」、「謬誤推理」、第三第四個「二律背反」、「先驗理想」、「辯證論附錄」等等。康德的「物自體」理論，實質上作為其他許多論點的基礎，到處出現著。它是康德哲學認識論的歸宿，又是通向倫理學的門戶。

正因為「物自體」在康德整個哲學中處在這樣一種樞紐地位，它的內容和涵義便十分複雜。在認識論上，它基本有三層意思：一是感性的源泉，二是認識的界限❷，三是理性的理念；最後由此通向「道德實體」的倫理學領域。這三層意思交織在一起，相互包含和沈浸在「不可知」這個總的涵義之中。第一和第三是「物自體」的兩個對峙的方面，第二是第一向第三的過渡❸。

❷ 「物自體」作為本體概念是用來限制感性經驗的。但如康德自己所說，這概念同時也就限制了知性自身。詳後。

❸ 有人把「物自體」歸納為如下五點：1. 不能從感覺材料中表現出來，2. 非時、空的，3. 本質不可知，4. 同一事物可以歸於現象也可以歸於「物自體」，5. 不從屬於範疇。（《哲學與現象學雜誌》第37卷，第499頁）這是一種現象學的描述，但可供參考。

（一）「物自體」作為感性的來源

「物自體」首先和基本的涵義是認識中感性材料的來源。康德認為，由於「物自體」的存在，對象才提供刺激，為感官所遭遇到，才產生我們的感覺。「物自體」獨立存在於我們之外，我們的感覺、感性由物體作用於我們感官而引起。沒有「物自體」，感性無從發生，經驗材料無從提供，從而認識也無從開始。「物自體」在這種意義上，實際指的是不依存於人們意識而獨立存在的客觀物質世界。如果剖析《純粹理性批判》全書，結合《未來形而上學導論》、《自然科學的形而上學基礎》等著作，全面分析康德的認識論，便可看出：儘管康德未能自圓其說，但「物自體」作為感性經驗的來源，是現象界的基礎，獨立存在於我們意識之外，並且指的並不是如巴克萊的上帝那種精神性的東西，這一點仍然很明顯。

康德在《未來形而上學導論》中聲明，他對於客觀事物的存在，「從來不加懷疑」，「『先驗』一詞不是就我們的認識與物的關係而言，只是就它與認識能力的關係而言。……把實在的事物（非現象）化為表象，乃是討厭的唯心主義」❹。「對這個永恆者的感知，只有通過在我之外的一物才可能，而非僅通過在我之外的一物的表象」❺。康德的「物自體」

❹ 《導論》§13附釋3。

❺ 《純粹理性批判》B275，參看藍譯本，第198頁。

一詞經常用複數，實際就可說等同於占有空間的物理性的各種物體❻。它們作為感覺的來源，並不是指單一的某種精神實體。複數本是「量」的範疇，來源屬於「因果範疇」，只用於現象界，不能用於「物自體」。康德卻偏偏這樣描述了「物自體」，也可見「物自體」的真貌。但這些還不能說明「物自體」的唯物主義方面。因為用複數可以了解為康德用以區別於「惰性」的物質，更可解釋為眾多物體（複數）當作「物自體」看待。同樣，因果用於「物自體」，可以解釋為倫理學的自由因，這種因是可以作用於現象界的（參看下章）。因此，「物自體」學說的唯物主義方面，我認為，更重要的是康德在整個認識論領域內，強調知性決不能脫離感性，強調知性不能超經驗的使用。例如，《純粹理性批判》中的知性原理的「知覺預定」、「實體範疇」、「經驗思維的準則」等部分，再三強調是經驗而不是理念、是直觀而不是概念，才能證實知識的現實性和真理性（參看本書第四章），以及康德對笛卡爾的「我思故我在」的批評責難，對萊布尼茲唯理論的堅決反駁，要求與巴克萊、與費希特（康德指出費希特的哲學是「沒有實在對象」的純邏輯）劃清界限（參看本書第五章）。凡此種種，都是與康德的「物自體」的唯物主義方面的涵義相吻合一致的。這些觀點正是「物自體」的唯物主義方面的涵義在認識論的許多環節上的具體表現。康德肯定「物自體」作為感性來源，不依存於人們意識而獨立存在。康德認為，被直觀的感性雜多，是獨立於、不

❻ 參看普里恰德《康德的認識理論》：「有意思的是，由於康德所用的語言，至少似乎意味著，在空間中的諸物體是物自體」（第319頁。又見第77頁注2）。康浦・斯密說：「他把『物體』用作『物自體』的一個名詞，也同樣是沒有論證的」（《「純粹理性批判」釋義》第30頁）。帕頓也說，「如果我們不能應用範疇於物自體，為何我們能用複數說物自體？……為何能說感覺是由物自體所引起?」（《康德的經驗形而上學》第1卷第2章第4節。）

依存於知性活動而被給予的，並且還是認識的現實性的「唯一標準」。康德說，「……有一個特點不能忽略，即被直觀的雜多，必須先於和獨立於知性的綜合而被給予」❼。「唯心主義認為除思維的存在體外無別物，認為直觀所感知的不過是思維之內的表象，外界並無任何對象與之相應。我的看法相反。我認為，作為我們感官對象在我們之外的東西是存在的，這些東西本身是什麼，我們毫無所知，我們只知道它們的現象，即當它們作用於我們感官時在我們之內所產生的表象。因之，我承認在我們之外有物體存在。即是說，存在這樣一些東西，這些東西本身怎樣固然不可知，但由於它們作用於我們的感性，便使我們知道它們，我把這些東西叫做『物體』，這個名稱雖然指的只是我們所不可知的東西的現象，但它意味著實在的對象是存在的」❽。這算比較鮮明地表白了「物自體」學說的唯物主義方面。先驗知性概念（範疇）之所謂「先」，只是就邏輯的可能性而言，認識的現實性是必須由感性來提供的，這一點在本書第四章中已講得很多了。康德「物自體」的這一唯物主義方面，使許多哲學家，從費希特、黑格爾和叔本華到形形色色的有名或無名的哲學史家，都用各種方式來取消它❾。有的認為，「物自體」作為不依存於人們意識的客觀存在，對康德哲學的體系和基本觀點完全多餘，是一種不必要的累贅。有的認為，康德講的「物自體」實際上是上帝、精神、意識或意志❿，並非客觀物質世界。翻開許多哲學史，這種種解釋到處可見。為

❼ 《純粹理性批判》B145，參看藍譯本，第107頁。

❽ 《導論》§13附釋2。

❾ 現代所謂「本體論派」的康德研究則是反對新康德主義取消「物自體」的，但他們堅持的「物自體」只是一種道德形而上學，並不是它的唯物主義方面。詳後。

❿ 如伊文（A. C. Ewing）的《「純粹理性批判」簡釋》，第189～191頁。

了取消「物自體」的這個唯物主義方面，康德哲學的一些注釋家們以各種方式把康德與巴克萊盡量等同起來。例如通過把問題煩瑣化的方式，強調「康德與巴克萊關係仍然部分是個沒有解決的祕密」，這一點「幾乎為每一個討論過這兩個哲學家的關係的人所支持」⓫。他們把康德對巴克萊的明顯不滿和駁斥，說成是康德對巴克萊的故意曲解，或是康德只讀過第二手材料而對巴克萊誤解了，實際上與巴克萊還是一致的，等等。這種看法，從《純粹理性批判》初版問世起（如加爾夫的批評），直到今天，仍非常流行。我不同意這種看法。康德的「物自體」實際相當於物體作為現實對象存在，不能夠把康德與巴克萊等同起來。

康德的「物自體」雖然作為感性來源而存在，但其最著名的特徵，卻在它不可認識。正由於這個特徵，才使康德得到「不可知論」者的稱號。康德的「物自體」並不就是可認識的物質，而是物質後面（用個形象的說法）的不可知的「本體」。康德認為，物質指的是現象，是占有空間（廣延）的外感官的對象，它雖不能歸結為主觀概念，但也不能等同於「物自體」。康德說：空間是「我們用來感知位於我們的內部自然界之外的物體形式，這些物體為我們所不知，但其現象我們稱為物質」⓬。康德用的「物質」一詞，不是指「物自體」而是指質料，即作為邏輯判斷的材料和構成經驗的要素。可見，不是物質，而是「不可知」，才是「物自體」的最本質的涵義。

關於「物自體」不可認識的思想，來源很遠。它不但是唯心主義反對唯物主義的一種武器，同時還是舊唯物主義自身的一個內在缺陷。

著名的唯物主義的經驗論者洛克關於「實體」的思想，就是如此。

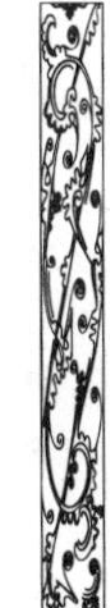

⓫ 《康德與巴克萊》，《康德研究》，1973年第3期，第315頁。

⓬ 《自然科學的形而上學基本原理》。

洛克認為,「實體」作為事物各種屬性的基礎,不依存於人們的主觀意識而獨立存在,但這個存在即「實體」本身究竟是什麼,洛克認為,那是「我們不知道的某物」,即不可知的。他說,「物質實體或物質這個觀念和精神實體或精神這個觀念一樣,都是遠非我們所能了解和認識的」⓭。十八世紀法國唯物主義也有這種觀點。霍爾巴赫說:「我們不知道任何一物的實質,如果實質一詞是指該物的本性的話。我們只憑事物所作用於我們的方式,即喚起印象、表象和觀念,以對事物的性質有所認識。」⓮。這些舊唯物主義者的主要代表都有物質世界的「實體」、「實質」不可知的思想或觀點,說明這個觀點對舊唯物主義並不是一個偶然出現的過錯。舊唯物主義從靜觀的感覺、知覺出發,只看到人對外界事物的認識受著人們靜觀感知制約的一面,如霍爾巴赫說我們只憑物所喚起我們的印象、表象和觀念知道物質,至於離開這些印象、表象和觀念的物質本身究竟怎樣,即這些事物的「實質」、「本性」是什麼,就不是可能知道的了。舊唯物主義只懂得靜觀的感知印象,單純從感覺、知覺出發,必然會得出這種結論。這種結論給唯心主義留下了方便。巴克萊便從洛克的感覺論發展出客觀世界依存於人們感知的主觀唯心主義。但是,舊唯物主義與巴克萊仍然是根本對立的,因為前者儘管認為「實體」、「物的本性」不可知,但仍肯定它們是不依存於人們主觀意識而獨立存在著的某種客觀物質,後者卻認為,世上並無物質,有的只是人們的感知和引起這種感知的最終原因——上帝。

康德的「物自體」,比較更接近於前者(洛克),而不同於後者(巴克萊)。對舊唯物主義這一重大弱點的利用和發揮,康德與巴克萊也有所

⓭ 《人類理解論》第2卷第23章。

⓮ 《自然的體系》第2卷。

不同。巴克萊是直接而簡單地引申出徹底的主觀唯心主義和有神論。康德則是間接而複雜地從二元論逐步過渡到先驗唯心主義。這個過渡遠為曲折，康德的主觀唯心主義比巴克萊主義也精緻、重要和深入得多。

（二）「物自體」作為認識的界限

康德的「物自體不可知」是說，「物自體」雖存在，但屬於超經驗的彼岸，為我們的認識所不能達到。因此，它的存在意味著認識的一種界限，是認識不可逾越的標記，而這也就是所謂「本體」。「本體」這個詞，如康德在《純粹理性批判》一書中所著重指出，正是為了給認識規定這個界限而使用的。這應是「本體」一詞在認識論中的首要涵義。「本體」與「現象」相對立，人只限於認識現象，整個「批判哲學」就是為了說明這一點。康德說：「要防止感性直觀擴大到物自體和限定感性知識的客觀有效性，本性概念實所必需。這種留存的事物而為感性知識所不能適應者，叫做『本體』。」⓯ 康德認為「本體」這個概念的作用，在於它指出感性經驗所不能達到、不能獲得任何材料的「消極」界限。但是，知性使用這個概念不但限制了感性，同時也限制了知性自身，即任何知

⓯ 《純粹理性批判》A254～255=B310，參看藍譯本，第217頁。從而，「本體」一詞是指「物自體」在人們思想中的表現，即用以說明「物自體」的性質的概念。「本體」與「物自體」二詞並不相等，但康德經常將二詞等同使用。

性範疇、原理，如實體、因果等等，也同樣不能行使、應用到這個「物自體」上去。因為，既然「物自體」不是感性經驗的對象，知性範疇應用其上就沒有意義，沒有任何客觀效力，不能產生任何認識和識。「物自體」作為「本體」概念，實質上「……只用作經驗原理的限界，自身不含有或啟示超越這些原理範圍以外的任何其他知識對象」⑯。這就是康德「物自體不可知」的消極的——即僅僅作為經驗、認識界限的標記而無所肯定的一層涵義。這也是「物自體」基本的涵義。因之，所謂「物自體」與現象界的區分，倒不是講有兩種東西，一可知一不可知，而毋寧是指同一對象，一就其可認識而言（現象界），另一就其不可認識的「自身」（物自體）而言。

分析起來，康德的不可知的「物自體」實際又有兩個方面。一個是屬於對象——客體方面的，即上述的客觀物質世界的本質。除了這一個之外，另外還有一個主體方面的，即「先驗演繹」中與「先驗對象」相對峙的「先驗自我」，亦即作為「統覺綜合統一」的「自我意識」。如本書第五章所指出，這個先驗的「自我」只能出現在經驗的意識中作為形式和功能；它本身究竟是什麼，即這個作為認識主體的先驗的「我思」、「純我」究竟是什麼，也是不可知的。康德說：「……很明顯，我不能作為一個對象去認識那必須以之為認識任何對象的前提的東西……。」⑰

⑯ 同上書，A260=B315，第220頁。但康德又認為，用範疇如實體、原因等去思考上帝還是必要的，等等。
康浦·斯密說，康德在這問題上先後觀點並不一致，先說知性範疇可用於本體但無意義，後認為根本不可能用於本體。帕頓說，如果它們能應用於物自體，那必須是無時間構架的範疇。例如，用於「物自體」的原因範疇，便不能包含時間次序在內，因此這種應用仍無多少意義可言，只是一種與經驗的類比而已，不能成為認識。

「先驗自我」是時間的根源，但它本身不在時間之中，從而也就不屬於任何經驗現象領域，所以它也是一個「物自體」。如恩格斯所指出，康德「在『自我』中，同樣找出一個不可認識的自在之物」⑱。這個「不可認識」即不是認識對象的「自我」，正是倫理道德的「本體」，這在本章結尾和下兩章中要再講到。

這裡要注意的是，「物自體」作為感性來源和認識限界的獨立存在，既在認識範圍之外，在這意義上，它本是一種超驗 (transzendent) 對象。但康德在《純粹理性批判》許多地方，把「物自體」說成是或等同於「先驗 (transzendental) 對象」。兩者涵義又是有區別的。「物自體」在康德那裡作為認識界限這一層涵義還有好些用法，但「超驗對象」與「先驗對象」是其中最重要的兩種。它們也就是所謂本體論和認識論的不同用法。就認識論說，重要的是後者（「先驗對象」）。作為不可知（不可認識），二者是相同的。但前者（「超驗對象」）是就超乎作為認識的所有對象而言，後者（「先驗對象」）是就超乎特定對象而言。就是說，所謂「先驗對象」，意味著必須先肯定有一個不能具體確定的對象某物X的存在，作為認識的前提和條件，以成為主體的表象雜多在意識中統一的依據。這個不能確定的未知物（也永不可知）X便是「先驗對象」。因之，「先驗對象」作為與主體認識相對立、並作為主體意識統一的對象上的依據，實際已進入人的認識過程。與上面那個超乎一切認識的「超驗對象」便很不相同了。「先驗對象」不是任何特定的經驗對象，而是認識這些經驗的必要的前提和條件。康德說：「統一概念便是那個等於X的對象的表象」⑲；「現象不是物自體，它們只是表象，從而反過來有它們的對象，

⑰ 《純粹理性批判》A402，第316頁。

⑱ 《自然辯證法》，《馬克思恩格斯全集》第20卷，1971年版，第585頁。

這是其自身不能為我們所直觀，因之可說是非經驗的對象，這即是先驗的對象＝X」⑳；「現象一般與之有關的對象，叫做先驗對象，這是關於某物一般的完全未確定的思想。它不能稱作本體。因為我對於其自身毫無所知，除了作為一般感性直觀對象，從而對所有現象是同一的存在而外，我對之沒有概念」㉑；等等。因此所謂不同於「超驗對象」的「先驗對象」，是要求在認識領域肯定一個未確定也不可認識的某物X，作為進行認識在對象方面的必要條件㉒。

把「先驗對象」與「超驗對象」區別開了，便可以看到，作為「先驗對象」的「物自體」，康德實際上是指人類認識的必要條件，包括主觀（先驗自我）與客觀（先驗對象）兩個方面。在這裡，「先驗自我」也可以說是另一個作為「先驗對象」的物自體。總之，它們是兩個既需肯定其存在以作為認識條件，而其本身又是不可知的X。這兩個X，一個是感性的來源、基礎和進行認識必先設定的對象，一個是知性的來源、基礎和進行認識必先設定的主體，都是人們進行認識的必要條件，它們本身都超出人們經驗範圍和認識可能。康德認識論的主題本是「認識如何可能」，但終於歸結到這兩個不可知的X上，由「先驗對象」的X提供感性材料和相應的認識對象，由「先驗自我」的X提供知性範疇和統一綜合的意識，從而構成認識。但第一個X如何能提供感性材料？第二個X如何能提供一整套知性範疇和原理？前者有關客體本身，後者有關主體本身。它們的實質、來源和存在，如康德所坦率承認：他不能解答。這兩個X

⑲ 《純粹理性批判》A105，參看藍譯本，第125頁。

⑳ 同上書，A109，第127頁。

㉑ 同上書，A253，第223頁。

㉒ 關於「物自體」與「先驗對象」的關係問題是相當複雜的，有許多不同的觀點，如卡西爾、康浦・斯密、伯爾德 (Bird) 等。

的關係，當然仍是X，也是不可知，超出人們經驗的範圍。這兩個不可解答的先驗的X，作為籠罩康德整個認識論的巨大陰影，構成了許多環節一系列的「不可知」。在《純粹理性批判》一書中許多章節和關鍵之處都可以找到：「……被直觀的雜多，必須先於和獨立於知性的綜合而被給予。這是如何發生的，這裡仍未規定」㉓；「我們知性的這種特性，即只有通由範疇才能產生統覺的先驗統一，並且範疇限於如此和一定的數目，其理由不能進一步解釋，正與不能解釋我們為什麼恰恰有這些而沒有別的判斷功能，或為什麼只有時、空是我們可能的直觀形式一樣」㉔；「……正如為什麼我們外感性直觀的先驗對象只在空間中給予直觀，而不是別的什麼直觀方式一樣，……超出我們理性能力所能解答」㉕；「外直觀(即空間和空間中的形象、運動等的直觀）如何在思維的主體中可能，這個問題沒人能解答」㉖。康德在另一處說得更清楚：「……我們不能夠說明為什麼我們有這樣的感性和這樣的知性，它們的聯合就使經驗成為可能，我們同樣也不能解釋為何知識的這種迥然不同的來源結合起來，就不但一般地保證了經驗的可能性，而且還使我們現在實際有的對自然的經驗成為可能。這些自然經驗具有許多為數眾多的、獨特的、僅僅是經驗性的規律，這些規律是知性所不能先天地告訴我們的。這也就是說，為什麼除非通由經驗，一無所知的自然，卻與我們的知性相一致，好像它(自然）是有目的地適應於它（知性）一樣」㉗；如此等等。

但是，兩個平起平坐的X──「先驗對象」與「先驗自我」，無論

㉓ 《純粹理性批判》B145，參看藍譯本，第107頁。

㉔ 同上書，B145～146，第108頁。

㉕ 同上書，A557=B585，第405頁。

㉖ 同上書，A393，第311頁。

㉗ 《評埃貝哈德的所謂發現……》。

在其自身體系中，或者是在哲學史的發展上，都是不能持久的。總是一個要吞併另一個，由一個推演出另一個。二元論總要為一元論所替代。

康德自己最後便看到：為他所截然分開的感性與知性，也可能有一個共同的根基，雖然他認為人類完全不可能探索和找到這個基礎和根源。康德認為，雙峰對峙的「先驗對象」與「先驗自我」，這兩個不可知的X，也可能還是同一個東西；儘管這同一個東西非人類所能掌握，是屬於神——知性直觀的範圍（參看第十章）。康德在《純粹理性批判》一書〈緒論〉結尾時說：「人類知識有兩個源泉，即感性與知性。它們大概來自一個我們所不知道的共同的根基。」㉘ 在另一處，康德又說：「……即使自然全部能為我們所知，我們還是永遠不能回答超自然的那些先驗的問題。這是因為我們除內感覺外，沒有其它直觀能觀察我們自己的心靈，正是在那裡潛伏著我們感性功能的根源的祕密。感性與對象的關係，和這個（客觀）統一的先驗依據，對畢竟只能通過內感覺來認識自己從而只能當作現象的我們，隱藏得如此之深，以致不能用感性作為發現任何除現象之外的探究工具，儘管我們非常熱心於去探討它們的非感性的原因」㉙。這表明，康德看到，可能有一個共同的根源作為我們認識的基礎，但由於人類只具有靜觀的感性能力，是沒法去超越經驗認識這個「非感性的原因」的。只有具有知性直觀的上帝才能獲得這個心靈的祕密。所以，康德一再說，「……提出一個問題，即我們知性功能與物自體相一致的根源何在，仍然處在晦暗之中」㉚；「如果我們想要對感性和知性的

㉘ 《純粹理性批判》A15=B29，參看藍譯本，第44頁。

㉙ 同上書，A278=B334，第233頁。

㉚ 1772年2月21日給郝爾茨的信。當然要注意，此時康德還在〈論文〉開始向《批判》的思想轉變之中，涵義有所不同。但正可看出這個過渡中的一個共同的方面。

來源作判斷，那麼我只能眼看這種探索完全超出人類理性的界限。」㉛

以兩個對峙的不可知的X為特徵的康德「物自體」學說，不斷遭到了各種批判和反對。從康德的同時代人到費希特和黑格爾，從現代的存在主義到康德學的各種研究家，都是想要統一這兩個對峙的X，或者用形而上學的精神實體如理念之類，或者用實證體系的心理解釋如想像之類，來作為兩者的「共同根源」。實際上，都是把這個不可知的所謂「共同根源」說成是精神、意識、意志或信仰。實際上，它們也都是以不同方式用「先驗自我」的X來合併、推演、派生出「先驗對象」的X。我們可以來看一下。

從一開始，康德的「物自體」便遭到同時代人如梅蒙（S. Maimon）、雅可比（F. H. Jacobi）等人的非難和批判。他們大都認為，「物自體」不能在感知來源的意義上來作為現象界（即人們認識）的根據和原因。雅可比說，根據康德哲學，因果只能用於現象界，「物自體」作為感性來源即作為感知的原因，那就自相矛盾，說不通了。佛里士（J. F. Fries）則企圖結合康德與神祕主義者雅可比，認為「物自體」是信仰的對象㉜。雅可比對「物自體」這一著名的反駁，其實並無道理（因康德有自由因的學說，也明確說過「物自體及其因果性是不可知的」等等），卻仍為後代所不斷援用。梅蒙則已開費希特的先聲㉝。所以，儘管康德一再表示不

㉛ 1789年5月26日給郝爾茨的信。

㉜ 雅可比雖也認為認識限於感性經驗，理性不能超越感性，但他主張有一種直接的直觀能把握超感性的實質。他認為，只有斯賓諾莎是唯一邏輯上自成體系的哲學，但接受斯賓諾莎即等於接受無神論，那是不成的。因之他強調上帝並非理性的事情而是心靈的事情，應當拋棄斯賓諾莎而代之以信仰。他說：「我們心中充滿光明，但當我把它置於理解時，它就消失了。」（轉引自宇伯威格《哲學史》第2卷）雅可比是著名的「信仰哲學家」、神祕主義者。

滿，當時他的追隨者㉞都在否定康德「物自體」的唯物主義的第一層涵義，而要求從主體、從「先驗自我」推演出客體、「先驗對象」來。這一趨向到費希特，便十分突出了。費希特說，「物自體是一種純粹的虛構，完全沒有實在性，物自體並不出現在經驗裡，因為經驗不是別的，而是有必然性感覺相伴隨的思想。」㉟在費希特看來，只有思維才有真正的實在性，再沒有別的實在性。他說康德是「獨斷論」，認為「獨斷論者固然想保證物自身的實在性，這就是說，作為一切經驗的根據的必然性……」；「徹底的獨斷論者必然也是唯物論者。我們只能從自由和自我的獨立性的設定出發來駁倒他，這些正是他所否認的東西」㊱。黑格爾接著費希特，雖然認為哲學不能從主觀的「自我」出發，但又以客觀的「絕對理念」來吞併、推演和派生出一切，徹底取消了作為感性來源的「物自體」。在黑格爾看來，「物自體」是與理性系統相對立的非理性的東西，必須納入理性——邏輯中。這也仍然是發展了康德的第二個X——「先驗自我」，將它作為本體吞併了第一個X的「先驗對象」，統一了康德這兩個X，徹底貫徹了唯心主義路線。

㉝ 費希特1795年給萊因霍爾德(Reinhold)的信說：「我對梅蒙的天才予以無比評價，我堅信並準備證明，通過梅蒙的著作，整個康德哲學將反轉過來……」。梅蒙否認「物自體」（包括客體自身或主體自身），認為人心乃是一無限的世界精神的一部分，等等。

㉞ 如康德的追隨者、親密朋友J. 貝克（J. Beck）也否認「物自體」，認為應以主體的先驗統覺的主動性作為「出發點」。有人認為，康德在《遺著》中表現的某些思想（參看本書第五章）正是受貝克影響所致。梅蒙本也一度被康德視為同道的。

㉟ 費希特：《知識學引論》第1篇，見《十八世紀末～十九世紀初德國哲學》，商務印書館，1975年版，第188頁。

㊱ 同上書，第188、190頁。

稍後於黑格爾的叔本華，則以與現象世界（認識）相對立的「求生意志」作為「物自體」，構成世界及人的本質的便是這種反理性的意志。他把柏拉圖、印度哲學的雙重世界與康德講的「物自體」與現象界的劃分等同湊合在一起，構造了一個意志主義的反理性哲學體系。費希特、黑格爾、叔本華是康德之後赫赫有名的哲學大家，他們都批判康德的「物自體」學說。

繼這些哲學家的，是康德哲學現代注釋者們的解釋。康浦・斯密在解釋康德「感性與知性兩枝可能是同根生的」時，說：「康德有時似乎暗示想像就是這個共同的根源。它既屬於感性而又屬於知性，它是被動的而又是主動的。這樣看來，想像確是被當作一種未知的超感性力量，『隱藏在靈魂深處的』。這個超感性的東西就是我們人類的不同種類的功能的聯合點，正如它是自然與自由、機械論與目的論的聯合點」㊲。這就是說，應該把想像看作是感性與知性的共同的根源。

存在主義代表海德格爾也寫過關於康德的專著。他認為「先驗想像」是康德整個哲學的中心。它遠不只是感性與知性的橋樑，而且是純粹理性與實踐理性的共同的根源。海德格爾認為，直觀與思想的統一，並不只在認識過程中，而是在「先驗想像」造成的本體論的綜合中。由「先驗想像」產生的「構架」，被海德格爾看作是整個批判的中心。「構架」又不過是原始時間的先驗規定，原始時間不只是直觀形式，而是知性、想像、直觀所有認識的前提條件。這就是「存在」的最早名稱。因此，所謂形而上學的根本問題，在海德格爾看來就是「人的心靈的基本能力的統一」問題。對世界的了解依存於我們去了解的方式，依存於對對象為了我們（人）而存在的了解。從而，康德的先驗對象被等同於想像的

㊲ 康浦・斯密：《康德「純粹理性批判」釋義》，第77頁。

存在物，而作為超時間的先驗自我，則是過去、現在、未來的統一。

康德哲學的現代研究者威爾頓認為，發展康德有兩個方向。第一個是黑格爾所採用的形而上學態度，另一種則是所謂實證的科學態度，即用心理學來解釋康德哲學。威爾頓也認為，占據康德認識論的中心地位，聯結感性與知性，具有二者特徵又不同於二者的便是「想像」。他認為，這是個既能直觀（感性）又起綜合作用（知性）的中心環節，康德只是含混帶過並未清楚交代。它既可以從形而上學出發來解釋，也可以純粹看作心理學的經驗規定。威爾頓顯然主張第二種方式。他企圖將康德提出的哲學認識論課題還原為實證的心理學問題[38]。

由此可見，在這種種康德研究中，無論是康浦·斯密、海德格爾或威爾頓，現代哲學把「想像」突出為康德哲學認識論的核心，企圖以形而上學的或實證科學的對想像的規定和解釋，來解除康德的不可知論的矛盾，來找到感性與知性的「共同的根源」，亦即找到這個不可知的「物自體」。康德的不可知的「物自體」被他們所駁斥和消滅了，代替的是精神性的「自我」（黑格爾）[39]和「想像」。於是，如前所述，精神成了認識的根源和本體，康德這兩個X的二元論終究為唯心主義一元論所代替。

由費希特、黑格爾的理性主義到叔本華、海德格爾的現代反理性主義，明顯以自我、絕對理念、求生意志、先驗想像來解釋、規定「物自體」，作出對康德哲學的修正。同樣，沿著邏輯實證論的路線，取消康德提出的「物自體」問題，用所謂實證科學來解釋和解決它，也是一種修

[38] 威爾頓：《康德的〈純粹理性批判〉》，牛津，1948年第2版。

[39] 現代也仍有人強調「物自體」乃是「我自體」，前者不過是後者植放在對象之中而已。「我自體乃原始的實存的實在，物自體是從屬的實在。」而所謂「我自體」就是「思想的我」。見米勒（Oscarw Miller）《康德的物自體或創造的心》。

正。除了「想像論」之外，邏輯實證論所謂「可證實性」原理也如此。這個「原理」認為，人們的知識來自經驗，而經驗總必須與一定的觀察、測量等等相聯繫。這便是科學所整理的可觀測的世界。至於離開我們觀測之外的客觀世界究竟是怎樣的，以及它與可觀測的世界是否一致，則是不可知的，甚至它是否存在，也是沒有意義的形而上學問題。很明顯，這不僅是重複康德，而且是回到休謨了。

總之，不管是費希特、黑格爾或叔本華，用精神或意志是沒法解決康德的「物自體」問題的。不管是康浦・斯密、海德格爾或邏輯實證論，用「想像」，也不管是本體論的或心理學的想像，同樣沒法解決康德的「物自體」問題。精神、意志或「想像」並不是康德所提出那許許多多的「不可知」、「不可解」的鑰匙所在。

（三）「人應該在實踐中證明自己思維的真理性」（馬克思）

那麼，什麼是這個鑰匙呢？什麼是康德提出的種種「不可知」的正確解答呢？什麼是康德所朦朧意識到而無法解答的那個「感性與知性的共同根基」呢？它不是絕對精神，也不是「想像」。儘管想像是值得深入探討研究的重要課題，但決不能是解答「物自體」和認識論的最終基礎。

這個最終基礎仍然只能是實踐。

實踐是人們談論很多、當代哲學中的時髦詞彙，但什麼是實踐？它有沒有規定性？它與五官感知、與動物性的生活活動有什麼區別？等等，都需要弄清楚。如前幾章所連續說明，實踐作為認識的基礎和真理的標尺，是歷史具體的。無論是感性或理性，無論是時、空觀念或數學，無論是形式邏輯或辯證法，作為它們的基礎的實踐是具有歷史具體的客觀社會性的實踐。我以為，「認識如何可能」只能建築在「人類（社會實踐）如何可能」的基礎上來解答。只有歷史具體地剖析人類實踐的本質特徵，才能解答人類認識的本質特徵。認識的主體不是個人，從而出發點不是靜觀的感覺、知覺。認識的主體是社會集體，出發點只能是歷史具體的能動的社會實踐活動。正是從這裡生長出人所特有的本質。「人是製造工具的動物」與「人是能思維（或理性）的動物」這兩個著名古典定義的祕密，在於二者在社會實踐基礎上的統一。人所獨有的感性能力（時、空觀念）和理性能力（形式邏輯、數學、辯證範疇），其根源不是什麼「先驗的」或「不可知」的東西，而是通由實踐，在漫長歷史時期中，客體產生、構成、反映、積澱為主體的認識結構。主體是以實踐的規律和形式去認識、同構和把握客體，從而就不存在不可知的「物自體」。康德的兩個不可知的X應該撤消，兩個X互不相關雙峰並峙的局面可以統一，它們統一於實踐。實踐揭示第一個X（作為「先驗對象」的「物自體」）的本質，並以之構成第二個X（所謂「先驗自我」的「物自體」）。正是實踐，使一切「物自體」（「自在之物」）成為「為我之物」，使一切所謂「不可知」成為可知。因之，所謂實踐就決不是空洞、抽象、主觀、個體的活動。

馬克思說，「人應該在實踐中證明自己思維的真理性」㊵。恩格斯說，「在康德所處的時代，我們對自然界事物的知識確實是十分零碎的，所以他很可以猜想在我們關於每一件事物的少許知識背後存在著一種神祕的自在之物。但是這些不可理解的事物，已經被科學的巨大進步逐一地理解，分析，甚至重新製造出來了；而我們能夠製造的東西，我們當然不能認為是不可認識的」❹；又說，對不可知論的「最令人信服的駁斥是實踐，即實驗和工業。既然我們自己能夠製造出某一自然過程，使它按照它的條件產生出來，並使它為我們的目的服務，從而證明我們對這一過程的理解是正確的，那麼康德的不可捉摸的『自在之物』就完結了」❷。馬克思主義經典作家這些論斷，對於我們理解從洛克到法國唯物主義到康德為何有物的「實體」、「物自體」、「不可知」的思想，是有啟發的。它說明了，從認識論的原因說，這種思想是一定時代的工業和科學發展水平（亦即是人類社會實踐的一定歷史水平）的反映。洛克曾說：「人在自己理知這個狹小世界中的統治，與他在可見事物的廣大世界中的統治幾乎是一樣的。在事物世界中，他無論藉什麼奇能妙法，都不能超出把手頭現成的材料加以綜合或分離的範圍，他絕不能做出半點新的物質，也不能毀掉現存事物的一個原子。」❸當然，人只能改變物質的形態，而永遠不能生滅哲學意義上的物質，永遠不能從虛無中創造出新的物質來。但重要的是，洛克的思想，客觀上反映了他那個時代的社會實踐（工業和科學）的水平和局限。當時的確還不能「創造」多少新的

---

❹〈關於費爾巴哈的提綱〉，《馬克思恩格斯選集》第1卷，1972年版，第16頁。

❶《「社會主義從空想到科學的發展」英文版導言》，《馬克思恩格斯選集》第3卷，1972年版，第387～388頁。

❷《費爾巴哈與德國古典哲學的終結》，《馬克思恩格斯選集》第4卷，1972年版，第22頁。

❸《人類理解論》第2章。

物質，的確還只能在手頭現有的材料的範圍內分離或組合，也的確不能「消滅」一個現實的原子。人們對自然界事物的了解的確十分零碎而表面，當時的工業和科學還處在初步的階段。因此當時的唯物主義重視的只能是觀察，立足點只能是感覺、知覺。而這正是在哲學上產生所謂不可知的「實體」（洛克）、「物的本性」（霍爾巴赫）和「物自體」（康德）的重要原因。現代雄偉的工業和科學的步伐已遠遠不是「用手頭現成的材料來分離或組合」，不但已經能夠擊毀原子核，並且能通過改變物質的形態，「創造」出千百種新的物品和物質來，如各種有機化合物。而像使用加速器之類的科學實驗，更大大超出了一般以感覺、知覺為基礎的個體日常活動和古典式的觀察、歸納等認識方法。現代工業和科學日益展示出社會實踐的本性，通過利用客觀世界本身的力量對客觀世界（如原子、中子）的主動的「干擾」，來指引觀察，不斷深入對客觀世界的認識，從而日益展示出「物自體」變成「為我之物」的這個認識論的真理。恩格斯上述論斷，正是具體地說明了馬克思在〈關於費爾巴哈的提綱〉中講的人應該在實踐中證實自己思維的客觀真理性，「即自己思維的現實性和力量，亦即自己思維的此岸性」[44]。這個實踐正是社會實踐，即工業和科學。而「此岸性」也正是相對於康德的不可知的「彼岸」而言。所以，不能庸俗地解釋恩格斯對康德的批判，認為恩格斯對不可知論的這種批判沒有哲學意義和價值，從而否定、取消這種批判，如現在國外好些號稱的馬克思主義者那樣。恩格斯這一批判的要點，正在於指出是社會實踐，而不是個體感知經驗，才能摧毀「物自體」不可知的觀點，才能合理解決把康德哲學引向信仰主義去的神祕東西（不可知的「物自體」）。在本書第四章，已說明恩格斯強調只有人的實踐活動才能證實因

[44] 〈關於費爾巴哈的提綱〉，《馬克思恩格斯選集》第1卷，1972年版，第16頁。

果必然的客觀性。這裡恩格斯又強調，只有人的實踐活動才能從根本上批判所謂不可認識的「物自體」。這兩點是緊密相連的，實際上是一回事。只有從實踐觀點出發，才能看出康德的「物自體」的第二層涵義——作為感性、知性的界限是有問題的。再重複一次：我所說的這種實踐，首先是指社會物質生產等基本活動。從而實踐不等於感知經驗，不等於觀察、語言，它具有歷史總體的客觀特點。不是感知、觀察、語言，而是實踐（如科學實驗），才是認識的出發點，觀察、感知倒毋寧是結果和檢證。這就是歷史唯物主義和舊唯物主義與唯心主義、可知論和不可知論的根本分歧的基礎。

所以，應該重視人類學本體論問題。因為它可以與以經驗、語言或邏輯為本體的唯心主義對立起來，而強調人類作為本體對世界的實際征服和改造。人類學本體論即是主體性哲學。如前所述，它分成兩個方面，第一個方面即以社會生產方式的發展為標記，以科技工藝的前進為特徵的人類主體的外在客觀進程，亦即物質文明的發展史程。另一個方面即以構建和發展各種心理功能（如智力、意志、審美三大結構）以及其物態化形式（如藝術、哲學）為成果的人類主體的內在主觀進展。這是精神文明。兩者是以前一方面為基礎而相互聯繫、制約、滲透而又相對獨立地和自主地發展變化。人類本體（主體性）這種雙向進展，標誌著「自然向人生成」即自然的人化的兩大方面（參看本書第十章），亦即外在自然界和內在自然（人體本身的身心）的改造變化。康德哲學的貢獻在於它突出了第二方面的問題，全面提出了主體心理結構——包括認識、倫理和審美的先驗性（普遍必然性）問題。本書的目的就是要揭示康德所提出的這個問題的現代意義，以及馬克思主義了解和解決這個問題的方向。這就正是康德的「批判哲學」的批判。

（四）「物自體」作為理性的理念

康德的「物自體」又不只是一種不可知的認識界限。如果「物自體」只是作為認識的界限，那是否需要肯定「物自體」自身存在，也就成了問題。康德便說過，所謂「本體」(物自體) 存在的可能性與不可能性都不可認識，「這種對象不能絕對的否定」，也「沒有這種對象的確定的概念」，「它只能是一個用不定態度答覆的問題……」㊺。但由於康德堅持，物自體儘管不可知，卻總存在，因之，這裡就包含有第三層涵義，即「物自體」雖然不能認識，但可以作為思考對象而存在。在《純粹理性批判》第 2 版序言中，康德在強調「我們不能認識作為物自體的任何對象，而只能認識它作為感性直觀的對象，即現象」的同時，便指出，「必須銘記在心，雖然我們不能認識，但至少可以思維作為物自體的它們」㊻。康德認為，在我們區別「現象」與「本體」時，已包含有將後者只作為知性思維的對象，與前者作為感性直觀對象相區別，從而「便叫後者為知性存在物（本體）」㊼。即是說，「物自體」作為一種被理知肯定的思維存在物；這種存在是與作為現象的感性存在體相對峙的、並作為現象基

……………………………………

㊺ 《純粹理性批判》A288=B344，參看藍譯本，第239頁。

㊻ 同上書，Bxxv，第17頁。

㊼ 《純粹理性批判》，B306，參看藍譯本，第215頁。

礎的知性存在體，即與現象相對峙並作為現象基礎的「本體」。康德在這裡便提出「本體」除「消極涵義」外，還有一種所謂「積極涵義」。

所謂「消極涵義」（也可稱「否定涵義」），是指「物自體」不是感性直觀的對象，這就是上述作為認識限界的第二層涵義。所謂「積極涵義」（也可稱「肯定涵義」），則是指「物自體」可以是一種非感性直觀的對象。它是「可以」是，而不是「一定」是。第二層涵義如果說是強涵義，這裡便是弱涵義，就是說，可以允許有一種知性直觀的認識對象作為「物自體」而存在。但人並沒有這種知性直觀，於是便只能把它作為思維的對象，即把人的知性範疇超經驗地使用於其上的對象。儘管這種使用的結果，並不能獲得任何認識，但它對認識卻有頗為重要的意義和作用。

康德說，「如果我們用本體指一物不是我們感性直觀的對象，並完全脫離我們直觀的方式，這是該詞的消極涵義。但如果我們用它來理解一個非感性直觀的對象，從而假設有一種特殊的直觀方式，即我們所不具有、甚至也不了解其可能性的知性直觀。這即是『本體』一詞的積極涵義」㊽。康德否認能認識「物自體」的存在，但認為可以思維它存在，假定它存在。從而，這種存在就根本不同於提供感性來源的第一層涵義的存在，而且恰恰是第一層涵義的對立面。它也不是第二層涵義的認識界限，而恰恰是對這種界限的揚棄。於是，它不再是那個提供感性來源的唯物主義的「物自體」（不依存於人的客觀物質存在），也不只是那個純粹作為感性——知性認識界限的消極的「物自體」（它是否存在不可知），而是一個「不能知之，只可思之」卻仍積極存在的「物自體」了。就是說，這是個知性不能把用在感性經驗領域中的範疇原理（實體、因

㊽ 同上書，B307，第215頁。

果、現實性等等）用於其上，但又必然要用這些範疇去思考（亦即將知性範疇進行超經驗的使用於其上）的對象。在這裡，「物自體」成了一種引導知性永遠追求而無法達到的「積極的」假定對象。這也就是上章「二律背反」中講到的理性的理念。

康德在「二律背反」和「先驗理想」等章節提出上帝、自由、靈魂等理性理念，就是這樣一種統一知性和引導知性去追求，從而使認識在經驗領域內達到最大限度的統一和系統化的動力或功能。這也就是「物自體」在認識論上的第三層涵義。康德說：「……它們有一個卓越的、實乃不可缺少地必然的範導使用，即指導知性趨向某個目標，……這一點只是一個理念，一個想像的焦點，它在可能經驗範圍之外……」㊾。「系統的統一（僅作為理念）只是一種計畫的統一，自身非給定，它應看作只是作為一個課題。這種統一，有助於我們使知性在其雜多和特殊使用中去發現原理，指引知性去注意那些還未給定的事例，並使之更為條理一貫。」㊿ 康德認為，例如化學家將一切鹽類歸於酸、鹼兩類並進而求更根本的同一物質，以及所謂「節約原理」（由神學、經院哲學的「基本事項不應增多」的原理而來），都是以一個理想的理論概念用來指引誘導人們深入研究自然而大有益處一樣，上述的上帝等理性理念也是如此。假定一個理性理念的上帝（以及靈魂、自由）「好像」存在著，以作為世界的最高原因，並展示出世界萬事萬物的目的性，以達到經驗的最大系統的統一、完整和秩序，這對於研究自然是有益的事㊿①。這就是與知性作用於感性以構成認識的「構造原理」相區別的所謂「範導原理」。

㊾ 《純粹理性批判》A642=B672，參看藍譯本，第458頁。

㊿ 同上書，A647=B675，第459～460頁。

51 可參看本書第十章目的論部分。

所謂「範導」是相對於「構造」而言，「構造」是知性作用於感性以構成知識;「範導」是理性指引知性，作為規範引導。康德這種區分「範疇」與「理念」、「構造原理」與「範導原理」，是「批判哲學」認識論極其重要的基本思想。前者——範疇與構造原理是作用於感性經驗以構成知識的科學原理；後者——理念與範導原理是指引規範認識，本身並不能作用於感性經驗以構成知識，它並不是科學的原理，而是一種非常重要的方法論的哲學原理。「……理念是唯一能給予知識的統一性的，沒有這種系統性，我們的認識就會是破碎支離的」(52)；「和範疇不同，理性理念對知性的經驗使用毫無用處。……它所要求的只是知性使用在經驗的總和裡的完整性。……理性把它設想為對於一個客體的認識。……但這個客體不過是一個理念，只用它使知性認識得以盡可能地接近它而獲得完整性」(53)。所以，在指出「範導原理」和理性理念這種有益於認識的同時，康德強調指出，不能用它們來代替具體的科學研究:「在研究領域內，如果代替在物質機械性的普遍規律中探求原因，而直接訴之於最高智慧的不可探究的命令，……那就使我們對原因的探求變而為極容易的事，因之，這使我們認為理性的工作已經完成，實際只是廢棄理性的使用而已……。」(54) 康德認為，雖然我們「有一個目的論聯繫的系統統一的範導原理」，但「我們可以認定去做的，仍是遵循普遍規律，堅持探究物理—機械的聯繫」(55)。

可見，康德強調理性理念只是「範導」原理，不是「構造」原理，

(52) 《導論》§56。

(53) 同上書，§44。

(54) 《純粹理性批判》A691=B719，參看藍譯本，第485頁。

(55) 同上書，A691～A692=B719～720，第485頁。

是為了區別理性理念與感性直觀形式、知性範疇原理，指明包括上帝在內的所有理性理念，都不是認識，不是科學。康德說，「系統統一的理念只能用作範導原理以指引我們依據自然的普遍規律在事物的聯繫中去尋找這種統一」(56)，因之，科學尋找的仍然只是自然的因果決定論的聯繫。包括「最高存在者的理想」(按指上帝)，也不過是理性的範導原理而已。這種範導使我們把世界一切聯結看作好像都由一個充足的必然原因而產生。但任何理性的「理念」都只能作為一種假定的「好像」存在的最後原因或最高智慧，用以指導經驗的探求，而不能代替這種探求，不能從這種所謂最後原因、最高智慧中推演出或直接論證經驗世界的知識，或作為經驗知識的現實來源或基礎。康德在自己的科學研究和論著中是忠實於這一原則的。在〈月球上的火山〉(1785年) 中，他說，「不能允許放棄科學思想，在絕望中訴諸神意來解釋」；討論作為整體的自然時，可以「假設某種神意安排，但這不能解除盡可能遠地尋找自然原因的責任」，等等。所以，一方面，康德認為，「世界是現象的總和，所以要有現象的某種先驗的根據」(57)，即需要一些不是感性所能到達、只能由純粹知性去思維的某種超驗的對象，來作為現象世界的根據；這是第三層涵義下的「物自體」，也即是理性理念。但另一方面，康德認為，上述這個現象世界的先驗根據又不是實體，不能將這種假定的「好像」存在的最高原因加以實體化。從而，「物自體」的這種「積極涵義」的存在，也就只是「理念」中的對象，而不是實在的對象，「因為沒有理由可以證實在自然之上有這種性質的存在者」(58)。這樣，康德所謂「物自體」與現象界的

(56) 《純粹理性批判》A692=B720，參看藍譯本，第485頁。

(57) 同上書，A696=B724，第488頁。

(58) 同上書，A700=B728，第490頁。

對立，到這裡也就遠遠不是不可知的客觀物質世界與由知性範疇作用於感性材料的現象世界的對立，而變成無條件、無限制的絕對總體的理性理念與知性、感性的有條件、有制限的經驗之間的對立；這也就是促使我們去不斷尋求經驗的最大限度的統一性、系統性、秩序性、完整性的理想和要求與有限性的現實經驗知識之間的對立、是認識進程本身中目標與現狀的對立。而這，正是「物自體」的第三層涵義的關鍵所在。

康德在這裡提出作為經驗知識的統一和目的的理性理念，實際是用唯心主義方式提出了世界統一性的問題。這個統一性在康德那裡不在於它的物質性，而在於某種假定的理性理念的存在。世界的物質性的自然科學的探究反而要在這種先驗理念的「範導」下進行。可見，這個所謂總體的理性理念（「物自體」）與有限經驗認識（現象界）的對立，實質上是絕對真理與相對真理之間的對立。

因之，康德的「物自體」，最後是作為被唯心主義所宣告的絕對真理，即作為現象界萬事萬物統一性的依據和科學追求的目標而出現了。他把認識的不斷前進和知識的系統統一，說成是上帝、自由、靈魂之類的理性理念的「範導」。這種理念可望而不可即，可思而不可知。絕對真理作為「物自體」，仍然是認識永遠不能到達的彼岸。

「物自體」在認識領域內的三層涵義，大體就是這樣。

黑格爾對康德的「物自體」各個方面都作了批判。上面已經講到用先驗自我來吞併「物自體」，這種吞併也恰恰是抓住這個第三層涵義來進行的。黑格爾尖銳地批判了康德這種主觀性的理念，指出康德的「物自體」是一種空洞的抽象，是抽象思維的產物。在黑格爾看來，「理念」必須是概念和客觀性的統一，「理念」在黑格爾《邏輯學》裡是最高的「總念」，是超越和揚棄本質論諸範疇（實體、因果、交互等等）之上的更高一級的認識階段。所以，它不是認識的趨向、目的和永遠達不到的「彼岸」，而恰恰是現實與概念（認識）的一致、統一，這也就是具體的真理。與康德相反，黑格爾強調人的認識能夠獲得客觀真理。這個真理，據黑格爾的看法，又恰恰是對上帝的認識，也就是絕對理念的自我認識。黑格爾批判康德的「物自體」不可知論，強調理性理念是可知的，但這個「知」（認識）不過是對上帝的「知」。所以，列寧指出，「康德貶低知識，是為了給信仰開闢地盤；黑格爾推崇知識，硬說知識是關於神的知識」[59]。

康德的「物自體」的第三層涵義是一個重要問題，不同哲學派別都在此大作文章。新康德主義者如柯亨、那托普（Natorp）等人，抓住康德「物自體」這層涵義，誇大康德關於「物自體」不過是經驗無限遠的界限概念的觀點。他們認為，感覺材料之後並不存在什麼「物自體」，「物自體」不過是我們認識不斷前進的無限遙遠的目標罷了。「物自體」有如數學中的「無窮遠的點」一樣，並不是任何固定的存在，而只是一個指示的方向，使認識無窮地運動以接近它，而永遠不能達到它。這樣，我們也就把「物自體」作為感性來源這個第一層涵義完全抹掉，把第二第三兩層涵義合在一起，「物自體」被看作只是思維本身的一種要求和規定。頗受西方哲學界推崇的實用主義者皮爾士（C. S. Peirce）所以對康德的辯證論大感興趣，也是因為依據所謂「範導性原理」可以把所有最基本的科學規律都看作只是一種假定。這些都可說是「物自體」第三層涵義所引導的結論。

表面看來，康德提出「物自體」不可知但又存在，則感性材料可以永遠提供（第一、二層涵義），「物自體」作為理性理念不斷引導知性去

[59] 《哲學筆記》，1974年版，第181～182頁。

追求(第三層涵義),便又可使認識無止境地永遠進行。這似乎比肯定「物自體」是可知的客觀世界,從而經驗和知識將有止境,要有意義。靜觀的唯物主義也的確遇到這個困難。從馬克思主義實踐論看來,因為人類實踐和工業本身不斷發展變化,將無窮無盡地提供新的對象新的課題等待人們去認識去解決;人類社會歷史領域,更是如此。而客觀世界也不僅是存在(being),而且是生成(becoming),從而,認識不可能有止境。人們總是不斷從相對真理接近絕對真理,永遠不能窮盡它。馬克思主義設定絕對真理的客觀存在,設定人們的認識能夠不斷地接近,在相對真理的總和中(在人類的世代連續的系列中)去「達到」它。因之,人們認識(科學知識)的系統的統一、秩序和目的性,並不在於康德那個作為理性理念的「物自體」,而在於社會實踐。實踐本身是現實的物質活動,是它造成了知識的統一性和意識的統一性。為認識(相對真理)所不斷追求、接近的絕對真理,正是這個具有統一性的物質世界的客觀真理。如列寧一再指出:「人從主觀的觀念,經過『實踐』(和技術),走向客觀真理。」⑥⓪「人以自己的實踐證明自己的觀念、概念、知識、科學的客觀正確性。」⑥①人的認識通由實踐的檢驗不斷地日益符合客觀對象,即通過實踐,人是可以獲得客觀真理的認識的。所以,不存在什麼可望而不可即、可思而不可知的「物自體」(理性理念),而只存在著不以人們意志為轉移而獨立存在、可以通過實踐而為人們認識、不斷發展變化著的客觀物質世界。康德「物自體」的第一(作為感性來源)、第三(作為絕對真理)兩層涵義應該在唯物主義實踐論的基礎上批判地統一起來。

⑥⓪《哲學筆記》,1974年版,第215頁。

⑥① 同上書,第204頁。

（五）由認識論到倫理學

康德的「物自體」，由感性的來源到知性的界限，到作為「範導」原理的理性理念，經歷了複雜變化的過程，最後便邁出認識論的範圍，而到達道德實體，進入所謂實踐理性的領域。

康德說：「……沒有理性就沒有知性的一貫運用，沒有知性的一貫運用，就沒有經驗真理的充足標準」(62)。感性的統一靠知性，知性的統一靠理性，理性理念和先驗理想（上帝）成了真理的最後標準和認識的永恆趨向。這樣，一切就統一於先驗的理性。但是理性理念作為「範導原理」，只有引導知性以尋求經驗知識的最大限度的統一性的「積極的」功能，還不能作用於感性經驗界；從而，在這個意義上，又可說仍保留了某些作為消極限定的涵義。它雖然已經十分逼近，但還不是康德心目中的積極的「本體」，還不是對「本體」的真正具有積極內容的規定。

康德認為，這個真正積極的「本體」不能是認識，而只能是人的實踐理性，這就是不同於科學知識的道德(63)。上述康德的「本體」的積極涵義是「不能知之，只可思之」的對象，在這裡「思維」不是認識，思維的對象不能由感性直觀來予以證實，於是它的存在，就包含著只能由信仰來保證的意思了。康德的「物自體」由這種思維的對象自然而然地

(62) 《純粹理性批判》A651=B679，參看藍譯本，第462頁。

(63) 所謂本體論學派與新康德主義的分歧，在這意義上也可表述為對「本體」的積極涵義與消極涵義的著重不同。

成了信仰的對象。而這也就由認識論的先驗理念和理想邁入了倫理學的實踐理性。康德認為，這才真正是「物自體」的「本體」自身。自由、靈魂、上帝等理性理念，只有在實踐理性領域，才是其本來面目的實體。這個實體，雖然始終不能是經驗現象界的認識對象，它卻不但可以作用於經驗現象界，並且還是整個經驗自然界的趨向和歸宿[64]。一個超感性世界作為本體與感性世界作為現象界相對峙[65]，前者不但高於而且也作用於後者。康德在《判斷力批判》一書中，用目的論把機械性統治的自然與道德、文化的人聯結起來，認為文化的人亦即道德的人，是自然的最終目的[66]。《純粹理性批判》中的〈先驗方法論〉也說：「很明顯，自然在為我們所作的聰明準備中，即在我們理性的構造中，其最終意向的確只是指向道德的。」[67] 自然的最終目的是人的世界，是超出自然的道德的人。康德的「物自體」，由認識論的理性理念，就這樣最後變而為倫理學的道德實體；由一個引導知性在思維中統一經驗但並無現實存在的目的概念，變而為支配實踐，在現實上影響經驗（道德行為）的實體存在；由一個不可認識、沒有實際用途也無客觀有效性質的非經驗的制限設定（認識論的第三層涵義），變而為一個有極大現實用途和客觀有效性質的積極規定（倫理學的涵義）了。理性的理念在認識領域內不能作用於感

[64] 有人因之將康德與巴克萊等同起來，認為「物自體」既然最終作為上帝成了可作用於現象的本體，從而也可作為認識的來源，以取消「物自體」的第一層涵義，這就與巴克萊完全一致了。但康德在這裡講的已是實踐理性，與認識無關（詳下章），所以並不能完全取代「物自體」的唯物主義涵義。

[65] 康德1797年12月11日給梯夫居克信：「感性世界缺乏一個非感性世界作為它的對應物，是我們分類中的邏輯缺陷。這個非感性世界不是完全空虛的，雖然它從理論認識角度講，必須被看作超於經驗」。

[66] 參看本書第十章。

[67] 《純粹理性批判》A801=B829，參看藍譯本，第547頁。

性經驗和現象世界，但在實踐領域內不但作用於感性經驗世界，而且是這個世界的立法者和命令者。康德說，「……理念能夠具有也必須具有對感性世界的影響，盡可能使感性世界與理念相一致。所以道德世界的理念具有客觀有效性……」[68]。在這裡，「本體」作為現象的根據和原因，就遠遠不是A作為B的原因這種現象界和認識論上的意義，而是道德高於認識、實踐理性優於理論理性的意義了（詳本書第八章、第九章）。所以，康德在《純粹理性批判》的最後部分一再指出，「理性預感有對它擁有巨大利益的對象。但它遵循純粹思辨的途徑去接近時，在它面前卻飛逸無蹤了。也許在還留給理性的僅有的另外途徑中——即理性的實踐使用中，可以指望有較好的成就」[69]。「甚至理性所有超越出經驗限界的巨大嘗試失敗之後，從我們的實踐的觀點看，仍然留有足夠給我們以滿足的餘地。」[70] 理性在思辨理論領域內企圖尋求對絕對實體如上帝、自由、靈魂的認識，不能達到，是失敗了；但可以在實踐領域內獲得成功。「物自體」作為引導人們不斷去努力追求的對象和課題，由認識論轉到倫理學，便具有更重大的涵義。康德一方面送走上帝（在認識領域宣布不能證實上帝存在），另方面又接了進來（在實踐領域又宣布上帝必然存在）。《純粹理性批判》的第2版序中明白聲稱：「必須捨棄知識以為信仰留地盤。」[71]「物自體」作為「本體」在認識論上的「消極涵義」（不可認識的界限），正是為了「本體」在倫理學上的「積極涵義」，即為了使它成為實踐中的主宰。「批判哲學」的整個體系就過渡到這個道德的實

---

[68] 《純粹理性批判》A808=B836，參看藍譯本，第552頁。

[69] 同上書，A796=B824，第545頁。

[70] 同上書，A828=B856，第563～564頁。

[71] 同上書，Bxxx，第19頁。

體，過渡到信仰主義。「批判哲學」認識論上的二元論和先驗唯心主義，最終是從屬於其倫理學的先驗唯心主義的。康德的「物自體」學說，作為整個「批判哲學」的樞紐，把科學與道德、認識與行為、自然與人就這樣分離了起來。

存在主義和邏輯實證論這兩個當代哲學中最流行的派別，可說是把康德這種分離作了發展。雅斯帕斯（Karl Jaspers）認為，信仰是人的存在的所謂絕對本質，這種本質永遠不能以知識來代替。所謂本體論學派的康德研究者正是在海德格爾的強烈影響下，強調康德的「自我意識」並非純邏輯的，而是《實踐理性批判》中的道德倫理的「自我」[72]，「自我」的意義就在自由意志、自由選擇，自由地決定自己與外界的關係等等。這樣，所謂「先驗自我」吞併並「先驗對象」便具有了本體論的反理性主義的神祕意義。另一方面，邏輯實證論也否認倫理、道德屬於認識、科學領域。在這派強烈影響下的康德研究者，則解釋康德的「物自體」與現象的區別，不是兩類不同實體的區別，而是關於談論方式的區別，即兩種語言的區別：一種語言用於科學認識領域，另一種用於實踐、倫理領域。又說，康德的功績在於澄清了什麼是科學語言所能涉及的範圍和對象[73]。其實，關於本體與現象是兩種不同講法或兩個不同世界，康德自己早說過[74]，邏輯實證論和存在主義在這裡並沒有提出什麼特別新鮮的東西。問題的實質在於，人作為認識主體和實踐主體的關係究竟

[72] 馬丁：《康德的形而上學與科學理論》第5章。

[73] 如威爾頓的《康德的純粹理性批判》第2版，第147頁。而波普的事實（科學）與規範（道德）的二分，在根本上也不超出這個思想範圍。

[74] 「兩個世界」說，見康德著名的就職論文；「兩種講法」說，見1783年給加爾夫的信，以及貝克當時的解釋。並參看《純粹理性批判》Bxviii～xix注、Bxxvii、A45～46=B62～63等等，藍譯本，第13、17～18、65～66頁。

是怎樣的？康德意識到並用唯心主義方式提出了這個問題，但他沒有（他也知道沒有）解決這問題。他一再表示解決它的困難。無論是柏拉圖式的解決（兩個世界）或亞里士多德式的解決（一個世界的兩種不同角度即兩種語言），都不是出路。有人說，康德的「物自體概念力求獲得一種變動不居的、隨問題而向前發展的意義」，有點像能變出種種形態來的希臘神話中的海神(75)。這種變動——如前所述，由感性來源到認識界限到理性理念，再邁入道德實體，客觀上是走向費希特、黑格爾的方向。一些人指出，康德在《遺著》中，作為「先驗對象」的「物自體」已不重要，突出的倒是由作為能思維、行動的自我建立起一切。「物自體」成為思維設定自己將自身客體化以建立的對象。這當然正是費希特的「自我建立非我」的思想。但是，康德晚年又公開地激烈地反對費希特這種思想和傾向，並強調自己的理論毫未改變(76)。許多人對康德這種矛盾態度感到為難，認為很難斷定康德對「物自體」的主張到底是否有所改變(77)。在我看來，康德並未改變他的二元論思想，也就是說，並未放棄「物自體」作為獨立於意識的外界實在並作用於感性的思想。但由於不能解決實踐與認識的關係，儘管康德自己並未意識到，思維發展的內在邏輯卻把他實際上引向費希特和黑格爾。

也只有黑格爾用絕對唯心主義把認識看作邏輯與歷史的統一，從而遭到馬克思主義歷史唯物論徹底批判之後，康德提出的問題才可能有真正的解答。認識與實踐、科學與倫理，只有在具有客觀發展進程的社會

(75) 克羅耐。

(76) 見康德1799年8月7日的「公開信」。

(77) 可參看柯普利敦（Copleston）《哲學史》第6卷第16章，〈康德的遺著〉，伏雷肖爾《康德思想的發展》，馬丁《康德的形而上學與科學理論》第5章§28等等。

實踐的基礎上才能統一起來。沒有不可知的「物自體」，也沒有作為道德實體和理性理念而存在的「物自體」；只有在社會實踐基礎上人類主體對自然和社會的認識、掌握和人類主體的自由意志和自覺活動的統一（參看本書第九、十章）。

可見，康德的「物自體」最終與社會倫理的根本問題聯繫在一起的。西方現代哲學大家維特根斯坦說：「我們覺得即使一切可能的科學問題都能解答，我們的生命問題仍然沒有觸及到。當然不再有其他問題留下來，而這恰好就是解答。」[78] 維特根斯坦認為，哲學的任務就在於給思想劃定界限，指明什麼是不可言說的。他認為，傳統哲學誤用語言，把哲學也作為科學命題一樣來談論，成了無意義的「胡說」。但維根斯坦並不反對形而上學，而是把它「放逐」到藝術、宗教、詩歌等領域中去，認為它們所展示的是十分重要的「生命」之謎，但這是不可言說的，不是科學認識的對象。維特根斯坦這些觀點從根本上講，與休謨、康德無本質差別，差別的乃是維特根斯坦的整個哲學直接由這裡歸宿為唯我論和神祕主義。他最終強調的是「無為」：「讓任何事物如它本來那樣」。「對不能言說的東西，就應當保持沈默。」[79] 這個現代西方哲學大師倒是深刻地表達了對社會規律和客觀前途的典型態度，要求避開和「不去談論」它們。儘管他在後期強調了語言與社會生活的緊密關係，強調了語言的社會性的實踐本性，但也只是**停步在語言之前**了。因之在一定意義上，它也可說是康德「物自體」不可知學說這一本質特徵在現代西方哲學中的變形表現。與此相反，馬克思主義實踐論哲學正是要求深入探討社會領域和歷史發展，以認識世界和改變世界，這也就是馬克思主義的歷史唯物論。

[78] 《邏輯哲學論》6、52。

[79] 同上書，7。

第八章　倫理學：（上）道德律令

（一）反對經驗論幸福主義

倫理學是康德整個哲學體系的另一個方面。康德在思想發展行程中，由牛頓轉向盧梭，由自然科學及其哲學意義的探求轉向人的精神世界的探求。康德在構造「批判哲學」時，雖然先著手認識論，但已經把倫理學擺在高於認識論的地位。

關於康德哲學主要是認識論還是倫理學，是一直有爭論的問題。例如今天所謂大陸（指西歐大陸）本體論學派與在英美影響很大的以卡西爾為代表的新康德主義的分歧便如此。馬丁說，「新康德主義將哲學的體系工作限制在認識論，並擴展此限制於康德哲學及其解釋。本體論學派反對這種限制。它一般地反對哲學能在認識論中窮盡自己，特殊地反對康德哲學是如此。」❶ 在英美，貝克等人也強調康德的倫理學。我認為，就康德個人主觀說，倫理學顯然高於認識論；但客觀上，康德在認識論中提出的問題和包含的內容，比倫理學要更為廣泛，與現代科學關係更密切。

上章已說，康德的「物自體」在認識論中是感性來源、認識界限和理性理念，處於不可到達的「彼岸」。這個「彼岸」在道德實踐領域，卻是康德認為能對現實起作用的「此岸」。「限制」知識是為了「高揚」道

❶ 轉引自斯柯特—塔加特（Scott-Taggart）〈關於康德哲學的近著〉一文，見貝克編《今日康德研究》。

德。彼岸之難以到達，顯示出此岸的無比「尊嚴」。純粹理性不能在客觀經驗世界中、在認識論中實現其無限、完整、統一的理想，以論證上帝、自由和靈魂不朽的存在，於是就在主體精神世界中、在倫理學中實現。「理論理性」的「批判」是強調：認識不能脫離經驗。「實踐理性」的「批判」是強調：道德（原則）必需脫離經驗。理論理性在現實應用中並不純粹，書名標上了純粹；實踐理性在應用中要求純粹，書名卻沒有標上純粹。按形式的對稱說，似應是「理論理性批判」與「實踐理性批判」；或「純粹理論理性批判」與「純粹實踐理性批判」。但理論理性不能越出經驗範圍，如越出，就應受檢討批判，這正是前一書的主旨。對於實踐理性，任務恰恰是要論證和指出純粹理性是有實踐能力的，並無越出自己範圍的問題。所以康德說，叫它《實踐理性批判》就行了❷。實際上，《純粹理性批判》雖然主要是講認識論，但已經包括了康德倫理學的基本旨意，所以不用理論理性而用一個與實踐理性非對稱的名稱（純粹理性），倒也是更合適的。

無論是理論理性或實踐理性，雖然彼此完全割裂，卻仍是同一個「純粹理性」，是這個「純粹理性」的兩個方面。康德說，「……只能夠有一種並且是同一的理性，不過在應用上要分別罷了。」❸它們都是要在自己的領域——認識和倫理中規定所謂普遍必然的先驗原則，在本質上是共同的。但在論述上，理論理性是由感性到知性到理性；實踐理性則剛好相反，是由原理（道德律令❹）到善惡概念再到感性情感。如果列一個

❷ 貝克認為，康德對實踐理性也有檢討批判的方面，如二律背反，所以康德自己這種解釋並不適當。本書不從此說，因這裡的二律背反與理論理性的二律背反畢竟性質不同。

❸ 《道德形而上學基礎》序言，參看唐鉞譯《道德形而上學探本》，商務印書館，1959年版（簡稱唐譯本），第6頁。

表，那就是：

純粹理性
- 理論理性：感性（時空直觀）→概念（範疇）→理性（二律背反，等等）。
- 實踐理性：理性（道德律令=自由）→概念（善惡）→感性（道德感情，等等）。

康德說，「在現在的場合下，我們是從原理出發，進向概念，隨後再從這裡進向感覺……。反之，在思辨理性方面，則我們不得不先從感覺出發，而停止在原理上。」❺ 為什麼有這種不同呢？這是因為倫理學首先考察的應是理性與意志的關係，康德要求它不受任何經驗制約，並且要完全擺脫種種感覺經驗，從而就與理論理性必須研究理性與對象的關係，受感性經驗的制約有所不同。這也就是一開頭所說的，一個（理論理性）要求聯繫經驗，一個（實踐理性）要求脫離經驗。但是，在「理論理性」，康德提出「先天綜合判斷如何可能」這個問題，以尋求知識的普遍必然的客觀有效性，要求與主觀的經驗習慣或「知覺判斷」區分開。在「實踐理性」，康德同樣追求具有普遍必然有效性質的客觀道德律令，要求與任何種類的主觀準則（Maxime）區分開。在認識論，康德以「先天綜合判斷」的經驗存在為前提（如數學、物理學）來探究其如何可能。在倫理學，康德首先肯定自由作為普遍必然的道德律令，雖然是超經驗的，但卻大量呈現和存在於日常道德經驗之中，因之來論證它的性質和

❹ 「道德律令」亦譯「道德法則」，如關譯本《實踐理性批判》。「法則」易生客觀規律義，不符康德原意，故本書不從。

❺ 《實踐理性批判》，關文運譯，商務印書館，1960年版（簡稱關譯本），第14頁。

表現。可見，在經驗現象中去追求尋找一種先驗的普遍原則，二者又仍然是共同的。而如果把康德有關認識論和倫理學幾部主要著作合起來看，可以發現一個有趣的對稱，即：

認識論：《未來形而上學導論》(1783年)——《純粹理性批判》(1781年、1787年)——《自然科學的形而上學基礎》(1786年)——《從自然科學的形而上學基礎到物理學》(未完成)

倫理學：《道德形而上學基礎》(1785年)——《實踐理性批判》(1788年)——《道德形而上學》(1797年)——《人類學》(1798年)

這也就是康德哲學由抽象到具體的整個行程。上下二欄，前面兩種講的都是基本原理，即先驗哲學或批判哲學。後面兩種都是講這些先驗原理如何應用在現實生活中。例如，《道德形而上學》是將所謂普遍理性的道德律令應用於人，「用從經驗得知的人的特殊本性作為對象，以展示普遍道德原則的應用」。它是實踐理性的分析與經驗概括的中介，與認識論的《自然科學的形而上學基礎》一書相當，其中包含如法學、心理學等一般內容，而不是「純粹」的了。到《人類學》，就更是這樣。它進一步與各種具體經驗內容的概括相聯繫，如涉及具體的種族、個人等等。所以，前二書才是集中提出和論證作為普遍原理的先驗的道德律令。它們與認識論的前二書構成康德「批判哲學」的基本著作。

《道德形而上學基礎》大體與《未來形而上學導論》相當，基本上是用所謂分析法寫的，即從日常道德經驗出發，追溯其先驗前提。《實踐理性批判》則與《純粹理性批判》相當，是用所謂綜合法寫的，即從分析先驗原理出發。由於《道德形而上學基礎》包含的內容比《實踐理性批判》要更為通俗、混雜，受到後人更多的注意（這與《未來形而上學導論》與《純粹理性批判》的情況剛好相反)。但像叔本華、西爾柏 (J. R. Silber) 認為《實踐理性批判》比《道德形而上學基礎》遠為低劣的看法，是不能成立的。除「人是目的」這一重要思想未作突出論述外，《實踐理性批判》的內容和結構比《道德形而上學基礎》更嚴謹有力。本章將以《實踐理性批判》為主，參照《道德形而上學基礎》，加以論述。

上面是寫作形式的對照。在內容上，與認識論的狀況相對應，康德倫理學的批判的矛頭同樣指向傳統的唯理論和經驗論。但與認識論更多指向唯理論相反，這裡更多是指向了經驗論。因為，與認識論狀況不同，在倫理道德領域內，康德認為經驗論為害最大，它「把道德性連根拔去」，取消了道德之為道德的特徵。並且，即使是崇奉上帝的唯理派倫理學，最終也仍然落腳在經驗上。所以康德要求首先必須與種種經驗論劃清界限。康德說：「這裡第一個問題就是：是純粹理性自己就足以決定意志呢，還是只有在它被經驗所制約的條件下，才能成為決定意志的動機呢?」❻就是說，在倫理學，要徹底探究的首先便是：到底是經驗還是理性在根本上決定道德?

《道德形而上學基礎》把經驗論與唯理論的各派道德理論分為「從幸福引出」的經驗原理與「從完滿引出」的理性原理兩種。在《實踐理性批判》中，康德進一步把它們統統列入「實質的」道德原理。所有各種「實質的」道德原理被列如下表：

道德原理中實踐的實質的動機如下：

主觀的		客觀的	
外在的	內在的	內在的	外在的

❻ 《實踐理性批判》，參看關譯本，第13頁。

教育	自然感情	完滿	神的意志
(蒙臺涅)	(伊壁鳩魯)	(沃爾夫和	(克魯修士
社會組織	道德感情	斯多葛派)	和別的神學
(蒙德維爾)	(赫起生)		道德論者)❼

康德評論說，左邊「所列各項統統是依靠經驗的，顯然完全不足以作為普遍的道德原理」❽，因為它們或由外在的習俗、教育、政府、立憲制度等等決定；或由人本身的一般自然天性即快樂、痛苦等等本能需要、生理欲求所決定；或由某種特殊的道德感情（英國莎夫茨伯利、赫起生等人認為人有一種內在的「第六官能」，即無功利的道德感、美感，能直接分辨和判斷美醜善惡）所決定。所有這些，在康德看來，都是把道德原理或直接或間接歸結為經驗（包括上述道德感情也只是感性經驗），成為一種主觀任意的東西，不可能有普遍必然的客觀有效性。另一方面，右邊所列的唯理論，雖然要求一種客觀普遍性，如所謂「完滿」，但康德認為這並沒有什麼規定性。如指道德完滿，則是用道德完滿來規定道德，沒有意義，無異空洞的同語反覆。所謂「完滿」，一般本是指對某種目的的完成或達到，因而作為人類內在性質言，指的是一般才能或技巧的完滿發展❾。而「才能或對才能的培養所以能成為意志的推動原

❼ 同上書，第40～41頁。

❽ 同上書，第41頁。

❾ 關於「完滿」與道德的關係，在康德思想發展中是有所變化的。前批判期，康德把沃爾夫學派與英國內在感官論結合，提出「作你能作的最完滿的事」。作為道德原則，這裡「完滿」已開始是種形式。1770年後，純形式的自我立法代替了「完滿」，同時拒絕了道德感官說。在《道德形而上學基礎》，「完滿」作為他律，是空洞的同語反覆。在《實踐理性批判》，「完滿」被列入幸福原

因，只是因為它們有助於生活的利益」⑩，即還是歸結到經驗的幸福。甚至把神的意志作為道德原理也一樣，「是因為我們期望由於契合神意就會得到幸福」⑪，信神乃是為了求福，如此而已。說穿了，康德認為，所有這些唯理論所謂客觀的道德原理，仍然最終可以還原到經驗論的主觀幸福上來。所以批判的矛頭只要集中指向經驗論就行，特別是作為公開的經驗論的幸福主義。在《純粹理性批判》頗得稱讚的伊壁鳩魯，在這裡成了主要的批判對象。但伊壁鳩魯不過是康德借用的靶子，箭其實是射向倡導幸福主義的法國唯物主義的。在《反思錄》和《倫理學講演錄》中，康德也列了與批判上述實質原理類似的表，而占據伊壁鳩魯位置的，赫然正是法國唯物主義在倫理學方面的主要代表愛爾維修。可見康德駁伊壁鳩魯是幌子，反法國唯物主義，才是當時哲學鬥爭的現實。

法國唯物主義從感覺論出發，認為所謂善惡好壞，歸根結底不過是以感覺為物質基礎的快樂或痛苦。去苦求樂，乃人之「本性」，此亦即利益（interest）。人所以作惡，是由於惡、壞事對他有利。而所謂人，在這裡指的就是具體現實的個人。所以倫理道德應該歸結到個人利害上來。霍爾巴赫說，「人從本質上就是自己愛自己，願意保存自己，設法使自己的生存幸福。所以，利益或對於幸福的欲求就是人的一切行動的唯一動力」⑫，而所謂道德並不是別的，只是聯繫在一起的人們的共同利益而已。愛爾維修說，「利益支配著我們對於各種行為所下的判斷，……把它們看成道德的或罪惡的……。」⑬「如果愛美德沒有利益可得，那就決沒

理受批判。但到《道德形而上學》，又講道德實踐的「完滿」等等，「完滿」與道德又聯繫起來了。

⑩ 《實踐理性批判》，參看關譯本，第41頁。

⑪ 同上書，第42頁。

⑫ 《自然的體系》上卷第15章，商務印書館，1964年版，第273頁。

有美德。」⓮ 在他們看來，以個人利益為基礎的社會公共利益就是道德原則。法國唯物主義者要求人們拋開一切宗教、靈魂之類的虛構，以現實生活的利益為基點，建立起具有與自然科學同樣嚴格因果關係的倫理科學。愛爾維修說：「應該像建立實驗物理學一樣建立倫理學。」⓯ 他們企圖以感官生理的感受性為基礎，從苦樂、幸福、利益出發，建立起道德原則。這就是經驗論幸福主義的道德理論。

康德反對這種理論，強調指出所謂幸福是沒有客觀標準的。不管是哪種幸福、快樂、願望，「低級的」也好，「高級的」也好，感官的也好，理知的也好，作為經驗，它們可以隨意比較和任意選擇：「同一個人，能夠把他生平僅見的一部好書，不經閱讀，就還給人，以免耽誤打獵；能夠中途拋開一段妙論，去趕著赴宴；……能夠因為當時手頭的錢只夠買張喜劇門票，而把自己原本樂意周濟的窮人攆走」⓰，「因而他的幸福概念也隨他的需要而定」⓱。一個人認為是幸福，另一個可以恰恰認為相反。對幸福的欲求、理解和享受，人各不同，時各不同，可以由種種偶然的經驗條件所影響和決定，根本沒有也不可能有普遍必然的客觀內容和共同標準。康德進而指出，所謂幸福，說到底，不過是動物的求生願望，幸福論講的所謂「去苦求樂」的「人的本性」，實際乃是動物的本性或人的動物性。即使所謂高級的幸福、快樂，歸根到底還是建築在這種動物性的自然感性的經驗基礎之上。所以，如求幸福，本能比理性更

⓭ 《精神論》第2篇，見《十八世紀法國哲學》，商務印書館，1965年版，第457頁。

⓮ 《論人的理知能力和教育》第4篇第12章，見同上書，第512頁。

⓯ 《精神論》序，見同上書，第430頁。

⓰ 《實踐理性批判》，參看關譯本，第21～22頁。

⓱ 同上書，第24頁。

為可靠。經常可以看到，勞神苦求的人反而沒有渾渾噩噩自得其樂的人來得幸福和愉快。所以，把追求幸福作為普遍必然的道德律令和倫理本質，沒有客觀的普遍有效性，是不能成立的。任何幸福、任何快樂以及才能、健康、財富、權力等等被視為幸福的要素或標誌的，康德認為，實際與倫理道德無關。才能、品德、幸福都沒有無待乎外的自身固有價值，它們絲毫不是道德的善本身。

既然任何受經驗制約、或與經驗有關的「實質的」原理，都不能作為普遍必然的道德標準，於是康德認為，只有形式——「成為普遍立法的形式自身」，才是道德律令的最高原理。「立法形式」成了道德律令本身，它捨棄了所有「實質的」道德原理所具有的這樣那樣的經驗性質和感官內容。康德說：「一個只能以準則的單純立法形式作為自己律令的意志，就是一個自由意志。……一個自由意志既然不依靠於律令的實質，就只有以律令為其動機了，但是在一條律令之中，除了實質，也只涵著立法形式，別無他物。」⑱ 康德為此作了各種反覆論證。這種論證以與經驗論幸福主義的多方面的對峙為軸心而展開。如果甩開一些細節出入，可以把這種種對峙開列如下：

幸福主義：主觀準則——經驗的——幸福——實質的——人性——假言命令——欲望——效果——工具——他律——必然因果——現象界

康　　德：客觀律令——先驗的——道德——形式的——理性——絕對命令——義務——動機——目的——自律——自由意志——本體

經驗論幸福主義把道德歸結為追求快樂，認為這是人的「本性」。但

⑱ 《實踐理性批判》，參看關譯本，第28頁。

在康德看來，任何訴諸所謂「人的本性」，自然的也好，社會的也好，先天的也好，後天的也好，都不可能確立普遍必然的道德律令。只有訴諸超人性的純粹理性，才能建立這種普遍必然。因為幸福可以各有不同，而道德卻沒價錢可講。道德律令作為任何有理性者都適用的原理，對於有感性血肉存在的人來說，是一種無條件的、強制性的、必需服從的「絕對命令」。這與以人的利益、幸福為基礎的有條件的、相對的「假言命令」便根本不同。康德說：「如果行為所以善，因為它是得到什麼別的東西的手段，那麼，這個命令就是假言的；如果這行為被認為本身就是善的，從而為與理性相一致的意志原則所必須，那麼這個命令就是絕對的。」⑲康德舉例說，如我們對一個人說，他應當在幼時勤勞節儉，以免年老饑寒交迫；又如你為得到人家稱讚，或得到物質好處，或得到精神滿足等等而如此這般行為，這種行為原則便只是有條件的「如果……那麼」式的「假言命令」。只有根本沒有任何這種經驗的要求、情感、願望混入其中作為前提或條件，而必須如此行為，這才是無條件的、先驗的、純粹理性的「絕對命令」。前者是由人主觀決定的，從而也可以不執行不服從。例如寧肯老來饑寒也不願當下節約，寧肯不得好處也不去如此行動等等，所以這是有條件的、相對的，後者卻是無條件的「命令」，它要求「應當」（或「必須」）服從或執行。即使在現實上沒實現，或還沒人順從，也不失其為在客觀上普遍有效的道德原理。它所以能有這種力量，康德認為，正因為它不是來自經驗、感官，不是來自個人幸福，而是來自純粹理性，是純粹理性的實踐力量。

因之，這種作為道德律令的根源的實踐理性，不是某種認識意義上的抽象的原理、法則，而是表現為人們活生生行動中所依據這原理的意

⑲《道德形而上學基礎》第2章，參看唐譯本，第29頁。

志。所以康德經常把實踐理性與意志等同起來使用。在康德，意志的根源在理性，從而這意志也是理性的。它不是後來叔本華所鼓吹的那種作為宇宙本體的盲目的、神祕的、實際是生物性質的「求生意志」之類。康德的意志恰恰是超生物性質的人的特徵所在。康德在倫理學上的所謂「哥白尼革命」，正在於把道德基礎從經驗的外在的對象（物）轉移到先驗的主體（人）的意志中來。在《道德形而上學基礎》第1章開頭便說：「無論在這一世界內或外，沒有什麼東西可以稱作無條件地善的，除了善的意志。」⑳「善的意志」是什麼呢？這就是人們對於源於純粹理性的道德律令的絕對順從。康德認為只有探求在這種善的意志形式中體現的道德律令，才是了解倫理的實質所在。

要了解所謂「善的意志」，就要討論「義務」這個觀念。正是在「義務」中包含著「善的意志」，而與以幸福論為歸宿的「欲望」、「愛好」相對立和區別。「義務」就是作所應該作的，就是執行「絕對命令」，一個為了「義務」而行事的意志就是善的意志。但如果只是符合「義務」或與「義務」相一致而行事，則不是。康德舉例說：一個商人不賣高價，童叟無欺，並不是為了「義務」，而只是為了自己的長遠利益，儘管行為是符合「義務」或與「義務」相一致的，但這並非道德。又如，保存生命是種「義務」，但同時也是一種自然需要，大多數人愛惜生命只是後者，所以並無道德意義。但如痛苦和災難使人生成為負擔寧願死去，卻仍然堅強活下來，決不自殺，這就是為「義務」而不只是符合「義務」而生存，從而便有道德價值了。又如，因同情心（愛）而對人仁慈，或為了某目的而作好事，或某種行為產生好的結果，等等，都並不是為了「義務」自身，因之，都不算是道德。

⑳ 《道德形而上學基礎》第1章，參看唐譯本，第8頁。

可見，道德倫理上的所謂「義務」，不僅與任何愛好、願望、效果無關，而且還正是在與後者的對峙和衝突中，才顯示出道德倫理的崇高本質。道德律令對人所以是帶有某種強制性質的「絕對命令」，是人所特有的意志，也正在於人作為有理性的存在必須對自己生物性的存在——也就是願望、幸福方面加以克制、壓抑和戰勝。康德說，「自然中萬事萬物均依照法則而活動。只有有理性的存在者有能力依照對法則的概念而行為，也就是按原則而行動。這就是說，有一個意志」㉑。道德的根源不在人性，例如愛憎、幸福等等；恰恰相反，道德之所以為道德，正在於它經常是自覺地犧牲幸福、愛憎、生命，不顧利害、效果，不屈服於自然的需要、欲求和願望，不等同於動物性的求生本能或任何享樂愉快，總之是犧牲人作為感性血肉的存在而顯示出來，令人欽佩，令人仰慕和敬畏。犧牲自己的肉體生命，既不是為了精神上的名譽、愉快或滿足，如法國唯物主義者所認為；也不是為了上帝的恩寵或報答，如神學家或唯理論者所認為。它只是為了服從或執行所「應當」服從或執行的道德律令而已。在這裡，任何經驗的喜怒哀樂、利益欲望、目的效果都應擯棄。為康德所緊緊抓住並極力突出的，就是這種道德行為、道德意識的一般形式特徵。這也是康德倫理學的全部核心所在。康德自己說得明白，盧梭教育了他尊重普通人。其實，所謂哲學、理性不是指有多高的學問，而是指控制了情欲願望的道德即意志。在康德看來，人能自覺控制自己，「有所不為」，便最能表達這種意志。動物沒有這種意志，神則無需這種意志（因沒有情欲需要控制），只有具有感性血肉軀體的人的行為使這種意志突出出來，這也就是所謂使純粹理性具有的實踐力量充分證實出來。道德不是幻想，而是人人遵守、天天碰到的大量事實。「……任何人心裡

㉑ 《道德形而上學基礎》第2章，參看唐譯本，第27頁。

都有這樣一個形而上學，雖然經常處在晦暗的狀態中」㉒。康德認為，一般人雖然不在抽象和普遍的形式裡，卻經常是在生活應用中以之為決定的標準㉓。康德反對天生的內在道德感官，但又以人人可以「不學而能」地辨識道德作為其立論的真正基礎。這實際相當接近內在感官說。不同在於，內在感官說歸之於天生的良知良能的，康德卻歸之於超感性的理性。不是個體、良知、本能、人性、自然感情，而是更具有自覺性、普遍性、客觀性的理性為康德所突出。比起幸福主義來，康德確乎更為準確而抽象地把握了道德與非道德的形式上的特徵區別，構成他其他一切推論的基礎。在《實踐理性批判》一書最後的方法論（實乃道德教育論）和結論中，康德一再把這點突出來：

「……德性之所以有那樣大的價值，只是因為它招來那麼大的犧牲，不是因為它帶來任何利益。全部仰慕之心，甚至效法這種人品的企圖，都完全依據在道德原理的純粹性上。而只有當我們把人們視作幸福成分的一切東西都排除於行為的動機以外的時候，這種純粹性才能被確鑿無疑地呈現出來。由此可見，道德愈呈現在純粹形式下，它在人心上就愈有鼓舞力量……。」㉔

「……在這個人格中，道德律令就給我呈現出一個獨立於動物性，甚至獨立於全部感性世界以外的一種生命來。這一層是至少可以從這個律令所指派給我的有目的的命途所推斷出來的。這個命途不是限於今生的條件和限制上，而是達到無限的。」㉕

㉒ 《道德形而上學》，「德的形而上學要素」序。

㉓ 《實踐理性批判》，參看關譯本，第37頁。

㉔ 《實踐理性批判》，參看關譯本，第158頁。

㉕ 同上書，第164頁。

(二)「普遍的立法形式」

那麼，康德的這個形式的道德原理，這個道德律令、絕對命令究竟是什麼呢？康德規定了這樣最基本的一條：「純粹實踐理性的基本法則：不論做什麼，總應該作到使你的意志所遵循的準則永遠同時能夠成為一條普遍的立法原理。」㉖ 在《道德形而上學基礎》中表述得通俗些：「……到底是什麼樣的律令，它的概念必須決定意志，不顧及從中獲得任何效果，使這個意志能稱作絕對地無條件地善呢？由於從意志中剝去了一切可由服從任何特定律令的衝動，這裡就只剩下行為與律令的普遍一致，只有這給意志提供了一個原則。這就是：我一定如此行為，使我能意願我的準則成為普遍律令。」㉗「所以，只有一個絕對命令，這就是：只照你能意願它成為普遍律令的那個準則去行動。」㉘ 這裡的「準則」指的是實質的經驗原理，這準則要成為道德的，則必需在「它能成為普遍的」這樣一個立法形式下才有可能，否則就不行。如同任何邏輯推理必須符合形式邏輯的形式（如三段論式）才能保證其推理的正確性一樣，任何道德準則必須符合這個「立法形式」才能保證它是道德的。可見，所謂道德律令、絕對命令就是要求任何經驗準則必需有普遍有效性。康德總是用先驗形式來規範經驗內容，普遍性的道德律令就成為立法形式。人

㉖ 同上書，第30頁。

㉗ 《道德形而上學基礎》第1章，參看唐譯本，第16頁。

㉘ 同上書，第2章，參看唐譯本，第35頁。

的行為要成為道德的，在康德看來，就決定於這種行為能否成為普遍的原則而不自相矛盾。康德在《道德形而上學基礎》一書中舉了幾個例子。在舉例之前，康德把上述原則改述為：「照好像你的行動準則能經由意志變為普遍的自然律令而行動。」㉙ 緊接著便是四個著名例子。第一個是，如有人因痛苦絕望，感到生活已無樂趣而思自殺。這是否道德呢？康德認為，這要看自殺這個行為準則能否成為普遍律令即普遍的自然律。「我們立刻看到：假如一個自然系統用本是專門促進生活的感情去毀滅生活是個定律，那麼這個自然系統本身就自相矛盾，從而就不能作為一個自然系統而存在，因此上述準則便不可能成為普遍的自然律。」㉚ 第二個例是，有人明知不能償還而借債，卻許諾歸還，即說謊話，這是否道德呢？康德說：「它決不能作普遍的自然律，否則一定會自相矛盾。」㉛ 許諾變成了它的反面，所以是不道德的。第三例是，人不發展自然賦予自己的才智而縱情享樂；第四例是，看見別人窮苦，自己有能力去幫助而袖手旁觀。它們都不道德，因為它們都不能成為普遍的自然律。第三例雖也可設想有這種自然律，即允許浪費自然稟賦；但康德認為，這決非理性的存在者所意願。第四例儘管並未否定人類生存，但作為普遍自然律則自相矛盾：因為人總是需要別人幫助的，如不幫助別人成為人人遵循的普遍定律，也就不可能得到別人幫助了。

康德舉的這幾個例證，成了後代注解評論家們長篇累牘聚訟紛紜的題目。例如康德所要求的普遍一貫性，到底是純粹形式邏輯上不自相矛盾呢還是別的，便是經常討論的問題。顯然至少第一第三兩例並不符合

㉙ 《道德形而上學基礎》第2章，參看唐譯本，第36頁。

㉚ 同上。

㉛ 同上書，第37頁。

純邏輯矛盾的標準；但是如果不是純邏輯矛盾，豈不是加進了實質的、經驗的東西作為普遍性的標準，從而與康德的基本思想相矛盾？即以討論最多的第二例關於說謊的問題，功利主義者約翰·穆勒也說：「人的說話之可信不特是一切現在社會幸福之主要基礎……，因此我們為眼前的利益而違犯這麼一個絕世的利益並不是利益。」㉜ 即是說，為符合眼前利益而說謊之所以不道德，由於它不符合社會的最大的根本利益。這種功利主義亦即幸福論的道德觀，當然與康德的觀點是正相反對的。康德認為說謊不道德，是因為它如作為普遍自然律便自相矛盾，即允諾償還而不償還。但是這真是純粹邏輯的矛盾嗎？顯然不是。此例與其他三例一樣，都不是什麼純邏輯矛盾的問題。康德在這裡實際上不自覺地暗中運進去了實質的（心理學的和目的論的）原理。例如，為何不發展自然稟賦或毀滅自己，便是不道德？康德並未公開說明，實際上是目的論的實質原理在暗中起作用（參看本書第十章）。這條普遍立法的道德律令本身改述為「普遍的自然律」，也有這個問題。康德口口聲聲強調，「職責的基礎必須不從人性或人所處的世間環境來尋求，而只先驗地求之於純粹理性的概念中」㉝，要求與一切經驗的實質原理劃清界限，實際上根本沒做到，也不可能做到。康德的道德律令原來說是絕對超經驗，也超任何自然律的形式規定，但只要它稍一涉及具體社會現象或問題，就無可避免地暗中輸進了非純粹形式的規定。

所以，這四個例子很使康德的注釋評論家們至今迷惑不解、糾纏不清，作出各種各樣的辯護、解釋，但總難自圓其說。在我看來，這四個

㉜ 《功用主義》，商務印書館，1957年版，第23頁。以邊沁、穆勒為代表的英國功利主義是法國唯物主義幸福論的英國化，詳下章。

㉝ 《道德形而上學基礎》序言，參看唐譯本，第3頁。

例子的意義恰恰不在於如何能與康德道德律令相一致，而在於與它的不一致，即暴露了它的形式主義的致命弱點。《實踐理性批判》由於專講理論，就比《道德形而上學基礎》的這種「通俗」解說，矛盾要隱晦得多。此外，康德又把上述四例作為「義務」分為對人、對己、完全、不完全四種。所謂完全的，如不說謊、不自殺，是否定形式。不完全的，如發展才知，幫助別人，是肯定形式。用現代的語言，前者是強命令，後者是弱命令。所謂對人，即說謊與幫助。所謂對己，即自殺與發展自然稟賦。康德還把假言命令、絕對命令又分為疑問的、記實的、自明的以及技巧規則、明哲忠告和道德命令，等等，這都是些形式分類，繁瑣細節，無關大體。

總之，康德的這條道德法則強調的是「立意」， 即立意的動機必須能普遍化。說康德倫理學是動機論而非效果論，不是如流行理解的那樣，認為康德的動機論是講要從好的動機出發，這恰恰是康德所堅決排斥的「實質」原理；康德講的只是普遍立法的動機的形式。即只要你相信你的行為準則能普遍立法（有普遍的客觀有效性），那就是道德的。道德既不在於任何實際的功用效果，也不在於是否從「愛人」、「敬神」等等動機出發。

這種純形式的動機論當然極其空洞，有人說它最多也只是必要條件（無之必不然），而非充分條件（有之必然）。光這麼一條，顯然不能解決問題。因之，緊接著，康德提出了實際成為他的倫理學核心的第二條。

（三）「人是目的」

這個第二條是：「這樣行動，無論是對你自己或對別的人，在任何情況下把人當作目的，決不只當作工具。」㉞ 在康德看來，人是「客觀的目的，他的存在即是目的自身，沒有什麼其他只用作工具的東西可以代替它。否則宇宙間絕不會具有絕對價值的事物了。假如所有價值都是有條件的、偶然的，那麼也就沒有什麼理性的最高實踐原理了。……假如真有一個最高實踐原理或對人的意志來說的絕對命令，那麼它必須構成意志的客觀原則，從而能提供作為普遍的實踐法則。……這個原則的基礎是：理性的自然作為目的自身而存在」㉟。康德認為，有理性的人所以服從絕對命令，是有客觀根據的。因為，服從絕對命令的善的意志並不與任何主觀目的相關，這種主觀目的與行為者的自然傾向欲望聯繫而具有價值，這種價值是相對的。善的意志只與客觀目的相關，這個目的就是人作為有理性的存在自身，這才是具有絕對價值的。絕對命令與作為理性存在者的意志之間這種先天綜合聯繫，才使「義務」成為可能。也就是說，人所以必須服從超人性的絕對命令，是由於人作為目的與道德律令有一種必然的先天綜合關係的原故。

康德的道德律令本是一條，由第一條推到這個第二條，以及這兩條

㉞ 《道德形而上學基礎》第2章，參看唐譯本，第43頁。

㉟ 同上。

之間的關係，是否一致等等，是相當晦澀和很有爭論的問題，這裡不講。因為重要的只是，康德極端抽象的形式主義的道德律令，終於要圍繞著人來旋轉。超人性的「絕對命令」的形式終於要落實在這個「人是目的」具有一定內容的原則上。結果，還是人成了「絕對命令」、道德律令的依據。事實上，康德是認為，人作為感性血肉的動物，只有相對價值；但人作為理性者的存在，本身就是目的。「人是目的」就是這樣一種普遍有效適用於任何經驗條件的先驗原理，即道德律令。絕對命令所要求的普遍立法，其所以可能，正在於人作為目的是一律平等的，因而才有普遍有效性。所以人只對人有道德義務，對動物或對神沒有這種義務。康德又以第一條中的四例，說明如自殺、說謊、不去發展自己才智、不去幫助別人，都違背「人是目的」的法則，即把自己（如自殺、自棄）或別人（如說謊、騙人）僅僅當作工具。康德強調，物品有價格，人只有人格，他不能因對誰有用而獲取價格。人作為自然存在，並不比動物優越，也並不比動物有更高價值可言；但人作為本體的存在，作為實踐理性（道德）的主體，是超越一切價格的㊱。因之他也不應以他的自然存在作為工具，好像它與內在目的無關。人的價值不是用利害功用所能計算和估價的，任何物質財富、珍寶貴器都不能與人的存在相比擬，即使就功用利害說，有時前者可能更為重要。功利主義者穆勒認為迫害屠殺野蠻人是合乎道德的，因為目的是「進步的」，而手段是有效地服務於這目的的。康德也說到同一個問題：「似乎有充分理由用暴力〔去反對野蠻人〕，因對人類有利……，所有這些好的動機仍不能洗刷用這種手段的不正當的污點。」㊲ 在康德看來，由於不符合「人是目的」原則，所以這是不道德的。

㊱ 《道德形而上學》德的形而上學要素§11。

㊲ 同上書，§62。

可見，康德講的人是目的，強調它不含任何功利意義，仍是從突出純理性的抽象規定出發的。

但是，康德這個倫理學命題的重要意義倒恰恰在於：它實際上並不「純粹」，而是強烈地反映了一定社會時代的要求和動向。反映了法國革命時代的課題和呼聲。康德打出這個純理性的作為目的的「人」的旗號，實質上是向封建主義要求「獨立」、「自由」、「平等」的呼聲。當時統治階級的君主、諸侯把下層人民視同草芥、牲畜、工具，如康德所指出，甚至為個人細小事務或愛好而可以隨意發動戰爭，殘殺人民，士兵完全被當作工具一般使用。康德為此曾慨嘆：「許多統治者認為他們的人民好像只是自然王國的一份」，即不是自由——目的王國的成員，把理性存在者（人）僅僅當作自己欲望的工具㊳。正是在這種歷史背景下，康德才提出「人是目的」的理論。它具有人權、民主的實質內容。下章講康德的政治觀點時還要講這些問題㊴。

道德律令第一條可以有兩種涵義。如依照「使你的行為能成為普遍立法的原則」來行動，這個原則便是倫理行為的前提，它本身是超乎倫理行為之上的（客觀的）。另一種是「你立意使你的行為成為可普遍立法的行為」，那麼，此原則便屬於倫理本身，而並不超乎其上（主觀的）。康德對此兩種涵義或說法並未嚴格區別，但從其將道德律令作為超人類的純粹理性這一基本思想說，應更傾向於前一種。同樣，「人是目的」也可以有兩種涵義，即作為整體的人類與作為個體對待的人。康德在倫理學著作中顯然指的是後者，雖然作為潛在歷史觀念的第一種，實際上更

㊳ 《永久和平論》。

㊴ 值得注意的是，康德把這樣一些倫理學的抽象原理貫徹到像教育學這樣一些具體經驗中去了。見康德《教育學講義》。

為重要。從而，這兩條道德律令——第一種涵義下的第一條與第二種意義下的第二條，便有某種矛盾：即作為與人無關的純粹理性的道德律令的本質特徵，是要求人必需無條件地服從，人在這裡可說是道德律令的「工具」；但道德律令的原則又要求人是目的。對這兩條的片面側重，使有些人把康德說成是軍國主義、集權主義，要求絕對服從；另些人則把康德說成是自由主義、個人主義，強調人格獨立㊵。實際上，康德自己是用第三條道德律令來結合這兩個方面的。

（四）「意志自律」

第三條：「……意志的第三個實踐原則（它是與普遍實踐理性相諧和的最高條件），就是：每個有理性的存在者的意志當作普遍立法的意志。」㊶ 這就是康德著名的「意志自律」，即自己為自己立法。也就是說，將被動「我必需（應當）如此行為」變為自覺的「我立意如此行為」，服從變為主動。康德說，「現在自然的結論就是：在目的國度中，人（連同每一種有理性的存在者）就是目的本身。那就是說，沒有人（甚至於神）可以把他單單用作手段，他自己總永遠是一個目的。因而那以我們自己為化身的人的本質對我們自身來說，一定是神聖的。——所以得出這個結論，乃是因為人是道德律令的主體，而這個律令本身就是神聖的，……

㊵ 現代對盧梭也有這兩種解釋：集權主義與自由主義。

㊶ 《道德形而上學基礎》第2章，參看唐譯本，第45頁。

這個道德律令就建立在他的意志自律上。這個意志作為自由意志，同時就依照他的普遍法則必然符合於他原當服從的那種東西」[42]。康德在《實踐理性批判》分析篇的原理部分提出四個「定理」，由1. 非經驗，2. 非幸福，3. 非實質到4. 非他律，即由肯定道德律令的1. 先驗性，2. 義務性，3. 形式性到4. 自律性，這達到康德倫理學原理的頂峰。

所謂「自律」，是相對「他律」而言。「他律」是指意志由其他因素決定，這些因素也就是本章開頭康德列舉的那些「實質動機」，即：環境、幸福、良心（內在感官）、神意等等。這些在康德看來統統都是把意志行為服從於外在因素的「他律」，而不是法由己出的「自律」，因而不是道德的。就拿所謂「道德良心」來說吧，如先從某種特殊道德感情出發，就還是用感性來分辨、判斷和規定道德，結果仍然會把全部道德歸結到滿足、快樂和幸福上去，從而便不是「自律」，仍然是「他律」了，儘管這個「他律」是天生的「良心」。康德認為，人的自律意志則既不是情欲（動物性）的奴隸，也不是神的工具，既不受快樂、幸福、欲望的驅使，也不受神意、天命、良心的支配。人不是物（只知服從），也不是神(只知立法)，而是服從自己立法的主人。道德律令是絕對服從又法由己立；它以人為目的而普遍有效。這就是「意志自律」，也就是自由。康德指明，道德律令這三條原理是同一的。它們是從不同角度指向著一個中心。這個中心便是「自由」。康德對道德律令所有這許多分析、論證，最後集中到「自由」這個概念上。康德倫理學的自由與其認識論的必然是正相對峙的兩方，理性給自然立法就是自然的必然，理性給自己立法就是人的自由。自由是純粹理性在倫理道德上的表現。

道德律令作為超感性經驗的理性力量，是普遍必然的絕對命令(第一

[42] 《實踐理性批判》，參看關譯本，第134頁。

條)，它的本質是自由。人是目的不是工具（第二條)，人作為理性的存在，是自由的。意志自律（第三條）則是這種自由的直接表現。「自由這個概念是解釋意志自律的關鍵。」㊸《道德形而上學基礎》一書通過所謂分析的方法，由日常道德經驗最終歸結為第 3 章「自由」概念。在所謂用綜合法寫的，從抽象基本原理出發的《實踐理性批判》一書，則開門見山在序言和引論中便提出：自由是純粹理性體系的「整個建築的拱心石」，是靈魂不朽、上帝存在等「其他一切概念」的依據㊹。

在前二章中，我們已看到，康德在《純粹理性批判》中對自由的論述，即「自由」在理論理性中是不可企及的彼岸理念。它是感性經驗所不能具有或證明的。人作為血肉之軀的自然現象也永遠隸屬在必然因果的鐵鏈之中，毫無自由可言。但另一方面，康德在自由與必然的二律背反中也說明了，這並不否定自由能作為本體理念的可能。現在，在《實踐理性批判》中，在脫開一切經驗欲望、感性因素的道德領域，自由就出現了，這就是「意志自律」。「在這裡就初次說明了批判哲學中的一個謎，就是，我們何以否認在思辨中運用各種範疇於超感性界的客觀實在性，而在純粹實踐理性的對象方面都又承認這種實在性。」㊺即在道德律令中，肯定了在理論理性領域中所不能肯定其實在性的自由。但是，這個自由又並不是從道德行為的經驗事實抽取或推論出來的。經驗的事實只能抽取和推論必然因果關係。道德行為的經驗事實只是**證實著**自由的實在性：即自由不只是與人無關的先驗理性而已，而且它還實實在在體現、展示在日常大量的道德事實之中。正是在善的意志——人們對道德

㊸ 《道德形而上學基礎》第3章，參看唐譯本，第60頁。

㊹ 《實踐理性批判》序言，參看關譯本，第1頁。

㊺ 同上書，第3頁。

律令的絕對服從的行為中，展示了「自由」的無比尊嚴。所以，一方面，自由是絕對命令的根源和依據，是道德律令的基礎和前提；另一方面，道德律令又是自由體現出來的途徑，自由離開了道德便永遠不能被人感到。正因為此，自由才能對現象世界起著現實的原因作用，它是「一條完全不能歸在感性世界的自然法則之列的法則而含有一種原因性」㊻。「原因」本是認識論的範疇。不受經驗制約的「原因」，在理論上、認識上是無意義的空洞概念，這在前面幾章已經講到。但在這裡它卻有重大意義。即自由作為「本體原因」，可以有實踐上的實在性。「具有自由意志的存在者這個概念就是本體原因這個概念。」㊼它不受經驗制約卻能對現實起作用。認識論中只適用於現象界的因果範疇，現在在倫理學中可用於本體。這是一種非認識對象的本體原因，這也就是超脫因果限制的人的自由因——即道德上的意志自律。在整套「批判哲學」中，道德高於認識，實踐理性先於理論理性，不可認識的本體能對現象界發生作用，作為理性存在者的自由的人（本體）高於作為自然因果存在者的人（現象），全在乎此。人在行為中的「自由意志」，自覺決定和選擇，正是道德高於認識、本體高於現象之所在。所謂超出因果，「知其不可而為之」以符合理性的要求，也即在此。這是康德批判哲學中的一個極重要的思想。它不但對費希特強調自我在行為中建立非我，對黑格爾強調理念在過程中生產出世界等等基本觀點，起了先導作用，而且對後代的倫理學也尖銳提出了這個道德的本質特徵問題。

正如《純粹理性批判》中一些基本概念經常具有多種涵義一樣，康德在這裡所用的「意志」、「自由」這些基本概念，也具有至少兩種涵義。

㊻ 同上書，第51頁。

㊼ 同上書，第56頁。

《道德形而上學》中曾明確指出意志的兩個涵義。一個是 Wille，指實踐理性自身。一個是 Willkür，指行為的自覺意志。前一個是普遍立法的意志，後一個是個體執行的意志。前一個無後一個，等於只有立法而無執行，便是空洞的；後一個無前一個，便失去其道德意義而不能成立。只有 Willkün 將 Wille 當作法令接受而執行時，意志才成立。但康德在《實踐理性批判》、《道德形而上學基礎》等書中並未如此嚴格區分，兩層涵義經常合在一起。同樣，「自由」一詞，也有作為整體道德律令與作為個體意志行為兩層涵義在內㊽。本來，在《純粹理性批判》中，「自由」就有兩方面的涵義，一方面作為不可認識的物自體，超出自然因果之外（這是消極涵義）。另一方面作為高出現象的本體，成為不同於自然因果的自由因即本體原因（這是積極涵義）。這兩方面也交錯地展現在《實踐理性批判》、《道德形而上學基礎》中：作為道德律令的自由，強調的是它超出自然因果的先驗性質；而作為個體行為的自由，強調的則是它主動決定的特點，亦即可以在經驗的自然因果系列中，作為自由的本體原因產生效果。因之，作為道德律令的自由，是實踐理性本身，這是純形式，與感性經驗毫無關係，沒有任何現實性。作為個體行為的自由，呈現為實踐能動性，它作用於感性經驗，具有現實性，但它的本質又仍在前一方面。前一方面的先驗普遍抽象原則，落實在後一方面的經驗個體行為中，這才是「意志自律」。兩方面總起來說，自由或意志自律乃是純粹理性自身具有的先驗的實踐能力（即普遍形式的道德律令）絕對必然地在個體行為中為自己立法。

可見，康德倫理學儘管把自由——道德律令說成是超感性存在的純粹理性，但總得在有感性存在的人世間落實。如果人是神，一切行為都

㊽ 參看貝克《「實踐理性批判」釋義》，第9章。

「一定會」是道德的，沒有「應當」的問題。作為服從絕對命令執行義務的「應當」，正是說明人屬於感性世界的存在「應當」（「必須」）執行本體世界的命令，這也才有道德問題。如上所說，道德來源於自由（理性），但又「只有道德才給我們初次發現出自由概念來」㊾。普遍與個體、先驗與經驗、理性與感性，在理論理性中是截然割裂開來的東西，在實踐理性中卻始終交織糾纏在一起。康德講純粹理性自身具有實踐力量，力量來自普遍、先驗的理性；但實踐卻總得依靠具有感性經驗的血肉之軀的個體，才使前者現實地獲得客觀實在性。這就是出現上述兩種不同涵義和它們糾纏混同在一起使用的根本原因。在認識論，康德強調先驗範疇不能脫離經驗，但結果卻仍然指向超乎經驗的辯證幻相；在倫理學，康德強調道德律令必須脫離經驗，但結果卻仍然落腳在感性經驗的個體行為。康德這個深刻矛盾，通過費希特、謝林、黑格爾才獲得一種唯心主義的解決，這在下章歷史觀時要講到。

要注意的是，康德所謂自由，並非說在現實世界中有超出自然因果關係的自由。任何行為作為理論理性的對象，即作為思維、認識的對象，是探求其因果性的問題，即探求這件事發生的原因和規律，是對事實的表達或預測，受著嚴格的因果律的規定和支配，這裡絲毫沒有自由之可言。這一方面也正是法國唯物主義強調的方面。法國唯物主義認為，人的一切行為都是機械必然地受因果規律所制約，根本沒有什麼自由。霍爾巴赫認為，一個人被人從窗口拋下與自己跳下去完全一樣，都是必然的。所謂意志，受同樣必然的因果規律所制約。康德認為，如根據這種觀點，便可以得出一切道德、法律等等都無意義的結論。因為責備一件不道德的行為就等於責備一塊石頭為何落地傷人一樣。康德曾舉例說，

㊾ 《實踐理性批判》，參看關譯本，第29頁。

如果這樣，那任何犯罪的人都可以用他的行為是受因果律支配，即他的行為有客觀原因來為自己辯護。一切不道德或犯罪都是由環境、條件、個性、習慣……所必然決定，自己並無責任，那麼一切刑罰責難便沒有必要存在了。康德的自由理論就是為了與這種機械唯物主義相鬥爭。在康德看來，作為認識的客觀對象，一切行為的確均有原因，是在時間中進行從而受因果律支配。但作為有理性的主體，康德強調，這同一件行為就有很大不同，存在著是否服從道德律令的問題。人在作任何一件行為時，只要不是精神失常，都是在具有自覺意識的意志支配下去做的，這裡便面臨著「意志自律」，具有決定和選擇的自由。可以做也可以不做，可以這樣做也可以那樣做。儘管最終怎樣做了是可以從因果律中找到原因，但在當時決定和選擇，卻是自由的，是可以決定和選擇遵循或不遵循道德律令的。因此他對自己的這個行為便負有道德上的責任。因為他可以不管情況如何，不管任何內在或外在的條件制約和壓迫，而決心按道德律令行事，「他由於覺得自己應行某事，就能夠實行某事，並且親身體會到自己原是自由的」[50]。人不同於機器，不同於自然界，不同於動物，不是盲目地或機械地受因果律支配，全在於他的行為是經過自己自覺意志來選擇決定的。意志也就是對自己行為的抉擇，自由選擇便成了問題要害所在。這也就是自由。康德強調，人作為感性現象界的存在，從屬於時間條件，他的任何行為、活動和意志不過是自然機械系統的一個部分，遵循著嚴格的因果規律；但人作為本體的理性存在，可意識到自己是不屬於時間條件的，他的這同一行為、活動和意志只服從於理性的自我立法。而道德優於認識，本體高於現象，自由可以作為原因干預自然，所以康德強調，我「能作」是因為我「應作」。「能作」屬於自然

[50] 《實踐理性批判》，參看關譯本，第30頁。

因果，「應作」就屬於自由。康德講的這種自由，完全不包含心理學的內容和意義。任何心理、意識也仍然是在時間中受自然因果支配，而不是康德提出的這種超時間的、與一切因果律截然分離的先驗的自由。這種自由就是康德全部道德倫理學說的最高原理。

（五）「康德只談善的意志」（馬克思、恩格斯）

如康德自己所承認，現象與本體、必然與自由的上述安排解決，「仍然困難重重，難以明白陳述」[51]。不過康德認為，再沒有其他更好的解決辦法了。在我們看來，這種完全脫離經驗、因果的自由，建立在這種自由上的道德律令和義務，不僅具有某種神祕意味，而且缺少足夠的具體內容。黑格爾尖銳地批判了康德倫理學這個缺陷。黑格爾指出，康德「提出義務和理性應符合一致，這一點是可貴的」[52]，肯定了康德提出理性的自由作為道德律令的基礎，「……這個原則的建立乃是一個很大的進步，即認為自由為人所賴以旋轉的樞紐，並認自由為最後的頂點，再也不能強加任何東西在它上面。所以人不能承認任何違反他的自由的東西，他不能承認任何權威」[53]。但是，「……這種自由首先是空的，它是

[51] 《實踐理性批判》，參看關譯本，第105頁。

[52] 黑格爾：《法哲學原理》，商務印書館，1964年版，第136頁。

[53] 黑格爾：《康德哲學論述》，商務印書館，1962年版，第51頁（原文在《哲學

一切別的東西的否定；沒有約束力，自我沒有承受一切別的東西的義務。這樣它是不確定的；它是意志和它自身的同一性，即意志在它自身中。但什麼是這個道德律的內容呢？這裡我們所看見的又是空無內容。因為所謂道德除了只是同一性、自我一致性、普遍性之外不是任何別的東西」(54)。黑格爾把康德倫理學稱之為「空虛的形式主義」：「……為義務而不是為某種內容而盡義務，這是形式的同一，正是這種形式的同一排斥一切內容和規定。」(55)康德講的道德律令、絕對命令的普遍性（無矛盾性），黑格爾認為是缺乏內容的，並嘲諷地指出，「什麼東西都沒有的地方，也就不會有矛盾」(56)。黑格爾要把康德的先驗的本體、自由、形式與經驗的現象界、必然、內容，唯心主義地結合溝通起來，把康德那種超時問的先驗道德原理的規定，與占有時間的經驗倫理現象如家庭、社會、國家等等，在唯心主義的絕對理念的邏輯行程支配下，聯繫統一起來。黑格爾甩開了康德抓住的道德特徵，側重從歷史角度來看倫理道德。

黑格爾從唯心主義對康德的這種批判，比後來許多評論家們要優越，這些評論家們經常斤斤於爭辯康德不是形式主義者。其實，康德的形式主義根本不在於沒有談各種具體的道德規定。康德在《道德形而上學》一書中專門作了法權和倫理的許多具體說明規定，並把它叫做應用道德論或實質的倫理學。但我們批判康德的形式主義，也不同於黑格爾。我們認為，康德的形式主義是對道德律令的基本規定完全脫離了具體的社會歷史條件，抽去了時代階級等內容，從而成為一般的形式。例如自

史講演錄》第3部分內）。

(54) 同上。

(55) 黑格爾：《法哲學原理》，商務印書館，1964年版，第138頁。

(56) 同上。

殺、說謊等例證，並不如貝克所硬要辯護的那樣，認為講的只是一定文化領域內的普遍性，康德知道和承認倫理在不同種族文化中具有相對性的事實，等等。而是認為，所有離開具體的社會時代內容和時空經驗條件，抽象的所謂普遍性並不能成為道德標準，因為並沒有這種抽象的普遍性，普遍性總是在一定歷史社會的具體範圍之內的。恩格斯說：「一切已往的道德論歸根到底都是當時的社會經濟狀況的產物。而社會直到現在還是在階級對立中運動的，所以道德始終是階級的道德。」[57] 只有歷史具體的社會道德。它們常常彼此不同或根本對立。形式的類似性並不等於或保證道德的普遍性。因為就道德的形式特徵說，當個體的自然存在與集團的利益要求發生矛盾衝突時，每個階級、集團為其自身的整體利益，一般都要求其成員犧牲一己，以維護其階級或集團。革命的階級是這樣，反革命的階級也經常是這樣。革命者為了歷史的進步事業，赴湯蹈火，寧死不屈。反動的倫理教義甚或是現代法西斯主義，也都以「殺身成仁」等等道德訓條來約束和要求它的成員，其中也確有至死自殉於其集團利益的忠實成員。這兩種形式上有類似處的道德，難道真是同一個「先驗普遍性」嗎？難道不恰好是互相尖銳衝突著的嗎？康德所謂「普遍性」的立法形式，在這種具體的社會對立和階級鬥爭中，便是「空洞的」、即沒有什麼具體歷史規定性的東西了。但康德的貢獻及其倫理學的重要性卻也正在這裡，他以形式主義的方式提出了一個具有普遍必然性（即客觀社會性）的文化心理結構問題。這結構是專門屬於人類的，由文化而歷史地積澱而成。它表現為認識的時空直觀和知性範疇，也表現為這裡的道德律令。這一方面卻為黑格爾和馬克思所忽視了。

黑格爾指出康德道德法則的空無內容。但這種脫離具體內容本身也

[57] 恩格斯：《反杜林論》，《馬克思恩格斯選集》第3卷，1972年版，第134頁。

反映出一種內容。馬克思、恩格斯深刻指出，康德「把法國資產階級意志的有物質動機的規定變為『自由意志』，自在和自為的意志，人類意志的純粹自我規定，從而就把這種意志變成純粹思想上的概念規定和道德假設」(58)。康德說得如此莊嚴玄妙的道德律令、絕對命令、自由意志，等等，正是法國資產階級革命意志的德國抽象版。

例如，作為康德倫理學核心的「意志自律」和「人是目的」，實際上是盧梭思想的德國化。這一點，黑格爾也明確指出了：「盧梭已經把自由提出來當作絕對的東西了，康德提出了同樣的原則，不過主要是從理論方面來處理它。……（法國人）很實際地注重現實世界的事務……。在德國，……只是在理論方面得到了發揮，……讓思維自由地在頭腦內部進行活動」(59)。法國在幹政治革命，德國只幹哲學革命。盧梭的自由和意志與人的感性情感還直接關連，康德的自由、意志則完全是超人的「純粹」了。實際上，它的本質乃是：法國革命的政治宣言在康德手裡化成了抽象思辨的德國道德理論。如果把盧梭的《社會契約論》與康德的《實踐理性批判》對照，可以清楚看出這個轉化和不同的兩個國家兩個階級的各自特徵。盧梭在《社會契約論》強調人民反統治的自由權利，要求建立一個在公共契約基礎上的人人平等的共和政體，「我們每一個人都共同地把自己的人身和全部力量放在總的意志的最高指揮之下」(60)；「人由於社會契約失去的，是他的天然自由……，無限制的權利；他所獲得的是公民自由」；「……添上精神的自由，只有這種自由才能使人真

(58) 馬克思、恩格斯：《德意志意識形態》，《馬克思恩格斯全集》第3卷，1960年版，第213頁。

(59) 黑格爾：《康德哲學論述》，商務印書館，1962年版，第17頁（原文在《哲學史講演錄》第3部分內）。

(60) 盧梭：《社會契約論》第6章。

正成為自己的主人；因為單純欲望的衝動乃是奴役，服從自己制定的法律才是自由」(61)。人民立法，自己服從；反對奴役，要求平等；這些盧梭的基本觀點正是康德「絕對命令」、「人是目的」、「意志自律」的真實背景和內在涵義。但是在法國，無論是提倡感覺論幸福主義的百科全書派的唯物主義者，還是提倡良知良能的自然人的盧梭，在當時激烈的階級鬥爭中，所有道德倫理問題都集中歸結為政治課題，有如普列漢諾夫所說，「道德在他們那裡，全部變為政治」(62)。在德國，卻剛好倒轉了過來，「……軟弱無力的德國市民只有『善良意志』。康德只談『善良意志』，哪怕這個善良意志毫無效果他也心安理得。……康德的這個善良意志完全符合於德國市民的軟弱、受壓迫和貧乏的狀況」(63)。法國的政治要求在這裡變成了道德律令。不是道德從屬於政治，而是相反，政治倒成了道德的一個部分；具體的反奴役、求人權，變成了抽象的倫理學說；盧梭講的「公共意志」（政治）變成了普遍立法形式（道德）；盧梭講的「人民立法」、「公民自由」（政治）變成了「意志自律」(64)。所以，正如馬克思所指明：「十八世紀末德國的狀況完全反映在康德的《實踐理性批判》中。」(65)作為政治革命的先導的哲學革命在法、德兩國的巨大差異，康德哲學作為「法國革命的德國理論」，在倫理學中表現得最為典型和突

(61) 同上書，第8章。

(62) 普列漢諾夫：《論一元史觀的發展》第1章。

(63) 馬克思、恩格斯：《德意志意識形態》，《馬克思恩格斯全集》第3卷，1960年版，第211～212頁。

(64) 在以後的政治、法權論著中，康德以溫和的改良主義方式也正面表述了盧梭這些思想，詳下章。《道德形而上學基礎》、《實踐理性批判》都寫在法國革命之前。

(65) 馬克思、恩格斯：《德意志意識形態》，《馬克思恩格斯全集》第3卷，1960年版，第211頁。

出。但是，法國在政治上所作出的貢獻卻又未必能與德國在思想上所作出的貢獻，對人類總體的長遠歷史更為重要。

（六）善惡概念與道德感情

如果說，「真」（對象與認識的符合）是康德認識論——《純粹理性批判》所要探討的問題；那末，「善」（道德律令與行為的符合）就是康德倫理學——《實踐理性批判》的問題。道德律令只是超感性的純粹形式，它涉及現實行為，就有善惡。所以康德說，善惡是實踐理性的對象（即客體）概念。這個對象（客體）不是指時空中自然事物、因果等等，而是指「作為通過自由而可能得到的一種結果來看的那一個客體觀念，……意志對可以實現那個對象（或其反面）的那種行為的關係」[66]。這就是說，善惡乃是自由在決定人的行為時所產生的效果，所謂對象（客體），主要是指行為自身，其次才指行為所產出的結果。這裡的問題便是，善惡概念即行為的善惡是從哪裡來的呢？康德認為，善惡不是來自對現實經驗的比較、概括和提取，只能來自先驗理性、道德律令。先有道德律令才有善惡概念，而不能倒過來。康德說：「善惡概念不當在道德律令之前先行決定，……而只當在它之後並藉著它來決定。」[67]「並不是善（作為一個對象）的概念決定道德律令，並使之成為可能，反而是道德律令

[66] 《實踐理性批判》，參看關譯本，第58頁。

[67] 同上書，第64頁。

首先決定善的概念，並使之成為可能（就其絕對配稱為善而言）。」[68] 因為如果是前者，那麼就又必然歸結為經驗的幸福主義，即善惡最終又與快樂、痛苦的感覺經驗連結起來，「把引起愉快的手段稱為善，把不快和痛苦的原因稱為惡」了[69]。所以，善、惡不是福（樂）、禍（苦），也不屬於事物對象或性質，它首先屬於行為本身，是指行為作為客體（實現對象）是否體現了道德律令而言。康德的倫理學反反覆覆地論證的便是這個道理。比起認識論，如本章開頭所說，其內容是單薄的。原因在於認識論是與他的自然科學具體研究密不可分，而倫理學卻離開了具體社會歷史的內容。康德以古希臘斯多葛派哲學家「在劇烈疼風病發作起來時，曾經狂呼說：痛楚，不論你怎麼磨難我，我永遠不會承認你是一種惡。……他說對了。他確實感覺到一種禍患，他的呼叫就吐露了這一層，但是他並沒有任何理由承認他由此就陷於邪惡，因為痛楚絲毫減低不了他的人格的價值」[70] 作為例子，來證實行為的善惡與經驗的禍福是根本不同的兩回事。這比起黑格爾來，便是相當膚淺的。

總之，在康德看來，人作為感性現實的存在，有為其自然生存和發展而需要講求的禍福的方面。他的理性為這個禍福考察，也是必要的。但人畢竟不只是生物存在，意志如何決定自己的行為，是服從道德律令還是完全追隨自然需要的苦樂禍福，正是區別人與動物、自由意志與受自然因果支配的關鍵所在。康德說：「人類，就其屬於感性世界而言，乃是一個有所需求的存在者，並且在這個範圍內，他的理性對於感性就總有一種不能推卸的使命，那就是要顧慮感性方面的利益，並且為謀今生

[68] 同上書，第65頁。

[69] 同上書，第59頁。

[70] 同上書，第61頁。

的幸福和來生的幸福（如果可能的話），而為自己立下一些實踐的準則。但是人類還不是徹頭徹尾的一個動物，……只把理性用作滿足自己（當作感性存在者）需要的一種工具。因為理性對人類的用途如果也與本能對畜類的用途一樣，那麼人類雖然賦有理性，那也並不能把他的價值提高在純粹畜類之上。在那種情形下，理性就只是自然用以裝備人類的一種特殊方式，使他達成畜類依其天性要達成的那個目的，而並不會使他能實現一種較高的目的。自然，人類在一度賦有這種才具以後，他就需要理性，以便時時考慮他的禍福，但是除了這個用途以外，他所具的理性還有一個較高用途，那就是，它不但也要考察本身為善或為惡的東西（只有不受任何感性利益所影響的純粹理性才能判斷這一層），而且還要把這種善惡評價從禍福考慮完全分離開，而把前者作為後者的最高條件。」(71)

上面所以引用這麼長的一大段康德原文，除了由於它難得如此通俗明白，可以替代我們的敘述外，也是因為它比較集中地暗示了下章緊接要講的「至善」問題，例如人既須服從道德律令而又追求生活幸福的矛盾。

善惡與禍福截然分開，康德把它看作是人畜的分野。可見，不僅「善」，而且「惡」，也不是感性經驗的自然屬性。「善」是對道德律令的服從，「惡」則是有意選擇了違反道德律令的行為原理。康德說，「人是惡的，只能解釋為：他意識到道德律令，但採取了背離它的原則。人性本惡……，但不是一種自然屬性」(72)。「惡」是人的反社會的個體傾向，這在下章論述康德的歷史觀時要講到。這裡要注意的是，因為康德強調

(71) 《實踐理性批判》，參看關譯本，第62～63頁。

(72) 《理性限度內的宗教》第1篇。

道德、善行與幸福、快樂毫不相干，甚至要在貶抑後者中以顯示出前者的光輝。中國儒家的宋明理學（Neö-Confucianism）以「天理」為善，以所謂「人慾」為惡，也強調作為「天理」的善與作為感性幸福的「人慾」不但無關，而且敵對。這與康德有形式相似之處。但其社會階級的本質內容則並不相同。程朱理學把「天理」（道德律令）與封建主義的綱常秩序等同起來，封建制度的社會秩序和標準便構成了「天理」的善的具體內容；康德哲學卻是以資產階級的「自由」、「平等」、「人權」來構成道德律令的真正核心的[73]。

但康德哲學所具有的德國特徵，使它把矛頭主要針對了法國唯物主義的幸福主義、經驗主義，從而就使他與神祕主義尋求某種妥協。康德認為，「以對於無形天國的一種現實的，但又非感性的直觀，作為道德概念運用的基礎」[74]的神祕主義，雖然「漫遊到超越」，但比起徹底把「道德性連根拔去」的幸福主義經驗論來，這種「神祕主義與道德律令的純粹性和崇高性是可以互相溶合的」[75]。

在認識論中，康德以「形式（先驗）的唯心主義」區別於「實質的唯心主義」。在倫理學中，康德也以「形式的唯理論」區別於「實質的唯理論」。高揚理性旗幟以反對經驗論是相同的。但是，在認識論，康德畢竟還要求從感性出發，由感性到知性概念（範疇）再到理性；在倫理學，卻要求先從理性（道德律令＝自由）出發，到概念（善惡）再到感性即道德感情[76]。道德律令表現在客體概念是善惡，道德律令對主觀心理的

[73] 關於中國理學與康德哲學的對比，可參看拙作《宋明理學片論》（《中國社會科學》1982年第1期）。

[74] 《實踐理性批判》，參看關譯本，第72頁。

[75] 同上書，第72頁。

影響則是道德感情。正如善惡不能在道德律令之先，而是道德律令必需在善惡之先一樣，康德強調，道德感情不能在道德律令之先，而道德律令必需在道德感情之先，是道德律令自身作為意志動機在心靈上才產生道德感情。與前面要求區分善惡與禍福一樣，康德在這裡也強調區分道德感情與包含同情、良心之類的其他感情。這些感情作為道德感情，是似是而非的。

康德認為，人們的一切愛好憎惡和一切感性衝動都建立在感情之上，歸總說來，無非是利己之心。這種利己心又可分為「自愛」、「自負」等等。康德指出，這種種都不可能是道德感情。所以，「主體預先並沒有傾向於道德的任何感情」(77)。道德律令恰恰是要把這種種「自愛」、「自負」等等感情壓抑平伏下去。只有壓抑了這種種感情，才會產生出另一種由理性原因所產生的積極的感情，「這種感情就可以稱為對於道德律令的一種敬重感情……，也可以稱為道德感情」(78)。這種感情建築在理性判斷之上，它是認識到客觀道德律令比一切主觀感性衝動要遠為優越而產生的敬重之心。所以，它不是天生的感官、良心，也不是自然的情欲衝動，而是道德律令對人們心理上的一種影響和結果。

從而，「敬重」這個道德感情的特點便根本不是快樂，相反，它還帶著少量的痛苦，包含著強制性的不快。因為它必須把人們的各種自私、自負壓抑下去，在道德律令之前自慚形穢。另一方面又因為看到那個神聖的道德律令聳然高出於自己和自己的自然天性之上，產生一種驚嘆讚

(76) 《實踐理性批判》在〈論純粹實踐理性對象的概念〉章還有一張關於善惡概念的自由範疇表，此表及其解釋純係為其寫作結構的「建築術」需要而設立，既晦澀難通，又無甚意義，省去不論。

(77) 《實踐理性批判》，參看關譯本，第77頁。

(78) 同上書，第76～77頁。

羨的感情，同時由於能夠強制自己、抑制利己、自私、自愛、自負而屈從道德律令，就會感到「自己也同樣高出塵表」而有一種自豪。一方面壓抑各種自私利己感情產生出不快、痛苦，同時又因之而感到自豪、高尚，這樣兩種消極、積極相反相成的心理因素，康德認為，便構成了道德感情的特徵。它不是自然好惡，而是有意識的理性感情。與經驗論把理知看作感情的奴隸相反，在康德，是理性而不是任何情欲支配人的道德行為，是理性而不是人性（自然性）成為道德的淵藪和根源。因此，人的道德感情，也正可說是理性戰勝人性（自然性）、道德戰勝情欲在感情上的產物（在法國唯物主義那裡，人性實質上就是自然性）。

神沒有也不需要這種道德感情，只有作為有限的理性存在者的人的心中，才可能有這種道德感情，因為只有人才有必要強制自己以屈從道德律令。同時，敬重這種感情也只施於人，而不施於物；只對於人的人格，而不對於人的別的什麼。物可以以其宏偉、繁多、遼闊，人也可以以其才能、知識、勇敢、福祿、地位而引起驚羨、恐懼或愛慕，但只有人的道德品格，才能引起「敬重」這種道德感情。

康德說：「一個人也能夠成為我所鍾愛、恐懼、驚羨甚至驚異的對象。但是，他並不因此就成了我所敬重的對象。他的詼諧有趣，他的勇敢絕倫，他的膂力過人，他的位重權高，都能拿這一類情操灌注在我心中，不過我的內心對他總不起敬重之感。芳泰奈爾說，『在貴人面前，我的身子雖然鞠躬，而我的內心卻不鞠躬。』我可以還補充一句說：如果我親眼見到一個寒微平民品節端正，自愧不如，那麼，我的內心也要向他致敬，不論我願意與否，也不論我怎樣趾高氣揚，使他不敢忽視我的高位。這是因為什麼呢？正是因為他的榜樣在我面前呈露出一條可以挫沮我的自負的律令（如果我把自己的行為與這個律令作一比較）

……。」[79]

康德指出，即使在外表上可以不表露出這種敬重，「但是在內心仍然無法不感覺到它」[80]。因為這種敬畏尊重的道德感情正是來自道德律令、絕對命令和義務的無比崇高。康德進而讚嘆人的道德「義務」道：「……你絲毫不取媚人，絲毫不奉承人，而只是要求人的服從，可是你並不拿使人望而生厭、望而生畏的東西來威脅人。……你只提出一條律令，那條律令就自然進入人心……。一切好惡不論如何暗中抵制，也都得默然無語！呵！你的尊貴來源是在哪裡呢？……這個根源只能是使人類超越自己（作為感性世界的）部分的那種東西，……這種東西不是別的，就是人格，也就是擺脫了全部自然機械作用的自由和獨立……。」[81]

這些句子是康德乾枯抽象的批判哲學中罕見的富有情感和感染力的文筆[82]，它表達了對世俗權貴的輕蔑和對自由獨立的嚮往，反映了資產階級革命時代的精神。儘管它完全甩開了一切具體內容來談這種感情。據說，康德講授倫理學時，曾使聽眾落淚，康德講的道德律令、道德感情激動了人們。《實踐理性批判》發表於1789前一年，在法國，如火如荼、一浪高一浪的革命鬥爭的現實快開始了。

康德在倫理學方面的巨大貢獻，在他毫不含糊地堅持道德不是根源

[79] 《實踐理性批判》，參看關譯本，第78頁。

[80] 同上書，第79頁。

[81] 同上書，第88～89頁。

[82] 康浦・斯密對兩個《批判》作了如下的對比：「在《純粹理性批判》一書中，康德小心翼翼細密周詳地檢查其論證的每個環節的有效性，不斷反覆考慮……。在《實踐理性批判》一書中則不然，其論證有一種嚴肅的簡單性，絕不左顧右盼，而是一往直前，由幾條簡單的原理推到最後的結論……」（《康德「純粹理性批判」釋義》導論丙8，第ix頁）。

於感性的人（總是以個體存在為現實基礎）的幸福、快樂和利益，它是超越於這種經驗感性之上的先驗的絕對命令，人不得不服從於它而行動。這實際是在唯心主義形態裡展示了道德本是作為總體的人類社會的存在對個體的要求、規範和命令。當它與感性個體的幸福、利益處在對立和衝突的情況下，便更顯示它的力量。這一思想是極為深刻的。它揭開了倫理道德的本質特徵所在。從文化人類學和民俗學看，禁忌（Taboo）可說是原始形態的道德律令。著名古人類學家李克（Richard Leakey）認為，從類猿生物進到人類，關鍵在於分享食物與工作[83]。這其實也就是中國荀子講的「禮」是人禽區分的界線，而「禮」正是為了止爭和分享[84]。「禮」不正是早期的倫理道德即所謂「克己復禮」嗎？而從兒童心理學看，服從社會指令（普遍性、理性）， 克制自然需求（個體性、感性），不為物欲（如食物）所動，也正是建立道德意志、培育道德感情的開端。二者從經驗事實上論證了為康德所提出的所謂先驗的道德本性問題，它是有關心理結構的塑造的。當然，這又涉及所謂絕對倫理主義、倫理學相對主義種種問題，即將在下章談到。

---

[83] 李克、列文（Roger Lewin）合著：《根源》，1977年倫敦版。

[84] 荀子：「禮起於何也？曰：人生而有慾，慾而不得，則不能無求，求而無度量分界，則不能不爭。爭則亂，亂則窮。先王惡其亂也，故制禮義以分之，以養人之慾，給人之求」（《禮論》）。

第九章　倫理學：歷史觀點（下）宗教、政治、

（一）實踐理性的「二律背反」與「至善」

如上章指出，道德律令所以是絕對命令，在康德看來，不在於人是理性存在，恰恰在於人是感性生物的存在，需要實踐理性來約束自然情欲。這是一方面。但追求幸福即滿足自然情欲又是人的「本性」，照顧幸福也是人的一種義務，實踐理性並不要求人們拋棄幸福。這是另一方面。這兩個方面的矛盾和「解決」，構成了康德《實踐理性批判》辯證篇的主要內容。

在認識論，理論理性作為認識範疇不能超越經驗，否則發生辯證幻相，形成二律背反，但這種超越又是必不可免的趨向。在倫理學，實踐理性作為道德律令不能滲入經驗，滲入經驗也將造成二律背反，因為經驗與人的自然存在相聯繫；但道德律令進入經驗又是必不可免的，否則道德律令就對人沒有意義，沒有客觀現實性。正因為道德律令、實踐理性必須在人身上落實，而人卻是感性自然的存在，於是就發生幸福與德行的二律背反。康德企圖以「至善」來解決這個二律背反。

康德認為理論理性為追求無條件的總體而有理念，實踐理性同樣追求無條件的總體而有「至善」。這是所謂「至上的」、「無條件的」善，它包括德行與幸福二者在內。德行只是「最高的善」，它作為配享幸福的價值，是與幸福相統一的最高條件，但它只是一個方面，還不是「至善」。「至善」必須是包括幸福在內的無條件的總體。它才是倫理學的最後目標，是「有限的理性存在者」(即人) 所欲求的對象。

實踐理性要求道德與幸福的統一，但經驗無法提供二者之間有什麼必然聯繫。它們之間既不是先天分析的，也不是後天綜合的。因為如果它們是分析的，那就是邏輯上的同一關係，德即福，福即德，「修德」與「求福」是同一件事。這是不能證實的先驗推演。如果它們是綜合的，即遵照因果律，其一在現實上發生另一個。這是缺乏普遍必然有效性的經驗歸納，也不能成立。古希臘斯多葛派與伊壁鳩魯派可代表在道德與幸福上的兩種看法。斯多葛派認為德行就是幸福，幸福不過是主體自覺有德行，從而把德行看作「至善」。伊壁鳩魯則把幸福看作「至善」,德行只是獲得幸福的手段。他們都把德行與幸福看作是同一件事，或有因果關係，康德認為這完全錯誤。伊壁鳩魯從經驗的原則出發，從幸福推出道德，是康德堅決反對的，這在上章已詳細講過。另一方面，康德也反對從德行中可以推出幸福。因為幸福是遵循客觀因果規律而發生，道德律令與它完全是兩回事，不能干預幸福的存亡。並且，康德指出，經驗中可以大量看到，福與德常常彼此背離，遠不是攜手同行的。有德者未必有福，而享幸福者實多惡徒。所以，一方面不能如伊壁鳩魯那樣，把普遍必然的道德建築在幸福之上，把幸福當成道德的經驗前提；另一方面又不能如斯多葛派那樣，把幸福看作是道德的必然成果，把德行看作幸福的理性根源。這二者在現實世界中實際是無法聯繫和結合在一起的，如把它們聯係結合，就要造成理性中的二律背反。康德說：

> ……或則是謀求幸福的欲望是德行準則的推動原因，或則

是，德行準則是幸福的發生原因。第一種情形是絕對不可能的，因為（如在分析論中所證明的）把意志的動機置於個人幸福要求中的那些準則，完全是不道德的，因而也不能作為任何德行的基礎。但是第二種情形也是不可能的，因為塵世上一切實踐方面的因果聯繫，作為意志被決定以後的結果看，並不遵循意志的道德意向，而是遵循對於自然法則的認識，並依靠於利用這種知識求達到自己幸福的物理能力上，因此，我們縱然極其嚴格地遵行道德律令，也不能因此就期望幸福與德行能夠在塵世上必然地結合起來，合乎我們所謂至善。❶

對法國唯物主義來說，有如普列漢諾夫指出，「新道德恢復了肉體的地位，重新肯定情欲為正當，要社會對社會成員的不幸負責，……希望在地上建立天國，這是它的革命的方面」❷。在康德，則恰恰相反，道德與幸福毫不相干，不是在地上建立天國，而是把享受幸福推移和寄托到天上去。

到上述截然區分道德與幸福的二律背反為止，康德還是忠於他的道德律令的純粹性的；但是，康德卻無法逃避現實人生中追求幸福的問題。在上章我們已看到，康德曾經把發展自己的身心才智和幫助別人，作為道德義務的例證而提出。在聯繫具體經驗材料較多的《道德形而上學》中，這點更為突出和明確。在《人類學》中，康德曾提出「形體界的善」，它們被看作是自然的善（區別於道德的善即善的意志）。這實際上也就在道德律令的純粹形式之下，塞進了本為康德所堅決反對的「實質的」道

❶ 《實踐理性批判》，參看關譯本，第116～117頁。

❷ 普列漢諾夫：《唯物論史論叢》，人民出版社，1953年版，第13頁。

德原理了。康德稱之為人類學的幸福原理。即發展人的身心才智、幫助別人使之幸福乃是人類自然存在的目的，它本身也是一種善。從而，可以看出，實際上有兩種善：一種是形式，即道德律令、道德的善，這是康德倫理學的核心、主題，它來自純粹理性。另一種卻是實質，即幸福，這是康德遠未能明確意識的一個方面，它來自康德對人類歷史的某些觀點。這一方面是康德本人和後代的康德研究者們大都忽視、輕視的方面。從哲學史的發展上看，它卻具有重要意義。正是它，作為破壞康德哲學體系的潛在因素，把康德提出的二律背反，變而為黑格爾的具有深刻歷史感的辯證法。消極的主觀幻相變而為積極的客觀邏輯。這在本章後面要講到。

康德在《純粹理性批判》快結尾題為「作為純粹理性的最終目的的決定根據：至善理想」節中說，「我的理性，包括思辨理性與實踐理性，所關心的，可概括在下述三個問題中：1. 我能（kann）認識什麼？2. 我應（soll）作什麼？3. 我可（darf）期望什麼？」❸ 康德認為，第一個問題是純理論的，第二個是純實踐的，第三個是實踐的同時又是理論的。第一個是認識論問題，第二個是倫理學問題，第三個是宗教所要解決的問題。康德承認，「所有期望都指向幸福」❹。康德認為，倫理學並不是謀求幸福的，「只有加上宗教之後，我們才能希望有一天依照自己努力修德的程度來分享幸福」❺。所以，在《實踐理性批判》中，包含幸福並作為德行與幸福相統一的「至善」，終於成為康德整個倫理學的歸宿，這個歸宿便是指向宗教。「至善」這概念，並不如西爾柏所認為是康德倫理

❸ 《純粹理性批判》A805=B833，參看藍譯本，第549～550頁。

❹ 同上書，A805=B833，第550頁。

❺ 《實踐理性批判》，參看關譯本，第132頁。

學的中心❻。康德倫理學的中心仍是那個抽象形式的道德律令。「至善」概念實質上是宗教性質的，它的重要性，在我看來，在於突出地暴露了康德倫理學以及康德整個思想發展行程中的矛盾，即由超感性的純粹理性逐漸進入感性現實的人類活動及其歷史的探求中所必然遇到的矛盾。康德解決這個矛盾是回到信仰和宗教。但這個矛盾自身卻通由黑格爾而指向歷史的解決。

康德認為，德行與幸福的關係不是後天綜合的（為分析篇所證明），也不是先天分析的（如斯多葛派與伊壁鳩魯企圖依照同一性規則來尋求二者的統一），它們只能是先天綜合在「至善」之中。在《純粹理性批判》中，康德以本體與現象的區分來解決自由與必然的二律背反；在這裡，康德又同樣以這種區分來解決這個二律背反。這就是：幸福決不能產生德行，但德行不能產生幸福只就感性世界的因果形式而言才是如此，在超感性世界的本體中卻是可能的。「因為我不但有權利把我的存在也思想為知性世界中的一個本體，而且我還在道德律令中有一種關於我的（在感性世界中）原因性的純粹理智的決定原則，所以意向的道德就不見得不可能作為一個原因，而與幸福（作為感性世界中的一個結果）發生一種縱非直接、也是間接（通過一個睿智的造物主）、 並且確是必然的聯繫。」❼這種結合在感性世界中是少有的，只有在超感性的知性世界或本體中，這種結合和統一才真正可能。康德在這裡再一次強調實踐理性優於理論理性，就是為了提出作為實現「至善」的必要前提的實踐理性的「公設」——靈魂不朽與上帝存在。

❻ 西爾柏：〈至善在康德倫理學中的重要性〉，《倫理學》，1963年4月（第72卷第3期）。

❼ 《實踐理性批判》，參看關譯本，第117～118頁。

康德提出，人的道德行為以意志自由為前提條件，人達到神聖以靈魂不朽為前提條件，人獲得「至善」則以上帝存在為前提條件。於是，在理論理性中所驅逐出門的東西，在實踐理性中都請了進來；在理論理性二律背反中只有可能性（即不能證明也不能否認）的虛幻的東西，到實踐理性中都成為具有現實性的必要的東西。儘管這種現實性仍然不是指感性經驗的現實，即並不能用感性經驗來證實這些實踐理性的「公設」。但是，康德認為，它們都是人們現實行為中所必需的實踐信念：「人類知性永遠探索不出它們的可能性。但是任何詭辯也不會強使甚至極平凡的人確信它們不是真正概念。」❽ 康德這種所謂訴諸常人的信仰觀念，實際上是回到宗教。理論上明知不能證實的虛幻理念，卻要作為道德的前提而享有實踐上的客觀現實性；明知這種所謂信仰不成其為知識，卻指出它建立在一種「需要」上，認為其確定性不亞於任何知識。所有這些，正是為了護衛宗教，有如康德自己所說，這「不但就現在補充思辨理性的無能力說，並且再就宗教方面說，都是有極大功用的」❾；「我的目的是公開表明，我怎樣相信找到了宗教和純粹實踐理性的可能結合」❿。

追求道德的完滿必須有靈魂不朽的「公設」⓫。而要道德與幸福相

---

❽ 《實踐理性批判》，參看關譯本，第136頁。

❾ 同上書，第125頁。

❿ 1793年5月4日給斯忒林的信。

⓫ 「至善」是德行與幸福的統一，要達到「至善」，首先要達到德行的「最高的善」，即首先要追求道德的完滿。但道德是不能完全窮盡的，它必須無止境地向前進展，而個人總是要死的，所以，只有認為人的人格能無止境地延續下去，即靈魂不朽，才能達到個人意志與道德律令的完滿契合。康德說：「希望繼續不息，日進無疆，一息尚存，此志不懈，甚至超出今生直趨來世，因而雖不在其塵世寄跡之日，也不在其來世任何剎那，而只在其永存不滅綿綿不絕之中」來到達之（《實踐理性批判》，參看關譯本，第126頁）。一些注釋

統一，即由「至善」的第一個因素（德）達到「至善」的第二個因素（福），就必須有上帝存在的「公設」。這就是說，世人追求幸福，但先要有配享幸福的德行；只有德行才能給人以配享的幸福，而所以可能，則只有通過上帝的手才能實現。上帝存在才是所獲幸福能與道德大小相稱的原因。本來，倫理學只講道德律令，排斥幸福。只有宗教，才叫人們希望有一天依照自己的德行來分享幸福。這幸福又常常不是今生現實所能獲得的，乃不過是一種對未來天國的嚮往罷了。而這一切，只有信仰上帝存在才有可能。總之，德、福的統一既不能在有限的感性世界裡實現，又不是理論理性所能認識和解答，於是只有把這個統一寄托在「至善」，這個「至善」卻只有依賴對上帝存在的信仰才能保證。所以必須有這個「公設」來作為「至善」可能的條件。康德說：「為實踐理性所要求的信仰就叫公設。」⑫於是，上帝存在便成了「純粹實踐理性的信仰」。康德的整個實踐理性的研究批判也就到此告終，完全進入了宗教。如他自己所說：「在這種方式下，道德律令就通過作為純粹實踐理性的對象兼終局目的的至善這個概念，領到宗教上」⑬，亦即領到基督教的傳統教義上。康德說：「這樣，道德不可避免地走向宗教，通由它擴展自己為一個在人類之外的有力量的道德立法者的理念，因為它的意志便是最終目的，這同時是和應當是人的最終目的。」⑭與黑格爾一樣，康德也極力抬

家責怪康德說講現實又講無限過程，實際是永遠不兑現；有人則以數學的無限來辯解康德這種無限趨向也就是到達（苛勒：《康德》第7章第3節），等等。其實康德規定得很明確，「只能包括在一種無止境的進步和其總體中，因而是永不能為被造物所圓滿達到」（《實踐理性批判》，參看關譯本，第126頁）。

⑫ 《什麼是擺正思維的方位》II。

⑬ 《實踐理性批判》，參看關譯本，第132頁。

⑭ 《理性限度內的宗教》，第1版序。

高基督教。他把古希臘各派道德理論與基督教相比較後，認為基督教是更高的道德，是比「聰明」（伊壁鳩魯）「智慧」（斯多葛派）更高一級的聖潔」⑮。康德在《純粹理性批判》中，便講了認識、信仰與意見三者的區別。在《邏輯講義》中，他指出：認識是客觀有效的必然；意見是主客觀均不充分的或然；信仰是客觀不充分主觀卻充分的適然，它因之有主觀的約束力。

黑格爾更進一步，從絕對唯心主義立場不滿意康德這種只有主觀約束力的道德—宗教的信仰論，不滿意由「至善」而設定上帝的道德—宗教觀。黑格爾認為，康德用「至善」調解道德形式與自然欲望的矛盾是完全缺乏現實性的。「這樣一種公設仍然讓矛盾原樣存在著，只提出了一種抽象的應該，以求解除矛盾。……這樣上帝只是一個公設，只是一個信仰，一個假想，這只是主觀的，不是自在自為地真的。」⑯黑格爾看出康德「認道德在於純粹為了道德本身而著重道德律令」這一主要思想與這種「公設」是相矛盾的⑰。但黑格爾並不是反對康德主張宗教信仰，而是嫌康德的上帝不過癮，只是主觀信仰上的存在。他要求上帝存在具有真正的客觀現實性，不只停留在主觀信仰領域內。黑格爾將雅可比和康德相比，認為用一種無限、普遍、無規定性來規定上帝，仍然不能解答：什麼是上帝？用一種無規定的直接性（即信仰）來崇拜所不能被認識（為康德所始終堅持）的神，是缺乏具體性客觀性的空洞思想。而「……宗教的本質尤其是在於知道什麼是上帝」⑱。正如政治觀點一樣，黑格

⑮ 《實踐理性批判》，參看關譯本，第130頁。

⑯ 黑格爾：《康德哲學論述》，商務印書館，1962年版，第54頁（原文在《哲學史講演錄》第3部分內）。

⑰ 同上書，第55頁。

⑱ 同上書，第69頁。

爾的宗教觀點也比康德要更保守。他的作為絕對理念的上帝不是主觀的信仰，而是客觀世界萬事萬物的主宰和指歸。黑格爾強調康德的純形式的道德律令與設定上帝存在有內在矛盾，黑格爾做到了從唯心主義批判康德所能作的一切。⑲

（二）宗教觀點

這裡，就要由康德的倫理學中設定上帝存在談到康德關於宗教的一些主要觀點。

一開始，要注意的是，儘管康德把自由、不朽與上帝同看作實踐理性的三大「公設」，但自由與後二者實有很大差異。自由與道德律令是二而一的東西：如前章所指出，自由是道德律令存在的先驗基礎。但信仰上帝等等卻並不是道德律令存在的基礎。「至善」和人們對天國幸福的嚮往，並不能作為推動人們行善的原因，它們也並不是道德律令。道德律令與信仰上帝畢竟還是兩回事，而不是同一的東西。康德也一再說明：「……道德學原理並不是由神學來的（因而也不是一種他律），而乃是純粹實踐理性自身的自律，因為這種道德學並不拿關於神和神意的知識作為這些律令的基礎。」⑳ 就是對上帝的信仰，康德認為也不能是強加於人

⑲ 黑格爾也是反偶像和迷信的路德新教信徒，他提出老鼠啃了聖餅是否也就變成應崇拜的聖物的故事，也是相當出名的。但他比康德更信仰上帝，至少在表面上。

⑳ 《實踐理性批判》，參看關譯本，第131頁。

的外在命令，而只是由於它可以「促進」道德而又符合理性的「自願決定」㉑，從而，宗教「不是由外在意志而來的一種任意的偶然的命令，而乃是每個自由意志本身的本質的律令，不過這些律令必須看作是最高神明的誡律」㉒而已。這樣，康德一方面與現實相妥協，把道德歸結為宗教，對宗教採取了調和、退讓的態度；而另一方面，卻又把宗教等同於道德，對傳統基督教採取了改良和修正。宗教在當時歐洲是一個尖銳的政治問題。資產階級反封建也大都從宗教入手。康德有意識地「把宗教事務作為啟蒙的中心……」㉓，實際與其政治觀點政治態度密切關連，是他的「批判哲學」的一個重要思想背景。

鮑爾生 (F. Paulsno) 曾說，「在某種意義上，康德是路德的完成者。」㉔路德進行的宗教改革，是用內心信仰代替外界教會。康德進一步，要求用純粹的道德律令來替代基督教義。在康德那裡，信仰上帝是建築在道德意識的基礎之上，而不是道德律令建築在信仰上帝的基礎上。康德極力反對各種傳統神學，提出只可能有「道德的神學」：

「……在神學中任何僅以思辨方式去使用理性是完全無效的，其本質是虛幻的，在自然研究中，理性使用的原理決不會達到任何的神學。因之，唯一可能的理性神學是建築在道德律令基礎上或尋求道德律令指導的神學。」㉕這就是說，理性不能在任何其他地方找到上帝，上帝和神學只在道德行為中。這種「道德的神學」並不是神學道德論，因為神學道德論是先肯定上帝存在作為道德的前提，「相反，道德的神學則是一種

㉑ 同上書，第148頁。

㉒ 同上書，第132頁。

㉓ 《什麼是啟蒙》。

㉔ 鮑爾生：《康德：生平和學說》導論。

㉕ 《純粹理性批判》A636=B664，參看藍譯本，第453頁。

對最高存在者的存在的確信，這種確信將其自身建築在道德律令的基礎上」㉖。道德律令並不需要宗教和上帝來保證，但宗教和上帝都必須依靠道德律令而存在。中世紀認為善就是上帝的意志，要求相信和服從一個在道德意識之上，甚或與道德無關的外在權威（上帝），這正是康德倫理學所要反對的。傳統觀念中能行賞罰的上帝，與康德強調的意志自律，也顯然是矛盾的。康德一方面設定上帝存在，但康德的上帝又不過是道德的化身：「如果道德在其律令的神聖性中承認一個最偉大的尊敬對象，那麼在宗教水平上，它就……作為一個崇拜對象。」㉗因之，康德認為，所有宗教不過是把道德義務當作一種神意而已。康德晚年一再強調：「道德……既不需要高於人的另外的存在者以承認人的義務，也不需要離開道德律令的另外的動機來履行他的義務……。」㉘「並非說……有一個在人之外的最高存在者真正存在著，因為這個理念並不是理論所能提供，而只是實踐原理主觀地提供的」㉙。「不能證明任何理念的客觀實在性，除開自由理念外。因為自由是道德律令的條件，它的實在性是〔自明的〕公理(axiom)，上帝理念的實在性只能通過道德律令來證明，因之只有一種實踐的意義，這就是，好像有一個上帝那樣去行動——這個理念就只能如此證明。」㉚「上帝並非在我之外的存在，而只是在我之內的一種思想。上帝是自我立法的道德實踐理性。」㉛康德在《實踐理性批判》結語中說：「位我上者燦爛的星空，道德律令在我心中。」這兩句刊鐫在康德

㉖ 同上書，A632=B660(a)，第451頁。

㉗ 《理性限度內的宗教》第1版序。

㉘ 同上。

㉙ 《道德形而上學》德的形而上學，倫理學說§13。

㉚ 《邏輯講義》§3。

㉛ 康德：《遺著》。

墓碑上的名言——自然界因果森嚴所指向的理念目的（詳下章）和人心中同樣森嚴的道德律令，這是康德最尊敬的偉大對象，它就是康德感到無比敬畏驚嘆從而崇拜的「上帝」。

儘管道德與宗教在康德的理論中變為二而一的東西(道德即宗教，宗教即道德)，但實際上，康德以其本人的宗教情感，是深知宗教並不能完全等同於道德。它有另一種並非道德所能具有的特殊的情感特徵和力量㉜。康德在其哲學體系中沒有對此作理論的發揮，但康德始終不進而否定宗教，卻決非偶然。

如前所述，康德要衛護宗教，要把宗教作為人所必須的主觀信仰保留和肯定下來。他說，「……我相信，基督教與最純粹的實踐理性的結合是可能的」㉝。宗教雖已在理論上等同於道德，在實踐中卻仍有其獨立的價值；即使承認了宗教的獨立存在，卻又要求作某種重要的修正和改良：康德「道德的神學」具體用在宗教上，仍然表現出這種兩重性。一方面，他不像法國唯物主義者那樣嬉笑怒罵地去揭發、批判、打倒宗教；另一方面，對傳統宗教一些基本教義等等又強烈要求改革和修正。他提出所謂「理性的宗教」：既然上帝只是人心中可以體驗的道德律令，那麼基督教傳統教義中的種種奇蹟、天啟、天寵等一切超自然的神祕，就既不能證明上帝存在，也毫無道德價值可言，根本不應去相信和傳播。

所謂「三位一體」、「基督復活」、「末日審判」這些基督教的基本教義，在康德看來都超出了理性信仰的範圍。康德說，「復活與禁欲……不能用於純理性的宗教……，它們非常適合人的感性表象方式……。身體依然死去，……人作為精神而受福，這種假設更和理性相一致」㉞。這就

㉜ 參看威伯（J. Webb）《康德的宗教哲學》。

㉝ 1793年5月4日給斯忒林（C. F. Stäudlin）的信。

是說，基督復活是不可信的，永生不朽只能是精神。所謂「末日」——萬事萬物終結在一個沒有時間的永恆中，也是不可思議的、可怖的、超驗的神祕。康德說中國的老子哲學把最高的善假設在虛無中，「把自已鎖在黑屋中去閉眼體驗這個虛無」㉟，人被神的深淵所吞沒，實際上，沒有時間就無所謂終結。基督教十分著重所謂「原罪」。康德卻認為：「人性惡的根源最不適當的是把它歸之於最早的父母傳給我們。因為不是我們自己所作，不應歸於我們，我們不能對之負責。」㊱關於「三位一體」，康德以為相信三個人頭和十個人頭在道德實踐上並無多少意義的區別，因此《聖經》也應剝去其神話的外衣，從道德的觀點上來解釋，來發掘具有普遍有效性質的理性意義。

康德堅決反對各種神祕，認為這些或是內在的迷狂，或是外在的巫術，都是超出道德律令和理性信仰的範圍的。他說置信仰於道德之上，是迷信而並非宗教。如果德行屈從於上帝的崇拜，上帝便成了一個偶像，宗教變成了盲目崇拜。康德還認為，純道德的信仰應高於對歷史性的教會法規的信仰，理性愈成熟，愈能把握其純道德的意義，愈不需要後者。可見，教會是人類幼稚時期進行宗教教育的手段，等到人成年長大時，就逐漸成為不必要，甚至成為有妨礙的東西了。事實上，宗教已常常成了追求恩惠討好上帝的不光彩的暗中手段，正是毀壞了道德。康德欣賞不讓兒童熟悉宗教儀式的教育方式㊲，反對神學學科高於哲學學科和支配哲學，一再提出作為「婢女」的哲學是打著火把走在神學主人的前面

……………………………………

㉞ 《理性限度內的宗教》第3篇，第2部分。

㉟ 《萬物的終結》。

㊱ 《理性限度內的宗教》第1篇。

㊲ 1776年3月23日給沃爾克的信。

還是跟在後頭的問題[38]，甚至還說，因為世上的王侯們喜歡他們的臣民恭維自己、順從自己的命令，以便於統治，儼如是一種神意，「於是拜神的宗教概念代替了道德的宗教概念」[39]。

康德還用他的四範疇（量、質、關係、模態）給教會作了規範，例如其中「質」的一項便是強調純道德性，非迷信或迷狂；「關係」一項強調成員自由，是自願的持久的精神性的聯合。教會應是一種人們倫理道德的結合，而不能強迫與盲從。他說，「置信仰於道德之上，……可稱為迷信而非宗教；置道德高於信仰……，便可拒絕天啟」；「如果德行屈從於上帝的崇拜，上帝便成了一個偶像，宗教變成了盲目崇拜」[40]。康德自己不僅終身不去教堂，極為厭惡種種宗教儀式，而且還宣傳這種顯然與當時宗教教義和教會、神學大異其趣的理論，這就終於遭到了官方的警告[41]，康德這些所謂主張理性宗教的作品被禁止出版。宗教的哲學探討發生了現實政治的後果。

可見，一方面，康德的確在「道德的宗教」旗號下，反對了種種宗教有神論、神人同形論，反對上帝作為實體存在，反對宗教叫人屈從於絕對權威，要求把外在的絕對權威變而為內心的信仰律令，把宗教的教義變為道德的教義。康德的倫理學宣傳人只服從自己立法的道德，人是自由的，是目的，不能是任何工具，包括不是上帝的工具在內，這與他

[38] 《系科之爭》、《永久和平論》。

[39] 《理性限度內的宗教》第3篇(5)。

[40] 同上書，第4篇。

[41] 當時腓特烈二世下諭說，「……極為不快地看到你誤用你的哲學去毀壞許多極其重要的基督聖典教義，……要求你立即作出誠懇回答……，如果你繼續抵制，必將獲取不佳後果」。壓力是相當大的，康德被迫停講宗教問題。參看本書第1章。

的宗教觀是完全一致的。這種宗教觀倫理觀表現了對長期統治封建中世紀的教會和神學的叛離和反抗，是法國革命時代的呼聲和反映。

但是，另一方面，康德又反對無神論和泛神論，反對把上帝歸結為或等同於自然因果規律支配的物質實體，如斯賓諾莎。康德曾認為，企圖用祈禱去影響上帝是不道德的，忠誠的人可以甚或不積極肯定上帝的存在。但是，可以問康德，如果不肯定上帝的存在，又何必去祈禱？如果宗教便是道德，又何必要宗教？顯然在康德思想中，宗教與道德畢竟沒有完全等同起來，宗教是與「我期望什麼」、與「至善」連在一起，仍居於道德之上。康德說，如沒有理性信仰，就會去信仰迷信或信仰無神論㊷。可見，保留這種道德的宗教，也是為了反對無神論。在法國唯物主義堅決批判宗教之後，康德仍然要去信仰那個雖已化為道德但畢竟仍是宗教的上帝。所以，康德哲學雖然遭到了舊教的反對，卻為新教所歡迎，蔡勒（Zeller）曾說，康德的哲學在五十年間為德國多數神學家所支持。法國大革命失敗後的復辟年代裡，康德學說顯赫一時，也是這個原故。它把為法國唯物主義所轟擊得搖搖欲墜的宗教重新扶上統治人心的寶座。

鮑爾生說，「康德的道德不過是將基督教的宗教語言翻譯成為思辨的語言而已：用理性代替上帝，道德律令代替十誡，用理性的世界代替天國」㊸。這樣，雖然把宗教化為道德，但同時又把道德化為宗教。所以，似乎也可以用馬克思批判馬丁・路德的指示來批判康德：

「他破除了對權威的信仰，卻恢復了信仰的權威。他把僧侶變成了俗人，但又把俗人變成了僧侶。他把人從外在宗教解放出來，但又把宗

㊷ 《什麼是擺正思維的方位》II。

㊸ 《康德：生平和學說》第2篇第1節IV。

教變成了人的內在世界。他把肉體從鎖鏈中解放出來，但又給人的心靈套上了鎖鏈。」㊹

康德把宗教化為道德，但又把道德化為宗教；他反對傳統的宗教有神論，但反對唯物主義的無神論；並且，值得注意的是，在《純粹理性批判》中，「最高存在者」是指引理論理性前進的範導；在《實踐理性批判》中，「最高存在者」又是這種道德的信念，都是一種促進人們活動的實踐態度和作用力量㊺，都是並無經驗證實卻又為人所必需的主觀要求。這樣，這個「最高存在者」的「公設」，便成了人們探究自然總體（認識）與人們整個道德行為（倫理）的最終目標和根本動力，沒有它，認識和倫理均將成為難以想像的和難以完成的。這就不管康德意願如何，仍然是神（上帝），而不是人自己，成了最後的主宰。而這，正是把認識與實踐徹底對立起來的必然結果。

一方面是科學，另一方面又是宗教。一方面是立法形式旳道德，另一方面又是德、福統一的至善。一方面，作為道德理想的「至善」本應無需幸福，道德律令本身便是絕對命令。另一方面，作為感性存在的人的幸福又難以排除，期望幸福是人之常情。但幸福難求，只好指望於「天福」。於是，一方面道德必須完全排斥幸福，另一方面道德的最高概念——至善又必須包括幸福。這種二元的尖銳矛盾，理論根源在於：主觀能動性的道德行為只是形式，具有現實內容的客觀的幸福被排斥在外，結果反而只好到虛幻的「至善」天國裡去尋求統一。

康德的宗教觀點與他的政治觀點息息相關，有著聯繫。宗教是當時

㊹ 《「黑格爾法哲學批判」導言》，《馬克思恩格斯選集》第1卷，1972年版，第9頁。

㊺ 參看瓦爾希《康德的道德的神學》。

哲學與政治的中介環節，康德的政治觀點也恰好可作他的宗教觀點和哲學思想的真實內容和現實注解。

（三）法權、政治觀點

康德曾經是法國革命的熱忱的關懷者，當德國許多人背離時，康德還信守啟蒙觀念不渝，因此被稱為「最後一個雅可賓派」。但如第一章所指出，實際上康德並不是激進的暴力革命的雅可賓，而不過是在落後德國狀況中要求變革的改良派。康德那麼抽象的倫理道德學說也正是這種政治立場、觀點的表現。所以，完全撇開康德的政治立場觀點，是不能明瞭他的哲學、倫理學真正涵義的。事實上，康德不但正是在批判時期寫了許多政治論文，而且在《道德形而上學》中就把法權政治理論作為開頭的第一部分。他把法權理論叫作「政治倫理學」，是政治的普遍必然的先驗原則。康德認為，不是法來適應政治，而是政治要適應於法，它的根基在法。康德在這裡並不是講具體的法，而是講法之所以為法的一些基本條件，即法的哲學觀點。

康德指出，法權乃是道德的外殼，是社會政治生活中的「普遍必然」，從而，法權理論構成康德倫理學的一個組成部分：對自己的義務是道德理論，對別人的義務便是法權理論。康德認為，道德的命令是內在的、自覺的，法是外在的、強制的；道德涉及內在動機，法只管外在行動，而不問內在意圖如何。康德曾舉例說，我可以不考慮別人的自由，甚或還想侵犯它，這在倫理學上是不道德的，但在法上卻是允許的。但它所以又是倫理學的一部分，是因為它與自由有關。道德是肯定的，推動人們的行為；法是否定的，限制人們的行為，但法的這種限制與強迫，又正是擴充理性的自由。康德認為，強制與自由在這裡是完全一致的，因為人自願放棄其不受任何約束的自由，以服從具有集體意志和權力的法（法不是由君主或任何個人所任意規定的），這樣個人也才獲得真正的自由，而不被別人侵犯，也就是人各自由而不侵犯別人的自由㊻。康德說，「他們事實上完全放棄了野蠻的無法律的自由，但獲得了在法律依附的狀態中即法權國家中的完整的、沒有減少的自由，因為這種依附是他們自己的立法意志所創造的」㊼；「從而，法權是這些條件的總和，在其中各個個體的意志依據自由的普遍法則能與他人的意志相協調」㊽。康德的法權、政治基本論點，是建立一種個人自由與其他人自由和平共存相互聯繫而統一的政治制度。

在這裡，康德與霍布士、盧梭相同的是，認為原始人那種毫無限制而又彼此侵犯、擾亂不已的狀態（霍布士）並沒有真正的自由，只有各人放棄各自一定的自由，在法律下自願聯合起來才能獲得真正的自由（盧梭）㊾。康德與霍布士、盧梭不同的是，他不是從個體之間的契約關係

㊻ 康德把這一思想一直灌注到他的教育思想中去了：「萬不可使約束成為奴性的，兒童應永久使其自覺其自由，而以不侵犯他人的自由為界限。」（《教育學講義》）

㊼ 《道德形而上學》法的形而上學，法權理論（二）公法。

㊽ 同上書，法的形而上學，法權理論導論，§B，什麼是法權。

㊾ 盧梭是繼承霍布士而來的，他稱霍布士為最偉大的哲學家。他同意霍布士，反對把社會起源美化。人既然只有保持生存的本能，則社會一開始當然是如霍布士所云。

來看這種聯合，不是從個體的利益來建立法律、政府與國家，而是認為人從一開始就具有社會性，從而把社會性變作一種先驗的理念規定（詳後）。康德認為，國家與法必須建立在這種先驗的理性原理上，經驗不能告訴人們什麼是法權。法權的一般原理是「每個人意志的自由與其他人的自由共存」[50]，即如前所述，限制一定的自由以獲得「完整」的自由。這雖然是人們自己自願立法作出規定的，卻並不是個人之間的社會契約關係，而是一種先驗的理性產物，是理性的實踐理念。康德認為，公民立法政體賴以建立的原始契約，作為將私人意志連成一個公共意志，不必是一個事實。它不能由歷史證明。它只是一個無疑有實踐現實性的理性理念[51]。所以盧梭模糊的「公共意志」，在康德這裡便明確地不等於多數人的意志，而是指理性的意志。它的「普遍必然」也正來自這裡，而不是來自經驗，也不能還原於經驗的幸福。幸福各有不同，自由、平等、獨立卻具有普遍性。康德指出，一個很少自由的國家，人們也可以幸福，可見自由不來自幸福，而有其自身的理性根源。康德這一觀點後來為黑格爾所大力發揮，即認為國家並不建立在契約上，而是以理性為基礎，是理念發展的一個特定階段。黑格爾說，「生活在國家中，乃人之理性所規定」。「由於國家是客觀精神，所以個體本身只有成為國家成員才具有客觀性、真理性和倫理性」[52]。這種把霍布士、洛克、盧梭的個體間的社會契約論和自然法學說改造成為超個體的先驗理性論，也可以說，是由康德開其端的。它一方面比盧梭等人更具有歷史主義精神，拋棄了把國家起源看作是個人契約產物的幼稚觀點，注意到它乃是一種發展的必

[50] 《道德形而上學》法的形而上學，法權理論導論，§C，法權的普遍原理。

[51] 〈論俗諺〉II，結論。

[52] 黑格爾：《法哲學原理》§75、§258，商務印書館，1962年版，第83、254頁。

然階段；但另一方面，洛克等人的天賦人權的明朗的個體主義，又被代之以這種強調集權的晦澀的總體主義，從這裡當然可以走向軍國專制而為普魯士王朝服務，黑格爾的法哲學在一定意義上就是這樣，這也正是把「自我意識」實體化（見本書第五章）的哲學體系的必然推論[53]。

但是，康德與黑格爾還有所不同，比較起來，康德的啟蒙主義和自由派色彩要遠為濃厚。他還沒有拋棄而是維護天賦人權說。康德說：「公民狀態，純粹作為立法狀態看，先驗地建築在三個原則上：1. 社會中每個成員作為人，都是自由的；2. 社會中每個成員，作為臣民，同任何其他成員都是平等的；3. 共和政體的每個成員作為公民，都是獨立的」[54]。康德非常重視和堅持了盧梭的民主思想，他反對封建特權，反對絕對君主[55]，在理論上反對開明專制，甚至反對一個「愛民如子」的統治政治，認為這是對自由的廢棄。他反對一人立法，萬眾無權，堅決主張代議制，積極宣傳盧梭「人服從自己立法才是自由」和「作為公民人人平等」的觀點。甚至在自然地理的講課中，康德也聲明要多講些更長久的現象，如生產、風習、貿易、商業、人口，而不是什麼王位繼承、國家糾葛等等。這些都表現出康德整個思想中的反封建啟蒙主義的方面。

也就在同時，康德強調個人只有對法的忠誠才能自由，表現了對現

[53] 康德晚年及以後，浪漫派思潮席捲西歐，一方面是費希特、黑格爾（儘管黑格爾主觀上是討厭浪漫主義的），另一方面是反普遍歷史規律的赫爾德爾、強調直覺的雅可比。康德所信奉的啟蒙主義終於被逐出思想舞臺。康德正好站在這個轉折點上。盧梭的「公共意志」和否定三權分立，可以導致浪漫主義和集權主義，真正典型的自由主義和個體主義的代表應是洛克。

[54] 〈論俗諺〉II。

[55] 康德說：「霍布士……認為國家首腦不受契約約束，他永不會作錯……，是一個可怕的命題。……將給予他以神意，抬高到超越人類之上」（〈論俗諺〉）。

存的法律、秩序、制度的服從。康德說，「一切反抗最高立法權，……一切訴諸暴力的反叛，在共和政體中是最大和最需懲罰的罪行，因為它破壞了它的基礎。這種禁止是絕對的」[56]，即使國家首腦破壞了契約，濫行專制，臣民仍無反抗的權利。康德還認為共和並不等於民主，二者不應混淆，前者是政權方式，後者屬統治方式。行政與立法分開或合一，分別叫共和與專制。康德認為重要的是這個政權方式。由一個人、少數人、多數人握有權力，分別叫君主制、貴族制和民主制，這是統治方式。康德主張代議制共和政體，但共和也可與君主制統治共存，只要開明君主實現共和體制，體現「公共意志」，將立法與行政分開就很好；「一個國家很可以對自己以共和體制進行治理，儘管它在當前仍是君主的統治方式」[57]。而民主在康德看來卻一定是專制暴政，並不能保證符合真正的「公共意志」。總起來看，康德政治思想是反封建，堅決主張代議制，主張「努力用進化來代替革命」。基本要求是三權分立和人民立法，具體路線則是力主改良漸進，反對革命暴力，它從而不是否定現存法律、秩序和君主制度，而是在肯定它維護它的前提下要求努力改進。「在哪種秩序下，才可期望朝著改革前進？答案是：不能靠自下而上的事物進程，而只能靠自上而下的事物進程」[58]，並把希望寄之於教育。

康德在倫理學中高唱的自由——「意志自律」，落實到法權和政治中，便是：言論的自由，而不是造反的自由；消極抵制的自由，而不是積極反抗的自由；和平投票的自由，而不是暴力革命的自由；作為臣民，必須服從，作為學者，可以批評的自由。所有這些，今天看來並無可厚

[56] 《論俗諺》II結論。

[57] 《永久和平論》。

[58] 《系科之爭》第2篇。

非。也許比革命思想倒更健康和堅實。所謂平等，也是如此。康德自己便承認，「這個一般的平等，是同人們私有財產在數量等級上極大的不平等共存的」[59]；是政治（投票）的平等，不是經濟的平等。至於獨立，康德更分出所謂「積極公民」與「消極公民」，前者經濟上「不依附」他人，是獨立的，從而在政治上才有公民權利；後者，如雇工、僕人、婦女、學徒、家庭教師、農奴，這些大多數被剝削被壓迫的人們，在康德眼裡，卻都是因為「需要依賴別人生活和保護的人」，從而「不具有公民的獨立性」[60]，因之所謂政治（投票）的平等也被取消了。「獨立」、「自由」、「平等」是啟蒙的語言，這種民主精神是可貴的，卻又仍然無可避免地具有時代的烙印，現代普選權是經過人民群眾的長期鬥爭才逐漸實現的。康德在倫理學中倡導的「人是目的」，一具體化，也成了問題。康德曾說：「非婚生子在法律之外（婚姻是一種法律規定），因此，便不受法律的保護，像違禁的走私貨品一樣，社會可以無視它的存在，因為他們根本就不應該如此進入存在」[61]；並認為，在所謂法律決定下，一個人即使還保存生命，卻可以成為另一個人（國家或另一公民）任意處置的單純工具。人是商品，是貨幣，是工具，都只有在資本主義社會中才發展得最為充分和徹底。歷史的諷刺便是如此。但比封建主義，卻畢竟大進了一步。

康德的法權理論中還有一些觀點，如把所有權（財產）作本體（公民社會的法律認可）與現象（經驗上的占有）的區分，如刑罰報復說（刑

[59] 《論俗諺》II。

[60] 1791年法國憲法中也規定了所謂「積極公民」和「消極公民」（沿襲1789年的有關規定），前者享有選舉權，但只有向國家交納一定數額直接稅的人，才有此資格。雇傭勞動者都被排除在外了。

[61] 《道德形而上學》法的形而上學，法權理論（二）公法，E罰與恕。

罰並非把人當作工具，也不是為了社會功利，而是侵犯別人的自由所應得的自己自由遭到同等剝奪。殺人者死，不是因為殺人者對社會有害或具有危險性，而是他應受到侵犯別人同樣的侵犯，即報復）等等，都是直接導向黑格爾的有影響的理論，本書不擬多談。總之，康德身處法國革命前夕的思想風暴年代，接受了盧梭的進步影響，他把革命的資產階級的政治理論，翻譯成了改良主義的道德體系。上述這些法權、政治觀點，則是其抽象的先驗道德體系的附庸和推演，同時也是這個體系的時代內涵。

（四）歷史理念

康德的倫理學不但與其宗教、政治觀點密切相關，而且與其歷史觀點也是緊密聯繫的，歷史觀又恰好是其政治觀的歸宿。

在《純粹理性批判》中，康德曾提出「我能知道什麼」等三大問題，本章前面已講。晚年，康德在這三問之後，又添加一問，即：「人是什麼?」[62] 康德說，「第一問由形而上學回答，第二問由道德回答，第三問由宗教回答，第四問由人類學回答。歸根到底，所有這些可看作是人類學，因為前三問都與最後一問有關」[63]。雖然康德在其講授20年、晚年才出版的《人類學》一書中，大多是一般的和心理學的經驗談，與歷史

[62] 1793年5月4日給斯忒林的信；1800年的《邏輯講義》。

[63] 《邏輯講義》導論III。

觀的內在聯繫不明顯；但值得注意的是，康德由自然科學而倫理學，由倫理學而日益從各個方面具體考慮人作為現實存在的各種問題[64]。其中就有重要的人類歷史的問題。這不再是認識論和倫理學中的抽象形式，而包含著一些三大批判中缺少而為後來黑格爾所極力發展的重要思想。這些思想與康德整個哲學體系的關係、它們所占的地位等等，我認為是十分值得注意的問題。也有人說，康德的歷史觀點是第四個批判。但康德本人沒有也不可能有這第四個批判，因為這個批判必須是康德全部批判哲學的揚棄和二元論矛盾的解決。康德的歷史觀已經蘊含著這個解決的潛在萌芽。

康德的歷史觀主要和突出地表現在《從世界公民角度看的普遍歷史理念》一文中。這篇文章對世界歷史進程作了一番哲學的考察，指出在種種衝突、犧牲、辛勤鬥爭和曲折複雜的漫長路途後，歷史將指向一個充分發揮人的全部才智的美好的未來社會。這個社會也就是公民社會，國內生活幸福而自由和國際永久和平溶為一體，是這個未來的燦爛前景。這篇文章充滿了樂觀主義啟蒙主義的精神，今天讀來還頗有生氣，顯然可看作是法國大革命前夕的進步思潮的代表。值得重視的是，在這篇文章中，康德進一步發展了自其處女作以來所不斷採用的矛盾觀點，他強調指出，人類的進步、文明的發展都是在矛盾、衝突中而達到的。他概括說：「……人有一種社會化的傾向，因為在這種狀態中他感到自己不僅僅是人，即比發展他的自然才能要更多一點什麼。但是，他又有一種個

[64] 德彼特（Frederick P. Van Depette）認為，目的論比理性在康德體系中更為重要，目的論才是康德哲學的原動力和關鍵點，目的論當然與人類學不可分。人的命運和道德才是目的，思辨理性不過是工具，所以人類學是整個康德哲學的真正基礎。見所著《康德作為哲學人類學家》（1971年）一書。我以為很有道理，值得注意。

體化自身的強烈傾向，因為他同時有要求事物都按自己的心願擺布的非社會的本性，於是這在所有方面都發現對抗。……正是這種對抗喚醒他的全部能力，驅使他去克服他的懶惰，使他通過渴望榮譽、權力和財富，去追求地位……，從野蠻到文明的第一步就這樣開始了。……沒有這種產生對抗的不可愛的非社會性的本性（人在其自私要求中便可發現這一特徵），所有才能均將在一種和諧、安逸、滿足和彼此友愛的阿迦底亞的牧歌式的生活中，一開始就被埋沒掉。人們如果像他們所畜牧的羊群那樣脾氣好，就不能達到比他們的畜類有更高價值的存在……。這種無情的名利爭逐，這種渴望占有和權力的貪婪欲望，沒有它們，人類的一切優秀的自然才能將永遠沈睡，得不到發展。人希望諧和，自然知道什麼對種族更有利，它發展不諧和……。」

康德的倫理學本是圍繞人來旋轉的，他強調提出了「人是目的」。這裡又提出「人是什麼」的重要問題。「人是什麼」呢？康德的「人」不是自然人（盧梭），不是原始狀態的個體。康德說，盧梭從人的自然狀態出發，他則從文明人出發。但這個文明人並不是某種經驗的集團、階級，而是一種所謂先驗的自我，這個自我實際包含有超生物性的人類種族的涵義。康德認為，人先驗地具有聯合在一起的社會性，同時又有追求個體欲求、願望的非社會性。所謂非社會性，也就是「惡」。「惡」並不是自然人欲，而是因追求個人利益以致違背普遍立法的個體性。所謂人性（個體）本惡，指的就是這種劣根性[65]。但是，又正是「惡」，推動著歷史的發展、人類的進步，使人的聰明才智和各種能力在與他人競爭、對抗和衝突中不斷發生發展起來。康德舉例說，例如樹木，只有在茂密森

[65] 這種帶有神祕性的性惡論，可說是從基督教的「原罪」論到弗洛依德的心理學所共有的思想，是值得進一步探討的。

林中，各為爭取陽光而競相生長，才能長得高大筆直。如果孤立地生在空曠的地上，讓它任意伸枝，就反而長得低矮曲彎。所以，一方面，人的自然才能只能在種族中發展，而非取決於個體。另一方面，又只能在與他人的競爭中，才能得到發展。與亞當斯密等人一樣，康德肯定競爭是社會的基礎，它促進文明和進步。公民社會便是競爭的社會(66)。所謂公民社會也就是資本主義社會。很明顯，康德這種思想表達了資產階級的新興要求和資本主義自由競爭的基本特徵。它為這個社會制度將要普遍到來，預唱讚歌，對它的前景發展充滿了樂觀的歷史估計。

「惡」是個體性、主觀性，也是黑格爾的思想。黑格爾說：

「……人各追求自己的目的，……當他極度追求這些目的，他的認識和意志只知道自己，他的狹隘的自我離開普遍，他便陷於惡了，此惡是主觀的。」(67)

惡推動歷史的發展，則是為恩格斯所稱許的黑格爾的有名思想，為大家所熟知。黑格爾這些思想可說直接來自康德。它們實際都是以自由競爭的資產階級社會制度為現實根源和基礎的。

康德說：「自然的歷史從善開始，因為它是上帝的工作；自由的歷史從惡開始，因為它是人的工作。」(68)這就是說，所謂從善開始，是指大

(66) 「唯有在這樣一個社會裡，其成員有高度的自由，從而成員之間有劇烈的對抗，但社會卻使這種自由具有精確的規定和保證，使每人的自由與別人的自由彼此共存——唯有在這樣的社會，大自然的最高目標，它賦予人類的全部才智稟賦，才能獲得實現。……這也就是一個完全正義的公民社會」（《從世界公民角度看的普遍歷史理念》命題四）。可與康德的政治思想對照，二者明顯是聯繫在一起的。

(67) 黑格爾：《哲學全書：邏輯》§24，參看賀譯本《小邏輯》，商務印書館，1962年版，第102頁。

(68) 〈人類歷史起源推測〉。

自然使人作為族類日益由壞變好，即一開始似乎是有目的有計畫地安排使這個人類作為種族將不斷向前進步。所謂從惡開始，是指作為個體的人，在理性的覺醒下，被引誘脫離《聖經》中所描繪的那種渾渾噩噩的「樂園生活」，開始了自由意志的選擇，為個人的私利而奮鬥，「由於他運用自己的自由只是著眼於其自身」[69]，於是有憂慮、有恐懼、有苦惱，所以說自由的歷史從惡開始，而演出一幕幕的愚蠢、幼稚、空虛的世界歷史的劇目。從其中似乎看不出有什麼合理的計畫，但實際卻暗中有著自己的理性規律。人們活動的結果，並不是人所期望所意識到的。人們要求和睦，結果偏是相互的對立和鬥爭；個體追求幸福，不辭萬險千難，而生命有限，幸福難求。但前者卻在無意識中使種族得到發展，後者也在無意識中為下代創造了幸福。又如戰爭給人類帶來極大損害和罪惡，康德說，「對文明民族的最大災禍就是戰爭」[70]，但戰爭卻又經常成為進步的必要手段。康德說：「在人類文明的現階段，戰爭是促進文明發展的必不可少的手段」[71]。在《判斷力批判》中，康德明白認為，「在人的方面，戰爭是無意識的舉動，……可是在最高智慧方面，它是一種深深潛藏著的、可能也是深謀遠慮的企圖。」[72] 在人類的活動、行為表面非常幼稚、混亂、無意識之中，從總體看，卻可以發現一種規律和目的。康德曾說，儘管人們埋怨現在，但並不真正要求回到過去的原始狀態中去。康德強調科學、文化、教育、政體的革新和進步，並認為歷史的趨向將走向一個內是立憲共和政體、外是國際永久和平的理想境地，而這正是

[69] 同上。

[70] 同上。

[71] 同上。

[72] 《判斷力批判》§83，參看韋卓民譯，下卷，商務印書館，1964年版（簡稱韋譯本），第97頁。

人的道德特質的外在化。自然既賦予人以這種理性，其自然的目的就在實現它，所以歷史趨向理性。康德說：「作為整體的人類種族的歷史可以看作是實現自然的一個隱蔽的計畫，即帶來一個完滿立憲政治制度以作為人類全面發展其自然才能的唯一可能的狀態，也進到國家之間的外在關係完全適合於此目標。」[73]「……建立一個普遍和持久的和平，不只是純粹理性範圍內的法權理論的一部分，而且是理性的整個最高目標。」[74]這種「永久和平」不能由一國吞併各國統一世界來獲得（「任何國家都不得以武力干涉其他國家的體制和政權」[75]，是康德的「永久和平論」的論點之一），而只能通由各國普遍建立共和政體（「每個國家的體系都應是共和制」[76]），彼此協商訂立國際法律而取得。因而，各國內部的共和政體和啟蒙公民便是國際永久和平的前提條件，因為只有人民是不願意戰爭的[77]。同時，由於國際貿易的經濟利益，也使各國不得不（雖然不是由於道德動機）促進崇高的和平，並在有戰爭危險的地方，通過所謂「和平聯盟」用調停的方法來防止戰爭發生。國家的對外政策與對內政策是互相聯繫的。應當認為，近二百年前康德這些看法是相當卓越的。

康德的歷史觀以所謂「非社會的社會性」開始，以所謂「永久和平」告終。這也是所謂以「惡」始，以「善」終。經驗現象的歷史指向了本體的道德，道德的人成為人類歷史的總目標。這個目標不是通過個體的

[73] 《從世界公民角度看的普遍歷史理念》。

[74] 《道德形而上學》法的形而上學，法權理論（二）公法，第3節國際法結論。

[75] 《永久和平論》。

[76] 同上。

[77] 「相反，在臣民不是公民從而不是共和體制下，……領袖不是國家的同胞而是國家的所有者，他的筵席、狩獵、宮苑等等一點不會因戰爭而有損，——他就可以像請一次客似地由於微不足道的理由而發動戰爭」（同上）。

道德修養而是通過歷史的向前發展、政體的不斷改進使道德日益逐漸完善而可望達到。幸福則始終不過是歷史所利用的一種手段，歷史進步也根本不能以幸福作為標準來衡量。

然而，康德這種歷史觀點與其形式主義的道德理論仍是有很大距離的。道德與歷史，一個屬於本體，一個只是現象。雖然在《判斷力批判》（詳下章）中，企圖用自然的終極目的是文化、道德的人這一觀點溝通二者，企圖以在時間中行進的因果自然與非時間的道德會合在目的論中，但這並未成功。儘管提出道德與政治的矛盾統一等問題[78]，這個統一是求之於少數統治者。於是，道德與歷史的關係，康德便並未作出真正明確的處理或解釋。實質上，兩者是背道而馳的，所呈現的一系列矛盾倒是更為突出的：康德所期望的共和政體並不能由道德來建立，道德倒只有在好的政體下才能發展[79]。外在行為的合法也不是由內在道德所決定，而常常倒是以惡制惡，本非道德的人在法的強迫下也完全可以作個好公民。實現「永久和平」是「我們的道德義務」，但它仍得靠大自然的強制和歷史的發展。歷史趨向道德，但道德作為不可知的本體卻是因果永遠不能到達的彼岸。純粹理性是善、是自由，但真要達到它，又要通過惡，在《永久和平論》中，戰爭的積極作用和所謂大自然的巧妙安排講得極多。說得那麼尊嚴絕對的道德律令，在歷史中實在起不了什麼現實作用，在現實中起作用的恰恰是道德的反面——惡。儘管康德提到「道德的政治家」之類抽象的空想，但實際並沒有也不能解決這些矛盾。

[78] 「……於是，這時我們所願望的永久和平就……作為由於承擔義務而產生的一種狀態」（《永久和平論》）等等。

[79] 「……良好的國家體制並不能指望於道德，相反，形成良好的道德倒是有賴於良好的國家體制」（《永久和平論》）。

康德的確強調歷史進步，指出人類既不滿足也不會願意回到原始人的狀態中去，他對人類文明和未來充滿了樂觀的估計和信念，「人類的天職在整體上就是永不中止的進步」⑧⓪；「對人類族類來說，其歷史是由壞到好的前進」⑧①；「是一條儘管有各式各樣的不信任者，但在最嚴謹的理論上仍然可以成立的命題：即人類一直並將繼續朝著改善前進。」⑧②但另一方面，這一切又仍是不能確證的。他上述種種對歷史的觀點、理論和展望，統統如他自己所認定，不過是一種並不能由經驗證實的「理念」。包括「人類能永恆存在」、「自然隱蔽的計畫」等也都如此。「進步問題不是連接由經驗所能解決」⑧③。康德指出，並不能從經驗科學中排除某個星球偶然把地球撞毀的可能。康德認為，從經驗並不能證明社會是進化還是倒退，所以上述所有這些歷史觀點，如同倫理學中的上帝、靈魂等一樣，終究不是客觀規律，而只是主觀理念，即不可能由經驗證實的。而道德的理念在康德是高於歷史的理念的，歷史從屬於道德。康德因之遠未能從哲學上把他這些歷史觀點貫串起來，作為強有力的槓桿。因為要這樣，就必然衝破整個「批判哲學」體系，摧毀和捨棄那個不可認識的本體世界和形式主義的道德律令。這當然是康德所不能做到的。康德說，他決不把頭腦埋在羊皮紙的陳舊檔案裡。康德沒有像研究自然科學那樣去仔細研究歷史。他的歷史觀中雖然包含著重要因素，但終究是與其整個哲學體系缺乏充分聯繫的、沒有形成系統的哲學理論。這個系統化工作是由把康德的主觀理念客觀化的黑格爾來完成的。

⑧⓪〈評赫爾德爾「人類歷史哲學觀念」〉。

⑧①〈人類歷史起源推測〉。

⑧②〈系科之爭〉第2篇。

⑧③同上。

如前所指出，法國唯物主義從明朗的資產階級個人主義出發，強調道德、政治、歷史的基礎最終建立在個人的感性幸福上，認為歷史前進與否應以增進人的幸福為標準和尺度，要求用自然因果關係來解釋它、規定它。康德則祭起超經驗的「理性」旗幟，作為道德律令，要人從屬於抽象的理性。這個「理性」已大不同於啟蒙主義所講的理性即人的理知，而具有超越於人（個體）的客觀意義。以個人為基礎的道德觀點（洛克、盧梭以及法國唯物主義）改變為以晦澀神祕的「理性」為基礎。感性具體的個人消失在非個體甚至是反個體的「理性」之中。從而，不再是感性個體現實的人，而是超感性個體的「理性」，成了世界歷史的主體。

與認識論的情況一樣，由康德開其端的這一轉變，到黑格爾得到了完成。黑格爾把康德的道德律令，即具有實踐能力的純粹理性，改成絕對理念，使康德的道德「應當」具有了本體論的意義，使康德的非歷史的靜止性的「命令」變而為歷史性的運動環節。康德那裡與理性相對峙的自然（因果），也統統吞併在理性之內，成為理性的一個外化的低級階段。在黑格爾，重要的不是主觀上如何立意的問題，而是客觀上如何實現的問題。重要的也不是去設想或提出一個可望而不可即的歷史「理念」，如永久和平之類，而在於去論證當前現實的倫理、國家等等的歷史必然性（合理性）。在黑格爾看來，除非具體實現在某種社會行為、制度、倫理中，亦即實現在一定歷史階段的國家、文化、法律中，所謂道德是抽象而無意義的。理性不僅是自由，而且也是自然、因果的基礎。所以，黑格爾不講抽象的道德理論，而是把倫理學納入整個邏輯—歷史（包括自然和社會現象）的辯證法之中。與康德相反，黑格爾認為世界歷史的活動的基礎高於道德的基礎，不是歷史從屬於道德，而是道德從屬於歷史[84]。因之，所謂人的自由便不在於意志的選擇，而在於對必然（因果規律）的認識。康德的自由在黑格爾看來便是抽象的空洞的自由，它把各種內容都作為限制而要求逃離它們，這就完全失去了具體現實性。黑格爾認為，真正的自由恰恰需要克服和超越這種主觀意志的片面性、任意性和偶然性。康德強調人是目的，但在歷史觀中已有個人只是歷史的工具的思想萌芽，在《判斷力批判》中也講到有機體可用來與國家相比，從而國家的每個成員既是目的也是工具，「他的地位和功能由整體的理念決定」[85]，這就有個體成員為整體國家所決定的意思。到黑格爾，個體日益看成或作為總體理性的工具，並明確地企圖從人類歷史發展的總體上來把握、規定和理解人和人的倫理道德。康德否定了道德倫理的自然因果性，黑格爾回到了因果，但他不是回到法國唯物主義那種建築在個體感覺經驗基礎上的自然因果規律，而是回到建築在總體理性基礎上的歷史因果。

由康德到黑格爾，德國唯心主義對法國唯物主義的否定在倫理學領域內也完成了。這個否定並不是倒退，而是螺旋形地向前伸延。德國古典唯心主義用「總體」的「理性」代替法國唯物主義的個體感性，是哲學史和政治思想史上一個極其重要的發展。因為這個所謂「總體」的理性，在這裡實際上就是被唯心主義抽象化了的超生物種族的人的社會性。

[84] 黑格爾說，「世界歷史在一個比道德更高的水平上活動，……精神的絕對和最終目的的要求和完成，……高出於諸如個人的道德的職責、責任、義務，等等……。作為世界歷史的個人的偉大人物，其行為不但要從它們的內在的、未意識到的意義，而且應從世界歷史角度來衡量；用道德要求的觀點來反對世界歷史的行為和代表，無疑是不合適的。他們在道德之外。……世界歷史可以在原則上不顧道德，……它不但可以抑制住道德判斷，……而且可以不看和不提個人。」（《歷史哲學》緒論，商務印書館，1963年版，第107～108頁）

[85] 《判斷力批判》§65注，參看韋譯本，第24頁。

康德以主觀道德形式提出，黑格爾則以客觀歷史形式提出，它們都顯然不是以前舊唯物主義的自然生物性和個體性（這二者又是同一回事）。所以，與認識論的情況一樣，康德、黑格爾既是法國唯物主義的對立面，又是螺旋的向上一環。它們以唯心主義方式突出了人的社會性，即非個體、非自然的特點。因之，在倫理領域，便不是自然性質（如幸福）和自然規律（如機械力學）所能規定和解釋，而必須由一種社會歷史性的規律來規定和解釋，這在黑格爾，便是絕對精神的邏輯。

這樣，以契約論為標誌的英法資產階級的個人主義、自由主義、啟蒙主義，就轉變成以先驗理性為旗號的總體主義、集權主義、歷史主義。這是一個很重要的思想轉折，康德站在這一轉折的樞紐地位上。一方面，他承上啟下，另一方面兩種因素又交織在他的倫理、政治、歷史思想中。

對康德來說，這裡要再次回到康德哲學的中心——物自體問題上。如本書第七章所說明，康德在認識論中提出了一系列的「不可知」，表明對於認識亦即理論理性的最終來源、本質和基礎不可知。對於實踐理性，也如此。對於道德律令的來源、本質和基礎，亦即為什麼人是自由的？為什麼要有道德？康德認為也是不可知的。他一再說：

> ……在絕對命令或道德律令，了解它的可能性是一個非常深奧的困難。它是一個先驗綜合實踐命題。關於這類思辨命題的可能性便很難了解，可以設想，這種困難在實踐命題也不會更小。(86)
>
> ……這個假設（自由）自身何以可能，是任何人的理性始終不能認識的。(87)

(86) 《道德形而上學基礎》第2章，參看唐譯本，第34～35頁。

如果要去解釋何以純粹理性能成為實踐的，這等於要解釋自由如何可能，則理性超出了自己的界限了。[88]

純粹理性何以能是實踐的，要解釋這個就越出人類理性的能力，所有尋求解釋的勞苦都是白費的。[89]

雖然我們不了解道德命令在實踐上的無條件的必然性，但我們卻了解它的不可了解性。[90]

至於這個道德律令的意識，換言之，就是自由的意識，如何才是可能的，這是難以作進一步說明的。[91]

因為一條律令自身怎樣直接能成為意志的動機（全部道德的本質正在於此）的這個問題，乃是人類理性所不能解決的問題，正與自由意志怎樣能夠成立的問題是同樣的。[92]

如此等等。

與認識論相映對，康德哲學展現在倫理學方面，也還是沒有失去其不可知論的基本特徵。如康德自己所指出，道德律令不可認識是好事而不是壞事[93]。但歸結起來，這也就是說，認識與倫理兩大方面的共同根

[87] 同上書，第3章，第75頁。

[88] 同上書，第72頁。

[89] 同上書，第75頁。

[90] 同上書，結論，參看唐譯本，第77頁。

[91] 《實踐理性批判》，參看關譯本，第46頁。

[92] 同上書，第73～74頁。

[93] 「……人類雖然極其努力奮發，也只能有一個很為模糊可疑的來世展望，而且世界『主宰』，對於『他』的存在和『他』的威嚴，也是只允許我們加以猜測，不允許我們親眼觀察或加以證明。……既是這樣，那直接奉獻於法制的真正道德心向就有存在餘地」（《實踐理性批判》，參看關譯本，第149～150頁）。

源的「純粹理性」的本質不可知，亦即純粹理性究竟是什麼？它如何來的或如何可能的？為什麼有純粹理性？這是根本無法解答的。康德將理論理性和實踐理性作了一些比較後說：

「這一類比較正當地使人們期望，或許有一天能夠洞見到全部純粹理性官能的統一（理論的兼實踐的兩方面），並且，從一條原理推導出一切結論來」[94]。

有人說，「純粹理性被肯定為實踐的，但純粹理性與實踐理性之間的關係，仍然是不可思解的神祕」[95]。有人說，這個「一條原理」，康德指的就是「理性」或「純粹理性」[96]。我認為，康德不是這個意思。他說的恰恰是：理性或純粹理性是什麼，不可知。他期望或有一天（實際上認為不可能）能夠發現這個「理性」的祕密。

前幾章已陸續說明，康德哲學的實質是，先驗的理性高高在上，決定著人的認識和倫理。在認識論，先驗的自我作為意識的形式，在一切經驗認識中，成為自然的立法者，使知識成為可能。在倫理學，先驗的自我作為理性的存在，在一切倫理行為中構成絕對命令的依據，使道德成為可能。先驗自我本是一個不可知的X（物自體），其實際根源仍在於那個純粹理性。如前所述，它既不同於啟蒙主義的理性，也不同於舊的唯理派的理性，這種獨特的純粹理性是康德在哲學中首先樹立的旗幟；緊接著康德，黑格爾進一步用這種「理性」作為本體，吞併了一切，也推演出一切，它主宰、支配和認識著一切，它本身就是一切。但是這個「理性」的準確涵義究竟是什麼？卻始終籠罩在唯心主義的濃煙密霧之

[94] 《實踐理性批判》，參看關譯本，第93頁。

[95] 《康德和黑格爾論實踐理性》，見《黑格爾哲學史》(1972年)。

[96] 如貝克《「實踐理性批判」釋義》。

中。它實際包含有規律、真理、本質、行為、思維、統一的力量、事物的基礎……多方面的種種內容，它是主體，又是客體，夾雜著一大堆含混模糊的說明，時而突出這一種涵義，時而突出另一種，顯得十分神祕。遠如叔本華曾指出康德的「理性」一詞具有多種涵義；近如布蘭夏德在《理性與分析》一書中便列舉理性一詞的多種涵義，說它「意味著許許多多東西」[97]。

本書認為，由康德開始的德國古典哲學中的「理性」，主要和基本是抽象化了的人的社會本體。在他們那裡，「自我」、「理性」都有著超個體超自然的某種社會性的意義，從而所謂高於現象的本體，所謂優於科學、認識的倫理、宗教，這個不可知的「物自體」，實際是以唯心主義抽象方式，指向不是作為自然存在而是作為社會存在的人，是唯心主義化的作為社會存在的人的能動性。在認識論，康德強調了人的認識能動性，在倫理學，康德強調了人的行為能動性（自由選擇）。在黑格爾，這種能動性則是以唯心主義形式的主客體同一性的辯證法而出現，它代替中世紀的上帝，成了世界的主人。重要的是，黑格爾把康德那個不可知的「物自體」中所包含的感性根源、知性根源和道德律令，通通統一在以總體歷史發展為基礎的主客體辯證統一的絕對理念中，從這裡推演出一切物質和精神。於是，不可知的「物自體」和純粹理性，最後終於歸結為唯心主義神祕化了的人類歷史。從而，康德的「人是目的」的人，便不僅不是自然生物的個體，也不就是某種整體的社會，而是作為總體的人類歷史了。

因之，康德上述的歷史理念實際上成了毀壞其「物自體」並過渡到黑格爾去的重要橋梁。如果把康德在歷史理念中提出的問題與黑格爾的

[97] 布蘭夏德：《理性與分析》，第1頁。

觀點相聯繫和比較一下，這就更清楚了。康德說：「……個別的人，甚至整個民族，並未想到，當他們在各自依照不同及矛盾的途徑追求自己的目的時，在不知不覺中卻正在依照他們所不知道的自然意圖沿著一個方向前進。他們無意識地在促進一個目標。實現這個目標本來絲毫不會引起他們的興趣的，即使他們知道的話。」[98]

這是上文剛詳細講過的康德所謂「自然隱蔽的計畫」。黑格爾發揮了康德這一思想，把康德的主觀「理念」變為客觀理念（精神）。黑格爾說：「特殊的東西和特殊的東西相互鬥爭，……那個普遍的理念並不捲入，……它驅使熱情去為它工作，……熱情受了損失，遭到禍殃——這可以叫作理性的狡計。……特殊的事物比起普遍的事物來，大抵顯得微乎其微，沒有多大價值，每個個人是供犧牲的，被拋棄的……。」[99]

> 「……前述個人和民族的種種生活力的表現，一方面固然是追求和滿足它們自己的目的，同時卻又是一種更崇高、更廣大的目的的手段和工具，關於這一目的，各個人和各民族是一無所知的，他們是無意識地或不自覺地實現了它。……這就是理性統治了世界，也同樣統治了世界歷史。」「在歷史裡，人類行動除了產生旨在取得的結果——即他們認識並欲求的結果之外，通常又產生一種附加的結果。他們滿足了他們自己的利益，但並不是現在他們意識中也不包含在他們的企圖中的某種東西，卻潛伏在這行動中一起完成了。」[100]

[98] 《從世界公民角度看的普遍歷史理念》。

[99] 《歷史哲學》緒論，商務印書館，1963年版，第72頁。

[100] 同上書，第64、66頁。

在黑格爾，理性就是精神、自由，它是通過歷史進程，借助於人間的欲望、利害衝突來實現自己。

馬克思、恩格斯、列寧非常重視黑格爾這一思想。馬克思在《資本論》中講到人利用勞動手段（工具）加於勞動對象以實現自己的目的時，引了黑格爾一段話作為腳注。這段話是：

> 理性強有力，也有狡智。它的狡智，一般地說是間接的活動構成。當它按事物本身的性質互相發生作用、互相發生影響的時候，它不直接干預其中的過程，但是可以實現自己的目的。[101]

恩格斯說：「人們通過每一個人追求他自己的、自覺期望的目的而創造自己的歷史，……但是，……在歷史上活動的許多個別願望在大多數場合下所得到的完全不是預期的結果……」。「黑格爾所代表的歷史哲學，認為歷史人物的表面動機和真實動機都決不是歷史事變的最終原因，認為這些動機後面還有應當加以探究的別的動力；但是它不在歷史本身中尋找這種動力，反而從外面，從哲學的意識形態把這種動力輸入歷史。」[102]

[101] 《資本論》第1卷第5章，《馬克思恩格斯全集》第23卷，1972年版，第203頁。

[102] 《費爾巴哈與德國古典哲學的終結》，《馬克思恩格斯選集》第4卷，1972年版，第243～244頁。

（五）善被理解為人的實踐（列寧）

康德把歷史進程的關鍵由個體移到種族，由主觀的意識推到客觀的「天意」（「自然的隱祕計畫」）。黑格爾接著康德，對人類總體的偉大歷史感構成了他的辯證法的靈魂，但所有這些都完全沒有實在物質基礎，都是一種唯心主義的猜測和虛構。費爾巴哈批判黑格爾，卻缺乏這種總體歷史觀，他之所以失敗，如本書第五章所已指出，在於他想以個體感性的普遍性來替代從康德到黑格爾的總體理性的普遍性。他所理解的感性，仍然不出法國唯物主義的靜觀感知亦即個體動物性的範圍（這是沒有歷史的普遍性的），而不能把感性了解為實踐——主體的現實能動性，從而也就不能從歷史（主體實踐的活動總體）的角度來批判黑格爾。只有馬克思主義充分估價黑格爾的歷史觀，並從人類實踐這樣一個唯物主義根本觀點上來批判黑格爾頭腳倒立的絕對唯心主義，強調從人類社會本身中去探究歷史發展的動力、原因和規律，而不是從外面、從哲學的意識形態把動力強加給歷史。因之，無論是抽象的「理性」、先驗的「自我」，無論是「絕對理念」或「人的本質」，都必須還原為歷史具體的社會生活，這就是為馬克思所發現的生產力和生產關係、經濟基礎與上層建築的矛盾運動。有些動物也有高度組織化的群體活動和集體生活，甚至有職能的分工協作等等，但由於它們沒有製造工具以進行生產這一根本基礎，就不能構成社會，也就不可能有社會意識和符號語言。人類社會所以不同於霍布士、盧梭講的自然人，不同於任何動物個體或群體組織，關鍵也正在這裡。正在於人以使用和製造工具為根本基礎和紐帶，才把原動物群體組織（猿）改變為人的社會組織；並通過語言的產生，特別是通過社會意識，逐漸形成人類社會。自此以後，是社會的規律，而不是生物自然的規律，支配著人類集體的發展。「物質生活的生產方式制約著整個社會生活、政治生活和精神生活的過程。」[103]「人們首先必須吃、喝、住、穿，然後才能從事政治、科學、藝術、宗教等等；所以，直接的物質的生活資料的生產，因而一個民族或一個時代的一定的經濟發展階段，便構成為基礎。」[104] 廣大勞動人民是物質生產的主要擔負者，人民群眾是社會實踐的主體。「社會生活在本質上是實踐的。」[105] 正是勞動人民以生產鬥爭為基本的社會實踐，推動著歷史的前進和時代的發展。從馬克思主義的實踐論的根本觀點出發，才能揭開和批判德國古典哲學中高揚的「理性」之謎。所以，社會實踐不但是認識的根本基礎，而且也是倫理、道德、政治、歷史的根本基礎。前面幾章從這個基礎批判了康德的認識論，同樣也應從這個基礎批判康德的倫理學。

列寧在《哲學筆記》中摘錄了黑格爾這麼一段話：

「這種包含在概念中，和概念相等並且自身包括著對個別外部現實性的要求的規定性，就是善。善是帶著絕對東西的品格出現的，因為善是概念自己內部的整體性，是客觀的東西。這種客觀的東西同時具有自

[103] 〈「政治經濟學批判」序言〉，《馬克思恩格斯選集》第2卷，1972年版，第82頁。

[104] 〈在馬克思墓前的講話〉，《馬克思恩格斯選集》第3卷，1972年版，第574頁。

[105] 〈關於費爾巴哈的提綱〉，《馬克思恩格斯選集》第1卷，1972年版，第18頁。

由統一和主觀性的形式。」[106]

列寧就此指出：

「實質：『善』是『對外部現實性的要求』，這就是說，『善』被理解為人的實踐＝要求(1)和外部現實性(2)。」[107]

列寧還摘錄了黑格爾的話：

> 善的主觀性和有限性就在於它以客觀世界為前提，作為他物的客觀世界走著自己的道路，所以從作為善的前提的客觀世界這方面來說，善的實現本身就會遭到阻礙，甚至會碰到無法解決的問題……。[108]

列寧指出：「『客觀世界』『走著自己的道路』，人的實踐面對著這個客觀世界，因而在『實現』目的時就會遇到『困難』，甚至會碰到『無法解決的問題』……。」[109]

可見，「善」不是來自那個超人間的康德的「純粹理性」，也不是來自黑格爾的「絕對理念」，而是來自實踐。「善」是作為歷史總體的人類社會實踐的根本性質。這也就是說，社會實踐（人類存在與發展的基礎）本身就是「本體的善」，其他一切的善都由它派生而來。從而，在階級社會中，維護社會生存、推動歷史發展的社會實踐（生產鬥爭、階級鬥爭等）才是道德的根源。所以，道德及其法則、要求、命令等等都是歷史具體的，它們必須放在一定歷史發展的基礎上。符合社會發展、推動歷

[106] 《哲學筆記》，1974年版，第229～230頁。

[107] 同上書，第229頁。

[108] 《哲學筆記》，1974年版，第230頁。

[109] 同上書，第231頁。

史前進的階級、集團、個人的行為便是善的，它的反面便是惡。被抽象地從道德上視為惡的貪欲、權勢等許多特性，也必須放在一定客觀歷史階段和特定階級利益和社會條件下來具體分析、衡量和估價。如前所述，康德、黑格爾也都看出所謂「惡」常常是推動歷史的力量，從抽象道德上視為惡的東西，在具體歷史上並不一定就如此。當新興地主階級或資產階級及其代表人物追求權勢利欲以取得統治時，也常常被人從抽象道德上視為惡，其實卻推動著歷史的進步。人類歷史也正是在這種我稱之為「歷史的二律背反」中前進和發展的(110)。反動統治階級常常把一切進步力量對舊制度的叛逆都說成惡。並把抽象的改善「人性」等等道德說教說成是推進歷史的動力。過去許許多多的倫理道德理論則經常把性善性惡作為超歷史的先驗本質，包含康德、黑格爾講的矛盾、對抗以及惡是社會的推動力，也都還是抽象的思辨，其實，人類歷史的鬥爭和發展首先必須建築在物質生產活動的矛盾發展的基礎之上。

馬克思發現了不以人們主觀意志為轉移的人類社會發展的客觀歷史，非常重視每個歷史事件和每個革命行為的客觀依據，冷靜地科學地評價和估量歷史和現實的發展因果關係。與此同時，馬克思主義又十分重視和高度估價人民群眾的革命能動性和首倡精神。歷史因果與自然因果一個重大不同，就在於人的活動是有意識有目的的。因此，一方面，歷史進程有如自然因果一樣，具有不依人們主觀意志為轉移的客觀性質；另一方面，人又是經過思考去進行某種有目的的活動。從總體方面看，先進人們的某些活動儘管可能遇到困難，以致一時失敗或失利，但在長遠方面總是符合客觀趨勢，因而總是主動地創造著歷史。它在道德上總是好的，具有善的肯定價值的。

(110) 參看拙文〈孔子再評價〉，《中國社會科學》1980年第2期。

馬克思說：

> 如果鬥爭只是在有極順利的成功機會的條件下才著手進行，那麼創造世界歷史未免太容易了。(111)

列寧說：「他（指馬克思）懂得，誰想事先絕對確切地估計勝利的機會，誰就是有意欺騙，或是迂腐到不可救藥。他最重視的是工人階級奮不顧身積極創造世界歷史的行動。」(112)「歷史上的偉大戰爭和革命的偉大任務都是這樣來解決的：先進階級不止一次兩次地進行衝擊，取得失敗經驗以後才得到了勝利。」(113) 所以，不屈從於一時一地的成敗得失(局部因果規律)，而以社會發展的總趨向為基礎，高揚「敢於鬥爭，敢於勝利」的人民群眾創造歷史的主動精神，這才是建立在歷史唯物主義基礎上的馬克思主義的倫理學原則。

關於整體與個體的關係，也如此。儘管如何強調個體的人是目的，強調個性自由與發展，等等，但人總受客觀歷史所支配，想完全超越歷史、掙脫時代，正如想抓著頭髮離開地球一樣，是辦不到的事情。在自由王國——共產主義到達之前，作為族類的人（整體）的發展與個體的發展，有時常處在尖銳對抗之中，並經常要犧牲後者而向前邁進。自覺認識這一點而採取積極的促進歷史發展的態度和行動，便是道德上的善。馬克思指出：李嘉圖「要求為生產而生產，這是正確的。如果像李嘉圖的感傷主義的反對者們那樣，斷言生產不是目的本身，那就是忘記了，

(111) 〈馬克思致庫格曼〉1871年4月17日，《馬克思恩格斯選集》第4卷，1972年版，第393頁。

(112) 〈馬克思致庫格曼書信集俄譯本序言〉，《列寧全集》第12卷，1959年版，第104頁。

(113) 〈走上軌道〉，《列寧全集》第15卷，1959年版，第324頁。

為生產而生產不過是意味著發展人類的生產力，也就是發展作為目的本身的人類本性的豐富性。如果像西斯蒙第那樣，把個人的福利與這一目的對立起來，那就是主張為了保證個人福利，種族的發展應該抑制。因而，舉例來說，就不得進行任何戰爭，因為在戰爭中個人無論如何總有死亡的。……這種議論，就是不理解作為族類的人的才能的發展，雖然最初要犧牲大量人類個體甚或一定人類階級為代價，但最終會克服這種對抗，而與每個個體的發展相一致起來；因此，個性的比較高級的發展，只有經過犧牲個人和歷史過程來取得。……在人類也像在動植物界一樣，種族的利益總是要靠犧牲個體的利益來為自己開闢道路的」[114]。

為了人類自由王國——共產主義的必然實現，個體的自覺犧牲正是為了萬代子孫。把這種歷史過程當作一成不變的庸俗決定論，從而把人看作工具，是盲目屈從；看不到這個歷史客觀過程而侈談「人是目的」、個性自由，是空幻夢想。只有認識到人類社會發展的總體進程，而主動選擇和決定自己的行動，以符合、推動、促進這一進程，才是歷史具體的真正的個性自由。康德的「意志自律」、「人是目的」只有放在這種唯物主義歷史觀的基礎上才能得到分析和批判，而成為具有真正深刻歷史內容的主觀倫理力量。

[114] 《剩餘價值理論》，《馬克思恩格斯全集》第26卷II，1973年版，第124～125頁。

（六）社會理論領域中的康德主義傾向

在本書第四章簡略講到一九三〇年代自然科學因果性理論中的康德主義傾向，這裡要講一下今天社會理論領域中的康德主義傾向。但領域是如此廣闊，問題是如此複雜，人物和派別是如此繁多，這裡也就只能有如電影鏡頭一閃而過地作極為簡略的評述了。由於沒有主觀能動性與客觀歷史性的辯證統一，各派哲學經常是以不同方式形而上學地誇張一個方面、抹殺一個方面。黑格爾強調的主要是道德倫理的客觀性質和對於必然規律的認識與順從。康德強調的是人不是「精神機器」，強調人作出行動的主觀責任和自由選擇。黑格爾強調的是效果、邏輯和因果，康德強調的是動機、意志和自由。如果說，康德的倫理學可流於盲目的主觀主義，那末黑格爾的辯證法則可流於庸俗的客觀主義（儘管黑格爾本人並非宿命論者，他也強調個人的活動和意志）。

事實發展也確乎如此。十九世紀後半葉西歐歷史學派把倫理道德當作民俗學、社會學來考察研究，實際上是發展了黑格爾的客觀主義（儘管不一定直接從黑格爾而來。時常還表現出反黑格爾的實證傾向）。他們著重道德倫理的起源和服務於一定社會歷史環境的因果聯繫，將黑格爾帶有神祕色彩的歷史觀，改變為一般的實證科學的相對主義，一直到當前日益盛行的倫理相對主義，仍可說是這一方向的代表。倫理相對主義與文化類型學說，如本尼笛克特 (Ruth Benedict) 等人便認為世上並無普遍必然的倫理規範或道德律令，各不同民族、不同文化便有不同的道德標準，其間沒有什麼優劣高下之分，都是相對地合理的。原始部落視借人頭以祭祀是理所當然的道德，中世紀有禁欲主義的道德，現代人有今天的行為規範，各服務於其社會生活和社會秩序，都是歷史具體地符合理性的。儘管這種學說在政治上可能有維衛弱小民族的文化傳統、道德價值抵制殖民文化的進步性質（當然也有抵制改革和進步的反動作用）；但在理論上，卻是相當膚淺的，它實質上把倫理學歸結為民俗學，完全甩開了道德行為的共同的主觀特徵，漠視了作為人類歷史成果的道德規範的繼承性和普遍性的形式意義，失去了重視行為主體的自由選擇和能動力量的這一基本實質，這本來恰恰是哲學倫理學所應從理論上加以論證的。

另一方面，與黑格爾的客觀主義相反，叔本華、尼采則發展了康德的主觀主義，以盲動的「求生意志」、「酒神精神」作為歷史的決定力量。尼采說，他的精神便是叔本華的意志，也就是康德的信仰。他們把康德的實踐理性、絕對命令完全變換成反理性的東西。今天的存在主義反對所謂唯物主義把人當作物看待，強調自由選擇、自己負責，反對決定論，強調「人是自由的」，也可以說是在複述著康德，這倒確乎突出了人作為主體的倫理本質，但又完全失去了歷史具體的客觀規定性，在實際生活中便流為空談（如海德格爾）或蠻幹（如薩特）。而在與存在主義傾向不同的邏輯實證論的「元倫理學」(不研究具體的倫理道德原則，只研究倫理語言）中，則表現出康德的形式主義特徵。下面想簡要回顧一下康德以後倫理學的一些主要發展。

為康德所反對的經驗論幸福主義，自回到邊沁、穆勒手裡之後，以通俗淺薄的所謂「最大多數的最大幸福」、「功利主義」為口號，成為長久統治資產階級社會和倫理學領域（特別是英、美）的主要思想和學派。穆勒認為，幸福是道德的標準，他說：「承認功用為道德基礎的信條。換言之，最大幸福主義，主張行為的『是』與它增進幸福的傾向成比例，行為的『非』與它產生不幸福的傾向為比例。幸福是指快樂與免除痛苦。」[115] 但穆勒最終是以人心中的所謂社會感情（「良心」、「美德」）當作道德行為的推動力，用心理學原則作為道德理論的基礎，這就把法國唯物主義的客觀利益轉換為主觀感受。到後來的所謂「關係」學派，這一主觀唯心主義的轉換更為明朗化了。培里說：「事物是由於它們被意願著而產生價值的。而它們愈被意願著，就愈具有價值。」[116]「只要是發現有價值時，它們便是跟某種欲念或興趣關聯著的。」[117]

就是說，道德價值和善並不屬於事物自身，而只在它們與人們的欲望、需要、意願、快樂、幸福的「關係」中，亦即在與人的主觀願望的關聯中，這樣就把社會領域的道德善惡歸結為心理問題。這正是與本世紀開始的在社會學、文化人類學諸領域內心理學派代替歷史學派這一總的思潮相一致的。

西方現代倫理學卻以反對這種心理主義開始。摩爾(G. E. Moore)首先提出，善是一種客觀性質。它「不可定義」，即不能由別的東西來規定它，好像要認識「黃」這個性質沒法用什麼來定義而只能指示它一樣，「善」也必須由直覺來認識。但它又不是一種自然性質，它不能由數學分析或經驗歸納而得出，只能是先天綜合的。但用什麼來直觀它呢？歸

[115] 約翰・穆勒：《功用主義》，商務印書館，1957年版，第7頁。

[116] 培里（R. B. Perry）：《現代哲學傾向》，商務印書館，1962年版，第324頁。

[117] 同上書，第325頁。

結起來，又仍然可以是回到為康德所反對的莎夫茨伯利等人的內在道德感官說去，儘管他們並未如此。其後，經過艾耶爾等人，再加上芮卻茲(I. A. Richards) 等人的影響，到四〇年代以來，以斯蒂文生 (C. L. Stevenson)和海爾 (K. N. Hare)為代表，這派倫理學成為當時頗為得勢如今已經衰退的思潮。它的特點是對倫理語言進行繁複細膩的分析，得出的結論是倫理語言不同於科學語言。語言有各種不同用法和用途，一種用於陳述事實，這是科學和日常敘述說明等等；一種用於指令行動，這就是道德倫理語言。後者不描述而有意義，非邏輯而包含推論，不陳說而產生影響……，它表現出一種情感、態度、指令、要求、勸說、評價、激勵等等。儘管他們之中又有情感主義（斯蒂文生)、直覺主義（羅斯〔Ross〕、普里恰特)、指令主義（海爾）種種分別；儘管有的說成是客觀性質，有的說成是主觀態度等等，但總傾向是一致的，即強調區分認識（科學）與行為（倫理)。因此，可以說實質上乃是對休謨、康德的回覆。因為它不歸結於心理，所以說是走向康德。像海爾不管任何內容只講倫理語言的無矛盾性、普遍性以之作為道德標準，更是以貌似精確實更膚淺的樣式，表現了康德倫理學的某些特徵。它們也可看作是康德形式主義倫理學的現代新形態。如果說，邊沁、穆勒是法國幸福主義的再現，那末，從摩爾開始的現代資產階級倫理學，則是康德主義的復活。哲學史上的行程又一次以庸俗化的喜劇形態呈現出來。

維特根斯坦則比他們要深刻得多。他區分了日常生活的經驗的道德層次（相對價值）和「超自然的」先驗的絕對價值，只有後者才是倫理學的對象，而它是難以理解、不可言說、不受任何社會歷史制約的神祕。因為世界、生活的存在本身就是神祕的。這暴露出來了一個問題，就是倫理道德具有歷史繼承性從而似乎具有某種人類普遍性，所以顯出一種超經驗的神祕性質。倫理相對主義沒有看到相對之中有絕對，人類儘管地域不同、民族不同、文化不同，都畢竟循著客觀的歷史進程日益走到一起，彼此接近。世界在日益縮小，文化在日益滲透溶合，道德倫理也如是。現實生活方式共同遵循著物質文明的進展的客觀歷史而彼此接近逐漸溶合，它積累保存了整個人類文明財富的遺產。難道在倫理道德領域內，就沒有積累保存下來的人類共同的規範、準則嗎？的確，如上章所指出，倫理規範、道德標準具有具體的時代階級性，它隨社會的變化而變化，沒有什麼抽象的普遍道德。但這主要是指內容而言，因之，具體內容雖然大有不同，卻又可以具有某種共同或近似的普遍性的形式。這形式恐怕不僅是語言的外在相似而已。康德的「不說謊」、「勿自殺」、「禁怠惰」和「助別人」，歷史具體的社會階級內容將很不相同，但作為形式的道德普遍性卻仍然為各個社會接受傳遞下來。那麼這個所謂普遍性形式又究竟是什麼呢？我以為，這又涉及了文化一心理結構。儘管康德本人和康德的研究者們一直擯斥與心理的任何聯繫，強調道德形式的非心理的先驗的形而上性質。（參看本書第八章）但他們所指的心理是動機、快樂、願欲、情感等內容，而本書所注意的卻是，道德規範作為意志結構和理性凝聚的心理形式以及它們作為這種文化心理形式的繼承性質。也許，這就是為維特根斯坦所神祕化了的具有所謂永恆性和「絕對價值」的個體經驗。也許，這就是康德講的絕對命令作為形式普遍性的一個重要方面，亦即主體性主觀方面的意志建構和理性凝聚。

從上世紀起，康德主義也表現在工人運動的社會理論中，與當時的新康德主義哲學一唱一和。自十九世紀七〇年代利伯曼(Otto Liebmann)喊出「回到康德去」，新康德主義曾成為一股思潮。由於自然科學的發展，更多是回到康德的認識論，包括黑爾姆霍茲(Helmholtz)、柯亨等人。但就在同時，柯亨便認為，康德是德國社會主義的真正創始人，康德的絕對命令只能在社會主義社會實現，剝削消除了，人就不再是工具，而是目的。第二國際的領袖們也認為，社會民主黨是實現康德倫理學的政黨，社會主義被說成是倫理理想，剝削只當作倫理的惡來憎恨。以阿德勒 (M. Adler) 為代表的奧地利學派的馬克思主義，則宣傳康德哲學是現代社會主義的來源，認為社會主義「首先是倫理的必要性」，它的經濟規劃不過是道德律令的表現，從而要求從康德式的信仰中去吸取革命的力量。第二國際的主要代表之一伯恩斯坦說：「必須有一個康德……，對傳統的教義進行批判。……要指出，這一教義表面上的唯物主義是……引入歧途的意識形態，指出輕視理想和把物質因素抬高為無所不能的發展力量是自我欺騙」[118]，從而否定馬克思所發現的社會發展理論，認為「倫理因素有比從前更為廣闊的獨立活動的餘地」[119]，社會主義、共產主義不是經濟發展的不可阻擋的客觀趨向，而只是作為一種倫理道德的理想。「我實際上並不認為社會主義的勝利要取決於它的『內在的經濟必然性』，……我認為給社會主義提供純粹唯物主義的論證，既不可能，也不必要。」[120] 認為倫理道德可以離開社會經濟基礎，後者對前者並無決定性的作用影響，如此等等。這明顯是企圖以主觀主義、倫理主義來代替馬克思主義。它以否定歷史唯物論為主旨，否認社會發展的客觀歷史。應該注意到，就在今天，這種倫理社會主義仍以各種變相形式在流行著，在國內和國外，它們多半以「左」的形式，以喧嘩而空洞的道德義憤來代替科學理論，以主觀的要求和情緒來代替客觀的需要和可能。

---

[118] 伯恩斯坦：《社會主義的前提和社會民主黨人的任務》末章。

[119] 同上書，第1章。

[120] 同上。

考茨基、普列漢諾夫曾對伯恩斯坦進行過批判，不過，卻與伯恩斯坦相反相成地發展了一種宿命論的客觀主義。他們認為，無產階級的倫理理想、道德感情，「與科學的社會主義無關」。考茨基說：「科學社會主義只是科學地研究社會機體的運動與進化，……道德理想的影響有時也突入馬克思的科學研究中，但是他儘可能地避免它。因為在科學中，當把它自身給科學作為目標時，道德理想便成為錯誤的一種來源。科學只涉及必然性的認識。」[121] 這種強調所謂「科學」的說法，便經常走到客觀主義和實證主義中去。考茨基自稱「哲學非其所長」，在哲學上，他恰恰是用達爾文主義來代替和修正馬克思主義。例如，在倫理學，他把人的道德歸結為一種動物也有的「社會欲」。考茨基說：「在群居動物那裡，和在人那裡一樣，已有一種感情、意志和行動，它們與公認人類所具有的道德感情、意志和行動完全相同。」[122] 考茨基在「批判」康德時說，「那種驅使母雞和雄狒狒冒生命危險保護自己的小雞、小狒狒的義務感，又是從哪裡來的呢？那種驅使牡馬在野地裡為了保護它所率領的畜群而與狼作鬥爭的義務感，又是從哪裡來的呢？」[123] 考茨基認為都來自所謂「社會欲」。這樣就完全抹殺了人的道德是有意識的「自律」這一根本特徵，變成一種本能性的動物也有的「良知」。這種所謂「科學」的「社會欲」理論，在批判康德的主觀主義口號下，實際是退到康德以前去了。不奇怪，他們強調的所謂科學社會主義之所以成為捨棄了辯證法的庸俗的客觀主義、實證主義，根本上仍然是把主體與客體、目的與因果、道德與科學、實踐與認識割裂對立起來的原故。考茨基與伯恩斯坦很快站在一

[121] 考茨基：《倫理學》第5章（五）。

[122] 考茨基：《歷史唯物主義》第2卷第3篇第3章。

[123] 同上書，第1卷第3篇第9章。

起，不是偶然的[124]。「倫理社會主義」與庸俗進化論攜手同行，彼此補充，一個是現象界（庸俗進化論），一個是本體（倫理社會主義），倒恰好有趣地構成了康德主義的全貌，成為第二國際哲學理論的一個標準特徵。

圍繞著康德的倫理學，就有著這種與現實鬥爭相關的錯綜複雜的聯繫。看來是如此抽象而遙遠的康德哲學，在今天也仍可以說，它以變化了的形式擾動著人們。因為迄今為止的許多時髦理論，就其所提的問題和理論本身來說，始終並未在實質上超出康德哲學的範圍。所以，本書認為，康德主義倫理學的陰影，如同在自然科學中康德認識論的陰影一樣，仍然經常時隱時顯地在表現出來。前面講到有各種變相的「倫理社會主義」，今天在歐美頗為流行的「西方馬克思主義」，也是一種例證。它的主要特徵之一，也正是再一次用主觀主義、意志主義、倫理主義、個人主義，對馬克思主義基本原理進行解說。它的突出特點之一是分割和對立馬克思和恩格斯，例如說馬克思是結構主義的多元論、主體實踐的辯證法，恩格斯則是經濟決定的一元論、客觀進化的實證論，等等。同時也分割和對立馬克思的早年與晚年，例如說馬克思晚年是實證論者，早年才是辯證法者、人道主義者，等等。把後者描述為庸俗的經濟決定論、歷史實證論、簡單的一元論、宿命論、機械論等等。[125]他們打著馬克思和黑格爾的旗號，特別集中反對恩格斯。主要是兩條：一條是反自然辯證法，認為自然界並沒有客觀規律；一條是反歷史決定論，認為歷史是人創造的，如果把歷史說成生產方式的內在矛盾，就是取消了人的

[124] 哥德曼（L. Goldmann）在《馬克思與馬克思主義者》中也指出，考茨基反駁新康德主義並無足夠信念，實際是傾向於對方觀點的。

[125] 美國社會學家哥德勒（Alvin W. Gouldner）則乾脆提出「兩個馬克思主義」的觀點，其一是決定論的「科學的馬克思主義」，另一是實踐哲學的「批判的馬克思主義」。恩格斯和馬克思分別是兩者的頭。

革命能動性；強調歷史的因果必然就是抹殺了人的自由；一講理論，就是脫離了「實踐」，是「見物不見人」；是機械論、宿命論、實證論，而不是辯證法。他們的「辯證法」是所謂人的批判的實踐活動，只要一離開這種活動便沒有「辯證法」。而對這種活動又並沒有予以嚴格客觀分析和科學的規定。實際上，這種所謂辯證法，只是一種主觀主義的東西。他們強調人的自由意志，特別憎惡不以人的主觀意志為轉移的客觀歷史，極力否認有無可避免的歷史進程。他們提出種種激烈而抽象的「階級意識」、「希望原則」、「克服異化」等「原理」、「理論」、「哲學」來高談「革命」和「實踐」。以著名的馬爾庫斯為例，他在馬克思主義者的稱號下根本否定了歷史唯物主義的基本原理，把自然人和動物性的欲求，例如性欲，作為受文明壓抑和被異化的主要因素，從而，實際上在自然與社會、個體與總體的關係上，在純粹理論的意義上，倒是回到康德以前去了。他對現代資本主義社會科技發達、生活改善、異化和反異化都加強、個人存在的意義空前突出和增大……種種事實和問題提出了剖析和批判，與其他「批判理論」論者一樣，他對現代資本社會的憤怒抗議，是相當尖銳、敏銳和深刻的，但他也一樣沒有作出真正歷史唯物主義的而是作了一種主觀主義的解答。所以他的理論儘管名噪一時，在急進學生中影響頗大，卻並不可能持久。它只能起鼓動學生造反的作用而已。

法蘭克福學派以及其他某些人聲稱自己是馬克思主義的「實踐學派」、「實踐論者」，聲稱「實踐」即批判活動，即辯證法，共同特點是缺乏歷史的客觀規定性。他們高談的所謂主體、實踐、批判，實際是講的個人、文化、心理。他們強調應注意所謂人的精神改造而不是物質生活的進步，實際不是歷史具體地去研究人的本質和發展，異化的產生和克服，而是離開這種具體歷史的分析，抽象地主觀地去規定和要求人的個體自由和解放。他們強調進行所謂人的改造，實際是用文化的批判替代物質的實踐，用意識形態的所謂「覺悟」替代現實的改造，用「日常生活」替代歷史的客觀發展，從而，目標便變成一種超越具體歷史環境和條件（亦即客觀因果）的康德式的絕對命令。他們拒絕歷史的必然因果，斥之為宿命論，實際與當年新康德主義西南學派認為自然科學有因果必然的一般規律，歷史則只是不可重複的個性活動，本質相差似乎並無多少。他們宣稱要回到黑格爾，實際倒可說是回到了康德，回到了康德倫理學的主觀主義和意志主義[126]。如果說，當年第二國際伯恩斯坦躲進康德倫理學中，認為運動就是一切，目的是沒有的，那麼今天從早年的盧卡契[127]到六〇年代的馬爾庫斯，則以似乎相反的「左」的形式，同

[126] 可參看盧卡契、科爾茨（Korsch）、葛蘭西（Gramci）、布洛赫（Bloch）、佛洛姆（Fromm）、馬爾庫斯、阿德洛（Adorno）、荷克海默（Horkheimer）等人著作。他們之間及與其他人之間又有許多歧異，他們大都打著黑格爾的旗號，其中有可尊敬的偉大革命家（如葛蘭西），但作為思潮，有共同處。阿爾都塞的結構主義的馬克思主義，表面上表現的是與法蘭克福學派相反的反人道主義和客觀主義的形態。他反對人道主義的馬克思主義，認為這不過是在經濟技術主義統治下的豐裕社會中的倫理唯心主義，從而強調歷史無主體，非人道，是由社會結構體所決定的。但他把理論也看作是實踐，這就與法蘭克福學派在實質上沒有多少區別，而他的「兩種客體」理論，則完全近似於康德了。柯連蒂（Colletti）的「新實證主義馬克思主義」也採取了客觀主義的形態。但他對辯證法的非難，公開提出「真正的矛盾」以回到康德，強調社會關係，卻忽視創造工具、生產力、基礎，等等。他們與法蘭克福學派確乎不同，但在他們理論中，卻可以更明顯地看到康德的影子。

[127] 盧卡契自己承認其主觀主義錯誤（《歷史與階級意識》1967年序），但他的理論仍為許多人奉為經典。不過，在盧卡契的大量著作中也有好些重要和正確的論斷不容忽視。在我看來，撰寫了《社會存在本體論》的晚年盧卡契更值得重視和研究。人們責怪他又回到了「正統」馬克思—恩格斯—列寧的路線，

樣回到了伯恩斯坦幾十年前的反歷史性、強調非經濟因素的基本立場，也同樣與從薩特[128]到波普[129]的倫理主義、人道主義合流，來共同反對歷史唯物主義。這股主觀主義、意志主義、反歷史主義思潮之所以在六、七〇年代風靡一時，是由於為當時學生運動和無政府主義特點所激發，它是對資本統治和異化現象的一種病態反抗，是對正在飛速發展的科技的一種小資產階級的浪漫抗議。這些理論的倡導者忽視了人的實踐活動首先必需是結成一定社會關係的生產活動，只有在這個實踐基礎上才能生發出一切來。因此首先得科學地研究這個基礎的客觀因果，而這也正是為這些「實踐學派」所最不喜歡的歷史唯物論。這是國外的情況。我國自五〇年代後期以來到文化大革命中發展為最高峰的「左」傾思潮，

但我認為，他在這裡強調了製造工具、勞動，並提出了使用價值、目的性等重要問題，已完全不同於早期僅僅強調主觀性，這倒表示了這位卓越的思想家經歷漫長歷史時期，積累大量親身體會而得出的最後的思想結論。有意思的是，在好些方面，例如強調製造工具和生產勞動，以及人類學本體論與社會存在本體論的提法等等，本書與晚年盧卡契倒有不謀而合不約而同的地方（因為我當時從不知道盧卡契的這些著作），當然也仍有許多不同之處，例如本書提出了主體性的文化心理結構和歷史積澱諸問題，等等。讀者可以比較二者的異同。

[128] 薩特《辯證理性批判》：「如果我們不願意把辯證法又變成一種神聖的形而上學的宿命論，那麼它就應該來自各個個人，而不是來自我所不知道的什麼超人的集合體」。辯證法在這裡等於「個人實踐的本質直觀」、「個人創造生活把自己對象化」等等，「具體就是歷史，行動就是辯證法」，要以之代替「僵化」了的、「沒有個人的」、「非人的」馬克思主義（「把生活一切具體規定性作為偶然性而捨棄，只剩下抽象的普遍性的殘骸」，因之「人的存在」的豐富性、具體性消失了）。

[129] 《開放社會及其敵人》。它抨擊馬克思主義，反對歷史決定論，強調沒有「注定了的」、人必須服從之的歷史規律，馬克思對資本主義的批判只是道德的批判，等等。

從「人有多大膽，地有多大產」（1958年大躍進）到「靈魂深處爆發革命」種種觀點、理論和行動，與這股現代西方馬克思主義思潮倒有許多相似之處。所以儘管客觀社會條件大不相同，西方有些人仍然將晚年毛澤東的學說與葛蘭西相比較[130]，薩特、阿爾都塞以及其他一些「西方馬克思主義」者讚揚文化大革命，等等，也都不是偶然的。在理論的總體傾向上，它們是接近的，也共同地表現出某種急躁的小資產階級的倫理空想。如何更深入地探究這種康德主義或準康德主義，仍是一個重要問題。

「西方馬克思主義」強調總體性，強調對現代資本社會的全面批判和否定，有的認為日常生活的批判是變革社會的關鍵，有的強調思想必須先行，文化革命、理論批判更為重要，他們大都喜用 praxis（實踐）一詞，以包羅人們的一切活動，從而就與歷史唯物主義對立起來。正是這個原故，本書才再三重複指出，要以使用和製造工具來界定實踐的基本涵義，以統一實踐哲學和歷史唯物主義。

我認為，恩格斯的巨大貢獻也正在這裡。的確，馬克思是由哲學走向歷史唯物主義，恩格斯是由經濟學走向同一目標[131]，他們的氣質、性格、學術基礎和興趣、才能都有差異，因之他們在理論傾向上也有差異是並不奇怪的。但誇大他們二人的理論差異是不符合歷史事實的。因為他們在創造、發展和堅持歷史唯物論這一馬克思主義哲學的核心上是完全一致的。恰恰是恩格斯，在這方面作了許多為馬克思所贊同的理論工作。恩格斯後來把實踐界定為「實驗與工業」，寫作〈勞動在從猿到人轉變過程中的作用〉等等，都是如此。所以，我認為，是 practice 而不是

[130] 應該指出，毛澤東反官僚機器等一貫思想則仍是非常光輝的。

[131] 參看科爾紐《馬克思恩格斯傳》第1卷。

Praxis，才是馬克思主義哲學的基本範疇，而實踐哲學與歷史唯物主義的統一，也正是建立在這個 practice 之上。（參看本書第五章）「西方馬克思主義」的某些人物分裂馬克思與恩格斯，分裂馬克思的早年與後期，其實質也就是分裂實踐哲學和歷史唯物主義。在中國，也有慘痛教訓，「歷史唯物主義就是實踐論，這兩者不能分割。把兩者分割會造成什麼後果呢？要麼造成拋棄了歷史唯物主義的實踐論，經常是主觀意志論，不承認客觀規律。我們對實踐可以說講得不少了，1958年大幹的確是偉大實踐，但違反歷史規律，結果起了相反的作用。所以一個哲學命題看起來好像離現實很遠，而實際上有很重要的現實意義」[132]，文化大革命是另一個沈重例子。而西方六〇年代的學生運動轟動一時的實踐，同樣也沒有多少結果。

伯恩斯坦的康德主義、考茨基的達爾文主義、普列漢諾夫的法國唯物主義[133]，以及今天的「西方馬克思主義」……，他們雖各有頗不相同的方式，但可說在一定意義和程度上，同樣地把社會的客觀歷史，與人作為有目的有意識地改變世界的主體實踐的自由活動，割裂對立起來。他們沒去深入具體地探究歷史不依人們主觀意志的客觀進程和億萬群眾以及個人在自由地創造著歷史這兩者之間的複雜的辯證關係。

如前所說，事實是，從客觀進程看，人的一切行動都從屬於因果範疇，都有其邏輯必然的聯繫。但從主體方面說，卻只有充分發揮人的道德和倫理，才可能更有效地和更自覺地認識和改造世界。人的任何行為

[132] 參看拙文〈美感二重性與形象思維〉，《美學與藝術問題講演集》，上海人民出版社，1983年版，第57頁。

[133] 如果說考茨基的「馬克思主義」的根底是達爾文主義，則普列漢諾夫的根底可說是十八世紀法國唯物主義。

和行為時所作出的選擇，都可以用因果關係作出事先的預測和事後的說明。但同樣重要的是在人作出行為和行為選擇時，是有意識有目的的，是有服從或對抗、有決定或選擇某種因果的自由，是道德自律的。從而人是自己在主動創造著歷史，並對自己的選擇和決定負有道德的責任。康德正是提出了這個主客體的矛盾關係,構成了哲學倫理學的中心課題。從馬克思主義哲學看來，社會不僅是客體，同時也是主體；社會又不僅是主體，同時也是客體。所以既不能客觀主義，也不能主觀主義；不能把歷史唯物主義與重視主體能動活動的實踐觀點割裂和對立起來。歷史又有其偶然性的方面（沒有偶然的必然是不可解釋的神祕），而就總體說，卻又有客觀歷史可尋。離開這種歷史進程來空談人的實踐，實際會把這種所謂實踐建立在非歷史的心理需求上，不是經濟（生產方式）而是心理（主觀需求）成了歷史的動力。歷史唯物主義揭示出社會發展的客觀歷史，主觀能動性不是減少其意義，恰恰相反，其意義是更為突出了。因為在這基礎上，自由與必然、主觀能動性與客觀歷史性才可以得到真正現實的統一，自由不再是康德那種超因果的道德意志，也不再是黑格爾那種對因果必然的觀念，而是認識必然，去自覺行動，改造世界。這種行動是符合總的歷史趨向（即因果必然規律）、具有偉大歷史責任感的行動，這才是真正的倫理學的自由。馬克思主義強調的是主觀能動性與客觀歷史性、革命性與科學性、衝天幹勁與求實精神的有機統一。馬克思高度評價了巴黎公社的革命鬥爭,列寧高度評價了1905年的俄國革命,但同時又強調革命不是由人們主觀意志而是由客觀歷史所決定。列寧說：「馬克思主義和其他一切社會主義理論不同，它既能從非常科學的冷靜態度去分析客觀形勢和進化的客觀進程，同時又能非常堅決地承認群眾……的革命創造力、革命首倡精神的意義，並且把這兩方面卓越地結合起來」[134]；「唯物主義者運用自己的客觀主義比客觀主義者更徹底更深刻更全面，他不僅指出過程的必然性，並且闡明正是什麼樣的社會經濟形態提供這一過程的內容，正是什麼樣的階級決定這種必然性，……不會滿足於肯定不可克服的歷史趨勢，而會指出……不自己起來鬥爭就不可能有出路，……必須直率而公開地站到一定社會集團的立場上。」[135]這正是屬於實踐哲學或歷史唯物論的馬克思主義倫理學的力量所在[136]。

[134] 〈反對抵制〉，《列寧全集》第13卷，1959年版，第20頁。

[135] 《民粹主義的經濟內容及其在司徒盧威先生的書中受到的批判》，《列寧全集》第1卷，1955年版，第378～379頁。

[136] 歷史唯物論當然還有其一般社會學的層次，即具體地研究生產力、生產關係、基礎與上層建築以及國家、文化、家庭……等等問題。與實踐哲學相當的是歷史唯物主義的哲學層次，即貫串著歷史唯物主義原理的認識論、倫理學和美學，其中包含工藝社會結構（人類學主體性的客觀方面）和文化心理結構（人類學主體性的主觀方面）諸問題。

第十章 美學與目的論

（一）《判斷力批判》

認識論（真）與倫理學（善）構成康德哲學兩大方面。前一方面講自然因果的現象界，後一方面講「意志自由」的本體界。現象與本體，也就是必然與自由、認識與倫理，在康德那裡，是彼此對峙截然二分的。但如前所述，思辨理性（認識）雖不能達到倫理領域；實踐理性（倫理）卻要作用於認識領域。實現這種作用使康德去思考和尋求這二者的中介。這個中介成為康德「批判哲學」的終結。上章提到「位我上者燦爛星空，道德律令在我心中」，自然與自由兩大領域的溝通和統一，卻在《判斷力批判》一書之中。

康德在這書序中說，「我以此結束我的全部批判工作」❶。比起前兩個《批判》來，後人對這個《批判》的研究很不夠。直到現在，關於前兩個《批判》的論著有如汗牛充棟，對比之下，關於第三個《批判》的研究，從理論探索到考證注釋都遠為不夠。其實，這個《批判》對康德整個哲學體系來說，正是關鍵所在。處於盧梭與黑格爾的中間，整個康德哲學的真正核心、出發點和基礎是社會性的「人」。它既區別於盧梭、斯賓諾莎和法國唯物主義的「自然」，更區別於中世紀以來的「神」，同時也區別於以後黑格爾完全淹沒個體（人）的「絕對理念」。康德的「人」以社會性（儘管還是抽象的）作為「先驗」本質（見本書第九章），但又

❶ 《判斷力批判》序，參看宗譯本，第6頁。

仍是感性個體的自然存在。在認識論，正因為「人」是這種存在，他只有感性直觀，而沒有知性直觀（這種直觀只有神才具有），因之才有認識的普遍必然性從何而來的根本問題。在倫理學，正因為「人」是這種存在，他具有感性情欲，而不是純理性的「天使」，因之才有「應當」服從道德律令的根本問題。可見，圍繞著「人」，康德所講的理性與感性的關係實際乃是總體與個體、社會（普遍必然）與自然（感性個體）之間的關係。康德所謂溝通認識與倫理的截然對峙，其實是企圖解決這個根本關係。前兩個《批判》本身有這個問題，這兩個《批判》之間又有這個問題。這使得康德終於寫出第三個《批判》。而這第三個《批判》，也就把以「人」為中心這一特點展現得最為明朗和深刻。康德在晚年提出的「人是什麼」，其實際的答案乃在此處。

康德解決自然與社會、認識與倫理、感性與理性的對峙，統一它們的最終辦法，是要找出它們之間有一種過渡和實現這種過渡的橋梁。過渡本身是一個歷史的進程：由自然的人到道德的人。但它的具體中介或橋梁、媒接，在康德，卻成了人的一種特殊心理功能，這就是所謂「判斷力」。康德說，「判斷力」並不是一種獨立的能力，它既不能像知性那樣提供概念，也不能像理性那樣提供理念。它只是在普遍與特殊之間尋求關係的一種心理功能。康德又分判斷力為兩種，一種是《純粹理性批判》裡講的「判斷力」，即辨識某一特殊事物是否屬於某一普遍規律的能力。在這裡，普遍規律是既定的、現成的，問題在於它的具體應用於特殊事例，這叫「決定的判斷力」。康德說，這是一種「天賦的能力」，「只能鍛鍊而沒法教授」，常常可以看到一些人博學多識，對抽象的普遍規律（這可以教）很能理解，但就是不能具體應用，不能具體分辨一個事情是否屬於這個普遍規律，即不能下判斷，就是缺乏這種決定的判斷力。

這種判斷力只有通過實際活動和實際例證來加以訓練培養❷。另一種判斷力叫「反思的判斷力」。與前者相反，在這裡，特殊是既定的，問題在於去尋找普遍。這就是審美的和目的論的判斷力。它不是從普遍性的概念、規律出發來判斷特殊事實，而是從特殊的事實、感受出發去尋覓普遍。這是反思判斷力不同於決定判斷力之所在，也正是審美不同於認識之所在❸。這種能力更屬天賦，連教育也難奏效。康德說，「判斷力是雙重的，或者是決定的，或者是反思的。前者由一般到特殊，後者由特殊到一般。後者只有主觀的有效性，因為它所趨向的一般，只是經驗的一般——僅僅是一邏輯的類比」❹。康德認為，正是這種「反思的判斷力」，能夠把知性（理論理性即認識）與理性（實踐理性即倫理）聯合起來。它既略帶知性的性質，也略帶理性的性質，又不同於此二者。

在《判斷力批判》一書的開頭，康德寫了一個概括他整個哲學的導論，擺明了判斷力批判的地位。他說，「在自然的感性領域與自由的超越性領域之間，一個深不可測的鴻溝是固定下來了。通過理性的思辨運用來從前一領域過渡到後一領域，是不可能的，好像它們是兩個世界。前一世界對後一世界絕不能施加影響，但後者卻應該對前者有影響。自由這概念便應該把它的律令所提供的目的在感性世界裡實現出來，從而，自然必須能夠這樣地被思考著：它的形式的合規律性，至少對於那些按照自由律令在自然中實現目的的可能性，是協調一致的。——因此就必須有一個作為自然界基礎的超感性和實踐地包含於自由概念中的東西的統一的根基。雖然這個根基概念既非理論也非實踐地可得到認識，因之

❷ 《純粹理性批判》A134=B173，參看藍譯本，第140～141頁。

❸ 這實際屬於形象思維問題，詳後。

❹ 《邏輯講義》§81。

沒有自己的獨特領域，然而它使按照前一原理的思想樣態與按照後一原理的思想樣態的過渡，成為可能」❺。

《純粹理性批判》研究了知性先驗範疇和原理，包括它們的「構造」和「範導」兩種作用。《實踐理性批判》研究了理性在實踐中的先驗原理，即道德律令。那麼，《判斷力批判》要研究的這種「反思判斷力」的先驗原理又是什麼呢？康德認為，這就是自然的合目的性。「這個自然合目的性的先驗概念既不是一個自然概念，也不是一個自由概念，因為它並不賦予對象（自然）以什麼東西，而僅是表現一種特殊途徑，這種途徑是我們反思自然諸對象作為貫串聯繫著的經驗所必須在其中進行的，從而它是一個判斷力的主觀原理（公設）」❻，「雖然知性對這些對象不能先驗地規定什麼，它卻必須為了探究這些經驗的所謂規律而安放一個先驗原理，作為對它們反思的基礎。按照著這些規律，一個可認識的自然的秩序才是可能的」❼。就是說，用知性範疇去認識自然，自然只是一種量的無窮堆累而已，它們之間只有機械的因果聯繫，果為因決定，果不能影響和決定因。要把自然了解為一種部分與整體之間、部分與部分之間有內在的交互聯繫，即因果之間能相互作用，因不僅決定果，而又為果所影響和決定，就需要有「目的」這樣一種理念，即為了果而有因，好像人為了創造B而有A一樣，這就是「目的」。要把某些自然事物（如動植物）和整個自然界了解為有機的系統，就需要這種自然合目的性的理念。但是，這種自然合目的性，即把自然看作一個有機的系統，並不能從自然本身中找到經驗的證實，並不是自然對象中所客觀具有的，

❺ 《判斷力批判》導論(2)，參看宗譯本，第13頁。

❻ 同上書，導論(5)，第22頁。

❼ 同上書，第23頁。

而只是人們為了認識自然所必須採取的一種主觀的先驗原理，是認識自然的主觀上的前提條件。這就是說，只是把對象設想為有目的，並不是肯定對象自身確有目的。所以，自然合目的性不是自然本身的原理，也不是決定行為的道德律令，而是人們去探究自然統一經驗所必需的引導規範。它既不是知性的（認識），也不是理性的（道德），而只是反思判斷力的先驗原理。而自然合目的性作為溝通認識與道德兩大領域的一種引導規範的先驗原理，又正是從現象到本體、從自然到人（倫理）的一種過渡。康德認為，在審美和藝術中，現象（自然）呈現本體（倫理）的意義在於「美是道德的象徵」；在自然中，則是整個自然趨向作為倫理的人的存在。

康德把目的判斷分成四類：1. 形式而主觀的，如審美判斷；2. 形式而客觀的，某些數學命題，如圓之於三角形；3. 實質而主觀的，如人的種種目的；4. 實質而客觀的，即自然目的。目的又分為外在與內在兩種。外在目的是本身之外的東西，是相對的目的；內在目的就在自身，是所謂「絕對目的」，它自身既是因又是果，即因果處在一種反饋的有機聯繫中，它的部分與整體、部分與部分都相互依存互為因果，這樣就構成了生物能不斷調節自身、適應環境的自我組織的有機體系統，即生命。藝術作品的結構也具有這種非機械的特點。康德所謂目的，主要是指內在目的，指「統一的系統」。因之，這四類目的判斷中，作為銜接感性自然與理性自由的，只有第一類與第四類，即審美所表現的主觀合目的性和自然界有機體表現的客觀目的性。所以，《判斷力批判》一書分為「審美的判斷力」與「目的論的判斷力」。前者只涉及對象的某種形式，這些形式因為與人們主體的某些心理功能（知性和想像力）相符合，使人們從主觀情感上感到某種合目的性的愉快；但並沒有也不浮現出任何確定的目的（概念），是一種「無目的的目的性」，所以稱為「形式的合目的性」或「主觀合目的性」。後者主要是指自然界的有機體生命（動植物）的結構和存在具有統一的系統性，似乎符合某種「目的」，這是一種「客觀的目的性」。前者是自然合目的性的審美❽（情感）表象，後者是自然合目的性的邏輯（概念）表象。要注意的是，這裡所謂客觀的合目的性的「客觀」，並非如認識論中的客觀經驗判斷那樣，說對象本身確有目的，而仍是說，設想對象如有目的。這裡所謂主觀合目的性的「主觀」，也並非如認識論中講的主觀知覺判斷那樣，只是個人主觀感覺，沒有普遍必然性，恰恰相反，它要求普遍必然性。這個普遍必然性不涉及任何概念和客觀對象的存在，而只涉及客觀對象的形式與主觀感受（快或不快的情感），這種反思判斷力就是審美判斷。

審美判斷的批判是《判斷力批判》的第一部分。這個部分作為沿用知、情、意心理功能三分法的中間環節，是前兩大批判的橋梁。另一方面，這部分又具有相對獨立的內容和價值。康德通過它，從哲學上提出和論證了一系列美學的根本問題，涉及了審美心理許多基本特徵。儘管康德對具體藝術作品的審美鑒賞並不一定高強❾，但由於準確地抓住審美經驗的形式特徵作深入分析，使他的理論遠遠超過了許多精細的藝術鑒賞家。《判斷力批判》在近代歐洲文藝思潮上起了很大影響，是一部極

❽ 康德本反對將 Aesthetic 一詞作審美之用（這種用法是包姆加登創始的），可參見《純粹理性批判》初版。在第2版，關於反對「感性」一詞（即Aesthetic）用作「審美」的小注中，加了最後一句話，即已同意這種用法，但指出它是「半先驗半心理學的」。到《判斷力批判》，則已完全同意並採用這一用法了。

❾ 如《判斷力批判》一書引為例證的作品便是相當平庸的。這一點不斷為後人渲染嘲笑，如說康德辭謝柏林大學請講詩學是有自知之明，等等。其實這是相當片面的。

重要的美學著作，在美學史上具有顯赫地位，遠遠超過了黑格爾的《藝術哲學》。

（二）「美的分析」

康德思想方法上的一個基本特點，是善於捕捉具有本質意義的經驗特徵加以分析。在認識論，康德抓住幾何公理、牛頓力學這種數學和物理學中所謂普遍必然作為特徵，提出「先天綜合判斷如何可能」。在倫理學，康德抓住道德行為的特徵，提出區別於追求幸福的所謂「實踐理性」。在美學，康德則抓住審美意識的心理特徵提出了美的分析。康德整個哲學中，心理學成分很多，但始終居於次要地位，只有審美分析是例外。儘管康德強調與心理學的經驗解釋根本不同，但這本書的審美判斷力部分所謂相對獨立的內容和性質，實際正在它主要是對審美心理所作的與前兩大《批判》基本無關的形式分析上。

康德所謂審美判斷力，也就是一般講的欣賞、品鑒、趣味 (taste)。康德說，「趣味判斷就是審美的」⑩。如前所述，判斷力既然與知性有關，「在趣味判斷裡經常含有與知性的相關」⑪，所以可運用認識論中知性四項範疇（即量、質、關係、模態）來考察審美判斷力，進行美的分析。康德從而把審美分為1.「質」：「趣味是僅憑完全非功利的快或不快

⑩ 《判斷力批判》§1，參看宗譯本，第39頁。taste 譯為欣賞、品鑒、趣味均不甚好，今從一般譯法。

⑪ 同上書，第39頁注1。

來判斷對象的能力或表象它的方法，這種愉快的對象就是美的」⓬。2.「量」:「美是無須概念而普遍給人愉快的」⓭。3.「關係」:「美是對象的合目的性形式，當它被感知時並不想到任何目的」⓮。4.「模態」:「美是不憑概念而被認作必然產生；愉快的對象」⓯。

第一點，「質」。主要是把審美愉快與其他愉快作重要區分。康德強調，作為趣味判斷的審美愉快，一方面不同於其他口味如吃、喝等動物性的欲望、官能滿足時感覺上的愉快。這種動物性的官能、感覺愉快只與一定的生理自然需要有關。另一方面，審美愉快也不同於例如做了一件好事後精神上感到的愉快。這種純理性的精神愉快只與一定的倫理道德有關。生理的愉快和道德的愉快都與對象的存在有關，審美愉快或不快，作為肯定與否定（質的範疇，詳本書第四章），則只與對象的形式有關。即，不是某個對象的實際用途或存在價值，而只是這個對象的外表形象（形式）使人產生愉快或不快。康德由此認定，審美乃是超脫了任何（包括道德的或生物的）利害關係，對對象存在無所欲求的「自由的」快感。例如，欣賞一件藝術品與占有一件藝術品，所產生的愉快便根本不同，只有前者才是審美的。又如，使人官能滿足感覺愉快的「藝術」，也不同於真正給人審美愉快的藝術。

根據康德哲學體系，只有既是感性又是理性的人，才享有審美愉快。可見審美愉快充分體現人作為感性與理性相統一的存在本質。審美既必須與對象的一定形式相關，是由對象的形式引起的感性愉快，不能僅由

⓬ 同上書，§5，第47頁。

⓭ 同上書，§9，第57頁。

⓮ 同上書，§17，第74頁。

⓯ 同上書，§22，第79頁。

主體的純理性意志所引起，所以必須與一定的感性對象相聯繫。又因為審美只與對象的感性形式相關，不是與對象的感性存在有關，所以，它又不與主體欲望的感性有關，而只與主體的理性存在相關。但它雖與主體的理性存在有關，又必須落實在主體的感性形式——審美感受上，是一種與理性相關的感性愉快。康德說：「樂(Angenehm)、美、善，標誌著表象對快與不快的感受三種不同的關係，由之我們區別出彼此不同的對象和表象它們的方法。……樂也適用於非理性的動物，美卻只適用於人，即既是動物的又仍然是理性的存在，——不僅是理性（如精靈），也是動物的。……善則一般適用於理性的存在。」⑯「一個自然欲望的對象，和一個由理性律令加諸我們的對象，都不能讓我們有自由去形成一個對我們是愉快的對象。」⑰欲念（動物性）的樂，倫理的善（理性）都被決定和強制於對象的存在（無論是作為動物吃喝的對象，還是作為道德行為的對象）和主體的存在（無論是作為感性生存的動物存在，還是作為道德行為的理性存在），只有僅涉及對象的形式從而使主體具有一種無功利的自由，才是審美的愉快⑱。就是說，是對象的和主體的存在形式而不是存在本身，構成審美的特殊領域。康德這個美的分析「第一要點」提出的，實際是我們一開頭講的人與自然這個根本問題，即作為主客體

⑯ 同上書，§5，第46頁。

⑰ 同上書，第47頁。

⑱ 因此，一些康德研究者乾脆認為，康德講的審美判斷根本不是對任何對象作出判斷，而只是涉及主觀感情而已（如小卡西勒〔H. W. Cassier〕《康德「判斷力批判」釋義》，第142頁）；所謂趣味的「對象」不過是一種語法上的對象而不是由趣味來判斷的對象（彼托刻〔S. T. Petock〕：《康德、美和趣味對象》，《美學和藝術評論雜誌》1973年冬），等等。這種說法是不對的。因為審美愉快來於想像力與知性的協調運動，而引起這一運動的仍需外界對象的形式。

對峙的人與自然、作為主體自身內部的人（理性）與自然（感性）的統一。所以，它既是一個美學問題，又是一個重大的哲學問題。

在前兩個《批判》，按分析篇範疇表次序，本是量先質後，在這裡，未加論證便把「質」擺在第一。後代的研究注釋者也很少說明這是什麼道理。我認為，這是由於問題本身所具有的上述重要意義，使康德不尋常地打破了自己立下的常規。康德的《判斷力批判》所以比黑格爾的藝術哲學無論在美學上或哲學上影響都遠為深廣，從根本上說也是這個原因。然而，康德企圖在傳統美學內來統一人與自然、理性與感性、倫理與認識的對立，是不可能實現的，這在本章後部要詳細講到。

第二點，「量」。主要是指出美不憑概念而能普遍地引起愉快。審美要求一種普遍必然的有效性，如同邏輯認識中的概念判斷一樣。但概念認識的普遍有效性是客觀的，審美判斷所要求的普遍有效性卻是主觀的。而恰恰又正是這種主觀的普遍有效性，才使審美作為趣味與其他感官口味的主觀判斷區別開來。後者是不要求這種普遍有效性的。例如，你說蘋果好吃，我說梨好吃或蘋果不好吃，這可以並行不悖，並不要求統一，即不要求你的這個判斷必須具有普遍有效性。審美則不然，說一個藝術作品美或不美，就像認識一件事物是否真一樣，是要求公認其普遍有效性的。口味是沒有什麼可爭論的，趣味卻有高低優劣之分。審美雖單稱（「就邏輯的量的範疇說，所有趣味判斷都是單稱判斷」），卻必須有普遍性（「趣味判斷本身帶有審美的量的普遍性，那就是說，它對每一個人都有效」⑲），正因此，康德稱之為「判斷」。審美被稱作判斷，與判斷一詞連在一起，這在美學史上是一個獨特的發展。

判斷在先還是愉快在先，是由愉快而判斷，還是由判斷生愉快，對

⑲ 《判斷力批判》§8，參看宗譯本，第52頁。

審美便是要害所在。康德說:「這個問題的解決對於審美判斷力的批判是一把鑰匙。」⑳ 因為如果愉快在先,由愉快而生判斷,這判斷便只是個體的、經驗的、動物性的,只是一種感官愉快。例如因吃得滿意(愉快在先)而認為對象是好吃的,對象「真美」(判斷在後),這就不是審美。這裡所謂「真美」,只不過是種滿足官能、欲望的感覺上的快感而已,並不是美感。只有判斷在先,由判斷引起愉快,才具有普遍性,這才是審美。因為愉快作為一種主觀心理情感,本身不能保證其普遍性,審美的普遍性只能來自判斷。但審美判斷不同於邏輯判斷,它的普遍性不能取自概念,由概念並不能導至審美,產生審美愉快。例如,一個人對一個對象(例如一朵花)感到美,他下了「這花真美」這樣一個審美判斷。這種判斷表面上很像邏輯判斷,即好像認識到美是這朵花的一種客觀屬性,好像這個人運用的也不過是一般的知性概念,並且要求別人同意於他,要求這個判斷具有普遍有效性,像一般的邏輯判斷一樣。但實際上並不如此。審美判斷如前所指出,只是人們主觀上的一種快感,根本不是邏輯認識,你不能強迫一個人和你一樣感到這朵花美,儘管你說上千言萬語來啟發說服他,或者儘管他口頭上、思想上也同意你的判斷,但他是否能感到這朵花美,是否能對這朵花作出肯定的審美判斷,即產生審美愉快,便仍然是個問題。顯然,並不能從道理上、思想上說服一個人使他感受到美。因此,康德在這裡強調的是,審美判斷要求的普遍性,如大家都感到這朵花美,在根本上不同於邏輯判斷那種客觀認識的普遍性。邏輯認識純粹是知性的功能,由範疇、概念所決定。審美判斷則不然,它雖然要求普遍有效,卻仍然只是一種人們主觀上的感性感受狀態,不是由範疇、概念所能直接規定。它是包含概念於其中卻不能等同於概

⑳ 同上書,§9,第54頁。

念活動，它是多種心理功能的共同運動的結果。康德說：「這種判斷之所以叫做審美的，正因為它的決定根據不是概念，而是對諸心理功能活動的協調的情感……。」㉑「這種表象所包含的各種認識功能在這裡是處在自由活動中，因為沒有確定的概念限定它們在某一特定的認識規則下。因此，在這表象中的心情，必然是把某一既定表象聯繫於一般認識的諸表象功能的自由活動的感情……。」㉒ 即是說，審美判斷不是如一般邏輯判斷那樣有確定的知性範疇（如因果等等）來規範束縛想像，使它符合於一定的概念，產生抽象的知性認識；而是想像力與知性（概念）處在一種協調的自由的運動中，超越感性而又不離開感性，趨向概念而又無確定的概念，康德認為，這就是產生審美愉快的原因。「只有想像力是自由地喚起知性，而知性不藉概念的幫助而將想像力放在合規律的運動中，表象這才不是作為思想，而是作為一種心情的合目的性的內在感覺，把自己傳達出來。」㉓ 這才是審美愉快。可見審美愉快是人的這許多心理功能（主要是想像力和知性）處在一種康德所謂「自由」的協調狀態中的產物，即二者（想像力與知性）的關係不是僵死固定的，而是處在非確定的運動之中。這也就是這種反思「判斷」的具體涵義。正因為此，它就既不同於任何感官的快樂（這種快樂沒有任何判斷），也不同於任何概念的認識（這種認識不是反思判斷）。「這朵花很香」、「這朵花很美」、「這朵花是植物」，便分別屬於感官「判斷」（無普遍性）、審美「判斷」（主觀普遍性）與邏輯判斷（客觀普遍性），第一是快感，第二是審美，第三是認識。

……………………………………

㉑ 《判斷力批判》§15，參看宗譯本，第66～67頁。

㉒ 同上書，§9，第54～55頁。

㉓ 同上書，§40，第140頁。

前面講審美的「質」的特徵是「無利害而又產生愉快」，這裡講「量」的特徵是「無概念而又有普遍性」。一般說，愉快總與人的利害相關；一般說，普遍性總與概念相關。審美恰恰與此相反，這樣就突出地揭示了審美心理形式的特殊性。如果說，「質」突出了人與自然的關係問題，那麼，「量」是突出了這一問題的心理方面。前者更多是哲學問題，後者更多是心理學的科學問題，即審美的心理功能究竟是怎樣的，它的特殊性何在，這特殊性正是構成藝術創作和欣賞的中心和關鍵。所謂想像力與知性處在非確定的自由運動的關係中，中國古代文藝理論也講得很多，如《滄浪詩話》的「不落言筌，不涉理路」等等，都是說的這個道理和這一特徵。這個問題也就是後來的所謂形象思維（藝術創作）和審美感受（藝術欣賞）等問題，它是文藝的一個本質特徵問題。

第三點，「關係」。本來，目的或合目的性總以一定的概念為依據。它或者是外在的，如功用；或者是內在的，如倫理的善。前兩點指出，審美既與倫理、功用、欲望的快感無關，又沒有明確的概念邏輯活動，從而就與任何特定的目的無關。但另一方面，作為想像力與知性趨向於某種未確定概念的自由協調，審美又具有一種合目的的性質。它不是某個具體的客觀的目的，而是主觀上的一般合目的性，所以叫沒有具體目的的一般合目的性。又由於這種合目的性只聯繫對象的形式，是一種形式的合目的性，所以，又叫沒有目的的合目的性形式。康德曾舉例說，看見一匹馬長得壯健均勻，軀體各部分的構造有機地相互依存，使人覺得具有適應於生存等特定的客觀目的，這就不是審美判斷，它不是沒目的的目的性，而是有目的的。但如看見一朵花，除了植物學家知道它的組織結構各部分的特定的目的功能外，作為欣賞者是不需要也不會覺察這種特定的客觀目的的，它所喚起的只是一種從情感上覺得愉快的主觀的合目的性。也就是說，對象（花）的形式（外在形象）完全符合人的諸心理功能的自由運動，這就構成了美的合目的性。這種合目的性正是沒有特定具體的客觀目的的主觀合目的性形式，這才是審美判斷。康德說：「一個對象，一片心境，甚或一個行動，可稱作合目的的，雖然它的可能性並不必然地以一個目的表象為前提」；「……因而可以有沒有目的的目的性，只要我們並不把這個形式的原因歸到意志，而只是通過溯源到意志，使它的可能性的解釋對我們是可理解的。並且，我們對於所察覺到的事物（關於它的可能性）並不總是要從理性的觀點去認定它。我們至少可以依據形式，察覺到一種合目的性，而並不去把它歸諸某種目的」㉔。這個「沒有目的的合目的性」是康德「美的分析」的中心，正如「關係」範疇是邏輯認識的中心一樣。就哲學說，目的與「無目的的目的性」確乎不同，後者對內具有各部分相互依存的有機組織的整體涵義，對外又具有並不從屬於某一特定目的的廣泛可能性的涵義，它的確形成了一種獨特的「關係」，實際上是人與自然相統一的一種獨特形式（詳後）。就美學說，所謂「非功利而生愉快」、「無概念而趨於認識」，也就是「無目的的目的性」的意思，即它既不是目的（功利，有概念），而又是合目的性（與倫理、認識以及感性又均有牽連）。「非功利」、「無概念」這兩個最重要的審美心理的特徵，英國經驗論美學都已提出過㉕，

㉔ 《判斷力批判》§10，參看宗譯本，第58頁。

㉕ 朱光潛《西方美學史》：「就康德個別論點來說，它們大半是從前人久已提出過的。姑舉幾個基本論點為例：美不涉及欲念和概念、道德，中世紀聖托瑪士就已明確提出，近代英國赫起生和德國的孟德爾松也都有同樣的看法」（下卷第12章）。細節可參看斯托尼茲(J. Stonitz)《論審美非功利說的來源》一文（《美學與藝術批評》1961年冬），並參看汝信、楊宇《西方美學史論叢》中〈康德和十八世紀英國美學〉一文。

康德把前人從經驗描述上提出的這些審美心理形式特徵，集中、突出並總結在「無目的的目的性」這樣一個哲學高度上，作為美的分析的中心項，以與《純粹理性批判》、《實踐理性批判》相聯繫，而完成他的哲學體系。也正是在這第三點（關係）內，康德提出了「美的理想」問題，即美作為理想與目的的關係，更使這個中心十分突出。這個中心在後面講機械論與目的論時，還會更清楚地看到。

第四點，「模態」。如前所述，審美既然不是認識，沒有概念構造，是一種「不能明確說出的知性規律的判斷」，但又要求具有「普遍有效」的可傳達性，那它如何能作到這點呢？就是說，審美判斷究竟是如何可能的呢？它不只是可能性、現實性，而且要求必然性（模態範疇），其依據是什麼呢？這種必然性既不能來自概念認識，又不能來自經驗（經驗不可能提供必然，如認識論所已指明），又如何得來呢？康德最後假定一種所謂先驗的「共通感」，來作為必要條件。他說：「只有在假定共通感的前提下（這不是指某種外在感覺，而是指諸認識功能自由活動的效果），我們才可以下審美判斷」㉖。

假設一個「人同此心，心同此理」（此「理」又是非可言說的）的所謂先驗的「共通感」，作為審美判斷具有普遍必然性的最後根基，顯然是主觀唯心主義的思想。但重要的是，康德把這種「共通感」與「人類集體的理性」即社會性聯繫了起來。他說：「但在共通感中必須包括所有人共同感覺的理念，這也就是判斷功能，因它在反思中先驗地顧及到所有他人在思想中的表象狀態，好像是為了將它的判斷與人類的集體理性相比較，從而避開由個人主觀情況（這是容易被當作客觀的，對判斷可

㉖ 《判斷力批判》§20，參看宗譯本，第76頁。康德所謂認識功能即是心理功能，常常二者混同使用。

產生有害影響）而引起的幻覺」㉗；「美只經驗地在社會中才引起興趣。如果我們承認社會衝動是人的自然傾向，承認適應社會、嚮往社會，即社會性，對於作為注定是社會存在物的人所必需，屬於人性的特質，我們也就不可避免地要把趣味看作是判斷凡用以傳達我們的情感給所有他人的任何東西的一種能力……」㉘。康德並舉出「被拋棄在孤島上」的個人不會「專為自己」去裝飾環境和自己作為例子，來說明審美的所謂「共通感」。顯然，康德在審美現象和心理形式的根底上，發現了心理與社會、感官與倫理、亦即自然與人的交叉。這個「共通感」不是自然生理性質的，而是一種具有社會性的東西。如果聯繫上章康德講歷史理念時提出的先驗社會性，便可看出，康德這裡的社會性是更為具體了，因為它不只是先驗理念，而且還是感性的。感性總與具有血肉身軀的個體（人）相聯繫。這就是說，它既是個體所有的（人的自然性），同時又是一種先驗的理念（人的社會性），它要求在個體感性自然裡展示出社會的理性的人。康德這種普遍人性論已經很不同於法國唯物主義的自然人性論，也不同於黑格爾傾向於抹殺個體和感性的精神人性論。它要求自然與人、感性與理性在感性個體上的統一。這一點很重要。當然，歸根到底，這也還是一種抽象的空泛的人性論，但康德從哲學高度把審美根源歸結為這種社會性，比前人跨進了一大步。

總起來，從美學史角度看，康德的美的分析如同他的認識論和倫理學一樣，一方面反對英國經驗論的美學將審美當作感官愉快（博克等人），另一方面又反對大陸唯理論的美學將審美當作對「完善」概念的模糊認識（沃爾夫、包姆加登㉙），而又企圖把兩者折中調和起來。康德在調和

㉗ 同上書，§40，第137～138頁。

㉘ 同上書，§41，第141頁。

結合上述兩派美學的同時，也就給自己認識與倫理雙峰對峙的哲學體系的兩岸之間架設了審美判斷力的過渡橋梁。而在審美判斷這座橋梁之內，「美的分析」和「崇高的分析」，「美在形式」和「美是道德的象徵」，又是它的彼此不同的兩端，是整個過渡中的兩步。也就是說，過渡中還有過渡，這座過渡橋梁在康德美學本身中又錯綜複雜地表現為：由美到崇高的過渡，由純粹美到依存美的過渡，由形式美到藝術美的過渡。

（三）「崇高的分析」

崇高（或壯美）是審美現象的一種。飄風驟雨、長河大漠、洶湧海濤、荒涼古寺、粗獷風貌、豪狂格調……，面對這種種對象，審美心理的結構形式有其特殊性：在愉快中包含著痛苦，或痛感中含有快感。歐洲自古羅馬郎吉拏斯到法國古典主義布阿洛講崇高，本來都主要指文章風格。到十八世紀英國，崇高用於自然對象，但都是些粗淺的經驗的和心理的描述。例如，有人（博克）認為這種感受中包含恐懼，有人說這種感受是先壓抑後提高，等等。康德把這種表面的經驗描述提到哲學上來論證㉚，使崇高作為審美現象引起了巨大注意，特別是恰好配合了當

㉙ 沃爾夫認為他的哲學只處理能用詞說出的明晰概念和人的高級功能，審美被認為只屬於人的感性功能，從而是低級的，同時它是不能用詞明晰表達出來的，所以排斥在哲學門外。包姆加登則認為美學是處理感性認識的完善，從而補充了沃爾夫體系不講美學的空白。

㉚ 康德非常讚賞博克對美與崇高的區分，但指出這只是經驗的、心理學的，需

時剛興起的歐洲浪漫主義的巨大思潮，對後代文藝起了重要影響。康德認為，「崇高」對象的特徵是「無形式」，意即對象的形式無規律無限制，粗獷荒涼，表現為一種體積上的「無垠」廣大（如星空、大海、山岳等等），這是數量的「崇高」；或者表現為一種力量上的「無比」威力：「凸露的、下垂的、好像在威脅著的峭石懸岩，烏雲密布天空挾著雷電，帶著毀滅力量的火山，颶風帶著它所摧毀的廢墟，驚濤駭浪的無邊無際的大海，巨大河流的高懸瀑布，諸如此類」㉛ 的景象，這是「力量的崇高」。（這兩者實質相同，由於康德要納入他所喜愛的數學、力學二分法的「建築術」而分設。）

康德認為，「數量的崇高」由於自然對象的巨大體積超過想像力（對表象直觀的感性綜合功能）所能掌握，於是在人心中喚醒一種要求對對象予以整體把握的「理性理念」，但這種理性理念並無明確內容和目的，仍只是一種主觀合目的性的不確定的形式，所以仍屬審美判斷力的範圍。在「力量的崇高」中，審美心理感受的矛盾更加清楚，即一方面是想像力無力適應自然對象而感到恐懼，另一方面要求喚起理性理念（人的倫理力量）來掌握和戰勝對象，從而由對對象（自然）的恐懼、避畏的（否定的）痛感轉化而為對自身（人）尊嚴、勇敢的（肯定的）快感。康德認為，如果說，美是想像力與知性的和諧運動，產生比較平靜安寧的審美感受，「質」的因素更被注意。「崇高」則是想像力與理性的相互爭鬥，產生比較激動強烈的審美感受，「量」的因素更為顯著。這也就是在感性

……………………………………

要作出先驗的規定。康德自己在前批判期也從觀察角度專門寫過優美與崇高區別的專論，生動活潑地列舉了大量經驗現象，指出二者的不同特徵。在那裡，審美與道德還是混在一起談論的，其中，崇高則已有優美加道德的涵義。

㉛ 《判斷力批判》§28，參看宗譯本，第101頁。

中實現出理性理念，顯現出道德、倫理、人的實踐理性的力量。康德說：「自然力量的不可抵抗性，使我們認識我們自己作為自然的存在物生理上的軟弱，但同時卻顯示出我們有一種判定我們獨立於自然、優越於自然的能力，……從而，我們身上的人性就免於屈辱，儘管個體必須屈從於它的統治。這樣，在我們的審美判斷中，並不是由於它激起恐懼而判斷為崇高，而是由於它喚醒我們的力量（這不是自然的），把我們掛心的許多東西（財產、健康、生命）看得渺小，把自然力量（上述那些東西無疑是屈從於它的）看作不能對我們作任何統治。……心靈能感到，比起自然來，自己使命更具有崇高性。」㉜「因此，對自然的崇高感就是對我們自己使命的崇敬，通過一種偷換辦法，我們把這崇敬移到了自然對象上（對我們自己主體的人性理念的崇敬轉成為對對象的崇敬）」㉝。即是說，自然界的某種極其巨大的體積、力量，即巨大的自然對象，通過想像力喚起人的倫理道德的精神力量與之抗爭，後者在心理上壓倒前者、戰勝前者而引起了愉快，這種愉快是對人自己的倫理道德的力量、尊嚴的勝利的喜悅和愉快。這就是崇高感。自然儘管可以摧毀人的自然存在及其一切附屬物（生命、財產等等），這些東西在自然威力下只有屈從。但它卻不能壓倒人的精神、道德和倫理。相反，後者卻要戰勝前者，所謂崇高感就正是對主體這種倫理道德的精神力量在與自然力量相劇烈抗爭中所引起的感情和感受。但這種感情又還不是真正的道德感情（參看本書第八章），它仍然是對自然景物的形式的趣味判斷。即自然力量（無論是體積也好，力量也好）還只是以其無形式（無規則或無限巨大）的形式而不是以其存在來威脅人（例如人是在觀賞暴風雨還不是真正處在

㉜ 同上書，§28，第101～102頁。

㉝ 同上書，§27，第97頁。

暴風雨之中），所以它還是屬於審美範圍。它仍是主觀合目的性的形式，還不是倫理行為。但很明顯，這種審美感受、趣味判斷是趨向和逐漸接近於倫理道德的。康德由「美的分析」轉到「崇高的分析」，雖然仍在審美判斷力的這個總的中介範圍之內，卻已由第一步邁到第二步，即由認識功能（想像力與知性）的自由活動邁到倫理理念的無比崇高，由客體對象走向主體精神，由自然走向人，這個人已不是偏重個體感性的自然，而是偏重和突出具有理性力量（倫理道德）的社會了。

康德認為，由於與理性理念相聯繫，對崇高的審美感受必須有一定的文化教養和「眾多理念」。「暴風雨的海洋本不能稱作崇高，它的景象只是可怕。只有心靈充滿了眾多理念，才使這種直觀引起感情自身的崇高，因為心靈捨棄了感性，而使它忙於與包含更高的目的性的理念打交道。」㉞「事實上，如果沒有道德理念的發展，對於有文化熏陶的人是崇高的東西，對於沒教養的人只是可怕的。」㉟要能欣賞崇高，要能對荒野、星空、暴風、疾雨等等產生審美感受，就需要欣賞者有更多的主觀方面的基礎和條件，需要更高的道德水平和文化水平。總之，這是說，對美的欣賞只須注意對象的形式就夠了。對崇高的欣賞，是要通過對象的「無形式」（即不符合形式美的形式）喚起理性理念亦即主體精神世界中的倫理力量，所以，崇高比美具有更強的主觀性。美有賴於客觀形式的某些特性（如和諧），崇高則恰恰以客觀的「無形式」亦即對形式美的缺乏和毀壞，來激起主體理性的高揚，從而在客觀「無形式」的形式中感受到的，已不是客觀自然，而是主觀精神自身了。客體與主體、認識與倫理、自然與人，在康德哲學中本是分割對立的，在這裡就終於處在一種聯繫

㉞ 同上書，§23，第84～85頁。

㉟ 同上書，§29，第105頁。

和交織中。康德認為崇高的對象只屬於自然界㊱，正是為了說明崇高的本質在於人的精神。可見與美的分析一樣，崇高也被看作不在客體對象，而在主體心靈。這與前批判期康德把美與崇高都當作客觀對象的自然屬性和關係，是不同的㊲。但這並非倒退，而是一種前進，即注意了崇高、美與人的關係，雖然這種關係被唯心主義地歪曲了。

康德「崇高的分析」與「美的分析」一樣，是從心理特徵的現象學的描繪引導為唯心主義的哲學規定的。在康德那裡，崇高和美都不是客觀存在，而是主觀意識的作用。美、崇高都不是客觀的，而是主觀的；不具有客觀社會性，而只有主觀社會（意識）性。

（四）「美的理想」、「審美理念」與藝術

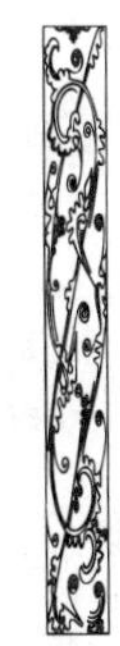

由美到崇高是認識到倫理在審美領域中的過渡，所謂「純粹美」到「依存美」，是這種過渡的另一形態。在講崇高之前，康德在美的分析中曾區別「純粹美」（「自由美」）與「依存美」。「純粹美」如花、鳥、貝殼、自由的圖案畫，「框緣或壁紙上的簇葉裝飾」，以及無標題、無歌詞的音樂，等等㊳，這是純粹的形式美。它充分體現了康德定下的美之為

㊱ 康德雖也以人工的金字塔作為數量崇高的例子，但其意仍在對象的自然巨大體積（自然物質的量），所以並不矛盾。

㊲ 參看《自然通史與天體論》、《對於美和崇高的感情的觀察》。

美的標準，最符合康德關於美的分析的幾個要點，如非功利、無概念、沒有目的等等。按理說，「純粹美」應該是康德的美的理想了。但是，有意思的是，情況恰好相反，康德認為，「純粹美」並不是美的理想，康德認為「美的理想」倒是「依存美」。所謂「依存美」，是指依存於一定概念的、有條件的美，它具有可認識的內容意義，從而有知性概念和目的可尋。它包括了幾乎全部藝術和極大一部分的自然物件的美。即只要不是純粹以線條等形式而能引起美感的對象如人體、林園、一匹馬、一座建築，等等，就都屬於此類「依存美」。這種美以目的概念作前提，受它的制約，具有道德的以至功利的社會客觀內容。例如，一個人體、一匹馬所以是依存美，就因為由它們的形體而會想到形體構造的客觀目的。這就不僅有審美的愉快，而且還附加有理知或道德的愉快，這裡乃是「趣味與理性的統一，即美與善的統一」㊴。康德認為，這對審美不但無害，而且有益。總之，單從形式著眼，便形成「純粹美」的審美判斷；若考慮到目的，便形成「依存美」。一個對象常可以從這兩個不同角度去欣賞，其審美感受也不盡相同。既可以作純形式如線條、構圖的觀賞（「純粹美」），也可以作涉及內容的觀賞（「依存美」）。但是，康德認為，美的理想卻是後者。

在《純粹理性批判》中，康德所謂理想就是指理性理念的形象，理想與理性理念是不可分開的。在《判斷力批判》中，康德也說，「理念本意味著一個理性的概念，理想則是一個適合於理念的個體存在的表象。」㊵ 理性理念本不是任何感性也不是任何知性概念可以表達的（見認

㊳ 《判斷力批判》§16，參看宗譯本，第67～68頁。

㊴ 同上書，§16，第69頁。

㊵ 同上書，§17，第70頁。

識論)，但能通過美的理想的個別形象展現出來，它可說是非確定的理性理念的最高表現。

所謂美的理想就首先應與經驗性的一般範本相區別。所謂經驗性的一般範本，是指在一定範圍內經驗的共同標準，它基本上是一種平均數，「……想像力讓一個大數目的（大概每個人）形象相互消長，……顯示出平均的大小，它在高與闊的方面是最大的及最小的形體的兩極端具有同樣的距離，這是一個美男子的形體。」㊶ 所謂「增之一分則太長，減之一分則太短」，這種美的經驗性的範本是由想像力所達到的形象標準，具有相對的性質。不同民族有不同的經驗標準即不同的美的範本，例如不同民族不同時代便有不同的美人範本。它不涉及什麼道德理念，完全是一種經驗的範本。美的理想與這種經驗性的範本不同，因為它不是經驗標準，而是要在個別形象中顯示出某種理性理念，儘管是某種並不那樣明確和確定的理性理念。既然要顯現理性理念，就只有人才有此資格。康德認為，如花朵、風景、什物很難說有什麼「美的理想」。

前幾章談過，理性理念不在自然因果範圍之內，不是科學認識的對象，而是在經驗範圍之外的道德實體。康德在美的理想中便一再指出：「美的理想，……只能期之於人的形體，這裡……在最高目的性的理念中，它與我們理性相結合的道德的善聯繫著，理想在於道德的表現……」㊷。「按照美的理想的評判，不單是趣味判斷了」㊸，即它不再是純粹美，也不只是純粹的審美，而是部分地具有理知性的趣味判斷了。康德在講藝術之前，專門有一節講「對美的理知興趣」，說「……不但自

㊶ 同上書，§17，第72頁。

㊷ 同上書，第74頁。

㊸ 同上。

然產物的形式，而且它的現存也使人愉快」[44]，「因此心靈思索自然美時，就不能不發現同時是對自然感興趣。這種興趣是鄰近於道德的」[45]。康德敏銳地覺察到，欣賞大自然時所特有的審美愉快不只是對形式的審美感受，自然美不只是形式美，而且也包含有對自然存在本身的知性感受，亦即對大自然合目的性的客觀存在的讚賞觀念，這就超越了審美的主觀合目的性形式而趨向自然的客觀合目的性了（詳下）。自然的客觀合目的性正是通向道德本體的橋梁。康德整個《判斷力批判》本就要在感性自然（牛頓的自然因果）中找到一種與超感性自然即與倫理道德（盧梭的人的自由）相聯繫的中介，這個中介在審美判斷（主觀合目的性），最終歸結為與道德的主觀類比。有如知性範疇通過構架而感性化，成為認識（詳本書第四章）；道德理念通由「象徵」而感性化，成為審美。康德說，「趣味歸結乃是判斷道德理念的感性化的能力（通過二者在反思中的類比）。」[46] 即自然景物類比於一定的理性觀念而成為美，於是，康德作出了著名的「美是道德的象徵」[47] 的定義。例如白色象徵純潔，等等。中國古代藝術中的松、菊、竹、梅四君子象徵道德的高尚貞潔，與康德這裡講的意思倒相當一致。

在康德看來，藝術的本質就在這裡。藝術是「依存美」，不是「純粹美」（形式美）。可見，藝術並不等於美，它是在「無目的的目的性」即美的形式中，表達出理性，提供「美的理想」。康德在審美分析中提出「美的理想」，在藝術創造中則提出「審美理念」。二者實質上是一個東

[44] 同上書，§42，第144頁。

[45] 同上書，第145頁。

[46] 同上書，§60，第204頁。

[47] 同上書，§59，第201頁。

西，前者主要從欣賞角度、從「趣味判斷」角度提出，後者主要從創作心理、從所謂「天才」角度提出。它們都是指向道德的過渡。康德說，「所謂審美理念，是指能喚起許多思想而又沒有確定的思想、即無任何概念能適合於它的那種想像力所形成的表象，從而它非語言所能達到和使之可理解」㊽；「在這裡，想像力是創造性的，並且把知性諸理念(理性）的功能帶進了運動，這就是，在一個表象中，思想（這本是屬於對象概念）大大多於所能把握和明白理解的。」㊾它是在有限形象裡展示出無限的理性內容。它所以叫理念，是因為它不是認識對象，不是知性範疇、概念所能窮盡或適用，而是指向超經驗、超自然因果的道德世界；它所以又不是理性理念，是因為它不像理性理念那樣將個別與總體、想像（感性）與知性分割開。它是在有限形象（感性）裡展示出無限（理性），而非任何確定的概念所能表達或窮盡。一般的理性理念雖超經驗但仍是確定的概念，審美理念卻不同，它是「意無窮」，即非確定概念所能窮盡。中國藝術中常講的所謂「言有盡而意無窮」、「羚羊掛角，無跡可求」、「味在鹹酸之外」、「意在筆先，神餘言外」，以及「形象大於思想」等等，也都是這個意思㊿。康德認為，藝術要在死亡、愛情、寧靜等等具體經驗意象中，展示出自由、靈魂、上帝等等超經驗的理性理念（道德），創造出一個「第二自然」。所謂「第二自然」也就是藝術顯得不像人為，亦即其目的不是直接表露出來，而是好像自然那樣，是一種無目的的合目的性的形式，才能引起審美感受。但同時，又知其為人為的藝

㊽ 同上書，§49，第160頁。

㊾ 《判斷力批判》§49，參看宗譯本，第161頁。

㊿ 在語言藝術（文學）中，從神話的多義性和不可解釋性到「詩無達詁」，都是例證。其他藝術如音樂等等中，這一特徵就更明顯。

術作品，所以這種感受更具有知性的目的興趣，不同於欣賞真正的自然美、形式美。藝術創作也是這樣。康德說：「想像力的這些表象叫作理念，部分是由於它們至少追求超越經驗界限的某些事物去尋求接近理性概念（知性理念）的表象，給予這些理性理念以客觀現實性的外貌，但特別是由於沒有概念能充分適合於作為內在直觀的它們。詩人試圖把不可見的存在的理性理念，天堂、地獄、永恆、創世等等，實現於感性。他也處理經驗中的事例，例如死亡、妒忌和各種厭惡、愛情、榮譽，如此等等，借助想像力，盡力趕上理性的活動以達到一種『最高度』，超越經驗的界限，把它們表現在自然中無此範例的完全性的感性之中」❺❶。這並不是把理性理念等概念加上一件形象的外衣，恰恰相反，它是形象趨向於某種非確定的概念，這就是藝術創作不同於科學思維的特徵所在。康德把這叫作「天才」。康德認為，科學無「天才」，只有藝術創作才有「天才」❺❷，因為科學是知性認識，有一定的範疇、原理指引，有一定的可學可教的規範法則，任何人只有遵循這些指引，便都可作出成績，而藝術作為審美理念的表現，卻是「無法而法」，無目的的目的性，它不可教，不能學，沒有固定的法則公式，純靠藝術家個人去捕捉和表現既具有理

❺❶ 《判斷力批判》§49，參看宗譯本，第160～161頁。

❺❷ 在後來的講課中，康德對「天才」的解釋和舉例又廣泛得多了。他把發明與發現相區別，認為發明的才能即天才。他說，「……這種發明的才能就叫天才。但人們總只把這個名稱給藝術家，即只給能創造出某種東西的人，而不給只知道很多東西的人；也不給只會模仿的藝術家，而只給能獨創的藝術家，並且只給其產品是可作榜樣的人，所以，一個人的天才就是他的才能的可作榜樣的首創性」；「真正為天才而設的領域是想像力的領域，因為想像力是創造性的，它比其他功能較少處於規章強制之下」；「天才是這樣的人，不論從精神的深度或廣度上，他都在其所從事的一切工作中起了劃時代的作用，例如牛頓、萊布尼茲。」（《人類學》§57、§58）

性內容又不能用概念來認識和表達的東西，以構成審美理念，創造美的理想，成為既是典範又是獨創的作品。康德認為，這種不可摹擬的獨創性與有普遍意義的典範性，便是「天才」的兩大特徵。一般的理性理念雖不可認識，卻是可以思維和言說的（參看本書第六、七章），審美理念則是既非認識又不可思維、言說解釋的，它只可感受和想像。它是在這種感性中展示出「超感性的基體」，這就是「天才」之所在。所以，康德講的「天才」，不同於以後浪漫主義強調的超人的天資、神祕的天賦，他主要是指在藝術創作中通過「無法而法」即「無目的的合目的性」的審美形式，展現出道德理念的創作能力，即藝術創造的獨特心理功能。康德認為，趣味比天才更重要，「如果在一作品上兩種性質的鬥爭中要犧牲一種的話，那就寧可犧牲天才」㊿。因為趣味涉及的是美之為美的形式（即上面美的分析中講的那些條件），「天才」涉及的主要是理念內容。沒有前者，缺乏審美形式，根本不能成為藝術作品；沒有後者，則仍可以是一種缺乏生命力量和內在精神的、平庸的藝術品。此外，康德的「天才」指的雖不是形式技藝的掌握，但他認為，形式技藝卻是磨練、管束、訓育「天才」使之能構成藝術作品的條件。

藝術既以目的概念作為基礎，它要求有理性理念，通過「天才」的藝術創作而獲有審美的趣味形式，所以它不是純粹的審美活動。但它仍不是認識（科學思辨），也不是工藝[54]（實踐活動），這兩者都有確定的目的，為外在的確定目的服務（如工藝產品是為了報酬），不是本身就產生愉快的自由遊戲，即不是無目的的目的性。一方面，作為審美，藝術的目的不在本身之外，它自身的完整就是目的。另一方面，藝術又確有

[53] 《判斷力批判》§50，參看宗譯本，第166頁。

[54] 這種工藝已非指具有一定藝術創作性能的中世紀的手工技藝。

提高人的精神的外在效用和目的，它又服從於外在的目的。藝術雖以理性目的概念作為基礎，卻並無任何實在的具體的目的。它雖不屬於形式美（「純粹美」），但美的形式對它又仍為必要55。藝術必須趨向自然，不顯人為痕跡，亦即目的是在無目的的目的性中展示，而不是赤裸裸地出現，才是成功（美）的。它的內容必須是倫理道德（理性理念）的，它的形式卻必須是審美（無目的的目的性）的。在這裡，藝術仍然是自然與人（倫理）、規則（形式）與自由（「心靈」）、審美（合目的性形式）與理性（目的概念）、趣味與天才、判斷與想像的對立統一體。在康德，藝術與審美的根本特徵就在這種自由的統一。所謂「自由遊戲」，所謂「想像力與知性的自由運動」，所謂「無目的的目的性」等等，都是說的這一區別於人類其他活動和其他心理功能如科學、工藝、技術、道德等等的地方，這也就是康德在審美判斷力的分析論中所要著重論證的。康德講的這種藝術、審美的心理特徵，中國古代文藝講得很多，只是遠沒有提昇到這種哲學高度。

康德為其體系建築術的需要，在審美分析論之後，便是所謂審美判斷力的辯證論。在這裡，康德提出趣味的「二律背反」，即一方面，趣味不基於概念，因否則就可以通過論證來判定爭辯（正題）；另一方面，趣味必基於概念，因否則就不能要求別人必然同意此判斷（反題）。康德指出，經驗派美學否認概念，主張美在感官愉快，唯理派美學認為美在感性認識的概念完善，他們或把審美當作純主觀的（經驗派），或把它當作純客觀的（唯理派），都無法解決這個「二律背反」。康德「解決」這個

55 藝術與審美決不是等同的，而毋寧是互相交叉的，即有一部分藝術品並無審美意義，而有一部分美的對象也並非藝術作品。所以，美學不能等於文藝概論或藝術哲學。

「二律背反」的辦法很簡單，即指出，正題裡所指的「概念」是說確定的邏輯概念，反題所說的「概念」則是指想像所趨向的非確定的概念。這樣，當然正反雙方都對了。從而審美既不是主觀的感官愉快，也不是客觀的概念認識。它的「二律背反」的解決指向一個「超感性的世界」(56)（詳後）。

但是，這個「二律背反」並沒有第一、第二兩個《批判》中的「二律背反」重要，因為它沒能充分暴露出康德美學的真正矛盾。這種真正矛盾倒是在上述「純粹美」與「依存美」、美與崇高、審美與藝術、趣味與天才實即形式與表現的對峙中更深刻地呈露出來。一方面，美之為美如康德所分析在於它的「非功利」、「無概念」、「無目的的合目的性」，這也是所謂「純粹美」、審美、趣味的本質特徵。但另一方面，真正具有更高的審美意義和審美價值的，卻是具有一定目的、理念、內容的「依存美」、崇高、藝術和天才，是後者才使自然（感性）到倫理（理性）的過渡成為可能。康德的美學就終結在統一這個形式主義與表現主義的尖銳矛盾而未能真正作到的企圖中。

康德美學的形式主義和表現主義這兩種因素和兩個方面，都對後代起了巨大影響，都有其一大串的繼承者。前一方面是「為藝術而藝術」、「有意味的形式」、「距離說」……種種現代形式主義的前驅。後一方面則是各種浪漫主義、表現主義、反理性主義的先導。在十九世紀，謝林、黑格爾和浪漫主義狂飆運動都是以高揚所謂無限理念的內容為典型特徵

(56) 《判斷力批判》§57：「……諸二律背反，迫使人展望超越感性世界，在超感性中去尋求我們諸先驗功能統一的焦點」；「解開其根源對我們是隱藏的那種功能的祕密，是主觀的原理，即在我們之內的超感性的未確定的理念」（參看宗譯本，第188～189頁）。

的，崇高、天才成了中心議題。另一方面，哈巴特 (Herbart)、齊美曼 (R. Zimmermann)、漢斯立克(E. Hanslick)等人則發展康德的形式主義方面，把美歸結為線條、音響的關係和運動。在二十世紀資產階級美學理論中強調表現的一派，與強調形式的一派，也仍然可以說是康德美學上述兩個方面的發展。康德講的表現，還是理性理念，到現代便變成反理性的「性欲」(弗洛依德)、「經驗」(杜威)、「集體無意識的原型」（容〔Jung〕）等等，藝術完全失去其審美的特徵和意義；康德講的形式(非功利、無概念)，還是審美的心理特徵，到現代便變成藝術的本質——「心理距離」（布洛〔El. Bullough〕)、「有意味的形式」（貝爾〔Clive Bell〕、洛傑・佛萊〔Roger Fry〕)，並把藝術完全等同於審美了。在這兩個方面中，形式主義又更突出一些。從而一般都把康德美學看作是形式主義藝術的理論淵藪。

總起來說，康德的美學提出了一系列重要問題，從審美心理到藝術創作，從美的分析到審美理念，從崇高的心理特徵到類比㊿ 的意義，從形象大於思想到線條重於色彩㊽ 等等，都確乎關係到審美與藝術的特徵所在。正因為這樣，康德如此抽象乾枯的理論才能成為美學史和文藝思潮中罕見的有影響力的著作。

---

57 類比作為人所特有的心理功能，還未有充分的估計與研究。我以為所謂非邏輯演繹、非經驗歸納的「自由」創造的能力，與此密切相關。它是機器和動物所沒有的。這表現在日常生活（如語言）、科學認識，而特別突出表現在藝術創作中。類比不簡單只是觀念間的聯繫，它涉及情感、想像等多種心理功能。人類的語言，使這一功能獲得了極大的鞏固和提高。比喻所以成為文學中的美學因素，成為最早的文學形式之一，原因也在此。

58 康德認為，色彩訴諸感覺的愉快，線條不然，後者才真正具有審美意義。這是很有見地的，可參見中國藝術的特徵。黑格爾則只重視色彩（見《美學》第3卷)。

（五）有機體組織

審美判斷力只是一種主觀的合目的性。康德把藝術與自然作比較時，便指出藝術畢竟是人為的產物，它的合目的性形式是人所創造出來的。自然美卻不然。「自然美……可以被看作自然的一種客觀目的性，在這裡，自然是作為人在其中也是一個環節的系統整體。」(59) 前面已說到，對自然美可以由形式的欣賞，進到實質（存在）的讚嘆，亦即由主觀的審美判斷進到客觀的目的論的判斷：不只是把自然的形式與我們主觀愉快相聯繫，而是把自然的存在自身看作具有客觀目的。因之，在〈目的論的判斷力〉開頭，康德便指出，「我們對自然很大讚嘆的根據」正在於「那與我們的用途無關而只屬於事物本身的東西，似乎仍然是有目的的，而且還好像是特意為我們的用途而安排的」(60)。一般常說《判斷力批判》這兩個部分沒有聯繫。其實，康德自己倒是企圖把它們聯繫、銜接起來的。這個銜接點在自然美最後作為「道德的象徵」，即把自然本身看作有目的地趨向於道德的人，自然界以道德的人為其最終目的。

如本章開始所述，康德把目的分成兩類，即相對的或外在的目的與內在的目的。前者指一物存在是為了別物，如舊目的論認為老鼠的目的是為了給貓吃，動植物的存在是為了人的利益等等。這種「外在的目的

(59) 《判斷力批判》§ 67，參看韋卓民譯本，下卷，商務印書館，1964 年版（簡稱韋譯本），第30頁。

(60) 同上書，§ 62，第9頁。

性」是「一事物對其他事物的適應性」(61)。康德反對這種目的論，而重視自然的內在目的。這種目的的具體範例，便是動植物有機體組織。康德早年便注意到，自然界除了機械因果關係之外，還有另一種關係，它們具有非機械的生命特徵，這是牛頓力學的機械因果規律所不能解釋的。在《自然通史與天體論》一書中，康德便說，小小的毛毛蟲比廣大無限的星球體系還複雜和難以解釋得多。經過三十多年以後，其中特別包括康德對動植物適應環境的特點、對人類種族的研究，使康德不但堅持這一觀點，並且更為明確地認為，決不可能再出另一個牛頓，來用機械力學的規律解釋有機體生命現象。康德認為，這種有機體生命現象只能用完全不同於機械因果的目的觀念來解釋。「如果一個事物同時自身是因又是果，它就是一種自然目的。」(62)而作為自然目的的代表——生命有機體便正是這樣。它有三大特點，一是各部分只有與其整體相聯繫的情況下才存在。「一個事物成為一個自然目的，首先要求它的各部分（不論存在或形式）都只有與其整體相關連才可能」(63)，例如把手從軀體上切下來，就不成其為手了。二是各部分互為因果，互為手段和目的，「第二要求它的各部分結成一統一整體，以使它們各部分彼此互為因果」(64)。三是具有自組織的功能，能夠自己再生產，這一點最為重要。因為光上面兩點還不夠，一種人工技藝的產物也可以具有這兩點，如鐘錶。而只有「每一部分都是交互產生其他部分」，「這樣一種產物才能叫做自然的目的，因為它是有組織的，並且是在不斷自組織之中」(65)，從而它不是人工產

(61) 《判斷力批判》§63，參看韋譯本，第15頁。

(62) 同上書，§64，第18頁。

(63) 同上書，§65，第20～21頁。

(64) 同上書，第21頁。

(65) 同上書，第22頁。

物那樣，從外面來設計組織，而能自己生長發展。正因為此，它就既不同於如一隻錶那樣的機械運動的因果關係，也不同於一隻錶那樣須有外在的設計師和製造者。康德舉例說，樹無論就種類說或個體說，都是自己產生自己，樹的枝葉又是相互依賴以維持生存的。「葉無疑是樹的產物，但是反過來，葉也維持樹」(66)。因此，不等於部分之和卻又決定部分的整體，作為一個統一的系統，在這裡有很重要的意義。機械力學也講作用與反作用，但它就沒有這種作為目的的整體系統觀念，也就不能解釋為什麼某些自然對象部分與部分之間、整體與部分之間有這種交互聯繫，為麼部分是以整體為前提，是依存於整體的。康德認為，用作為系統整體的目的觀點來看待和研究事物，對深入揭示自然的奧祕大有益處。我們不問海浪（無生物）為何老拍岸，因為這是無科學意義的形而上學問題。但可以問鳥翼（生命有機體）為何如此位置，動植物某部分為何這般構造，即有何目的，這就可以引導科學作進一步探究。例如指出鳥翼位置便於飛翔（目的），動植物的任何部分都不是無用，而是大有用處的等等。康德說，「有機體……首先給目的概念，不是實踐的而是自然的目的概念，提供客觀實在性，從而給自然科學提供一種目的論基礎」(67)，補充了單純機械作用所不夠用的經驗領域。只用機械關係沒法真正了解有機體現象，而加上這一條目的論原理，對發現、認識、探討自然因果大有裨益。但是，這種目的論原理並不能從經驗中得出，它根本不是在自然本身中所能提供和發現的原理。在《純粹理性批判》中，康德已強調「整體」只是非經驗所能證實的理念。作為了解有機體的整體系統，也是一種主觀的理性理念。作為整體系統的「目的性」只是一

(66) 同上書，§64，第19頁。

(67) 同上書，§65，第24～25頁。

種「類比」，用康德的術語說，它只是一種範導性的原理，而不是構造性的原則（參看第六章）。 它是反思判斷力（不是決定判斷力）的先驗原理[68]。

（六）機械論與目的論的「二律背反」

這樣，也就到了目的論判斷力的「二律背反」的辯證論。康德說：

判斷力的第一準則是正題：必須認為所有物質事物及其形式的產生，僅依據機械規律而可能。

判斷力的第二準則是反題：有些事物的產生不能認為僅依據機械規律而可能（判斷它們須要一種不同於因果的規律，即最後原因）。

如果這些指導探究的範導性原理轉為對象可能性的構造原理，就會是：

正題：所有物質事物只依據機械規律才可能。

反題：有些物質事物只依據機械規律不可能。[69]

[68] 「……我認為哲學有三個部分，每部分都有它的先驗原理，……也可能準確地規定它們的知識範圍——理論哲學、目的論、實踐哲學，在這三者之中，目的論大概是最缺少確定的先驗根據的。」（1787年12月28日康德給倫浩德的信）

康德進而回溯哲學史上關於目的論的一些看法。他把認為自然目的是無意的，叫做目的性的觀念論；把認為自然目的是有意的，叫做目的性的實在論。屬於前一類有伊壁鳩魯、德謨克利特和斯賓諾莎；屬於後一類的是物活論和有神論。康德認為，伊壁鳩魯等用自然本身的運動規律來解釋一切事物，斯賓諾莎則用作為整體自然的無限實體的超感覺的原始存在來必然地決定一切事物；從而目的性或者是自然的偶然性（伊壁鳩魯），或者是超自然的宿命論（斯賓諾莎）；前者是「無生命的物質」，後者是「無生命的上帝」。這樣，目的或等於原因，或等於必然，實際仍是機械論。另一類是自然的物活論與超自然的有神論，則沒有任何可能提供的經驗來證實它們。康德認為，說物質有生命，與物質的基本特徵一惰性直接矛盾，而說一個活靈活現的上帝來設計製造，也是說不通的。五顏六色的花朵，整齊對稱的雪花，這種種難道是自然或上帝有意設計出來供我們觀賞的嗎？這種目的論的實在論，也是康德所不能贊同的。康德回溯哲學史只是為了加強他所指出的「判斷力」的「二律背反」，這就是說，以前把目的論當作客觀存在的原理，不管是機械論還是有神論，機械與目的二者不能並存，必須一真一假，因之沒法解決。最終要麼仍是機械論，要麼便是物活論、有神論，都走不通。

康德認為，只有把這個「二律背反」當作「判斷力」的問題，就很好解決。因為，如果把它們都當作範導原理來使用，則二者可以並存，正反雙方「事實上並不含有什麼矛盾」。人們可以同時用這兩條原理指引自己，探討研究。「必須經常按照自然機械論原理來反思，從而儘可能地推進研究，因為除非把這條原理作為鑽研的根據，就不能有真正的自然的知識」(70)。但這又不妨礙在某些時候對某些對象或整體自然，用第二

(69) 《判斷力批判》§70，參看韋譯本，第38頁。

條準則去反思，即用目的論來考慮。即使這樣，又不是說第一條準則(機械論）對它們已經失效，「恰恰相反，我們被告知必須緊緊沿著它儘可能的走得遠一些」(71)。這就是說，康德認為，自然界只有機械因果關係，探究和揭示自然界的所有奧祕也依然只能用機械因果規律，並不能到自然事物或自然界中去真正找到什麼目的。目的論作為反思判斷力，只在於從主觀上指引人們用目的觀念去考慮、研探自然，並不能用它去構造知識。目的論原理只使事物變得可理解（思維)，而不能使事物變得可認識（思維與認識的區別，參看本書第六、七章)。要認識它，還得用機械因果規律來解釋。所以，機械論與目的論作為主觀的兩種觀點可以同時運用，並無矛盾。探討一個事物，可以把它看作包含某種目的，同時又看到，這種目的必須體現在機械規律之中。康德反覆強調，目的論原理不能作為客觀的構造性原理，而只能是主觀的範導性原理，即使作為範導性原理，也不排斥機械論原理(它既可以作範導又可以作構造)。例如說心臟是為了血液循環（目的論)， 這只能是種範導性原理，即對研究心跳可有用處，但並不能真正如此解釋心跳，心跳與血流的關係仍然是一種機械關係。

很明顯，康德敏銳地看到了，有機體的本質特徵很難用甚至不可能用機械力學規律來窮盡，而假設一個超感性的所謂目的原理，它是經驗所完全不能證實或提供的。康德只好把它放在主觀範圍內，作為反思判斷力的範導性原理。即一方面認為有機體不是機械論所能解釋，必須用目的論；另一方面目的論又只是一種範導原理，並不能具體解釋有機體；要解釋，仍然要用機械論。

(70) 《判斷力批判》§70，參看韋譯本，第38～39頁。

(71) 同上書，第39頁。

這也仍然是今天自然科學特別是生物學領域內所激烈爭論的重大問題。一派在現代工業技術和控制論等影響下，強調一切生物和生命現象都可以最終用物理——化學過程和規律來充分說明；另一派則否認有此可能。前者斥後者為物活論、神祕主義，後者斥前者為還原論、機械主義。還原與反還原仍然是今天論爭的一個焦點。而這，不正是二百年前康德提出問題的再現麼(72)？生命的起源和特徵，是現代自然科學中的尖端問題。康德目的論以有機體作為範例，把這一問題的哲學性質突出來了。現代結構主義指出了解決這一重大課題的方向，例如反饋、自組織、整體大於部分之和，等等，但具體的途徑和答案仍待生物科學家們的巨大努力。從無機物質世界中合成有機生命現象，則是徹底駁斥一切神祕主義的目的論的最有力的基礎。

馬克思主義認為，物質運動從機械力學到生命現象到社會現象，各有其相區別的質，把高一級完全還原為低一級是不可能的。但問題在於，這個不能還原的高一級的質究竟是什麼？它是如何得來和構成的？顯然它不是某種神祕的「目的」，而只能在低一級的各質料之間的某種獨特的形式結構中去尋找。因此，科學中還原論一派比起迷信什麼神祕的「活力」、「燃素」的反還原論要更為健康和富有成果。這裡涉及的根本問題

(72) 如果說，薛定格(Schrödinger)《生命是什麼》代表前一傾向，用物理學來解釋生物生理現象，那末，波爾的所謂互補原理則可謂代表後一傾向。波爾說，「嚴格應用我們在描述無生界時所採用的那些概念和考慮生命現象的規律，這二者之間的關係可能是互斥的」(《原子論和自然描述・緒論》)。後又說，「……談到生命，就一定要用這樣一些目的論的名詞來補充分子生物學的術語。然而，這一情況本身，並不意味著在把明白確定的原子物理學原理應用於生物學時會受到任何限制」(《原子物理學和人類知識論文續編》，中譯本，第32頁)。這又接近康德了。

是，低一級的物質運動作為材料在某種形式結構中，產生出不同的、高一級的物質運動。結構的不同可以產生質的差異。所以，這裡的重要環節在於結構，例如生物體的自我調節、系統機制之類的特定結構。這是值得進一步從哲學、科學方法和各門具體科學中去深入探究的問題。康德用一個主觀的目的論範導原理來代替這種客觀的結構規律，只是提出了問題。如同審美判斷力具有關於美學與藝術一系列獨立的內容和問題（審美心理特徵、藝術創作特徵、美的理想與典型，以及藝術分類等等）一樣，目的論判斷力也具有包括進化論預見在內的上述關於有機體一系列獨立的內容和問題，雖然比起審美部分來，二百年來生物科學的進步，使康德這一部分的論點已經顯得貧乏和落後。

（七）人是自然的「最後目的」

儘管康德對這些科學問題本身是有興頭的，但他寫《判斷力批判》，卻並不是為了提出這些具有某種獨立意義的科學問題，而是為了溝通認識與倫理即他的前兩大《批判》，以聯繫自然與人。審美判斷力以自然形式的合目的性與人的主觀的審美愉快相聯繫，目的論則以自然具有客觀目的與道德的人相聯繫。

康德一方面反對只用目的論而不用機械論去探究、解釋自然事物，那樣「勢必迷失在超驗解釋的迷霧中，這是自然知識所不能跟隨的，理性被引入詩意的狂熱，這正是它要避免的」[73]；「另一方面，……在自然形式可能性的理性探討中，目的性展示自己無疑屬於另一種不同的因果，在這種情況下，仍完全排斥目的原則，墨守單純的機械論，這樣就使理性流入空想，漫遊在不可思議的自然功能的奇想之中，正如單憑目的形態去解釋而不顧機械原則，使理性陷於幻覺一樣」(74)。總之，當問一個事物為什麼存在時，就有目的論問題。但要從自然本身找到這種目的的解釋，又是不可能的。對自然有機體如此，對整個自然就更如此了。有機體所以作為目的論的範例，在於它們的有機組織暗示一種事先的設計和規劃，自然作為整體並非有機體，但整個目的論本就是種類比，從而整個自然的秩序井然的組織和進化，便也可說暗示（而不是證明）一種超感性的理知存在者。在認識論，在《純粹理性批判》中，經常可以看到康德提及一種非人所有的「理知直觀」。這種超經驗的假設是屬於所謂「本體」彼岸的東西。在《判斷力批判》中，康德又認為，在這種非人所有的理知直觀那裡，機械論與目的論可能是同一的。也就是說，自然存在及其有機規律是屬於不可知的超感性世界中的，在那裡，目的論與機械論便合而為一了。康德還提出所謂作為世界原因、整個自然的「最後原因」、「最後根源」、「原始理知」、「非必然的存在」等等觀念，意味著整個自然從目的論看，可以假定有一個設計師，從而，目的論不只是一種探究自然的範導性原則，而且還是指向某種所謂「超感性的基體」了。康德說，「我們不能洞察構成自然眾多特殊規律的最終內在根據。……我們絕對不能擴展我們認識於解釋自然可能性的內在的和完全充分的原理，這種原理是在超感性中。」(75)「我們不了解目的性……，除非我

(73) 《判斷力批判》§78，參看韋譯本，第69頁。

(74) 同上書，第70頁。

(75) 《判斷力批判》§71，參看韋譯本，第40頁。

們把它們和世界看作是一個靈知原因即上帝的產物」[76]。儘管這一切都還是在反思判斷力的主觀範圍之內，並非客觀的規定，「它證明有這樣一種靈知存在者嗎？肯定不！……一個靈知的原始存在不能客觀地被證明，而能作為一種命題，在對自然中目的的反思中，主觀地為我們判斷力所運用……。」[77]這正是康德哲學中說得非常模糊、而又的確是走向信仰主義去的「神祕東西」，它正是由認識到倫理的過渡。

康德強調自然的客觀目的的真正重點還不在有機體，有機體只是康德用來加強他的論點的自然現象，更重要的是整個自然為何存在這個大目的，由無機物到生命現象（有機體）到人，自然向人生成，好像具有某種目的，亦即最終目的，這才是關鍵所在。

康德認為，形形色色的自然生命不管如何符合目的，安排得如何巧妙合理，但沒有人類，就毫無意義，也毫無目的可言。「沒有人類，這整個創造就只是浪費、徒勞、沒有最後目的。」[78]人才是自然不斷創造的最終目的。這個人不是指認識的人，康德指出，世界並非作為人的沈思對象而有意義。這個人也不是指自然的人即人的幸福，康德認為，儘管個人總是要把幸福作為自己的主觀目的，但幸福並不是創造世界的最終目的。天地不仁，以萬物為芻狗，自然對人的幸福並不給予什麼不同於動物的特殊的偏愛或恩寵，各種天災地禍便是明證。

康德的自然向人生成（人作為整個自然的最終目的）， 指的是所謂「文化－道德的人」。

所謂自然的最終目的是文化的人，康德的意思又有好幾層。文化的

……………………………………

[76] 同上書，§75，第55頁。

[77] 同上書，第53～54頁。

[78] 同上書，§86，第109頁。

人首先是指能擺脫自然的欲望束縛，獨立於它，而又能按照自己的自由意志去利用自然，以實現自己的目的，即有運用自然的技巧，從而是有文化的。「一個理性存在者產生能自行選擇目的的能力（從而是在自由中），就是文化。因之，關於人類種族，我們有理由歸於自然的最終目的的，只能是文化（而不是幸福……）。」(79) 但是，也並不是凡文化都具有自然最終目的的條件，文化所以能是最終目的，乃在於它與道德有關，在於它間接促進道德。在上一章講康德歷史觀時已講到，康德認為自然通過個人之間、國家之間的爭鬥、戰爭，發展了人類和社會，以實現自己隱蔽的目的，它也使它的文化、才能發展到了最高度。例如，科學藝術（文化）即使不能使人在道德上進步（盧梭的觀點），但它使社會更富有教養，使人更為文明，「這樣就對克服感性偏執的專橫大有貢獻。因之也就準備了人作為主宰存在。在那裡只有理性統治；災惡或由自然、或由人的自私襲來時，就喚起、加強和堅定了心靈的力量，不去屈服於它們，而是使我們感到有一個更高的目的藏在我們身上」(80)。簡單說來，也就是，文化可以提高人的精神素質，從而就有助於高揚理性道德的力量。本來，在康德看來，生命的價值和目的不在享受了什麼（幸福），而在於做了什麼（道德），在於他恰恰可以不作自然鎖鏈的一環。「善的意志是人的存在所能獨有的絕對價值，只有與它聯繫，世界的存在才能有一最終目的。」(81) 所以，自然的最終目的就是這種道德的人或人的道德，這才是「作為本體看的人」。只有這種服從道德律令的人，才是能有超感性（即自由）能力的自然存在物。這種作為道德本體的人的自然存在，

(79) 同上書，§83，第95頁。

(80) 同上書，第98頁。

(81) 同上書，§86，第110頁。

才是無條件的目的自身，才是作為現象界的整個自然的最終目的和歸宿。它為什麼要存在，它為什麼目的而存在，這類問題便不再存在了。因為它自身就是目的，就是本體，就是「超感性的基體」。因之，現象到本體兩岸深淵之間，便完成了過渡。

這裡也就到了康德目的論的結尾，也是整個康德哲學的結尾。康德由牛頓（自然因果）到盧梭（道德）的概括總結，便大功告成。

康德的目的論不是科學，因為它不提供什麼客觀的原理，不直接構成認識。但它也不是神學，由目的論而引出神學，在康德看來是一種謬誤或曲解。「自然神學乃是對自然目的論的一種曲解。」[82] 因為由自然目的推出設計製造各種生命現象的精靈們，或推出一個最高智慧者、或原始原因、或設計者的存在，康德認為，這只能得到一種完全不能由經驗證實的鬼神學，得不到康德所需要的道德的上帝。

但另一方面，在前面列舉各種哲學史上的目的論時，康德就特別同情有神論，認為它勝過其他理論。他也同情自然神學，認為它雖然不是道德的神學，卻可以是這種神學的準備和「序曲」。本書第九章已說，康德反對神學道德論，卻主張道德的神學。康德這裡所謂神學，有一種社會領域的含意。因為在康德，所謂科學與認識都指自然，指自然對象和物理世界。作為人的本質的理性，在康德便是超感性、超自然的道德。如本書第七、第九兩章所說明，由於對社會規律的無知，這個不可知的本體世界成了康德的道德的神學的基礎，而目的論便是由自然現象界到達這個道德的神學的橋梁。「換句話說，服從道德律令的理性存在者的現實存在，才能看作是世界存在的最終目的。」[83]「從而，為了在我們面前

[82] 同上書，§85，第103頁。

[83] 《判斷力批判》§87，參看韋譯本，第118頁。

設立與道德律令相一致的最終目的，我們便必須假設一個道德的世界原因（世界的創造者）。只要道德律令是必須的，那麼道德的世界原因在同等程度和根據上，便是必須的，這就是說，我必須承認有一個上帝。」84 即承認有一個世界之上的道德的立法者，這就是康德的道德的上帝85。這個由道德目的論而來的上帝，儘管與康德反對的由自然目的論而來的上帝有所不同，但作為上帝仍是一致的。

在《實踐理性批判》中，是通過要求德性與幸福相結合的「至善」而必須設定上帝。在這裡，則是為了道德自身而必須有這個設定。前者仍具有某種客觀的成分，在這裡，在作為反思判斷力的目的論中，上帝成了完全主觀的設定，即它完全是人們主觀上的一種需要。這與《純粹理性批判》裡的上帝固然大不相同，與《實踐理性批判》裡的上帝也有所不同了。它既不是為了認識（探究自然的範導原理），也不是為了「至善」（來生的幸福），而只是為了行為：「為了我們理性的實踐的即道德的使用。」86 上帝在康德《判斷力批判》中，最終就明確地變成一種完全失去客觀存在性質，而純粹是人們主觀信仰的東西。康德整個「批判哲學」的體系，由批判上帝存在能證明開始，最終落腳在上帝存在作為主

84 同上書，第119頁。

85 康德說，「……神干預參與感性世界而起作用這種學院概念必須取消。……例如說，在上帝幫助之後，醫生治好了病人，這便自相矛盾。……要麼把全部作用歸之於那在理論上是不可認識的最高原因，要麼把全部作用歸之於醫生，在根據自然秩序可以解釋的因果聯繫中。……但在道德上，神的干預卻又是完全適宜甚至必要的。例如在我們的信仰中，只要一心真誠，上帝就會以我們不可思議的方式來幫助我們正義性的欠缺，所以我們決不放棄努力為善。但任何人並不能由此把它作為一件世間因果事件來解釋，因為這乃是對超感性世界的理論認識，完全是徒勞無功和荒謬絕倫的。」（《永久和平論》）

86《判斷力批判》目的論的一般說明，參看韋譯本，第159頁。

觀信念而必須之上，遂告完成。有人因之說，上帝完全成了主觀道德理想，可以說康德最終是拋棄了上帝。用康德的語言，是為了道德一實踐理性的需要，必須要求人們在主觀上信仰它。對教會和宗教喜笑怒罵的伏爾泰說，沒有上帝，人也要創造一個。法國革命的急進派羅伯士庇爾在大革命高潮中要創造供人崇拜的上帝，其本質都如此，即都需要創造一個神來作為統一人們行動的信仰。陀斯妥也夫斯基在他的小說中說得清楚：沒有上帝那怎麼辦，人人都可以幹壞事了。這一切說明，歸根到底是需要有上帝來幫助統治社會，用一種主觀信仰和崇拜對象，來組織、調動、管制、約束、規範人們的道德、行為。一切證明上帝存在和創造世界的有神論，不過是間接地最終服務於這個目的。康德的所謂道德的神學，一個不能證實卻必須信仰的上帝倒是掃開了一些假象，把這個問題表露得最為直接了當了。

可見，康德溝通認識與倫理、自然與人，而提出判斷力批判，結果歸宿到上帝的懷抱中。在人與自然的現實統一方面，康德未能再向前邁出一步。目的論雖然講到人使用外在和內在自然作為工具來實現各種目的，但只一帶而過。康德在認識論中大講為自然立法的人的主觀能動性，在這裡看不見跡影。其實，在這裡倒正是需要高揚人的社會實踐的主觀能動性，從而使自然向人生成的根本觀點的。

「自然向人生成」，是個深刻的哲學課題，這個問題又正是美學的本質所在。自然與人的對立統一的關係，歷史地積澱在審美心理現象中。它是人所以為人而不同於動物的具體感性成果，是自然的人化和人的對象化的集中表現。所以，從唯物主義實踐論觀點看來，溝通認識與倫理、自然與人、總體（社會）與個體，並不需要上帝，不需要目的論，只需要美學。真、善、美，美是前二者的統一，是前二者的交互作用的歷史成果。美不只是一個藝術欣賞或藝術創作的問題，而是「自然的人化」的這樣一個根本哲學—歷史學問題。美學所以不只是藝術原理或藝術心理學，道理也在這裡。

康德看到這個問題，但作了主觀唯心主義的解決，把審美當作主觀合目的性的形式。這樣便不可能解決「自然向人生成」這個巨大課題，於是又搞了個目的論殿後。[87]。但康德美學比起目的論部分，就哲學本身和哲學史的發展說，都更為重要。

康德的主觀唯心主義的美學，後來由席勒多少加以客觀化的修正。席勒也正是從自然與人、感性與理性這個哲學課題上來修正康德的美學的，所以席勒講的也不只是審美——藝術的問題，而具有社會的以至政治的內容。康德把自然與人鎖在審美「主觀的合目的性」中來解決，席勒則代之以「感性衝動」與「理性衝動」：「第一個『衝動』要求它的對象有絕對的實在性，它要把凡只是形式的東西造成為世界，使在他之內的一切潛在能力顯示出來。第二個『衝動』要求對象有絕對的形式性，它必須在他之內的凡只是世界的東西消除掉，在所有變異中有協調，換句話說，他必須顯示出一切內在的，又把形式授給一切外在的」[88]；前者「把我們身內的必然轉化為現實」，後者「使我們身外的實在服從必然的規律」[89]。就是說，一方面要使理性形式（倫理的人）獲得感性內容，使它具有現實性；另一方面又要使千差萬異錯綜不齊的感性世界（自然的物）獲得理性形式，使它服從人的必然。在席勒這裡，自然與人的相

[87] 本來，康德的《判斷力批判》也只講美學。隨後有了目的論判斷，但整個只作為附錄。在第1版，目的論很大一部分，如第79節以後都還是〈附錄〉。到第2版才去掉「附錄」的標題。

[88] 席勒：《審美教育書信》第11封。

[89] 同上書，第12封。

互作用和轉化開始具有了比較現實的方式。但席勒仍繼承康德，要用所謂「審美教育」去把所謂「自然的人」上升為「道德的人」。所以儘管他把康德拉向了現實和社會，但他不懂現實生活和社會的物質實踐，企圖以教育來概括和代替改造世界的實踐，仍然是歷史唯心主義。到黑格爾，則以實體化的絕對理念作為一切的歸趨，自然與人被統一在精神的不斷上升的歷史階梯中，自然界的有機體不過是絕對理念的一個環節，人與自然的深刻關係在黑格爾美學中並不占據多大地位。在黑格爾，「美就是理念的感性顯現」[90]。黑格爾注意的只是精神、理念如何歷史地實現的問題，自然僅作為實現理念的一種材料而已。如果說，歷史總體的辯證法是黑格爾所長，個體、感性被淹沒在其中則是黑格爾所短。那末，重視個體、自然、感性的啟蒙主義的特徵，卻仍為康德所保存和堅持。這種歧異在二人的美學中表現得最為突出。作為歷史，總體高於個體，理性優於感性；但作為歷史成果，總體、理性卻必須積澱、保存在感性個體中。審美現象的深刻意義正在這裡（詳後）。黑格爾的美學與康德、席勒不同。黑格爾的美學主要成了一種藝術理論，它只是一部思辨的藝術哲學史或藝術的哲學思辨史。康德美學則不然。歌德對康德極為讚賞欽佩，視為同道，對黑格爾則不滿意，這不是偶然的[91]。歌德重視感性、自然、現實的「過於入世的性格」（恩格斯），使他對黑格爾那種輕視和吞併感性現實的思辨哲學採取了保留的態度。

所以，真正沿著企圖去統一自然與人的康德、席勒的美學下來的，並不是黑格爾，倒應該算費爾巴哈。

費爾巴哈恢復了感性的應有地位。他把自然與人統一於感性。他

[90] 黑格爾：《美學》，朱光潛譯，第1卷，人民文學出版社，1958年，第138頁。

[91] 見《歌德與愛克爾曼談話錄》，參看本書第一章。

說：「藝術在感性事物中表現真理這句話，正確理解和表達出來，就是說：藝術表現感性事物的真理。」[92] 但是對費爾巴哈來說，這個所謂「感性事物的真理」，乃是空洞的「愛」。「愛」固然是感性的東西，但這個感性還不是歷史具體的，而是超脫時代社會的抽象。誠如魯迅所說，「人必須生活著，愛才有所附麗」，而生活實踐卻是有著各種歷史具體的內容的。如本書前幾章所指出，費爾巴哈只知道感性的人，不知道實踐的人。實踐的人遠不只是自然感性的人，而且是具有具體現實活動即一定歷史內容的社會、時代的人。費爾巴哈不懂得這些，也就不可能懂得在實踐基礎之上自然與人、感性與理性的**歷史的**統一關係，從而也就不可能懂得美作為人（理性）與自然（感性）統一的真實基礎究竟是什麼。所以包括費爾巴哈的俄國承繼者車爾尼雪夫斯基[93] 也不可能徹底批判從康德開始的德國古典唯心論的美學。

[92] 費爾巴哈：《未來哲學原理》§39，《費爾巴哈哲學著作選集》上卷，三聯書店，1959年版，第171頁。

[93] 車爾尼雪夫斯基提出「美是生活」的命題，在西方美學史上從不被注意，甚至不被提及。但在中國的美學界、文藝批評界，特別是在解放後的五〇年代，卻起了任何其他理論都比不上的巨大影響。之所以如此，是它恰好適應了當時的革命文藝和革命人生觀的需要。車氏所用「生活」(жизнь) 一詞本意是生命、生命力，雖然其中也包括社會生活，但基本上仍是抽象人本主義以至生物學的。在中國，人們卻甩開了車氏的這層含意，突出強調了其中的社會生活以及這種生活中的階級內容（根據車氏所舉貴族小姐的美與農婦的美等例子）等意義，實際等於作了一次解釋學的援用。

(八)「人是依照美的尺度來生產的」(馬克思)

從馬克思主義看來，康德提出的「自然向人生成」和所謂自然界的最終目的是道德文化的人，實際上乃是通由人類實踐，自然服務於人，即自然規律服務於人的目的，亦即是人通由實踐掌握自然，使之為人的目的服務。這也就是自然對象主體化（人化），人的目的對象化。康德所謂整個自然好像是為了人的存在才有意義和價值，實際乃是人利用整個自然的因果必然而實現、達到非自然本身的目的和成就。主體（人）與客體（自然）、目的與規律這種彼此依存、滲透和轉化，是完全建築在人類改造世界的長期歷史實踐的基礎之上的。

這裡，就要回到導致康德哲學走向信仰主義去的那些「神祕東西」。前面已講，康德在《純粹理性批判》中經常提到一種非人所能具有的直觀的知性或「知性直觀」，就是說，人的知性與直觀（感性）在根源上是分離的，知性來自主體自身，雖普遍卻空洞；直觀來自感性對象，雖具體卻被動；人要進行認識，必須二者結合，這是我們已很熟悉的康德認識論的基本命題。但康德在強調這一基本命題時，就再三講並不排除可以有一種把二者合在一起的能力，即理性與感性、普遍與特殊、思維與存在合為一體，此即知性直觀或直觀知性。對於它來說，就沒有什麼本體與現象界的區別，人所不能認識的「物自體」對它來說，也就不存在了。康德在幾個《批判》裡不斷提到的所謂「靈知世界」、所謂機械論與目的論在「超感性的基體」中的同一，等等，都是講這個問題。

這究竟是個什麼問題？康德為什麼要一再提出與他的認識論基本命題相對立的這種所謂知性直觀或直觀知性？如果去掉其走向信仰主義的東西後，便可以看到，這裡實際上提出的是一個思維與存在的同一性問題。由於康德以「物自體」為中心環節的二元論體系把這個同一性割裂掉了：物自體不可知，認識不能轉化為存在，於是便只好在神祕的「靈知世界」去企求這個同一。只有在那裡，在康德的所謂知性直觀中，二者是同一的。思維就是存在，可能就是現實，普遍就是特殊，理性就是感性，本體就是現象，「應當」就是「就是」，目的論就是機械論；思維不僅是認識存在，而且還創造存在，這種同一當然具有濃厚的神祕性質。

繼康德之後，費希特正是抓住這種所謂知性直觀，來重新建立起思辨的形而上學。謝林更是直接從《判斷力批判》中的自然有機體特徵和知性直觀來大加發揮，把自然與思維納在一個客觀原始力量中，以建立他的「同一哲學」[94]。黑格爾最終消滅一切矛盾作為絕對理念的所謂「具體的共相」，所謂「在最高的真實裡，自然與必然，心靈與自然，知識與對象，規律與動機等的對立都不存在了，總之，一切對立與矛盾，不管它們採取什麼形式，都失其為對立與矛盾了」[95]等等，也是從這裡來的。

---

[94] 「因此，在理知本身必然可以指出一種直觀，……只有通過這樣一種直觀，……才解決了先驗哲學的全部（最高）問題（解釋主觀事物與客觀事物的一致）。」「這種直觀如果先加以斷定，則只能是藝術直觀」（謝林：《先驗唯心論體系》第5章，商務印書館，1977年版，第260～261頁）。由謝林開其端的這種神祕的知性直觀，為叔本華、尼采、狄爾泰、現象學所繼承發展。可參看盧卡契《理性的毀滅》等著作。

[95] 黑格爾：《美學》第1卷，人民文學出版社，1958年版，第123頁。

但康德提出的這種同一性，經過費希特和謝林，到黑格爾手中，展開為一整套相互過渡和轉化的歷史環節的辯證法後，思維向存在的轉化獲得了一種深刻的意義。思維與存在的同一性便成為德國古典哲學的重大主題和精髓。但是思維與存在卻還是統一於唯心主義的思維、精神，並最終消失在上述那種形而上學的絕對統一之中。

馬克思主義把德國古典哲學提出的思維與存在同一性問題顛倒過來，作了唯物主義的嶄新解答。馬克思主義從人的物質實踐中來講思維與存在、精神 與物質的相互轉化。人的實踐利用客觀自然規律，把自己的意識和目的變為現實，使思維轉化為存在，從而也就使整個自然界打上了自己的印記。列寧說,「人的意識不僅反映客觀世界，並且創造客觀世界」[96]。人的活動是有意識有目的的，他利用自然規律以實現自己的目的，這種目的常常是有限的，從自然得來的（例如維持生存）。但重要的是，「目的通過手段和客觀性相結合」，產生和得到了遠遠超越有限目的的結果和意義。列寧引黑格爾的話：「手段是比外在的合目的性的有限目的更高的東西；……工具保存下來，而直接的享受卻是暫時的，並會被遺忘的。人因自己的工具而具有支配外部自然界的力量，然而就自己的目的來說，他卻是服從自然界的。」列寧對此一再指出是：「黑格爾的歷史唯物主義的萌芽」[97]。人在為自然生存的目的而奮鬥的世代的社會實踐中，創造了比這有限目的遠為重要的人類文明。人使用工具創造工具本是為了維持其服從於自然規律的族類生存，卻由於「目的通過手段與客觀性相結合」,便留存下了超越這種有限生存和目的的永遠不會磨滅的歷史成果。這種成果的外在物質方面，就是由不同社會生產方式所展

[96] 《哲學筆記》，1974年版，第228頁。

[97] 同上書，第202頁。

現出來的從原始人類的石頭工具到現代的大工業的科技文明。這即是工藝一社會的結構方面。這種成果的內在心理方面，就是內化、凝聚和積澱為智力、意志和審美的形式結構。這即是文化一心理的結構方面。在不同時代社會中所展現出來的科學和藝術便是它們的物態化形態。個人的生命和人維持其生存的目的是有限的，服從於自然界的，人類歷史和社會實踐及其成果卻超越自然，萬古長存。

康德泯滅思維與存在同一性的「靈知世界」，黑格爾泯滅這種同一性的「絕對理念」，是唯心主義的神祕，它導向信仰主義、目的論、宗教和上帝。馬克思主義的思維與存在的同一性，把自然的人化看作是這種同一性的偉大的歷史成果，看作是人的本質之所在，是深刻的歷史唯物主義和實踐論哲學，它指向審美領域。

不是神，不是上帝和宗教，而是實踐的人，集體的社會的億萬勞動群眾的實踐歷史，使自然成為人的自然。不僅外在的自然界服務於人的世界，而且作為肉體存在的人本身的自然（從五官感覺到各種需要），也超出動物性的本能而具有了人（即社會）的性質。這意味著，人在自然存在的基礎上，產生了一系列的超生物性的素質。審美就是這種超生物的需要和享受（康德稱之為「判斷力」），這正如在認識領域內產生了超生物的肢體（不斷發展的工具）和語言、思維即認識能力（康德稱之為「知性」），倫理領域內產生了超生物的道德（康德稱之為「理性」）一樣。這都是人所獨有，區別於動物的社會產物和社會特徵。人性也就正是這種生物性與超生物性的統一。不同的只是，認識領域和倫理領域的超生物性質經常表現為感性中的理性，而在審美領域，則表現為積澱的感性。在認識領域和智力結構中，超生物性表現為感性活動和社會制約內化為理性；在倫理和意志領域，超生物性表現為理性的凝聚和對感性的強制，實際都表現超生物性對感性的優勢。在審美中則不然，這裡超生物性已完全溶解在感性中。它的範圍極為廣大，在日常生活的感性經驗中都可以存在[98]，它的實質是一種愉快的自由感。所以，吃飯不只是充饑，而成為美食；兩性不只是交配，而成為愛情[99]；從旅行游歷的需要到各種藝術的需要；感性之中滲透了理性，個性之中具有了歷史，自然之中充滿了社會；在感性而不只是感性，在形式（自然）而不只是形式（自然），這就是自然的人化作為美的基礎的深刻涵義，即總體、社會、理性最終落實在個體、自然和感性之上。馬克思說，「舊唯物主義的立腳點是市民社會，新唯物主義的立腳點則是人類社會或社會化的人類」[100]。馬克思主義的唯物主義不同於舊唯物主義，它的理想是全人類的解放，這個解放不只是某種經濟、政治要求，而具有許多更為深刻的重要東西，其中包括要把人從所有異化的狀態中解放出來。美正是一切異化的對立物。當席勒把「遊戲衝動」作為審美和藝術本質時，可以說已開始了這一預示。人只有在遊戲時，才是真正自由的，個體的人只有在自由的創造性的勞動和社會活動中，才是美的。

所以，如果從美學角度看，我以為，並不是如時下許多人所套的公式：康德→黑格爾→馬克思，而應該是：康德→席勒→馬克思。貫串這條線索的是對感性的重視，不脫離感性的性能特徵的塑形、陶鑄和改造

[98] 參看杜威(J. Dewey)《藝術即經驗》。當然他的實用主義哲學是我所反對的，參看第二章。

[99] 康德《人類歷史起源臆測》一文中曾猜測式地提及這一點：「……是一種藝術傑作，從單純的官能吸力過渡為一種理想的吸引力，從動物性的欲望過渡為愛情，從而由單純的快感過渡為美的品評，起初是對人，後推之於大自然對象」。

[100] 〈關於費爾巴哈的提綱〉，《馬克思恩格斯選集》第1卷，第16頁。

來談感性與理性的統一。不脫離感性，也就是不脫離現實生活和歷史具體的個體。當然，在康德那裡，這個感性只是抽象的心理；在席勒，也只是抽象的人，但他提出了人與自然、感性與理性在感性基礎上相統一的問題，把審美教育看作由自然的人上升到自由的人的途徑。這仍然是唯心主義的烏托邦，因為席勒缺乏真正歷史的觀點。馬克思從勞動、實踐、社會生產出發，來談人的解放和自由的人，把**教育學**建築在這樣一個歷史唯物主義的基礎之上。這才在根本上指出了解決問題的方向。所以馬克思主義的美學不把意識或藝術作為出發點，而從社會實踐和「自然的人化」這個哲學問題出發。我曾多次強調，馬克思講「自然的人化」，並不是如許多美學文章所誤認的那樣是講意識或藝術創作或欣賞，而是講勞動、物質生產即人類的基本社會實踐[101]。馬克思指出：「社會是人與自然的完成了的本質的統一體」[102]，「全部所謂世界史乃不過是人通過勞動生成的歷史，不過是自然向人生成的歷史」[103]。又說：「工業是自然和自然科學對人類的現實的歷史的關係。如果工業被看作是人的本質力量的外在顯現，那麼，我們就好理解自然的人的本質或人的自然本質了」[104]。就是說，人類通過工業和科學，認識了和改造了自然，自然與人歷史具體地通過社會的能動實踐活動，對立統一起來。不是由自然到人的機械的進化論，不是由自然到道德的神祕的目的論，而是唯物主義的思維與存在同一性即人能動地改造自然的實踐論，才是問題的正確回答。通過漫長歷史的社會實踐，自然人化了，人的目的對象化了。自然

[101] 藝術或欣賞中自然景物帶有人的感情特色，不過是自然的人化的曲折反映，並不是馬克思講的自然的人化。

[102] 《經濟學——哲學手稿》，參看何思敬譯本，1963年版，第85頁。

[103] 同上書，第94頁。

[104] 同上書，第91頁。

為人類所控制改造、征服和利用，成為順從人的自然，成為人的「非有機的軀體」[105]，人成為掌握控制自然的主人。自然與人、真與善、感性與理性、規律與目的、必然與自由，在這裡才具有真正的矛盾統一。真與善、合規律性與合目的性在這裡才有了真正的滲透、交溶與一致。理性才能積澱在感性中，內容才能積澱在形式中，自然的形式才能成為自由的形式，這也就是美。美是真、善的對立統一，即自然規律與社會實踐、客觀必然與主觀目的的對立統一[106]。審美是這個統一的主觀心理上的反映，它的結構是社會歷史的積澱，表現為心理諸功能（知覺、理解、想像、情感）的綜合，其各因素間的不同組織和配合便形成種種不同特色的審美感受和藝術風格[107]，其具體形式將來應可用某種數學方程式和數學結構來作出精確的表述[108]。今天暫用古典哲學的語言，則可以說，真、善的統一表現為客體自然的感性自由形式是美，表現為主體心理的自由感受（視、聽覺與想像）是審美。形式美（優美）是這個統一中矛盾的相對和諧的狀態；崇高則是這個統一中矛盾的衝突狀態。崇高的基礎不在自然，也不在心靈（如康德美學所認為），而是在社會鬥爭的偉大實踐中。所以，偉大的藝術作品經常以崇高為美學表徵，即以體現複雜激烈的社會鬥爭為基礎和為特色的。志士仁人、億萬群眾的鬥爭，勇往直前，前仆後繼，不屈不撓，英勇犧牲，正是藝術要表現的社會崇高。自然美的崇高，則是由於人類社會實踐將它們歷史地征服之後[109]，對觀

[105] 同上書，第57頁。

[106] 參看拙作《美學論集》，〈美學三題議〉，上海文藝出版社，1980年。

[107] 參看拙作《美學論集》，〈虛實隱顯之間〉，上海文藝出版社，1980年。

[108] 康德認為，形成審美愉快的想像力與知性的自由協調，其具體關係是不可知的，所以引進了神秘的形式合目的性的概念。現代心理學還未能科學地規定審美的心理狀態，但將來可以作到。

賞（靜觀）來說成為喚起激情的對象。所以實質上不是自然對象本身，也不是人的主觀心靈，而是社會實踐的力量和成果展現出崇高。美（優美與崇高）都具有這種客觀社會性。藝術美是它的表達。從人的創造性的活動（合目的性與合規律性的統一）到人的藝術享受、自然觀賞，都可以有這種美的客觀存在和審美的主觀愉快。特別是階級對立、各種剝削壓迫徹底消滅之後，在人不再是為維持其動物性的生存而勞動，不再為各種異己的力量和因素所控制、支配而勞動，即不再是為吃飯，為權利、地位、金錢、虛榮……而勞動，同時也日益擺脫作機器、技術的各種附屬品的單調勞動或附庸地位（包括生活、工作和心理）之後，體現人的創造性和個性豐富性的勞動活動及其他實踐活動將大量以美的形式展現出來。「人是目的」的科學涵義將真正出現，人的存在本身也將面臨一個根本性的變革。社會財富的創造不只是以工作時間而更將以自由時間來估量計算，藝術的、科學的、創造性的自由勞動將成為社會發展的指標和尺度。人無論在外在或內在方面，無論人的社會方面或自然方面，都將具有一些嶄新的性質。「自由時間——不論是作為閑暇時間或從事高級活動的時間——自然都會把它的占有人變成一種全然不同的主體，而且變成這樣一種全然不同的主體以後，他會重新參加到直接生產過程裡

(109) 這裡所謂「征服」、「改造」不是在一種狹隘、直接的意義上說的，不是指人直接改造過的對象而已。恰好相反，崇高的自然對象，經常是未經人改造的景象或力量，如星空、荒野、大海、火山等等。因此所謂「征服」、「改造」就是指自然作為整體處在人類發展的特定歷史階段上的意思。只有當荒野、火山、暴風雨不致為人禍害的文明社會中，它們才成為觀賞對象。文明越發達，就越能欣賞這種美。在原始社會或社會發展的低下階段時，這些自然景物、對象經常只是畏懼、膜拜、神祕化、擬人化的對象，而不能成審美意義上的自然的崇高。

去。對正在成長過程中的人來說，自由時間是受教育的時間，對成人來說，自由時間是從事實驗科學，在物質上製造、發明、實習和使科學物化的時間。……」(110)在原始社會裡只是極少數的巫師，到資本主義社會也只是作為一個階層的知識分子所能占有的這種時間、地位和作用，到未來社會裡，將成為占主要地位的普遍勞動形態，而也只有當它成為社會普遍的或主要的勞動形態時，共產主義也就到來了。所以，吃飽肚子和生活享受並非共產主義。共產主義如馬克思所早指出，是不同於史前期必然王國的自由王國。它不只是把人從貧困中、而且從一切異己狀態中解放出來，包括把人（個體）從階級的符號、生產的工具、技術的附庸或供買賣的勞動力中解放出來。它已是今天人類社會發展和經濟不斷增長愈來愈明白展示出來的不可抗拒的客觀趨勢，同時也正是億萬群眾所奮鬥以求的美的理想。

可見，客觀的美和主觀的審美意識的根本基礎，康德把它們統統歸結為神祕的「超感性的基體」的(111)，實際卻在於人改造自然（包括外部自然與內部自然）的勝利。這才是「自然向人生成」，成為人所特有的感性對象和感性意識。它是社會的產物、歷史的成果。如果說從原始人的石器到現代的大工業的物質文明標誌著人對自然的不斷征服的尺度，標誌著自然與人的現實的歷史關係；那麼，美與審美也標誌著這一點。不同的是：它呈現在主客體的感性直接形式中，與工業作為人所特有的外部物質形式相映對。如果說，工業（廣義的，下同）、文明（社會時代的，下同）可作為打開了書卷的心理學的尺度。那麼，美和審美（藝術）則可作為收卷起來的工業與文明的尺度。美的本質與人的本質就是這樣緊

(110) 馬克思：《政治經濟學批判大綱》，中譯本，第3分冊，1963年版，第364頁。

(111) 《判斷力批判》§57，參看宗譯本，第186～189頁。

密聯繫著的，人的本質不是自然進化的生物，也不是什麼神祕的理性，它是實踐的產物。美的本質也如此。

美的本質標誌著人類實踐對世界的改造。馬克思說：「動物只按照它所屬的物種的尺度和需要來生產，人類則能按照任何物種的尺度來生產並到處適用內在的尺度到對象上去。所以人是依照美的尺度來生產的。」(112) 康德、席勒的美學儘管講人與自然，理性與感性的統一，但是他們不能把這個統一擺在思維與存在的同一性、自然向人生成、自然的人化這樣一些根本哲學課題的歷史唯物主義的解答之上，從而也就不能正確說明美的本質。

在現代科學技術迅猛發展，自動化、計算機日益推廣，機器不斷替代人的各種力量和功能、不但是手的延長而且是腦的延長，不再只是助手而且日益負擔起物質生產重要職能的形勢和前景下，在資本主義社會裡，悲觀主義（人被技術所統治和控制）反而喧囂一時，形形色色的新學說主張用心理分析來替代歷史唯物主義，作為進行「革命」的理論，他們要求從現代工業技術的所謂「非理性統治」下解放出來。社會總體的物質文明和消費生活是迅猛發展了，個人的孤獨、憂鬱、無聊、焦慮、無目的、恐懼……反而增加（現代藝術也正是以醜的形式反射著這種心理情緒），宗教的衰亡使人似乎失去精神寄托，科技發達使人們在勞動和生活之間的親切互助關係似乎愈發疏遠……，人處於各種形式的異化狀態中。人的工作和生活、生產和消費、欲望和享受、需要和意識、情感和思維……，都似乎被這個技術時代所異化，為它所支配和控制（前資本主義社會，異化則表現為赤裸裸的政治、宗教形態，人所製造出來的權力和偶像殘酷奴役著人自己，無論在現實上或精神上）。於是，盧梭提

(112) 《經濟學——哲學手稿》，參看何譯本，第59頁。

出的老問題（文明、科學與道德的「二律背反」）又一次以「新」的形態，為從海德格爾、薩特到馬爾庫斯所不斷提出。人與自然這個老問題以突出的總體（社會）與個體（自然）的新關係表現了出來[113]。如上章所談到，為黑格爾總體主義所淹沒的個體意識在現代生活條件迅猛抬頭和發展，個人存在的巨大意義日益突出，個體作為血肉之軀的自然存在物，在特定狀態和條件上，突出地感到自己存在的獨特性和無可重複性（如在死亡面前，感到存在的真正深度等），意識到這才是真正的「存在」，從而要求從那種所謂「無人稱性」和被磨滅掉的「人」，即失去了個體存在意義的社會總體中掙脫出來，讓「存在」不被「占有」所吞噬，……這些為存在主義所津津樂道的主題，以及為馬爾庫斯等所強調的所謂「片面的人」（「單維的人」），要求從現代技術一物質的異化力量控制中解脫出來，等等，都是以一種哲學的方式表達了資本主義現代社會中人與自然、社會與個體之間巨大矛盾和分裂。這種矛盾和分裂的根源是特定社會條件下的階級剝削和統治，而不應歸咎於迅猛發展的科學技術和物質文明本身。布貝爾 (Martin Buber)反對我一它關係，強調我一你關係才是人的真實存在。其實古代中國哲學所強調的「天人合一」和「道在倫理日用之中」，則更深地揭示不是由個體一上帝，而是現實世間的人際關係和人與自然的和諧，才是人的真正存在。這當然是產生在古代農業社會小生產基礎上的理想[114]。存在主義所突出的個體的真實存在的喪失和追求，則是表現了現階段資本社會高度發展下人際關係的冷漠，人間情

[113] 康德在《人類歷史起源推測》中以樂觀主義的態度也提出這個問題：社會性（文明、道德）與自然性（本能、動物性）的矛盾，例如自然性使人到達一定年齡就要求婚配生育，而社會文明則要求推遲這個期限，如此等等。

[114] 參看拙作有關中國古代思想史的論文，如〈孔子再評價〉、〈秦漢思想簡議〉、〈宋明理學片論〉、〈漫述莊禪〉等。

味的喪失，個體生活和心理的被同一化，從而追求免除異化、尋求生命的真實價值亦即個體存在的豐富意義。本來，自然的生命存在沒有什麼獨特性和無可重複性，它的獨特和無可重複恰恰在於他自覺地意識和選擇，其實，這就正是他的歷史具體的社會內容和價值。在個體自然中充滿了極其豐滿的社會性，這才是真正的個性意義之所在。存在主義以消極的悲觀主義的反面形式表述了人與自然、社會與個體必須統一的時代課題。隨著整個世界向前邁進，在審美藝術中最先突出表現的個性的獨特性、豐富性、多樣性，個體的重要意義，將在整個社會生活的各個方面充分展示和發展起來。而個性和個體潛能的多方面和多樣性的發展，正是未來社會的一大特徵。

馬克思說，「共產主義是私有制即人的自我異化的積極的揚棄，……是人向自己作為社會的即人性的人的復歸，這個復歸是完全的，是自覺地保留了發展中所得到的全部豐富性的。這種共產主義作為完成了的自然主義＝人本主義，作為完成了的人本主義＝自然主義。它是人和自然以及人和人之間的對抗的真正解決，是存在和本質、對象化和自我肯定、自由和必然、個體和族類之間的抗爭的真正解決。它是歷史之謎的解決，並且它知道它就是這種解決」[115]。「自然科學將使自己屬於人的科學，正如人的科學將屬於自然科學，成為同一個科學」[116]。這裡的「人性」、「人本主義」就恰恰應理解為具有具體社會歷史性質、包含自然而又超自然，從而是與一切過去的人性論、人本主義（實即自然性和抽象的人性論）[117]

[115] 《經濟學——哲學手稿》，參看何譯本，第82～83頁。

[116] 同上書，第91～92頁。

[117] 包括馬爾庫斯。他用自然性的東西來反對社會性的東西，而沒有看到就人類歷史成果說，重要的是自然性中所積澱的社會性，兩者的交溶統一，而不是兩者的對抗。

根本對立的。只有在上述人的對象化和自然的人化的歷史唯物主義的理解的基礎上，才可能有上述問題的理論「解答」。而現實的解答便不是別的，而正是馬克思恩格斯所指出的「每個人的自由發展是一切人的自由發展的條件」[118]的未來社會。這種充分發展起來的個體本身，也就正是人與自然、社會與個性之間的高度統一。

人類由必然王國邁進到自由王國，即美的世界。這個世界的到達，當然需要一個漫長的歷史發展過程。它也只有在人們推翻各種本來面目的或改變了形態的剝削壓迫之後，在消滅它們在經濟的、政治的、技術的、心理的、意識形態等各方面的各種影響、變形和殘跡之後，才有可能出現。

美是在人類漫長的歷史實踐中產生的。整個人類的漫長歷史告訴我們，美的世界將出現在我們這個偉大的星球之上，儘管將經過異常艱辛而長遠的奮鬥歷程，這一天卻終究是要到來的。。

[118] 《共產黨宣言》，《馬克思恩格斯選集》第1卷，人民出版社，1972年版，第273頁。

後記

我本是搞美學和中國思想史的，應將寫此書過程簡略說明一下。

很早就對康德哲學有興趣，但從未打算研究論述它。1972年明港幹校後期，略有時間讀書，悄悄將攜帶身邊的《純粹理性批判》又反覆看了幾遍，覺得可以提出某些看法。同年秋，幹校歸後，「四人幫」凶焰日張，文化園地，一無可為。姚文元在臺上，我沒法搞美學；強迫推銷「儒法鬥爭」，又沒法搞中國思想史。只好遠遠避開，埋頭寫作此書，中亦略抒憤懣焉。而肝心均病，時作時輟，至1976年地震前後，全書始勉力完稿。雖席棚架下，抗震著書，另感一番樂趣；但處「四人幫」法西斯專制下，實備遭困難，歷經曲折，連借閱普通書籍亦極不易，一些必要的書始終未能看到。在如此艱難時日裡，一些同志或給予鼓勵，或幫助借書，高情盛誼，用致謝忱。

這書雖遷延歲月，但真正研究和寫作時間仍很緊促匆忙，無論內容、文字、論證、材料，均多疏漏。《純粹理性批判》文體之重複、乾燥、晦澀諸病大概也傳染了本書。且有的地方略而未談，有的地方沒講充分。凡此等等，以後如有機會，當修改擴展。國內多年來沒有專講康德哲學的書，國際文獻中似也未見用實踐觀點去具體分析的，本書只想提些問題，拋磚引玉而已。

1976年秋10月於北京和平里九區一號

再版後記

這本書初版印三萬冊。當時我想，完了。大概至少十年不能修訂再版了。但是，居然很快賣光，今天還要重印。並且，除收到一些青年讀者的熱情來信外，我也注意到《中國社會科學》等雜誌上某些頗有水平又並非講康德的學術論文，作者們並不相識，卻一再引用了這本書的一些話。老實說，這些都不免使我暗暗高興。之所以高興，倒不是覺得這本書有什麼了不起，而是覺得這正好是給對此書極盡搗鬼能事的人們的一個很好的回報。誠如魯迅所言，搗鬼有術，有時亦有效。鄙人平生遭罹此禍深且久矣，小報告、小謠言、小鞋子……，不一而足。雖不過其「小」焉者，但有時竟被弄得透不出氣來。估計將來大概也還逃不脫這個華蓋大運。所以，在此書再版時開頭說幾句並不開心的話，一是趁此喘口氣並用以自警；二是也想告訴支持、愛護我的年輕朋友們：在任何一種意義上，學術之路都非坦途，總有些非學術的魑魅魍魎要來糾纏作祟的。不過，馬克思引用過的這句話有如神符，在此也依然適用：「走自己的路，讓人家去說吧」。

言歸正傳。記得我在美國和一位教授閑談起學術書籍的出版時，他對中國的哲學書能印這麼大的數量極表驚異。當然，中國人多。不過即使按各種比例折算，數字也足以驚人。因之，我倒記起恩格斯當年說過，德國工人階級在社會沈溺於膚淺的實務時，卻可貴地保存了理論興趣，成為德國古典哲學的繼承人。我想今天中國特別是中國青年一代中保持著理論熱情和哲學興趣，這也是一個值得重視的情況和優點。只有對理論具有強烈的學習興趣和探討要求，才能真正從各種庸俗中超越出來，高瞻遠矚，面向未來，清醒地為人民為祖國為社會主義事業服務。

記得自己恰好也是在文化大革命中保持並增強了對基本理論的興趣，才寫作這本書的。一些同志屢次問及這本書的寫作情況。初版後記講了一點，語焉不詳，這裡略加補充作為回答吧。

我之所以寫康德，有如初版後記所說，確乎為了「避難」。時間總不能白白浪費，既不允許我去研究原來搞的東西，在當時批林批孔批先驗論的合法藉口下，我可以趁機搞點康德。據說一位外國將軍在戰爭中曾帶本《純粹理性批判》隨身閱讀。我下幹校時，不能多帶書籍，而且只能盡量少帶，便不謀而合地也挑了這本書，「不太厚，卻很經看……」（拙文《走我自己的路》，收入《治學集》，上海人民出版社出版）。在艱難的環境下，也許正應該讀點艱難的書。

「1972年從幹校回來後，在家裡我便利用幹校時的筆記正式寫了起來。那時，我雖然深信江青等人必垮，卻沒想到會這麼快。所以寫的時候，是沒想到會很快出版的」（同上）。既然沒打算很快出版，寫的調子也就不必同流行的說法保持一致。解放以來國內研究、介紹康德的論著少而又少，對康德的漫畫化的否定則幾乎成為所謂馬克思主義的「定論」。另方面，一些人又把康德著作視同天書，形容得那麼高深莫測、玄妙嚇人，這些都使我覺得應該有一本全面地通俗地論述康德哲學的書。想改變一下多年來對康德的漠視和抹殺，是寫作本書的動機之一。

但是，我的德文不行。五〇年代在北京大學念書時和畢業後雖然兩度學德文，但所達到的最高程度只是捧著字典讀一點恩格斯的著作而已，實際上是不能用的，而且早就忘記得一乾二淨；正如當年用功學過的俄文那樣。所以我只能根據一些英譯本來進行研究。同時，我也知道，「一入侯門深似海」，有關康德的國外文獻，如德、法、英幾個主要語種的學術著作，已經汗牛充棟。僅就考證、注釋、解說的著作、文章說，就足夠我看好久了。而我也就可以樂而忘返，終此一生，不出來了。據說一個人要消磨半輩子才能「真正搞通」康德的一本主要著作或著作中的某個問題。國外僅關於《純粹理性批判》一個部分的研究，不就有許多專題大著麼？這大概才算是真正的康德專著和康德專家。

不過，從一開始，我就沒打算寫這種專著和當這種專家。我當不了，也不想當。我的目的只是填補空白，在國內長期沒人作的情況下，根據自己力所能及的了解，來作點初步紹介工作，如此而已。所以，在初版後記原稿中我曾聲明這是「外行客串」。後來被編輯同志認為是客氣話刪掉了。其實，這並非客氣，而是實情。

但使我想搞這個「客串」，除了上面說過的原因外，還有另一個重要的推動力。這就是當時我對馬克思主義哲學的極大熱忱和關心。當看到馬克思主義已被糟蹋得真可說是不像樣子的時候，我希望把康德哲學的研究與馬克思主義的研究聯繫起來。一方面，馬克思主義哲學本來就是從康德、黑格爾那裡變革來的；而康德哲學對當代科學和文化領域又始終有重要影響，因之如何批判、揚棄，如何在聯繫康德並結合現代自然科學和西方哲學中來瞭解一些理論問題，來探索如何堅持和發展馬克思主義哲學，至少是值得一提的。當然，這些在這本書裡都不可能充分展開，只是稍稍提及或一帶而過，但即使是一兩句話，如能引起注意，在當時我以為便是很有意義的事情。同時，另一方面，無論在國內或國外的馬克思主義哲學中，我認為當代都有一股主觀主義、意志主義、倫理主義的思潮在流行著。它們的社會背景、階級基礎並不一樣，理論上也有許多差異，卻奇異地具有這種共同傾向。在所謂「革命的文化批判」、「自發的階級意識」等等旗號下，馬克思主義竟被變成了一種主觀蠻幹的理論。這就是我這本書之所以一而再再而三地強調「實踐」，強調用使用、製造工具來規定實踐，強調歷史唯物論以及批評「西方馬克思主義」的原因。從大躍進開始的「人有多大膽，地有多大產」到文化大革命的「靈魂深處爆發革命」以及「一分為二」就是辯證法、吃塊西瓜就是實踐、「鬥爭」「革命」就是哲學的一切，等等，不是很需要從理論上來加以好好考慮的麼？這一切便都通過評論康德而進行，在客觀許可的範圍內，表達一點自己的意見。因此，所謂「康德述評」者，儘管「述」在篇幅上大過於「評」，但後者倒是我當時更重要的目的所在。

我根本沒有想到，當此書完成並交出才一年多，國內便掀起了「實踐是檢驗真理的唯一標準」的大討論，「實踐」在馬克思主義哲學中的地位終於被極大地突出了。雖然我對這次討論的學術水平持保留態度，例如認為一些最基本的概念如「實踐」「真理」「標準」等都並沒弄清楚，但這畢竟是次要的。更重要的是這次討論的政治意義和思想解放作用。這當然是我這種書所遠遠不能作到的。

我這本書有好些缺點。在初版後記中曾指出過並期望以後「當修改擴展」。但自1976年秋交出此書後，自己就回到了「美學和中國思想史」的原領域，沒能再去碰康德這位龐然大物了。舊業既荒，新知未獲；迄至今日，依然如此。當然也看了一點書，包括在美國看到的港、臺「大師」們寫的有關康德哲學的專著，在美國也和一些看過和未看過我的這本書的華人和非華人學者交談過，這些倒使我覺得這個「客串」似乎還站得住，因之同意重印這本書。我也曾向國內幾位德文既好又專治德國古典哲學的教授們多次誠懇地請教過，他們都謙遜地未提意見。但我知道，有如初版後記中所說，這書「無論內容、文字、論證、材料均多疏漏」， 並且可能還有錯誤。只因我目前實在沒有時間和力量，所以，這次有關「述」的部分幾乎隻字未改，未能履行初版後記中的諾言，這是應向讀者致歉的。

在紐約，當我和一位著名的華人教授談及某哈佛大學博士曾想將此書翻成德文時，他說最好譯成英文並說「述」的部分可不改，只改「評」的部分好了。他嫌「評」太簡略，尤其對我於「西方馬克思主義」似乎一筆抹殺，不以為然。這當然不只是他一個人的意見。但這次我對「評」的部分改得也不多。原因有二，一是我雖有好些話還想要發揮一下，不過並非關於康德，我不能太喧賓奪主（已經奪了不少）， 這總是本講康德的書，有話應該留待別處去說。二是我仍基本堅持原來的所有評論，包括對「西方馬克思主義」的批評。我對「西方馬克思主義」並非完全抹殺，我以為它們在揭露現代西方資本主義、在提出人的本性諸問題上是有許多貢獻的，但它們作為共同思潮的總傾向，我以為是錯誤的。他們對「實踐」的規定、解說和發揮，其基本點我以為是主觀主義、意志主義、倫理主義的。

但這次關於「評」的部分還是作了一些修改增補。其中最主要的一點是，如果說在初版時我強調實踐作為使用、製造、更新工具這一基礎意義，是為了強調物質生產是社會存在的根本，是文化活動的基礎，強調馬克思主義實踐哲學就是歷史唯物主義。那末，這次我除仍然堅持這一基本觀點外，同時著重認為，建設文明也應該是馬克思主義哲學的重要問題。馬克思主義不只是革命的哲學，而且更是建設的哲學。建設精神文明就涉及文化—心理結構問題、文化繼承批判問題、歷史積澱問題、人性問題、主體性問題，等等。所有這些正需要馬克思主義哲學予以科學方向的真正指引。馬克思主義哲學本身也需要在提出、探討、研究這些課題中，結合現代自然科學、社會科學的成果，在批判各種錯誤的人文理論中，得到堅持和發展。在這方面，康德哲學所提出的許多問題和看法，是仍然有參考價值的。我的這一觀點在初版中已經提出，例如多次提到皮阿惹等等，這次則使它更為明確和突出了一些。建設精神文明，似乎已成為今天的老生常談。但如何真正從哲學上具體了解和發掘其嚴重意義，如何具體地與當代科學和社會發展方向聯繫起來，即是從理論上說，也是一個遠非輕易而毋寧是非常艱巨複雜的研究課題。

使我很高興的是，近年來國內已有許多人在開始承認和研究皮阿惹，也有一些人在認真介紹和研究「西方馬克思主義」，一些同志重視了科學哲學如波普、庫恩、拉卡托斯、瓦托夫斯基 (M. W. Wartofsky) 等人，個別人在開始注意波蘭尼 (M. Polanyi)，對康德哲學的態度也有了很大的變化。當然還有不同意見和爭論，有些方面、有些問題、有些人物，如文化人類學、如解釋學、日常語言哲學、如德里達、列維・斯特勞斯、富柯、哈貝默斯等等還很少有人觸及，但這幾年我們的確是有進步的。我想，無論是關於康德哲學或本書中提及的問題、人物、學說，都一定會有遠遠超過這本書的更多更好的論著陸續出現。

為此，我將感到非常高興。我這個越俎代庖的客串任務可以告一段落。當然，以後如有時間，我還願意再來研究和寫作有關康德和本書中所提及的那許多問題。

在初版後記中，我本來引用了龔自珍的一首詩。後來接受了一位好心的同志的建議，刪去了。自己從小喜歡龔的某些七絕，大概屬於偏愛，這首也是其中之一。今天本已決定把它引錄出來，繼而一想，還是算了，何必又挨人咒罵自討苦吃呢，以後遇有機會再抄也罷。這裡就暫以另兩首無關的龔詩替代它作為結束吧：

不似懷人不似禪，夢回清淚一潸然。瓶花帖妥爐香定，覓我童心念六年。

古人制字鬼夜泣，今人識字百憂集。我不畏鬼復不憂，靈文夜補秋燈碧。

1983年秋9月於北京

和平里九區一號

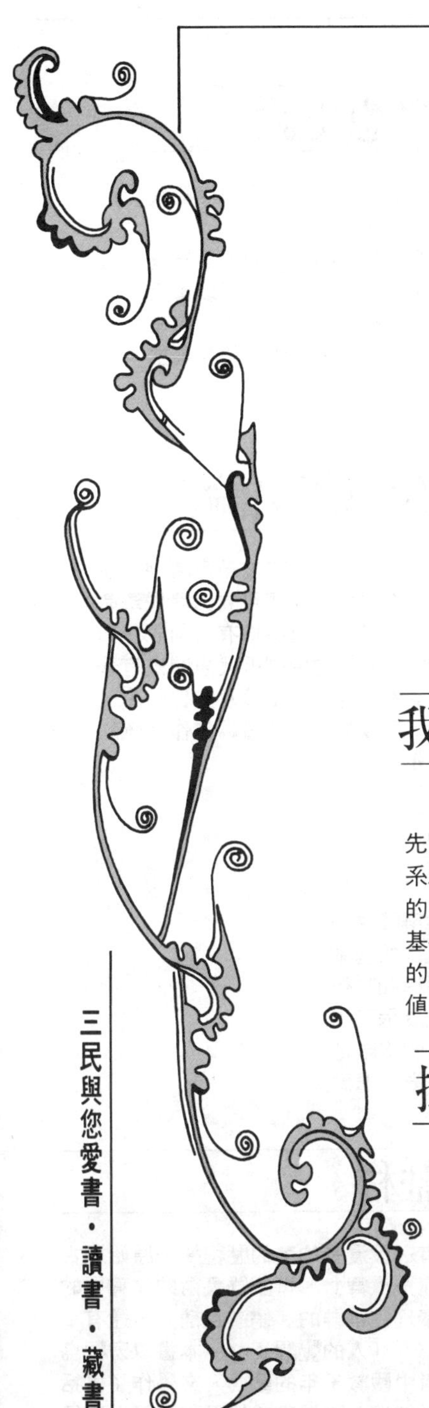

三民與您愛書・讀書・藏書

李澤厚——論著集

我的哲學提綱

從內容到形式，作者似乎有意地步踵中國先賢的後塵，以簡潔的形式提出自己的哲學體系即天大，人也不小；以一個世界爲根本特徵的人類歷史本體論：創造——使用物質工具爲基礎的工藝社會本體和以心理情感爲人性指歸的文化心理本體。尾聲中並深刻點觸了生活價值、人生意義等問題。

批判哲學的批判—康德述評

謹嚴清晰的筆墨之下，將素稱艱難的康德哲學全面的演繹，精彩地論述了康德的認識論、倫理學和美學。其中對「第一批判」（認識論）的分疏佔全書過半，倫理學則一併論及康德之政治、歷史諸觀點，美學又特別注意了對康德的目的論之闡述，內容不僅層次井然而且條理分明，值得一看。

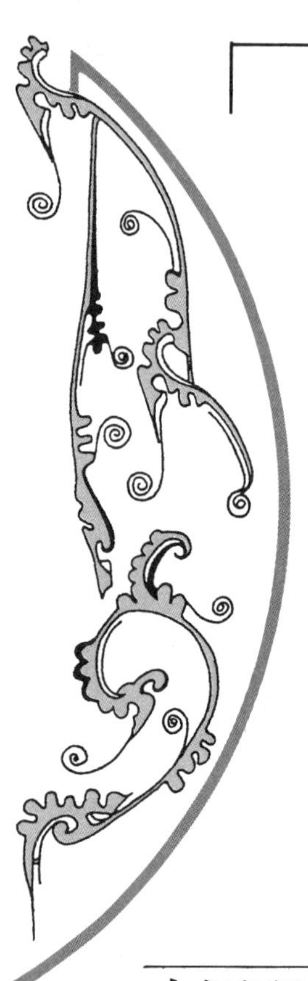

中國古代思想史論

從剖析孔子的仁學開始，作者提出中國民族的文化結構問題，認爲血緣、心理、人道、人格爲四大因素，孟、荀從內、外兩方展升爲光輝的個體人格和偉大的人類特徵，而以實用理性、樂感文化爲總精神。在此一前提的貫串下，作者精闢地論述了自先秦到明清的各種主要思潮。

中國近代思想史論

近代中國自太平天國至辛亥革命時期，各種新舊思潮湧現；由太平天國可看出農民革命戰爭諸多規律性的現象、康有爲有大同思想和托古改制的策略、嚴復在中國近代思想史有著特殊的地位、章太炎的民粹主義及梁啓超、王國維等人的獨特意義等等，本書爲您作系統的論述及細緻的分析。

中國現代思想史論

在以啓蒙與救亡的雙重變奏作爲解釋中國近現代史和思想史上許多錯綜複雜現象的基本線索後，書中繼以數十年的新文學歷程和哲學上現代新儒家等論題，簡明而深入地展示了現代中國思想諸多重要方面和問題，或明或暗地顯現了本世紀中國六代知識分子的身影、悲歡和坎坷命運。

美的歷程

中國有一段漫長的美的歷程……原始遠古藝術的「龍飛鳳舞」、青銅器藝術的「獰厲的美」、先秦理性精神的「儒道互補」，還有「浪漫主義」、「人的覺醒」……本書以宏觀鳥瞰的角度對中國數千年的藝術、文學作了概括描述和美學把握，而這段美的歷程，仍在進行中……

華夏美學

華夏美學是指以儒家思想爲主體的中華傳統美學；它的悠久歷史根源在於非酒神型的禮樂傳統之中，而它的基本觀點、範疇，它所要解決的問題和包含其中的矛盾，早已蘊涵在其中。經由漸次地論述遠古的禮樂、孔孟的人道、莊子的深情和禪宗的形上追索，您會得到一深刻的結論。

美學四講

美學是什麼？美是什麼？美感是什麼？藝術又是什麼？面對這些問題，作者以簡潔有力、極爲濃縮的文筆，旁徵博引，娓娓而談，引領讀者通過仔細閱讀和深入的思考，而走入金碧輝煌的美學宮殿！在裡面，您必可以爲這一連串美的疑惑，一一找到注脚。

美學論集（新訂版）

五〇年代中期中國大陸的一場美學論戰中，作者提出了以人類總體實踐的基礎之「自然的人化」來解說美、美感及自然美的根源，不僅當時令人耳目一新，而且影響至今。本書收集作者當時參與此次論爭的全部論文以及其他有關美學、中國文學等論著，展示出作者前期之主要美學思想。

走我自己的路（新訂版）

本書收李澤厚先生生平自述、治學經歷或經驗、對當時和時下的各種見解、問題或傾向的評論和意見。雖長短不齊、問題不一，均或信手拈來，或脫口而出，却更感直率、親切與眞實。此書或從個人微小側面反映、記錄了二十年來的中國大陸某些歷史印痕和艱難步伐，可供反思和慨嘆。